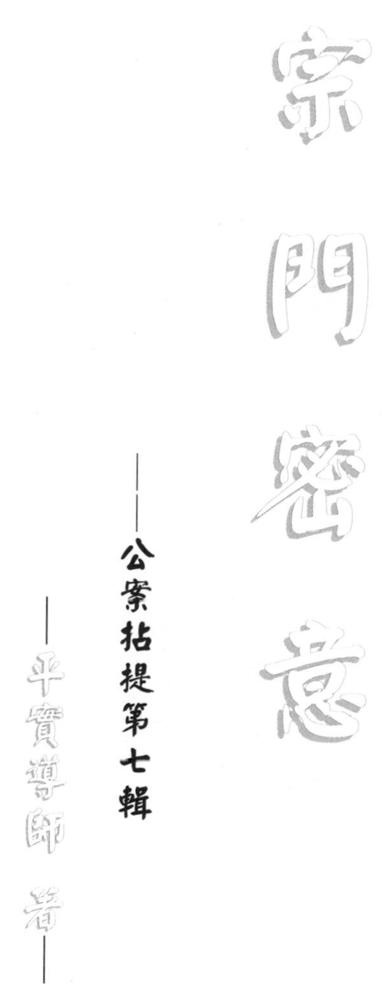

宗門密意

——公案拈提第七輯

——平實導師　著——

ISBN 957-28743-1-4

• 2 •

自序

自公元2002年初以來，在台灣佛教界弘法之居士，已無大舉造作抵制正覺同修會之行為者，亦無破壞正法之實際事例；至於藏密之破法行為，已有《狂密與眞密》專書細說之，是故2002年七月底出版之《宗門正義》書中，不復拈提居士及藏密之錯悟與誤導衆生等事，而以專門**講禪說悟**之聖嚴法師及惟覺法師之錯悟知見爲主：以彼二人之誤導衆生事實，作爲公案拈提之標的。期望藉助彼等二人之錯悟事例舉證，加以辨正，令諸學人得以具諸正見，遠離常見、我見、身見等惡見。並示大乘般若之入處，期諸佛子於可見之未來，緣熟之際，忽得相應而悟般若，成爲禪宗之證悟者，得以親入內門修菩薩行。

然於2001年十月，佛光山之星雲法師與慈濟功德會之證嚴法師，似有相約，於同一週內開始對正法及余，作無根誹謗，同皆謂人曰：「蕭平實是邪魔、外道。」又謂人曰：「他的法有毒，讀他的書將來會跟他一起下地獄。」又謂人曰：「蕭平實只會在書上亂批評人，其實蕭平實對佛法是完全不懂的；不要讀他的書，以免入魔道，免得下地獄。」

由於彼等不能提出法義上之辨正，卻私下作此**人身攻擊**，由此緣故，正覺同修會遂因諸多佛弟子之要求，出版《學佛之心態》，說明台灣佛教界部份大師在弘法活動上之眞相，以正視聽；隨後又出版《佛教之危機》，將星雲與證嚴二人扭曲眞相之事實，於書中公開披露，指出星雲與證嚴二人在法義上之謬誤及對平實所作人身攻擊等事相，並於書中期望星雲與證嚴二人公開提出辯解。然而事隔年餘，彼二人迄今仍未公開提出任何法義上之辯解，亦未澄清對平實人身攻擊等事相。

去年十一月上旬，佛光山派遣二位法師，藉正覺同修會前任總幹事（鄭）為緣，邀見本會楊老師而作關說，希望由楊老師勸余停止如是眞相之繼續披露，期望本會中止如是披露佛教眞相之作爲，期望本會不再出版《學佛之心態》與《佛教之危機》等書。由彼親教師之關說故，本會爲示善意，主動將《眞假沙門》一書延後一年出版，作爲善意之回應；然不能承諾停止出版《學佛之心態》等二書。彼親教師亦因余未能承諾停止出版此二書故，開始誹謗阿賴耶識心體爲生滅法、虛妄法，妄言阿賴耶識心體別從另一彼所想像中之眞如心體出生；前總幹事（鄭）更誇言：「同修會中有人（意指楊老師）證量比蕭老師更高。」意謂楊老師證量遠過於余，彼等因信受楊老師想像所得之佛地眞如，信以爲眞故，因此不服余所說法，結夥串聯法蓮法師……等人，假藉「蕭老師所說與經論原意不符」爲名，曲解經論意旨之後，共同否定余所弘揚之 世尊正法，誣爲與經論不符，輕蔑余法。是故春節期間，余以種種方便欲見楊老師商討法義，然其姿態極高，余極力求見而不可得。後亦轉託楊文太求見之，亦不可得；五月中旬末，又請託李老師約見之，仍不可得。

緣於彼等否定阿賴耶識心體，妄誣阿賴耶識是從他法所生之心，妄誣本來不生不滅之阿賴耶識爲有生有滅之法，不顧經中 佛說「阿賴耶識本來而有」之聖教，別立另一想像中之眞如心體，說爲能生阿賴耶識之法體，誹謗阿賴耶識心體爲有生有滅之法，爲從彼所想像之眞如心體出生者；又因彼不肯接受余之面謁，因此緣故，余以一夜再加一日夜，寫成《八九識並存…等之過失》，印發給會中學員；並派人親送楊老師府上，以救彼等，然未能挽救成功。後又因某大佛教團體之法師，以化名來函質疑余法，因其來函所主張之**內容**與**前後順序**，皆同於楊老師私下爲人所說者，而內容極爲具體，非如楊老師之不肯落實於文字上；若能辨正之，將對今時後世學人及佛學研究者，有極大之利益，實可轉此惡緣爲正法弘傳之大功德，余乃復以三月時間寫成《**燈影**》一書，針對彼等否定阿賴耶識心體之**謗法**行爲而辨正法義。

彼等諸人甘受某大佛教團體利用，因余所寫一文及《**燈影**》一書，導致彼等欲推翻余正法之目的不能成功故，便開始串連，策動在事相上有所不滿之會員，共同影響會中知見不足之學員，共同誹謗三乘佛法根本法體之阿賴耶、異熟、無垢識心體，恐嚇我會中親證阿賴耶識者爲已犯大妄語業、必下地獄等；以如是手段極力恐嚇及拉攏會中不知內情之學員同其所行，共彼成就破法及誹謗勝義僧之地獄業，如是破壞正覺和合僧團，分裂我正覺同修會。

然而觀察此一事件之前因與後果，有智之人終難認同星雲所作無謂之事；必定先依經教而作探討，分辨對方所說法義之眞僞，然後再作評論；必定言之有據，只在法義上作諸評論辨正，終不於事相上**無根謗法謗人**，終不作諸**人身攻擊**之行爲。今者佛光山與慈濟之領衆和尚，悉皆不以 世尊經教爲依，卻以禪宗古今錯悟祖師所造語錄及印順法師之藏密應成派中觀邪見爲依，而以名聞利養爲考量之著眼點，是故對余作**人身攻擊**之行爲，亦對余所弘揚之 世尊正法橫加**無根誹謗**，誣謂爲邪魔外道法，成就破法惡業；又對余所作之法義辨正諸事，悉皆誣指爲「亂批評」，贓誣余之**法義辨正**爲**人身攻擊**之「批評」。而今余既披露星雲與證嚴之破法及誹謗賢聖等醜行於《佛教之危機》書中，彼等理應就此加以澄清：究竟有無造作**如是對**余**人身攻擊**等事？究竟有無**否定如來藏**？**是否仍繼續專弘印順所倡導之西藏密宗意識細心**？ 彼二人不肯改正誤導衆生之行爲，不肯澄清無根謗余正法之惡行，卻由佛光山單方要求余將二書停止發行流通，豈是正理之行？《佛教之危機》指稱星雲與證嚴之邪謬，出版至今，時隔年餘，仍未見星雲與證嚴二人就此提出公開之分辨、澄清或修正。

自余早期出道弘法利生以來，不曾評論聖嚴與惟覺二大法師；然因彼二人私下不斷否定余法，是故於初期之公案拈提書中，就其落處及邪見，隱其名號而加以辨正，然不評論彼等二人私下之身口意行，不作人身攻擊與批評；然因彼二人數年之後皆不改變原有故意謗法之行為，是故自二千年五月起，開始指稱彼二人名號而作法義辨正。如是**法義辨正**等事，復又行之多年，此期間對星雲與證嚴二人之法義邪謬，亦早已知之，然於私下之開示及公開講經之時，皆未嘗評論彼二人法義上之邪謬；並對彼等二人之接引初機，加以讚歎，謂為大功德事，復又為示善意而贈拙著供養。然而彼二人卻於2001年十月之同一週內，開始對余作**人身攻擊**，誣蔑余為邪魔，誣蔑余所弘傳之 世尊正法有毒；並勸告他人不應隨余學法，誣為必定隨余同下地獄。

星雲與證嚴二人，墮於印順所墮之西藏密宗黃教斷見外道**惡取空**之巨毒中，自身正是邪魔外道；卻反誣蔑法同 世尊經教正法之平實為邪魔，為有毒之法。此乃**無根誹謗**，亦是毀壞 世尊正法之行為，余法與 世尊諸經所說，完全契符無異故；今時又因彼等諸人之質疑，而以《八九識並存…等之過失》一文，及《燈影》一書，證明余之法義完全同於 世尊所說，證明彼等錯會經論意旨，故彼等諸人對阿賴耶識正法加以虛妄之誹謗，已成就謗法之地獄業。彼星雲與證嚴二人，年來對余**無根誹謗**及**人身攻擊**等口業既不懺悔，亦不肯遠離印順所傳破壞正法之藏密應成派中觀之邪說，至今仍以印順所傳之藏密應成派中觀邪見誤導衆生；是故今年起，對彼二人之邪見與謬誤，於此書中加以拈提，令衆週知，消滅星雲與證嚴二人繼續誤導衆生之嚴重後果，救彼二人所率領之廣大徒衆，同離邪見深坑。

至於惟覺法師之邪見，大衆多已知悉；彼多年以來不斷宣示：「能聽法的一念心便是眞如佛性。清清楚楚、明明白白、處處作主之心便是眞如佛性。只要能使覺知心一念不生而了了分明，便是證得眞如佛性。」如斯常見外道之邪見，今時諸多久學禪宗之佛子已廣知之，不須多所拈提；復因其著作極少，可舉例說明之資料亦少，是故今年公案拈提《宗門密意》一書，不以惟覺法師之謬誤知見爲主要對象。復因星雲法師之改變心態，踐踏余多年來不加以拈提之善意，無根謗法及余，乃更易惟覺法師，改以星雲法師爲拈提之主要對象。

證嚴法師早年極罕講禪，然近年來觀察彼諸講禪、敎禪之聖嚴、惟覺、星雲三大法師，皆是同以無念、離念之靈知心，作爲禪宗證悟之標的，心中認同其說；復因藏密喇嘛拜訪證嚴時之言談中，所說之悟—明光大手印

—亦復如是，同以一念不生之覺知心作爲眞如心；由是緣故，證嚴法師亦隨之主張：覺知心若能一念不生，即是佛法中之開悟，便亦略事修學一念不生之功夫，便亦自以爲悟，便認爲：**覺知心一念不生而常起歡喜心，行諸布施等世間善行，永不退失歡喜心，便是初地菩薩**。便敢以常見外道見所證之如是意識心，造作《心靈十境》一書，以世間法境界而講解大乘十地菩薩之證量，藉彼書對其信衆暗示：**證嚴法師之證量至少已在初地以上**。

如是以尚未證得如來藏、未入七住位，未得根本智之凡夫身，以尚未斷除我見之凡夫身，以尚未證得聲聞初果之凡夫身，以尚未證得道種智之凡夫身，而邀聖位菩薩令名，藉以鞏固信衆對其生信、繼續恭敬支持；復又妄自無根誹謗余及正法，是故亦應列入拈提對象中，加以舉例辨正，令慈濟功德會之三衆弟子皆知證嚴之落處，皆知證嚴已犯**方便大妄語**罪，以免因讀其書之後，隨之同犯大妄語業；復因證嚴法師嚴重誹謗余所弘傳 佛之正法，成就謗法重罪，已然毀壞比丘尼戒，失其出家戒及菩薩戒之戒體，成就地獄重罪，已非佛門之僧寶。

星雲法師亦復如是，無根誹謗余所弘傳 佛之正法；今年來復又極力倡導「**禪淨密**三修」，繼續支持西藏密宗之邪淫法義與行門，已成故意破壞正法之嚴重行為；如是身口意行，已經喪失出家戒及菩薩戒之戒體，已非佛門僧寶。是故今年公案拈提之內涵，以星雲及證嚴二人之謬見為主要。至於 493 至 511 等 19 則，與聖嚴法師有關之公案拈提，乃是去年所寫《宗門正義》列印之餘分，轉入今年《宗門密意》書中者，於今年出版之前，略予修改：**於極少數文句中兼評星雲與證嚴二人**。合予說明如上。

佛光山既於去年十一月，派二法師來見我會某師，期望藉由某師影響於余：**不再評論星雲大師之謬誤法義，停止出版《學佛之心態、佛教之危機》等二書**。既欲達成如是目的，則當以星雲法師之身行口行，公開表示悔過，令眾了知平實法義非是謬說，令眾了知平實非魔，令眾知悉星雲以往所說乃是無根謗余及法，以免 世尊之正法於弘傳時多所遮障。然而至今年餘，星雲法師迄無如是補救之正行，復又多作文過飾非之愚行，並無絲毫改過之善意，乃竟單方面期望余之正法受其誹謗之後，默然不舉其謬，單方面期望余之坐視眾生被誤導。如是不肯面對自己之過失加以修正，只欲他人單方面漠視彼無根誹謗正法、無根誹謗賢聖、嚴重誤導眾生之惡行；

如是心地非直，絕非出家法師所應有之心態。

今將此事公諸於世者，亦欲令佛教界諸方大師知之：「早知今日，何必當初？**君子**當**慎始**、**慎獨**，何況人天所歸依之佛教法師？更當謹言慎行，莫以為人神皆不知彼等所造諸事。」諸護法神皆非鎮日昏昧眠夢而不理事者，若有嚴重破法之事，當事人復墮於老好人之鄉愿心態、刻意隱而不告者，諸護法神亦將有所作為，豈能坐視不理？舉凡一切佛教內外之人，對於今時及未來佛教正法所作諸事，若將產生重大影響者，護法龍天善神斷無坐視而默然不理者；彼諸大師莫以為所思所造惡行，皆無人知之、皆無神知之。

此書出版之前，距星雲、證嚴二人無根謗法謗余已二年餘，而彼二人都未針對如斯過失，稍作補救之措施，是故今年公案拈提書中，以彼二人為主要對象，加以舉證辨正，並敘因緣如上，令眾週知：非是無因無緣而作如斯等事。今以《宗門密意》出版在即，合敘緣起如上，即以為序。

菩薩戒佛子 **平實導師** 謹序

公元二〇〇三年芒種 序於喧囂居

密意錄

宗門目

＊……錯悟之公案

第四九三則　雪峰救火

福州雪峰義存禪師　雪峰禪師一日陞座，眾集定，雪峰禪師輥出木毬，玄沙師備禪師遂捉來安舊處。又一日，雪峰禪師在僧堂內燒火，閉卻前後門，乃叫曰：「救火！救火！」大眾無對，玄沙師備乃將一片柴，從窗櫺中拋入，雪峰禪師便開門。

聖嚴法師云：《古人用「指月」**形容經義祖訓的功能**。也有趙州從諗禪師將自己反鎖室內而燒滿屋煙，大喊「救火！救火！」的公案，當時南泉禪師從窗口將鑰匙投入，令趙州自開門戶、自出火窟。我則常說：「我所講的、寫的，不過是給人一把鑰匙，教人自尋門戶、自投鎖孔、自開悟門。」我不會嚼食餵嬰，也不會代人吃飯，所以將這次出版的兩本書，取名為『禪鑰』及『禪門』。》（東初出版社《禪鑰》自序）

平實云：審如聖嚴師父所說者，則是意謂趙州實因此一公案而悟。然而趙州卻非因此公案而悟，事實具載於《景德傳燈錄》中，亦載於《五燈會元》之中，聖嚴師父不應信口而言也！

當知趙州此一燒火公案，乃是欲度師兄弟中之未悟者，是故創造此一公案，引出其師南泉，施用機鋒，共成度人之事業；便如　佛座下之大弟子等人，故意提出質疑，　佛即得以藉此宣示正法，藉以闡釋外道法及錯悟者所想所說諸法之異於佛法所在也。如今聖嚴師父不知趙州與南泉之意，作是言說，已顯示自身依文解義、死在趙州句下之事實也。

聖嚴師父若不然余言，力言南泉如是作為乃是教趙州自行脫困、自行悟入者，何妨以雪峰禪師之燒滿屋煙公案而釋之，其解可得會通乎？必不可得也！玄沙乃是雪峰之弟子故，彼時雪峰已是名聞天下之大禪師故，雪峰早在其師兄巖頭之幫助下證悟故（詳見《宗門法眼》第 109 則雪峰成道公案），玄沙乃是雪峰所印證之弟子故。

且舉聖嚴法師對雪峰放火公案之解釋，證實其為臆測、錯悟之事實，呈現於真悟者慧眼之前：《僧堂是出家人居住的地方，雪峰也許是因爲天冷而烤火，也可能故意燒了一把火。他把前門後門都關上，然後大喊：「救火！救火！」是要測試弟子們之中，是否有人解答他出的試題。**玄沙不是打水去救火，反而丟一塊木柴進去作回應，意思是說，已經了解師父的試題，所以叫雪峰再多燒一把火，另出一個試題吧！**結果，雪峰歡歡喜喜地開門走出來了。如果是一般人，一定會宣告全寺大眾，急忙提水救火。玄沙卻很清楚老和尚在做什麼，**乾脆多給他一塊木柴，讓他繼續玩火**。明知是失火，還敢火上加薪，絕對不是普通人的膽識，萬一眞是師父房間失火，見火不救，鬧出了人命，還能算是出家的修行人嗎？相信當時的玄沙，已從窗中向內看到雪峰燒火的情況，知道並非眞的意外失火，而是正在好整以暇地燒火，所以**再給他一塊木柴，表示以心印心，心心相應，便是禪機**。類似這樣的舉動，目的是在考驗弟子們的智慧。如果**內心不夠寧靜安定，經常妄想紛飛**，遇到火警等的突發事件，必然會驚慌失措，不可能有如此細膩的心來觀察體會的。》（東初出版社《公案一百》頁119~120）

然南泉從窗間遞過鎖匙公案之理，若同於聖嚴法師所說之理，則此一公案，應當解為：徒弟玄沙師備禪師以一片柴象徵鎖匙，教其師父雪峰自行開門而出，**以此助其師父雪峰證悟**。如是所說，是耶？非耶？有請聖嚴法師斷看！理可會通乎！

雪峰禪師早已證悟出道、領衆弘法，當時已是名聞諸方之住山大師，豈須弟子玄沙投此片柴而度之耶？同理，趙州故意放火之前，早已是證悟者，早知禪門密意宗旨，何須南泉遞入鎖匙教伊尋門投孔？是故南泉遞入鑰匙者，非是聖嚴法師所說之意也。若依聖嚴如是意思而解公案者，直待驢年到來時，亦猶悟不得也！聖嚴法師所說者，唯是臆想分別所得之說，非是真參實證者之言也！（南泉遞鎖匙之公案，詳見拙著《宗門正道》第 391 則「趙州救火」公案拈提即知，此處略表不述）。

當知雪峰救火之公案，與趙州救火之公案，意旨如出一轍，絕無二意，皆是意在言外，皆是直示般若之入處也，絕非聖嚴師父所說：「**再給他一片柴，讓他繼續玩火**」，亦非聖嚴師父所說：「**丟一塊木柴進去作回應，意思是說，已經了解師父的試題，所以叫雪峰再多燒一把火，另出一個試題**」，更非聖嚴師父所說「**再給他一塊木柴，表示以心印心，心心相應，便是禪機**」。同一救火密意公案，聖嚴法師前後解釋，卻截然迥異；顯見皆是墮於情境思惟上所作之意識思惟也。一切證悟之人，若見聖嚴法師如是拈提公案者，必皆不能忍俊，微哂之後必定同皆一嘆！推究聖嚴師父犯此誤會之原因，乃是以定為禪所致，如此一段短文中，聖嚴師父已經曝露其所墮—以無念為禪—以語句及事相上之思惟作為禪悟：「如果**內心不夠寧靜安定，經常妄想紛飛**，遇到火警等的突發事件，必然會驚慌失措，不可能有如此細膩的心來觀察體會的。」

雪峰義存禪師一日陞座，欲待開示禪要，俟大衆集定，雪峰禪師卻不說法，只是將一曲木棍，輥出一顆木球；玄沙師備禪師見狀，便知雪峰意在何處，遂起身捉住木球，復來安於舊處。如是一場無生大戲，可憐大眾沒個人聽懂，無一人知曉。禪子且觀：那雪峰明明上堂欲為大眾開示，云何上得堂來，見大眾集定，卻不言語，只是玩起木球來？竟是何意？豈真精神失常？　玄沙師備禪師彼時早已悟入，見狀早知雪峰禪師意在何處，便去撿取木球，置回原處；只如玄沙之意，今時台灣四大法師還有知者麼？

又有一日，雪峰禪師見眾僧只是忙著日常種種活兒，不曾在參禪證悟上用心，乃在僧堂之內燒起一把火來，更閉卻前後門，在僧堂裡面大叫曰：「救火！救火！」大眾匆忙來到僧堂，甫見雪峰禪師如是作為，早知雪峰乃是使機鋒，卻無一人能對，個個啞口無言；待得玄沙師備來到，早知雪峰之意，乃將一片柴，從窗櫺中拋入；雪峰禪師因此便開門而出，完成此一公案。可憐闔寺大眾，無一個有智慧底，悉皆辜負雪峰與玄沙賣力演出一場無生戲；平實若是雪峰，出得僧堂已，便好取拄杖，一一打趁去也！盡是眼見如盲之輩！

只如雪峰上座後，輥出木毬，究竟意在何處？玄沙師備卻將木毬捉來放置原處，又是何意？今時海峽兩岸諸方大師還有道得者麼？試斷看！

次如雪峰無緣無故，在僧堂裡生起一把火來，自己關在僧堂裡自熏，卻鎖起門來大叫救火，又是何意？

三如玄沙來到時，只是將一片木柴從窗間丟入，亦未說得什麼事故，雪峰為何卻自己開門出堂？玄沙莫非真似聖嚴法師所說之欲令雪峰再燒大火耶？當知南泉自窗間遞入鎖匙者，實非欲令趙州開門自出，實則別有密意，唯有悟者方知；若如聖嚴師父解說南泉與雪峰之公案意旨者，則玄沙丟入片柴，應是欲使其師雪峰悟入，或是欲使雪峰禪師更燒大火也；然玄沙之意終不如是，是故雪峰只是自行開門而出，完成一件公案機鋒。故說聖嚴師父所說者，悉墮祖師閑機境中，未是懂禪之人也！且道：玄沙見僧堂中煙起，又聞其師雪峰大叫救火，不遞入鎖匙，卻反而丟入片柴，竟是何意？雪峰因什麼緣故卻自出堂？爾等大師得得來到平實跟前，若似聖嚴法師一般言語者，莫怪平實一棍打汝頭破！

如是禪門作略，其實皆有原由；只是未悟或錯悟之人不知其中原委，便道禪師舉止異於常人，乃至今時法鼓山部份少見寡聞之信徒，便因此責余使機鋒等事為神經病、乩童起乩。殊不知真悟之禪師搞怪者，必有搞怪之理，完全合於三乘菩提正理，藉此顯示三乘菩提之密意，自是未悟錯悟之人見之不解，便道奇怪與失常，乃至更道禪師皆是搞怪。

凡是真悟之人，主持禪宗之精進共修時，所造一切身口意行，悉皆異於俗人常人，然皆有其深意：謂於一切言行之中，處處將禪門之鎖鑰遞向禪子手中，令入眞正之禪門。若如聖嚴師父之將常見外道邪見鎖鑰交付學人，則諸學人唯有隨其同入常見外道之法義中爾，何曾稍知佛教禪門宗旨？何有禪鑰之可言耶？竟敢號其書名為《禪鑰》與《禪門》！如斯師徒衆人，於禪門宗旨愚迷不解，故於佛法般若之實證，仍將遙遙無期也，必將永遠同住於常見外道見中，復又自以為已經真實證得佛法正理也！

只如雪峰放火與輥球，玄沙撿球、遞入片柴之真意，在什麼處？若人會得此理，三乘菩提之理，便將日漸通達；未來十百千生中，即得次第漸入諸地，方是真實內門修證菩薩萬行之人也。 且道：雪峰與玄沙意在什麼處？ 頌曰：

上堂輥毬何曾羃，拾毬何妨轉遞？

僧堂放火頻呼喚，今人眼早翳，誰知雪峰意？

聞道禪門已關閉（註），叢林無路尋覓，淒風霜雨心悒悒！

覓枝頭春意，卸簑翻農曆。（調寄臨江仙）

（註：中台山曾於書中狂言：「今時禪門已關閉，唯有惟覺法師是證悟之人，爲大眾打開禪門。」）

第四九四則　風穴話頭

汝州風穴延沼禪師　師應潙仰之懸記，出世聚徒，南院法道由是大振諸方矣！師上堂謂眾曰：「夫參學眼目，臨機直須大用現前，勿自拘於小節。設使言前薦得，猶是滯殼迷封；縱然句下精通，未免觸途狂見。觀汝諸人，應是向來依他作解，明昧兩岐。與爾一時掃卻，直教個個如獅子兒，吒呀地哮吼一聲，壁立千仞，誰敢正眼覷著？覷著即瞎卻渠眼。」

師又赴郢州衙內，昇座示眾云：「祖師心印，狀似鐵牛之機，去即印住，住即印破。只如不去不住，印即是？不印即是？還有人道得麼？」時有盧坡長老出問：「學人有鐵牛之機，請師不搭印。」師云：「慣釣鯨鯢澄巨浸，卻嗟蛙步驟泥沙。」坡佇思，師喝云：「長老何不進語？」坡擬議，師打一拂子云：「還記得話頭麼？試舉看！」坡擬開口，師又打一拂子。牧主云：「信知佛法與王法一般。」師云：「見什麼道理？」牧主云：「當斷不斷，返招其亂。」師便下座。

聖嚴法師云：《禪宗的禪與佛的意義，應該是相同的。禪既是讓我們明心見性、開悟成佛的觀念及方法，也正是修行的目標，因此禪心等於佛心；「佛在口中、佛在心中、佛在平常行爲中」，就是禪在我們的平常日用中。古代禪宗祖師們所指的「達摩西來意」，就是平常生活裡的佛心、佛言、佛行；一舉一動，**起心動念**都是表露著佛的悲智，便是眞正的修行。請問諸位：當你與人家吵架的時候，**佛在哪裡？**你在生悶氣時，**佛在哪裡？**你在與人交談時，**佛在哪裡？**你在工作時，**佛在哪裡？**你在休息睡覺時，**佛在哪裡？**那時的佛，是被你蒙在鼓裡了呢？還是**清楚地跟你生活在一起？**請諸位不斷地品味：**禪在哪裡？佛在哪裡？**》（東初出版社《禪鑰》頁199~200）

平實云：聖嚴法師從來不懂禪，從來不解禪師家作略，從來不知禪門內事，卻又偏愛講禪、寫禪、印禪書，正好將自身所墮「常見」之「惡見」，公諸於世；正好將自己禪狐尾巴，大量而且長期塞向佛門四衆手中，句句皆成禪狐把柄；如今欲待收回，已不可得，真乃愚不可及之行也！

聖嚴法師一生所説之禪，皆以意識心作為禪門修證之標的，是故一向教人數息靜念、澄清妄想、了了分明，以此為禪門正修。然而如是境界，皆是意識覺知心之境界，與禪宗之證悟完全無干，不可謂此即是禪門之正修行也！如是修行者，唯是天台宗智者大師之所修所行者，乃是禪定之修法，非是禪宗般若禪之正修也。然而智者大師頗有禪定證量，一生所修禪定證量，非可小覷；聖嚴師父雖然以如是禪定修法作為禪宗之正修法門，然而一生所修，至今卻連初禪亦未能證得，一生枉費其功，豈唯禪宗之般若智慧不能親證，乃至天台宗所正修之禪定證境亦無絲毫所獲，師徒一生俱皆白忙一場，有何佛法證量、禪定證量可言耶？乃竟廣造諸書，將我見、常見廣弘，欲令學人修證禪法，何有智者而肯墮此？

云何謂聖嚴師父所修者為禪定之修法耶？試觀上來所舉其文開示，已可知其正墮意識覺知心境界中故。平常一舉一動中之起心動念，皆是意識心；與人爭吵時別立一念不生之覺知心亦是意識心，生悶氣時別立一念不生之覺知心亦是意識心，與人交談時別有一念不生之覺知心、之覺照心，亦是意識心。休息睡覺時覺知心斷滅，根本就不可能有離念覺知心存在，聖嚴法師教人此時應有離念覺知心存在，根本就不懂佛法八識心王體性，根本就不曾確實觀行八識心王中之意識心體性。凡此皆是意識覺知心也！

時時**清楚地跟你生活在一起**的覺知心仍是意識心。如是，聖嚴法師所言：「請諸位不斷地品味：**禪在哪裡？佛在哪裡？**」正應反問自己：「究竟如是第六識覺知心是否爲禪宗修證之標的？或應儘速修正，改爲修證從來離見聞覺知之第八識如來藏？」若已如是自行檢點及修正，所說即同三乘諸經無異，則是真正之佛法也，悟抑未悟則不必論之，不致再度嚴重誤導衆生故。然而聖嚴法師於說禪寫禪時復應自問：「我聖嚴法師自己之眞正佛心如來藏在哪裡？眞正之禪又在哪裡？」如是自問，如是戮力參究，如是破參，復又如是印證於三乘諸經而完全無異已，方得以如是語，問於四衆弟子，方得以之重新說禪、講禪、寫禪、印行禪籍流通天下，否則盡成野狐之言，何堪說之、講之、寫之、印之？誤導衆生佛法修證之因果極大故！

有智禪師悉皆如是畏於誤導衆生之因果，絲毫不敢違犯之。悉皆實事求是：悟則言悟，未悟則自稱為學人，不敢逾越。今者聖嚴法師卻以明知未悟之身，而處處示現上人法，處處暗示自己已悟，更欲對真悟之人加以殺剮（詳見其早期諸書所說）及印證，無乃癡人說夢乎！以一生之名聞利養，衡於未來世多劫之尤重純苦，利弊自知，而竟不能自省，繼續誤導衆生，繼續抵制他人所弘真實能令人悟之三乘菩提正法，豈是有智之人？故說聖嚴法師為無智之人。聖嚴法師如是，星雲、惟覺、證嚴等人亦復如是，欲保一生之名聞，同造如是謗法及謗賢聖之惡行，皆是無智之人也！禪門真悟祖師則不如是，悟則言悟，未悟則言未悟，如是之人，方有悟緣，方是有智之人也！由是緣故，今當演說真正禪宗之禪，以令大衆稍知禪意，便舉風穴話頭公案，共諸佛門學人合計：

風穴禪師，相傳為仰山慧寂禪師再來，雖然未離胎昧，而不妨後世能繼續證得禪法，復又出世度人，是故傳記中說：「師應潙仰之懸記，出世聚徒」，由是緣故，南院慧顒禪師之法道，大振宗風、名聞諸方。

一日，風穴禪師上堂開示云：「凡是眞正具有參學眼目之禪師，面臨大根機之學人時，直須大用現前，直接便使機鋒，令其證悟，千萬不可自己拘束於小節（不可以為對比丘施以機鋒即是不敬三寶，乃至面對大法師及錯悟之大禪師時，亦當如是觀察因緣而施機鋒）。若是一向都以言語而開示眞實心之體性，而不使用機鋒者，縱使有人於如是開示之前會得眞實意，仍然不免滯於無明殼內，仍然不免繼續被封存於無明殼内。縱然有人在如是開示之言句下，皆能精通禪師所說者，也難免在接觸境界時墮於狂禪之中而產生癲狂之見解。我觀察汝等諸人，應該都是一向依隨他人之說法而作爲自己之見解者，都是明昧兩歧、分明有異，我都看得清清楚楚，瞞不了我的。如今我卻要爲你們一時掃卻聽來的葛藤邪見，直下就要教你們個個都像雄獅一般，吒呀地大吼一聲，就像是壁立千仞一般，誰敢正眼來看你？他們如果膽敢正眼看你，就將會瞎掉他的眼睛。」

風穴禪師一生，機鋒極為凌厲，然唯用之於有緣之大根機者，平常極少見其施用機鋒。對於一般人，風穴禪師若觀其悟緣未具者，必不施用機鋒，多以言語應對。蓋因當時禪宗已然普為流傳，時人大多世智辯聽，將聽來抄來底諸方說禪語句，作為自己之見地；率皆不肯真參實究，多是悟緣未具之人，是故風穴禪師一生少用機鋒，其故在此。然亦因此之故，便使當時衆人以為：語言文字富有禪意，意境超脫於世俗見解，如是言語便是禪。由是緣故，風穴禪師之世，文字禪已然廣泛風行於未悟者、錯悟者之間；直至如今台海兩岸，文字禪仍然盛行於中國文人及國文教師之間，雖未風行，卻不絕如縷，乃至今時台灣四大法師亦不免焉；是故如今仍有極多國文教師講禪、寫禪、印行禪籍，四大法師亦復如是墮於文字禪中，皆於公案之文字上，以自意思惟、妄想，而說禪、寫禪；凡此，實皆肇因於古時禪師之觀察因緣未具者，施以言語答對而不施機鋒之表象，致令未悟之好禪、好講、好為人師者以之為禪，有以致之。

一日，風穴禪師又因應邀，乃赴郢州府衙內，昇座開示大衆曰：「祖師之心印，其心行狀態，便似鐵牛之根機：正當鐵牛根機之人若欲離去之時，當下即予印住；當人若安住下來時，卻予以印定而又破解其機鋒。但是，如果來者不去又不住之時，究竟是要印證他才對呢？或者是不印證才對呢？如今府衙內諸禪者，還有人說得出這個道理麼？」當時有一頗為聞名之長老居士，名為盧坡，因風穴出道不久，名聲猶未普聞，聞言心中不服，便出衆而問：「學人我卻有鐵牛之根機，請禪師你不搭用印證之事相。」若是一般阿師，尚且不解盧坡長老語意，何能答之？更如何與之爭鋒？風穴禪師卻不然，聞伊恁道，只是輕易答言：「我向來慣於垂釣那些深沉在清澈大海中的大鯨魚，如今卻在這裡感嘆：那大魚正在沙灘上，全身像馬在地上打滾一樣地沾滿了泥沙，遲緩地蛙步而行哩！」

風穴禪師這語，有偏有正、有主有賓，有斥人之意，亦有助人發機之處；若是大悟徹底之人，聞之便解，卻好向風穴禪師胸前印上一掌，大踏步便出，還要待伊饒舌作麼？無奈盧坡長老不是個大悟底人，根本就未曾破參，聞言茫然，死於句下，只得佇思，難作回應。豈唯盧坡？當時諸人亦復個個死於風穴句下。豈唯當時？今時全球諸方大禪師，亦復如是，個個盡皆死於風穴句下，於此公案中風穴言語，悉皆作聲不得。

風穴禪師一眼之下，早知盧坡長老落處，早知伊答不得，任由盧坡長者探索思惟良久，見伊答不得，然後乃大喝曰：「長老為什麼不再往前說一句？」那盧坡聞言，不得已，正準備開口說話，風穴禪師卻打伊一拂子，說道：「還記得剛才的話頭麼？試舉說看看！」盧坡正待開口說明，風穴禪師卻又再打伊一拂子，那盧坡長老終究逃不出風穴禪師手掌心兒。

此時牧主（知府大人）見狀，開口說道：「這才使人不能不相信：佛法與王法是一樣的。」這知府大人亦是落在閑機境上，何曾知解佛法？恁麼語話，卻似三家村裡底土地爺，儘說些鄙俗俚語一般，何曾知解官話兒？風穴禪師聞言，看他是一方牧主，亦是佛門大護法，不好直斥伊，便問伊：「你究竟見到個什麼道理？」那知府便回道：「若不能當機立斷的話，就會反而招到擾亂。」這一句語中，便盡洩其底：原來亦只是一隻野狐，何曾知解風穴禪師偈意？風穴禪師聞言，卻不理會伊，只管自行下座，留下一干人等，個個錯愕當場。

只如風穴禪師答伊盧坡長老云：「慣釣鯨鯢澄巨浸，卻嗟蛙步（馬+展）泥沙。」此語中，何者是主？何者是賓？何者是斥人之意？何者是助人發起鐵牛機之處？如今諸方大師既道是悟，既然示現上人法，由著徒衆稱為上人、聖人、大師，如今不可托詞迴避，更不可道不會也，且請斷看！天下學人個個要知！若斷不得，盡是凡夫知見，只成野狐禪師，何處有上人法？而縱令徒衆公開尊稱為上人、聖人、大師？讀此公案時，豈不赧顏？

爾等四大法師既已示現上人法，當知即是悟者，如今且要以聖嚴法師之語，公開返問爾等：「請問諸位：當你與人家吵架的時候，**佛在哪裡？** 當你在對平實生悶氣的時，**佛在哪裡？** 你在與人交談時，**佛在哪裡？** 你在工作時，**佛在哪裡？** 你在休息睡覺時，**佛在哪裡？** 那時的佛，是被你蒙在鼓裡了呢？還是**清楚地跟你生活在一起？** 請諸位不斷地品味：**禪在哪裡？佛在哪裡？**」待得一日因緣成熟時，忽然一念相應，懂得禪了，證知自己之佛心第八識如來藏所在已，出世為人說佛法正理，彼時必定棄捨印順等人之邪見猶如敝屣；雖然彼時爾等猶未能證道種智，平實亦將永遠杜口，不再言及爾等四大法師之過也。只如爾等正當私下誹謗平實為邪魔外道之時，爾等之佛心何在？禪又何在？　還請下心參究之，否則終將不免野狐之譏也！

只如牧主云：「信知佛法與王法一般。」又解云：「當斷不斷，返招其亂。」風穴禪師云何卻不答伊言語？卻自顧自下堂休去？究竟風穴禪師肯不肯伊語？

若是肯者，云何自休去？若不肯者，究竟太守錯在什麼處？云何風穴禪師卻無指斥？爾等說禪、講禪、寫禪之四大法師，還有道得者麼？試斷看！

當知平實如是問話，不是好意；若是真知風穴意者，聞言卻好向平實胸前印上一掌，且忙自個活兒去，不須理會平實言語也！　頌曰：

慣釣鯨鯢，且顧小蛙，小大分明不殊；
金風玉露曾未遮，端陽灑粽付船伕。
柔軟似水，性若金剛，無關玉兔金烏；
會得永離六塵境，又何妨見聞覺知？（調寄鵲橋仙）

第四九五則　天皇後人

荊州天皇道悟禪師　俗姓張氏。神儀挺異，幼而生知，長而神俊。年十四，懇求出家，父母不聽；遂誓志損減飲膳，日才一食，形體羸悴。父母不得已而許之。依明州大德披削。二十五，杭州竹林寺具戒精修梵行，推爲勇猛；或風雨昏夜，宴坐丘塚，身心安靜，離諸怖畏。一日遊餘杭，首謁徑山國一禪師，受心法，服勤五載。唐大歷中，抵鍾陵，造馬大師，重印前解，法無異說。

復住二夏，乃謁石頭遷大師，而致問曰：「離卻定慧，以何法示人？」石頭曰：「我遮裡無奴婢，離個什麼？」曰：「如何明得？」石頭曰：「汝還撮得虛空麼？」曰：「恁麼即不從今日去也！」石頭曰：「未審汝早晚從那邊來？」曰：「道悟不是那邊人。」石頭曰：「我早知汝來處。」曰：「師何以贓誣於人？」石頭曰：「汝身見在。」曰：「雖如是，畢竟如何示於後人？」石頭曰：「汝道阿誰是後人？」師從此頓悟，於前二哲匠言下有所得心罄殫其跡。

聖嚴法師云：《定和慧，是禪宗『六祖壇經』中非常重要的兩項課題，也是禪宗悟境的主要內容——即定之時慧在定，即慧之時定在慧。心不爲一切境界，如得失、成敗、善惡、美醜所動，叫做定。心雖然不動，但外在環境、一切現象還是清清楚楚地在心中反映出來，不加上主觀的好壞、取捨、愛憎等分別，且以超客觀的立場來處理環境，這叫做慧。天皇道悟問師父石頭禪師：「如果連定的功能、慧的功能都不用了，你還有什麼東西可以拿來讓人了解、對人說明？」這也等於說：「不用定、不用慧，你的心還有作用嗎？」此問題設下了一個兩難的局面。假如用慧、用定，那是誰在用？一定是主觀的自我。**但自我出現，煩惱心必也出現，不再是定慧。可是離開定慧也就沒有心的作用了。**石頭禪師面對這個挑戰，不慌不忙，用了一個高明的比喻：「我這裡沒有奴婢，沒什麼好離開的。」一般人以主觀去與客觀環境相對立，因而有自我的存在；石頭禪師沒有主客觀的任何東西，沒有任何境界，你叫他離什麼？如果執著於有定有慧，那還是主觀的立場；因此，定慧的功能也是一種執著。**真正解脫自在的人，在定慧有功能的時候，不以為那就是定慧，自我中心亦不存在，這才是最高的智慧和禪定。**純客觀才能超越於主觀和客觀。一般人大概不易領悟這種心境，但主觀與客觀的心理狀態應該不難體會、分辨。》（東初出版社《公案一百》頁 115~116）

平實云：依此公案所載，天皇道悟禪師悟前，曾晉謁徑山國一禪師，受其心法，服勤五載，然而所悟卻是意識覺知心。唐朝大曆年中，復抵鍾陵，造訪馬大師，重印前解，自認無異；然而馬大師早年勘驗人時，極為草率，與平實初出道時之驗人無異，是故天皇道悟禪師認為二大禪師之法與已「所悟」無異，其實不曾真悟六祖之法。

六祖所言之定，乃是「於法決定」之定，而非聖嚴法師所言之禪定也！禪定乃是四禪八定等定境，通於外道及二乘；然而禪宗證悟後獲得「心得決定」之定，卻是不通二乘聖人，亦不通外道之禪定，完全是般若實相之智慧，非是禪定也。如今聖嚴師父卻將禪宗所悟之般若智慧決定心，誤認作通於外道之禪定，去道遠矣！

復次，定與慧，皆是意識心層面之法，必以意識覺知心修學禪宗之法門，參究禪法而證得自心真如—第八識如來藏，因此而發起般若之智慧，迥異世俗法上之智慧，迥異讀經思惟之聞慧、思慧，迥異參究修行禪法而未證得自心真如之修慧，更異外道亦通之修學禪定所得智慧。如今聖嚴法師對此卻完全不知，將禪定與禪混為一譚，焉可稱為證悟之人？

復次，行者證悟如來藏而發起般若智慧時，此智慧乃是意識覺知心中之法，非是如來藏自身亦有如是智慧發起，然而意識心之證得如是境界，卻依親證如來藏方得發起也。修證世間禪定之四禪八定等證境亦復如是，皆是意識覺知心所得之法，自心如來藏根本不住於四禪八定之定境中，亦不住於四禪八定之定外；如是不住禪定境界中，亦不住於定外，不出不入禪定境界，故名**法界大定**，如是心得決定而不退轉，純屬般若智慧。由是緣故，禪宗真悟之人轉依自心如來藏之後，不以意識覺知心所住之境界為自己所住之境界，皆已證知其虛幻不實故，由是而轉依自心如來藏之境界。是故，從自心如來藏之自身以觀，根本無所謂定與慧之可言。如是正理，聖嚴法師未曾知之、未曾證之，一向墮於意識心境界中，以意識心在禪師所言之文字表相上，作諸情解思惟；復無自知之明，乃竟擅加解釋，誤導衆生，自掀狐尾，不可謂是有智之人也！

天皇道悟禪師曾聞如是之理，然猶不知自己之錯悟，猶不曾知自心真如從來無定慧可言，是故便以悟者之身分，要求石頭禪師證明確實已曾親證那不墮於定慧中之自心真如，乃問石頭希遷大師曰：「離開定慧二法，和尚您以何法教示學人？」乃是以悟者之身分，欲勘驗石頭禪師之悟境，要求石頭禪師直接明示自心真如所在。

然而石頭禪師卻道：「我這裡沒有定與慧等奴婢，離個什麼？」一切證悟之人皆知定慧二法乃是意識心中之法，非是自心真如之法，是故以自心真如為主，故將真如所生之意識心中定慧二法視同奴婢，無所執著，由是緣故，石頭禪師有是言語。天皇道悟當時尚未知曉自身墮於意識心境界上，更進一步欲勘石頭禪師：「那你要教大眾如何明得這個心？」石頭禪師答曰：「你還撮得到虛空麼？」天皇道悟便曰：「既如此，就不是從今日才有的心哪！」石頭便問曰：「卻不知你是什麼時候從那邊來的？」天皇道悟答曰：「我道悟卻不是那邊的人。」石頭卻不認可他，便曰：「我早就知你是從什麼處來的。」天皇道悟報曰：「大師您何以贓誣於我？」石頭回答曰：「因爲你的身見還在啊！」天皇道悟此時心中起疑，乃又問曰：「雖然是這樣，畢竟和尚您是如何將自心眞如顯示於後人？」石頭見天皇悟緣已熟，便反問曰：「你倒是說說看：阿誰是後人？」天皇道悟禪師卻從這一句話下頓悟了去，由此一悟，對於以前在徑山與馬大師處，所體會到、所誤會到的有所得的意識心上的法，便都遺棄殫盡，絲毫蹤跡都不留存。

是故，一切證悟之人初出道時，總以為他人所悟必當與己無異，往往只以機鋒勘驗，不教當人入室口說手呈，致多錯誤之印證，徑山與馬大師皆不能免，平實出道早期亦不免焉。只如天皇道悟禪師問曰：「離卻定慧，以何法示人？」

又道：「恁麼即不是從今日證悟後才有的心！」如此二句言語中，有什麼過失？為何便遭石頭大師勘破，言其身見猶在、未曾證悟？今時諸方大師還曾解得其中玄機麼？試斷看！

次如石頭大師一句「汝道阿誰是後人？」云何天皇道悟禪師因此一句便得悟入？其中玄機又在什麼處？爾等自認已經證悟之四大法師！還有人道得麼？試道看！　若於石頭如是一句話下薦得，其慧深利，久後必成人天之師。若薦不得，且四人相邀一起尋平實來，見已便效天皇道悟禪師，提出同一問句以詢平實；平實甫聞如是一問，便向大師等人大聲廝吼：「爾道阿誰是後人？」管教大師等人於此一句之下便得會去！從此只成個度人之師，成不了天人之師也！若猶未會，平實便取竹如意，打趁出去！　如是人，救得有什麼用處？救得之後亦無法利益大衆也！　且道：爾等大師認誰為後人？　頌曰：

定慧本是奴婢法，意識六塵必相應；
欲離定慧墮燈影，佛道行來路泥濘。
鞋千雙，經萬卷，力行勤研無僥倖；
身見若除撮虛空，歸寺擊椎萬民慶。（調寄鷓鴣天）

第四九六則　天皇玄妙

荊州天皇道悟禪師　師自石頭大師座下開悟明心後，卜于荊州當陽柴紫山，學徒依附，駕肩接跡，都人士女嚮風而至。時崇業寺上首，以狀聞于連帥迎入。郡城之左，有天皇寺，乃名藍也，因火而廢；主寺僧靈鑑，將謀修復，乃曰：「苟得悟禪師為化主，必能福我。」乃中宵潛往哀請，肩舁而至，遂居天皇。時江陵尹、右僕射裴公，稽首問法，致禮勤至。師素不迎送，客無貴賤，皆坐而揖之。裴公愈加歸向，由是石頭法道盛于此席。

僧問：「如何是玄妙之說？」師曰：「莫道我解佛法。」僧曰：「爭奈學人疑滯何？」師曰：「何不問老僧？」僧曰：「問了也！」師曰：「去！不是汝存泊處！」

聖嚴法師云：《我們這個時代距離第九世紀唐中宗之世，又過了一千一百多年，而唐朝之後，仍然有很多人開悟。黃檗禪師是百丈禪師的弟子，百丈之下同時有好多位大禪師，例如溈山靈祐、黃檗希運等；黃檗禪師之下還有臨濟義玄；一直到宋朝大慧宗杲的時候，還有好多大禪師出現。所以末法的觀念，只是警惕我們要好好的努力，**不能說末法時代就沒有人證道、沒有人悟道。**》（東初出版社《動靜皆自在》頁136）

平實云：誠然！「末法的觀念，只是警惕我們要好好的努力，**不能說末法時代就沒有人證道、沒有人悟道。**」然而聖嚴師父此語，是否意在宣示自身亦是證悟之人？若是宣示自己亦屬證悟之人，則自己之所說不當、違教悖理，顯違真悟諸祖之訓示。若是明知自身未悟而作此說者，則是承認今時亦有他人能悟；然而聖嚴師父為何至今仍不相信末法之世有人能悟？卻對真悟之人處處暗中抵制，是故師父此舉，違於自語，進退維谷，非是正說。

聖嚴法師又云：《但在黃檗禪師當時所見的也是事實，他說：「向去多是學禪道者，皆著一切聲色。」好多人看起來都好像是在學禪、學道，可是那些人都在執著「一切聲色」。聲是聲音，色是顏色、形式。……》（東初出版社《動靜皆自在》頁 136）

平實云：黃檗禪師所說者，確屬事實：從古至今，一切學佛、參禪者莫不如是，一向皆著聲色——都在音聲等六塵相應之心上，執為真實心，執為實相心。此謂古今禪者、學佛者，多有將離念靈知心認作第八識如來藏者；卻不知離念靈知心乃是不斷與六塵聲色相到、相應者，認取此心者即是著聲色者。然而今時台灣四大法師卻都不知如是正理，都以離念靈知心，作為實相心，皆墮聲色中而執著之，卻又不知自己已是執著聲色者，更來指導他人莫墮聲色中。是故黃檗禪師見責於當時人之言語，如今四大法師悉應自行訶責也！

聖嚴法師又舉黃檗禪師之語：《若你不會此意，縱你學得多知，勤苦修行、草衣木食，不識自心，盡名邪行，定作天魔眷屬。》隨即如是開示與大衆：《所以黃檗禪師要說：禪修者是以識得「自心」爲著眼，否則縱然學得多知，勤苦修行，盡名邪行，定作魔眷。天魔有修行，也有神通，但是沒有智慧，心有所住，住於定，住於境界，住於聲色，故名邪行。》（東初出版社《動靜皆自在》頁143）

平實云：聖嚴法師既然同意黃檗所說：「不識自心，盡名邪行。」則當探究自己是否已明自心？若不明自心者，則聖嚴法師自身一生所行，盡名邪行，正墮自己所引黃檗之責語中。若謂自身確已識得自心，云何一生所言、一生所造諸書，皆以離念靈知之意識心作為自心？卻是與六塵聲色相到、相應之心，卻是一向著於聲色之心。若謂自身尚未曾明自心，則引黃檗之語示人者，正是責己之言；審如是，云何可將未悟言悟之說梓行？云何可將猜測臆想之辭以示四衆弟子？

如是聖嚴法師不識自心，著於與聲色相到之心，依黃檗所言：「縱你學得多知，勤苦修行、草衣木食」，如是行於頭陀行已，仍是邪行，捨壽之後「定作天魔眷屬」——必定住於聲色法中故。是故法鼓山四眾弟子，於此定須殷勤作意思惟，謀定而後修之，萬勿輕忽！

天皇道悟禪師自從在石頭大師座下證悟後，住於荊州當陽柴紫山；後隨因緣入住天皇寺，因名天皇道悟禪師。石頭法道因此盛于荊州。

一日，有僧來問：「如何是玄妙之說？」天皇道悟禪師答曰：「你可別說我懂得佛法。」天下真悟之師，總是同此一答。證悟之後方是最懂佛法之人，然而卻都異口同聲向人道是不懂佛法。天皇道悟禪師此答，便如悟前之問石頭：「離定慧二法，如何示人佛法？」石頭禪師不答伊所問，只是教伊撮一把虛空來。這些禪師同一鼻孔出氣，教諸學人丈二金剛摸不著頭腦。是故彼僧便又問曰：「無奈學人我疑滯在此，無法突破，卻又怎麼辦？」天皇道悟禪師聞伊恁麼說，便道：「為什麼你不問老僧呢？」那僧何曾知曉天皇禪師意在何處？不知道天皇禪師真個教伊重問，自作聰明，便道已問。天皇禪師見伊不能依其教導直心直行，便斥云：「走開！這裡不是你可以留下來安住的地方！」

只如那僧明明先前已問，為何天皇禪師卻教其再問？如是教令，意在何處？聖嚴大師還會麼？一朝若會，出言便將迥異昔日，便將羞於閱讀往昔梓行天下諸書，便將親見諸大師之錯謬，便將遠離藏密諸師，不再夤緣藏密法門也。

若不會者，何妨問取法鼓山四衆弟子？彼諸四衆弟子雖然不會，當其羞赧答言不會時，卻有為大師處，大師且將眼聽；忽然會得，何妨當時便禮彼座下未悟弟子？將伊扶上座去，自己卻在座下說起法來；彼時所說必定迥異先時，令諸弟子大表驚異，悉知師父今時必已證悟也。

只如天皇禪師斥令彼僧離去，言天皇寺非是彼僧所應存泊之處，此斥是有為彼僧處？是無為彼僧處？　次如平實說此話語，究竟有為聖嚴大師處？抑或無為大師處？　大師何妨於此切？法鼓山四衆弟子亦何妨於此切？　或有個伶俐底僧，於此平實一言之下會去，方知禪門本無玄妙之處，只是個直心與平實爾。玄妙者，唯是未悟之人不解真悟者心行，誤為「不依牌理出牌、說反話」，故成玄妙之譚；爾等四衆有朝一日若得證知此理，便信平實多年來之苦口婆心所在也，方是真知感恩之人。聖嚴師父審能如是證悟，臨濟法道便將在法鼓山開始廣弘也！中台山、佛光山與慈濟證嚴三人，從此以後便無置喙之處！　頌曰：

玄妙之譚，古今同調；

陋室濡筆研墨，天冷覓茶銚。

昔日天寧，湖旁同眺；（註）

柳映清波如畫，拂柳更長嘯。（調寄醉太平）

（註：昔年與聖嚴法師同在克勤先師座下，住天寧時，常於藥石後，同於寺前眺望水景。）

第四九七則　丹霞劃草

鄧州丹霞天然禪師　不知何許人也。初習儒學，將入長安應舉，方宿於逆旅，忽夢白光滿室，占者曰：「解空之祥也。」偶一禪客問曰：「仁者何往？」曰：「選官去。」禪客曰：「選官何如選佛？」曰：「選佛當往何所？」禪客曰：「今日江西馬大師出世，是選佛之場，仁者可往。」遂直造江西。才見馬大師，以手托襆頭額，馬顧視良久，曰：「南嶽石頭是汝師也。」遽抵南嶽，還以前意投之，石頭曰：「著槽廠去。」師禮謝，入行者房，隨次執爨凡三年。

忽一日，石頭告眾曰：「來日劃殿前草。」至來日，大眾諸童行，各備鍬钁劃草，獨師以盆盛淨水淨頭，於和尚前胡跪。石頭見而笑之，便與剃髮，又爲說戒法，師乃掩耳而出。便往江西再謁馬大師，未參禮，便入僧堂內，騎聖僧頸而坐。時大眾驚愕，遽報馬大師，馬躬入堂，見之曰：「我子天然。」師即下地禮拜曰：「謝師賜法號。」因名天然。馬大師問：「從什麼處來？」師云：「石頭。」馬云：「石頭路滑，還蹉倒汝麼？」師曰：「若蹉倒，即不來。」乃杖錫觀方。

聖嚴法師舉「雪峰」禪師語：《雪峰義存禪師對大眾開示說：「飯羅邊坐餓死人，臨河邊行渴死漢（編案：據《五燈會元、傳燈錄》雪峰無此語，應是玄沙之語：『飯羅（籮）裡坐，餓死人無數；海水沒頭，渴殺人無數』）。又：古時羅字通籮字。」》舉已，開示大衆云：

《佛法俯拾即是，處處皆是，無一法不是佛法，無一物不是佛法。只要開悟，樣樣都是佛法；如果未開悟，樣樣都是障礙。坐在飯籮邊的人餓死了，沿著河邊走的人渴死了。眞好玩！現實世界裡不會有這種事，我們從小就憑本能會吃飯，不可能坐在飯籮邊還餓死；我們也從小就知道找水喝，不可能走在河邊還渴死。這兩句話其實是個比喻，形容不知道佛法、沒聽懂佛法或未開悟的人，不向自己心內去體驗，反而拼命向心外求法。有人跑到印度、西藏求法，認爲中國已無佛法；有人從台灣到美國，向美國禪師求法，認爲台灣已無禪法；有人向自稱大悟徹底的人求法，而不知道佛法不是那個樣。你遠道跋涉，求師問道，何不回過頭來看看自己的內心？**只要心中無煩惱障礙，那就是佛法、禪法**，不需向外求。》（東初出版社《聖嚴說禪》頁 180~181）

平實云：聖嚴法師說得好：「不知道佛法、沒聽懂佛法或未開悟的人，不向自己心內去體驗，反而拼命向心外求法」，然而師父此言，正應用來勉勵自己，一直不懂自心故，向來皆在能觸六塵之覺知心上用功故，此是「眞正自心以外之法」故，即成心外求法者也。

如玄沙言：「飯羅（籮）裡坐，餓死人無數；海水沒頭，渴殺人無數。」一切未悟之世人總皆如是，聖嚴師父亦不能自外於此。一切衆生自古以來，都在第八識自心真如中討生活，卻皆不知，要待真悟之禪師出頭說明已，方知起心探究之。推之究之三四十年已，及至問著自心真如何在？卻又個個頭搖似槳，個個搖頭如搖手鼓。或有個膽大者，問著便道是離念靈知心，悉皆覓不著自心真如所在，悉皆無力現觀而體驗之。由是緣故，玄沙方有此一感嘆之語：「坐在飯羅（古時米飯用炊蒸之法，熟後須裝入白布所襯之飯籮中）裡的人無量數，卻盡皆餓死在飯羅中；海水已經淹沒頭頂了，那無量數的人們卻不能喝得一口，盡被渴死了。」

如今諸方大師悉會不得，悉在臆度情解上大作文章。平實聞玄沙恁道，卻不似聖嚴大師作是言語，主持本會之第二次禪三時，便向大衆道：「何止是飯籮裡坐？何止是大水沒頭？直可謂：通身是飯，通身是水。」是故度得些子人，今時用來同心護持正法、弘傳正法。

是故，聖嚴大師不應專在意識覺知心上而求無念、離念，求之愈久，去道愈遠，非是佛法也，此是我所之境界故，與二乘菩提之斷除我見無關故，更與大乘菩提之修證實相心而發起般若智慧無關故。假饒大師覺知心中永遠皆不起煩惱，永遠皆不起妄念，亦復不能親得二乘菩提之解脱果也，未曾死得覺知心不壞之惡見故，覺知心即是聲聞初果人所斷我見之意識心故；亦復永遠不能證得大乘般若慧也，離念靈知心是第六意識故，大乘般若智慧所證者是第八識如來藏故。是故大師應當除卻原有所執之「離妄念靈知心、離六塵煩惱之靈知心」，暫時封山，努力參禪；亦當吩咐座下一切出家二衆弟子，各各專心一意參禪，尋覓本有、本來離念無念之第八識自心真如。　平實作是説已，不可不作正理之宣示，便舉丹霞劇草公案，共法鼓山四衆弟子合計合計：

鄧州丹霞天然禪師，不知姓氏宗族。初習儒學，將入長安應舉，方宿於旅店中，忽夢白光滿室，問於占卜者，彼占卜者告之曰：「此乃解空之祥兆也。」忽又偶遇一禪客問之曰：「仁者何往？」丹霞天然禪師答曰：「選官去。」禪客勸之曰：「選官何如選佛？」丹霞禪師便問曰：「選佛當往何所？」禪客告之曰：「今日江西馬大師出世弘法，乃是選佛之場，仁者可以前往。」丹霞禪師遂罷貢舉之試，直造江西參訪。

丹霞禪師到得江西，才見馬大師，便以手托頭巾及額頭，馬大師顧視良久，乃告之曰：「南嶽石頭禪師即是汝師也。」丹霞禪師聞言，隨即抵達南嶽，參見石頭希遷禪師，依舊以參見馬大師之意旨而行其機鋒，石頭禪師見狀，便指示曰：「到槽廠去任職事吧！」丹霞禪師禮謝石頭收之為徒，乃入行者房（未削髮受具，亦未受出家聲聞戒者，名為行者），隨後又輪值於廚房而執行炊爨職務者，前後總有三年之久。

忽有一日，石頭禪師宣告大衆曰：「明天普請劚割大殿前之雜草。」至明日，比丘大衆攜諸沙彌等人，各人皆預備沙鍬及钁頭等，於大殿前欲待劚草，獨有丹霞禪師以盆盛淨水，於大殿前以淨其頭，淨頭已，便於石頭和尚膝前胡跪，請求劚除頭上煩惱草。石頭禪師見狀乃笑，便與剃髮；剃髮已，又為丹霞禪師說戒法；丹霞禪師卻掩耳而出，不願聞其戒法。

隨後便又前往江西再謁馬大師，到得江西，尚未參禮馬大師，便入僧堂內，騎聖僧像之頸而坐。彼時大衆皆悉驚愕，乃速速呈報馬大師；馬大師乃親自入堂，甫見丹霞禪師，乃告之曰：「原來是我兒子天然。」丹霞禪師隨即下地禮拜曰：「謝謝師父賜我法號。」因此便自名為天然。馬大師當時問道：「你從什麼處來？」丹霞禪師答云：「從石頭法席來此。」馬大師問云：「石頭山的路可滑著（石頭路滑公案，詳見《宗門血脈》第 291 則拈提），有沒有滑倒你呢？」丹霞禪師答曰：「如果被它滑倒了，我就不來這裡了。」因此一番問答相契之故，隨後乃持錫杖，遍參諸方道場大禪師，觀察諸方大師之悟抑未悟。

這丹霞禪師絕非此世方悟之人，是故不須任何大師給與機鋒，早知禪門所悟；見得馬大師，只是以手托額、托帽，更無言語。馬大師以如是機鋒觀之，故言其緣應在石頭山門；丹霞禪師受如是指示已，隨即直造石頭法席，亦不問法、求法；仍以同一法意而投石頭禪師，石頭見狀，便教之住入行者寮房，職司炊事，如是凡有三年；雖然早已證悟，三年中不言削髮受具及出道弘法等事。及至石頭大師宣示來日共剷大殿前草，方始具淨水，於大殿前淨頭，要求石頭大師剷除其殿前草──削髮受具；石頭大師隨予落髮，更待為其說戒。那丹霞禪師卻依道共戒而住，不樂聞其所說聲聞之戒，乃掩耳而出。

只如石頭禪師與丹霞禪師之間，如是往來，不曾勘驗與印證，丹霞禪師云何便如是自肯？石頭山路從來甚滑，卻云何不曾躂倒丹霞禪師？皆因通身是飯、通身是水故。而今聖嚴大師還知此中道理麼？萬勿飯籮裡坐，卻不知飯在何處？萬勿淨水沒頂時，卻渴死在淨水中。　只如飯在何處？淨水又在何處？

大師還會麼？　頌曰：

選官何如選佛？別來已是千年；
春風吹過法鼓山，踏春後山綠畋。
老來遊步慵懶，玄旨掛心難詮；
無心賞春歸掩門，鞋底花瓣且攆。（調寄西江月）

第四九八則　丹霞龍鳳

鄧州丹霞天然禪師　師一日謁忠國師，先問侍者：「國師在否？」侍者曰：「在即在，不見客。」師曰：「太深遠生！」侍者曰：「佛眼亦覷不見。」師曰：「龍生龍子，鳳生鳳兒。」國師睡起，侍者以告，國師乃鞭侍者二十棒，遣出。後丹霞聞之，乃云：「不謬為南陽國師！」至明日，卻往禮拜，見國師便展坐具；國師云：「不用！不用！」師退步；國師云：「如是！如是！」師卻進前；國師云：「不是！不是！」師繞國師一匝便出；國師云：「去聖時遙，人多懈怠；三十年後，覓此漢也還難得。」

師訪龐居士，見女子取菜次，師云：「居士在否？」女子放下籃子，斂手而立；師又云：「居士在否？」女子便提籃子去。

聖嚴法師云：《佛教所謂的「心」是指**煩惱心**和**清淨心**。你、我、他，貪、瞋、癡，無常、苦等，是煩惱心。所謂你我他，就是分別的意思，對接觸到的人、事、物產生的反應。有人問我：「佛經說無執著就是無分別、無煩惱，我們是否可以無分別？」我說：「**這是不可能的。當下的你問我答，你我之間無分別嗎？**」……。

清淨心也是智慧的佛心。煩惱心使我們痛苦，使我們生生流轉六道中。煩惱心越少，投生的層次越高，智慧越增長。智慧如鏡子，煩惱如塵土，鏡上蒙塵是愚癡，拭去塵埃現智慧。……。

我們的心，非貪即瞋，愚癡而不知智慧，所以從減少貪瞋著手，才能發現智慧是什麼。……開始修行的人應該相信自己有煩惱，才要追求智慧。煩惱斷盡則見智慧，智慧圓滿便與佛心相同；佛心與眾生心原是一樣，不同的是眾生心有煩惱、佛心無煩惱，這就是明心、明佛的清淨智慧心，便能見佛的不動性和空性。清淨心是自照照人的智慧，佛性是在凡不減、在聖不增的本來面目。有位禪師開悟以後，有人問他發生了什麼事，他回答：「早晨起床後，轉身碰到牆壁，才發現我的鼻孔是朝下的。」意謂佛性到處存在、本來具足。當煩惱心還在的時候，即在迷中，就看不到佛性。智慧顯現時，即已開悟，不論看到什麼，什麼都是佛性，那又稱為無分別心，或無差別性。》

（東初出版社《禪與悟》頁 94~97）

平實云：聖嚴師父自從出道弘揚禪法，向來以意識之清淨或染污，作為是否證悟之標的，如是而以數息法、念佛法，以求進入無念、離念境界，以求覺知心中不起煩惱妄念妄想，如是而言眾多禪法，如是寫禪、出版禪籍，如是而言清淨之覺知心為佛心，而言染污之覺知心為衆生心，何曾與禪宗所悟之第八識如來藏心相應？何曾證得第八識如來藏心？如是意識覺知心何可言之為佛心？假饒意識覺知心永遠常住於清淨境界中，永遠不起煩惱妄想妄念，依舊是意識心也，永無可能變為真心如來藏也。

縱使有法能將意識覺知心變為如來藏真心者，則此真心絕非真心也！是變來之法故，是由虛妄心轉變而成者故，此清淨性乃是修而後成者故；修得之清淨性異於第八識心之本來清淨故，真心之清淨性乃是本來清淨故，非是修而後淨故。是故，聖嚴法師之所說者，本來即是言不及義之說，所言清淨心者，絕非禪宗真悟祖師所言之真心也。

復次，真實心乃是無始以來皆不起分別性者；於吾人之意識覺知心與人言談而不斷分別之過程中，真實心依舊本其無分別性而住、而運行不輟；如是常住，從未刹那斷絕。如是無分別心，無始劫來本已如是常住，聖嚴法師竟未之知，竟言無有如是無分別心，而言與人言談時必定有分別。

如是謬言已，卻開示言：「當煩惱心還在的時候，即在迷中，就看不到佛性。智慧顯現時，即已開悟，不論看到什麼，什麼都是佛性，那又稱爲無分別心，或無差別性。」卻成自語相違。所以者何？謂若聖嚴法師有朝一日，真能除滅自己所言之「煩惱心」時，般若智慧依舊不能顯發也，我見未斷故，以不起煩惱之覺知心為無分別心故，以不起煩惱之覺知心為清淨心、為真實心故，此清淨心依舊是意識心故；如是不肯滅除「意識常而不壞」之惡見者，即是我見者也；尚且不能進入聲聞初果，何況能悟大乘般若智慧？

復次，假饒聖嚴法師之意識心已修至清淨無染之地步，永遠不起煩惱心，永遠住於清淨境界中，依舊是分別心也；必與六塵相到故，能到六塵境界之心即是分別心故，眼見耳聞……乃至一念了知之際，即已分別完成故，永遠皆不能住於無分別之境界故，聖嚴法師云何可言如是之心即是無分別心？即是佛性？即是無差別性？現見差別歷然故，現見其了別六塵之體性炯然分明故。由是故說：聖嚴法師不懂禪宗之禪，未曾入得禪宗門下也！未曾識得**禪門**也！至今仍不知**禪鑰**在何處也！由此緣故，說聖嚴法師所言「**只要心中無煩惱障礙，那就是佛法、禪法**，不需向外求」，乃是不如法之說也，仍需向外追求證悟之人協助，方有悟緣。為念多世互為師徒之情緣，且舉丹霞龍鳳公案，共聖嚴師父說禪去也：

鄧州丹霞天然禪師悟後行腳，一日往謁慧忠國師，到來便對侍者先意存問：

「國師在否？」侍者曰：「在倒是在，只是不見客。」丹霞禪師回答說：「未免拒人太過深遠了吧！」侍者有眼無珠，學證悟者之模樣答曰：「即使是佛眼也看不見國師。」丹霞禪師打狗看主人，只得隨口答曰：「龍生龍子，鳳生鳳兒。」逮至國師一覺睡起，侍者以丹霞禪師之語稟告，國師乃鞭笞侍者二十棒，逐出門户。後來丹霞禪師聞道此事，乃讚歎云：「果然不是虛謬的當上國師啊！」至明日，卻往國師處禮拜，甫見國師時，丹霞禪師便展開坐具；南陽國師早知他來處，便云：「用不著這個機鋒！用不著這個機鋒！」丹霞禪師聞言，欲再進一步勘驗緇素，便退一步；國師早知其意，乃云：「如是！如是！」丹霞禪師聞言，卻又進前；國師見丹霞禪師處處作家相見，乃又故意作是言：「不是！不是！」，丹霞禪師聞言，早知國師是家裡人，知伊反過來勘驗自己，乃繞國師一匝便出；國師見云：「如今距離　世尊住世之時已經很遙遠了，學人大多懈怠而不精進、大多不求證悟了。從現在起，直到三十年後，想要再尋覓如此的漢子，也還眞是難得啊！」

只如那侍者道國師不見客，丹霞禪師道個「太深遠生」，國師為什麼便知是個真人？便打侍者二十棒又遣出？究竟如是一句有什麼玄機？值得國師棄捨侍者？　次如丹霞禪師聞道國師處罰侍者，又將之遣出，卻無憐憫之意，只是讚歎國師。次日往拜時，卻又未拜，只是展開坐具，意在何處？　三如國師見丹霞展開坐具，未拜之間便道：「不用！不用！」真不愧為國師也；當知如是一拜，豈是國師受得起者？國師此世尚須從人求悟，丹霞卻是自參自悟，乃是往世大禪師之再來也，國師不受這一禮，倒是先見之明。然而國師這一句子，卻又不安好心，自謙之時，且要看伊丹霞落不落入言脈之中；那丹霞卻是當機全提，便退步而立，看伊國師能奈他何？只如這其中，有什麼關節？值得平實再三撈漉與大家留意？爾等大師還有知者麼？試道看！

四如丹霞退步時，國師不因丹霞退步而生不悅，反道：「如是！如是！」且道國師因什麼緣故便道是？　五如國師道是之時，丹霞卻又進前；國師欲勘丹霞是否野狐效顰，便故意道：「不是！不是！」丹霞卻不中計，只是於國師面前繞一匝便離去。國師便知此人確有來由，絕非浪傳虛名者，乃讚歎之。且道：丹霞與慧忠國師之間，數來數往，不合常情，猶如精神病患者，卻似千餘年後之平實一般，究竟是什麼用意？如今莫道三十年後覓取一位丹霞，直饒六十年後欲覓個國師也難！爾等大師且道：丹霞與國師猶如精神病患者，如是來來往往，意在什麼處？　莫向平實道：他二人意在言外。若作此言，小心平實當頭劈爾三十如意！

後來丹霞風聞龐蘊居士是個大悟徹底的人，又去參訪。到彼只見一女子正在取菜，丹霞便問那女子：「龐居士在否？」那女子聞言，便放下籃子，歛手而立；丹霞又重問云：「龐居士在否？」不料那女子聞言便提籃子逕去。

這丹霞禪師，恁麼伶俐，機鋒迅疾，此回卻栽在那女子手裡，未免機遲。那女子當時雖未有名，證量卻絕對不下於龐蘊、不下於丹霞也，正是龐蘊之女靈照也。當時那女子聞言放下菜籃，又歛手而立時，丹霞早該察覺彼非常人也；不料丹霞一時失察，更問龐蘊所在，那女子見丹霞不會其意，便提籃而去；丹霞此時方知，已是機遲，為時已晚也。若是個真禪和子，當那靈照放下菜籃時，便該留意；待其復又歛手而立時，合該進前提起菜籃，便遞與伊，向內直管行去便了；既有如是女子，何愁覓不著龐蘊居士？更問在不在作麼？丹霞既是真悟之人，此回陰溝裏翻船，咎在自家粗心大意，沒料到遇著個作家，卻是過在自己，道不得苦也！　頌曰：

龍不生龍，鳳卻生鳳；

侍者輕人招棒遣，將衣弄，心莫痛。
靈照俏置籃菜，歛手更奉；
提籃去，步何重？（調寄一落索）

第四九九則　丹霞不空

鄧州丹霞天然禪師　元和三年，師於天津橋橫臥，會留守鄭公出，呵之不起，吏問其故，師徐曰：「無事僧。」留守異之，奉束素及衣兩襲，日給米麵，洛下翕然歸信。

至十五年春，告門人言：「吾思林泉終老之所。」時門人令齊靜，方卜南陽丹霞山，結庵以奉事。三年間，玄學者至，盈三百眾，構成大院。

師上堂曰：「阿爾渾家！切須保護一靈之物，不是爾造作名貌得，更說什麼薦與不薦？吾往日見石頭和尚，亦只教切須自保護，此事不是爾譚話得。阿爾渾家各有一坐具地，更疑什麼？禪可是爾解底物？豈有佛可成？佛之一字，永不喜聞，阿爾自看。善巧方便慈悲喜捨，不從外得，不著方寸；善巧是文殊，方便是普賢，爾更擬趁逐什麼物？不用經，不落空去。今時學者紛紛擾擾，皆是參禪問道；吾此間無道可修，無法可證；一飲一啄各自有分，不用疑慮。在在處處有恁麼底，若識得釋迦，即這凡夫是。阿爾須自看取，莫一盲引眾盲，相將入火坑。夜裡暗，雙陸賽彩，若為生？無事，珍重！」

聖嚴法師云：《至於解脫，一是先要理解到這個自我是身心世界因緣和合而成的，不是永恆不變的，並且進一步要親自從內心體驗到身心世界是虛妄的，那就能把自我中心放下，也就是把執著爲自我的身心世界放下，凡與自我有關的內在與外在，精神與物質，全部給放下，便能解脫。但在**放下了這一切之後**，並不意味著就沒有了自我，**乃是認識了自我，是從一個被煩惱所困惑的人，變成了沒有煩惱而有智慧及慈悲的人，這就是所謂的開悟。**》（東初出版社《禪鑰》頁 234~235）

平實云：解脫之意，並非覺知心放下一切便是親證得解脫，亦非覺知心自己證得解脫而永遠存在不滅，乃是證知覺知心自己虛妄，證知能思量之自己虛妄，因此對於自己後世之是否繼續存在，根本無有任何掛礙，方是解脫之真實意也。而今聖嚴法師卻只是在認識覺知心自我上用心，只是在捨離覺知心一向貪著之六塵境界，令覺知心不貪六塵而獨自常存於六塵境界中，不曾一念否定覺知心，不曾觀察覺知心之虛妄，正是我見未斷而一向教人離我所者，以此我所之斷除作為斷我見；六塵等一切境界皆是我所故，覺知心即是凡夫眾生所執著之我故。如是墮於我見之中，倡言能給付禪鑰與學人者，無有是處！

聖嚴法師又開示云：《但有很多自認爲已經開悟的人，他們很可能是自欺欺人而不自知。當與自己沒有利害得失相關時，他們會覺得自己已很自在，已經很有智慧，而是沒有煩惱的人了；一旦遇到跟他們切身的安危榮辱等相關的情況發生時，又覺得坐立不安了。其實，**真正開悟的話，便能在有事或沒事時，心裡都很平靜安穩；**唯有經驗到開悟的人，才能從自我得到解脫，才能從身心世界得到自由，才能從三世因果得到自在。到了此時，可以稱之爲身心脫落，世界粉碎。》（東初出版社《禪鑰》頁235）

平實云：聖嚴法師此語正應責己：「自認爲已經開悟的人，他們很可能是自欺欺人而不自知」，何以故？謂師父二十年來以諸著作及開示言語暗示，令人以為真是證悟之聖人；然而卻經不起法理上及經教上之檢驗，只成個佛門內之常見外道；一向墮於意識心境界中，根本未曾斷得我見，只在我所上用心，欲求遠離我所，三縛結俱在，何況能破無始無明？大師以此離念而不生煩惱妄想之意識心，作為禪宗所修證之禪，正是自以爲悟，自欺欺人，卻又不自知者！

離念之意識覺知心，只是生滅法；饒爾修得非非想定，此定中極微細而不反觀自己存在之覺知心，仍是有生有滅之法；此心有生有滅故，即是衆生所有之分段計著之法；必有入定與出定之分段出入體性故，必有入睡與醒覺之分段出入體性故。既是分段入出之法，即非是恆常不滅之法，即非常住不變易法，《楞伽經》中 世尊說之為意識心——分段計著所出生者。

一切學人皆可現前證驗：覺知心之一念不生境界，乃是修所得法，非是本然即有者；如來藏則是無始劫以來本就一念不生、本就離念，無始劫以來如是，證悟之現在如是，悟後之未來無數劫如是，乃至成就究竟佛果時亦復如是；非是修之而後證得之境界，非是未來將會有時失去之境界；如是非修所得者，乃是本來如是者，方是永遠不壞之法。離念靈知心之境界，乃是修所得之境界，後來始有者，未來終必因於修緣之散壞而壞之，焉得是真實不念之心？焉可說之為般若經中所言之不念心？故知聖嚴法師不懂禪宗之禪，所說悉墮意識之情解思惟，而以意識之離念、無念，朗然覺照境界之修證，作為禪法之正修行，誤會大矣！

聖嚴法師曾於書中勸誡大眾云：《禪宗是重視實證經驗的，在通過語文的介紹之後，更重要的事，便是鼓勵你去親自體驗。否則，光是說食畫餅，終究不能充饑（東初出版社《公案一百》頁165）。》既如是，則當親自體驗一回禪宗之證悟，則當探究禪宗之悟境是怎麼一回事兒？乃竟純以意識思惟，而教人數息、默照，保持無念、離念而了然分明，以此為悟；正是自以為悟，卻不知自身其實猶未曾悟之自欺欺人者。此乃法鼓山信徒之悲哀也，不能了知其過失故，隨其所營造之大名聲、大道場而同入我見常見中故。

若真學禪，則當求悟；若不求悟，學禪何用？不如修學有為法之禪定去！復次，若欲求悟，親近明師時，當先檢驗彼師之說，符合佛經否？符合實相正理否？檢驗確實之後，方可從學；否則浪擲一生於常見外道法上，空隨名師浪擲一生，復有何義？由是緣故，奉勸一切學禪宗者：「學禪之人必須經歷證悟之過程；既有如是體驗之境界，然後被印證爲悟之時，當以諸經正理檢驗之。若所悟違教或悖實相正理者，則知所悟有誤，應即正告彼師，令其知非，然後捨離，另覓明師。」能如此行，方是有智行者；萬勿迷信名聲道場及出家在家等表相，隨之浪擲一生。若大衆同隨彼師修學三、五、七年已，而竟無一人能悟；或被其印證為開悟之人，所說之法竟同常見外道見者，則知非是明師也，則當速捨，別覓明師，以免為其所誤。此是一切學禪宗法道而求悟之人，應有之基本智慧也。閒言表過，且舉丹霞不空公案，共我佛門大心學人話道：

鄧州丹霞天然禪師證悟後，於元和三年，在天津橋橫臥；適逢留守之鄭公出遊，隨從訶之令起，以待鄭公通行；而丹霞禪師置之不理，竟不起身。鄭公手下官吏前問其故，丹霞禪師乃徐徐告曰：「我乃無事僧也。」留守驚異之，後乃奉上東儀及僧衣兩襲，每日令人給送米麵供養之，洛下諸人乃翕然歸信焉。

至元和十五年春天，丹霞禪師乃告門人言：「我心中思量著，想要有個山林有泉之處，作爲終老之所。」當時門下學人令齊靜，方乃四處勘察而選定南陽之丹霞山，結造小庵以奉事之。然而三年之間，玄學者聞風而至，便盈三百之衆，漸漸構成大院。

一日，丹霞禪師上堂開示曰：「你們這些渾渾噩噩的學人啊！切須保護這本有的一靈之物，這個心並不是你們去修行造作所能獲得的，也不是用名相所能形容得出祂的面貌的，爲什麼還要說什麼證得或者不證得的話呢？我在以前面見石頭希遷和尚的時候，大師也只是教示我：『切須自己保護，莫犯諸惡』而已，這件禪悟的事，不是你們用譚話的方式所能證得的，得要自己眞參實究啊！你們這些渾渾噩噩的人！每個人都各有一個可以宴坐的道場所在，還要在那邊懷疑個什麼呢？禪！豈是你們用意識思惟所能知解底物事？哪裡有佛可成？佛這個字，我永遠都不喜歡聽見，你們就自己尋覓看看吧！

其實，善巧方便與慈悲喜捨等，都不是從外面去修得的；修得以後，也不須執著在方寸之間；善巧即是文殊菩薩，方便就是普賢菩薩，你們還想要再追逐個什麼東西呢？參禪的人，不用讀經看教，證悟了以後，自然不會落到空無裡面去。

今時的學禪者極多，眞是紛紛擾擾，皆是在參禪問道；但是我這裡卻是：無道可修，無法可證。想要求悟的人，必須有福德因緣啊！能不能證悟，其實都有定數：一飲一啄各自有分。如果是已經修足了證悟的福德的話，那就用不著老在心裡疑慮著自己能不能證悟。具足了福德的人，在在處處都有恁麼證悟底因緣；如果能夠忽然認識了釋迦的本體，就知道：其實在這個凡夫身上也就是了。你們須得自己看取才好，可別一盲引眾盲，相將入火坑！如今夜裡這麼黑暗，根本就看不清楚，你們卻用那兩個骰子在那邊博取彩金，要怎麼賭呢？如果沒什麼事的話，大家早早休息了吧！」

如今平實且要勸勸爾等四大法師們：切要尋覓自己一靈之物，莫墮於印順所說一切法空之邪見中；亦莫隨順於印順之邪見，去誤認不可知不可證之意識細心，作為佛法之本源；莫隨順於印順之邪見，便道**性空唯名**之惡取空即是般若之真正意旨。莫錯會！錯會即成謗菩薩藏者，即成一闡提人，千萬在意！千萬莫墮印順所墮之惡取空中，卻來責備他人是惡取空者。莫墮印順所墮之惡取空中，卻來責備他人所證之第八識如來藏為外道所墮之意識神我、梵我；誣責他人者不善，誣責證悟之賢聖者更是不善之行，殊不足取法也！

只如丹霞禪師所開示一靈之物，當如何會取？爾等若欲會取者，莫認見聞知覺性，莫墮六塵之中，莫認與六塵相應相到之知覺性；當於六塵煩惱中，不離六塵煩惱境界，而覓取一切時中皆離六塵之第八識如來藏，覓取一切時中皆不知六塵、法塵，皆不墮定中定外之第八識如來藏。苟能如是親證者，自通般若諸經，從此自得安穩，不須鎮日裡盤腿靜坐、與腿痛抗衡，以求錯悟之一念不生意識境界。

若效聖嚴、惟覺、星雲、證嚴之追求一念不生境界，以之為悟，直待驢年到來時，亦不能了知悟境與悟事也，更不能親證七住菩薩所證知之般若智慧也，更何況能知諸地無生法忍等智慧諸事？是故爾等四大法師，皆當早早否定覺知心之知覺性，速速覓求自心如來藏，以親證如來藏作為此時起所應戮力追尋之目標。切莫成日裡作諸神鬼賢聖等事，籠罩四眾（三眾）弟子，以免反障自己證悟之福德因緣。若是不聽余言，有朝一日——到得臘月三十夜裡，管教爾等無分辯處，個個有口難言也！

只如臘月三十到來時，爾等四大法師，欲如何免得閻王老子算計爾等受人供養之衣飯錢耶？且待臘月三十夜晚，各人皆取雙陸來，平實但備《宗門密意》四冊為彩，且與爾等四大法師捲袖共擲雙陸去！　頌曰：

一靈之物難名邈，等閑凡夫豈造次？會得敢道無事！
佛門多事因爾等，凡夫敢將賢聖斥，倚諸徒衆為恃。
方便善巧俱懵懂，久在佛門未入室，常見卻將為釋。
阿爾渾家一坐地，盡在塵勞與鬧市，雙陸博彩且視。（增段浣溪紗）

第五〇〇則　招提知見

潭州招提慧朗禪師　始興曲江人氏也，姓歐陽氏。年十三，依鄧林寺模禪師披剃。十七遊南嶽，二十於嶽寺受具。

往虔州龔公山謁大寂，大寂問曰：「汝來何求？」師曰：「求佛知見。」曰：「佛無知見，知見乃魔界。汝從南嶽來，似未見石頭曹溪心要爾。汝應卻歸。」

師承命迴嶽，造于石頭，問：「如何是佛？」石頭曰：「汝無佛性。」曰：「蠢動含靈又作麼生？」石頭曰：「蠢動含靈卻有佛性。」曰：「慧朗為什麼卻無？」石頭曰：「為汝不肯承當。」師於言下信入。

後住梁端招提寺，不出戶者三十年。凡參學者至，皆曰：「去去！汝無佛性。」其接機大約如此。

聖嚴法師云：《禪是安定、平穩、和樂的生活方式……。禪為開朗、寬大、涵容的生活智慧……。禪為合情、合理、合法的生活原則……。》（東初出版社《禪與悟》頁 113~114）

聖嚴法師又云：《禪的內容是如來。禪就是成佛的方法，成佛的方法包括持戒、

修定、修智慧。》（東初出版社《禪與悟》頁117）

平實云：比見諸方大師所墮者，皆是欲將有見聞、有知覺之意識心轉變成佛心；殊不知佛心從無始劫以來本離一切見、一切聞、一切知、一切覺，從來不起見聞覺知。然而聖嚴師父身為中華佛教文化館之負責人，身為中華佛學研究所負責人，身為農禪寺住持人，身為法鼓山事業集團負責人，研究佛學三十餘年已，於經中如是明說之意旨，竟未之知，竟然一向皆以覺知心而求「安定、平穩、和樂的生活方式」，以此為禪宗之禪悟境界；竟然誤認為「開朗、寬大、涵容的生活智慧」，即是禪宗所悟之智慧；竟然誤認為「合情、合理、合法的生活原則」，即是禪宗證悟者所尋覓之生活目的。

如是世俗知見，與禪宗真悟者所證悟之第八識如來藏心迥異；身為禪門宗師，竟然不知「禪宗之禪實以證悟自心第八識如來藏為標的」，真可謂不懂佛法之人也。不懂佛法之人，而竟主持中華佛學研究所、住持農禪寺、負責法鼓山龐大事業集團之佛學教育等事，究竟欲度學佛人往何處去耶？

復次，聖嚴法師有時言：「禪的內容是如來。禪就是成佛的方法，成佛的方法包括持戒、修定、修智慧。」則當了知：禪悟乃是以親證如來為所求標的。如來則非是指應身如來之色身，非是指化身如來之變化身，非是指報身如來之圓滿莊嚴報身，乃是指法身如來—第八識真如，此乃衆所認定無誤之說。如是修證者，方得親入成佛之道中，方得內門廣修六度萬行，最後方得成佛也。既如是，則聖嚴法師應當求證自身本有之第八識如來藏，不應以意識心追求「安定、平穩、和樂的生活方式」，作為禪宗之禪；不應以意識心處於「合情、合理、合法的生活原則」中，作為禪宗之禪；不應以意識心追求「開朗、寬大、涵容的生活智慧」，作為禪宗之禪；凡此皆是意識心之世俗生活境界故，與法界萬法體性之真實相迥異故。

禪悟者，須是不離有見有聞有知有覺之意識心，參得同在一處之無見無聞無知無覺之第八識如來藏，如是第八識心方是真正佛心也，吾人能於三大阿僧祇劫後成佛者，皆因此心故；吾人悟後能發起般若智慧者，亦皆因親證此心故。意識覺知心不能去至後世故，此心可以去至三大阿僧祇劫後之佛地故，一切佛法皆在此心之內涵上進修而得故，是名因地心與果地覺之名目相應也。如是之悟，方是禪宗之真正證悟境界也！聖嚴師父於禪之知見，竟然粗陋至此，於此真實無二之理，竟未之知，而竟率領數萬徒衆共修禪法；更造諸書而廣流通，誤盡今時及後世之廣大學人，良可浩嘆！今舉事實，宣說禪法之真相，切盼我諸佛子大衆，共解大乘菩提真意，庶能轉易歧路、歸於正道。且舉招提知見公案，共諸大衆提示禪法入處：

潭州招提慧朗禪師，乃是始興曲江人氏，俗姓歐陽。年甫十三，便依鄧林寺模禪師披剃。十七遊南嶽，二十於嶽寺受具足戒。

後聞佛法不在經教文字上，當求開悟親證，乃往虔州龔公山晉謁馬大師，馬大師問曰：「你來此處欲何所求？」招提慧朗禪師答曰：「我來祈求佛之所知所見。」馬大師開示曰：「佛無所知見，有知有見者乃是魔界之事。你雖然從南嶽來此，然而你似乎並未親見石頭希遷大師所承繼之曹溪心要。來此參訪復有何義？你應當立刻回歸石頭禪師處。」

招提禪師承馬大師之命，便迴轉南嶽，造訪于石頭禪師法席，問道：「如何是佛？」石頭答曰：「你沒有成佛之性。」招提禪師問曰：「我沒有成佛之性，那麼蠢動含靈等有情又怎麼說呢？」石頭答曰：「蠢動含靈卻有成佛之性。」招提禪師問曰：「既然一切有情都有成佛之性，我慧朗為什麼卻沒有？」石頭答曰：「只因為你不肯承當原來所悟的那個心。」招提禪師於此一言之下，方才信受而入佛法。

往往有諸學人，於首次參加我所主持之禪三期間，已經觸證第八識心，然而卻久久不敢承擔，每作是疑：如是現成平實之心，焉得便是第八識微妙之實相心？由不肯承擔故，智慧便不得生起，便不能深入體會其微妙圓滿之體性，般若智慧便不能發起。招提禪師亦復如是，必須馬大師之推崇其本師石頭希遷大師，復因石頭大師之訶責、印證與肯定，方肯承擔之。承擔之後，智慧便得漸次發明。

招提禪師由於深知此法微妙，舉凡我見未斷者、慧力不足者、福德不足者，皆無可能信受，是故後來住持於梁端招提寺時，不出寺門者凡三十年，於廣度眾生一事，可謂意興闌珊也。後來雖然漸漸有人知其已悟，前來參學，然而招提禪師卻不改初衷，凡有參學者到來參問，招提禪師皆趕趁人曰：「去！去！你沒有成佛之性。」其接引眾生者，大約如此，難得異此。

只如招提禪師凡見有人來參，皆言：「去！去！汝無佛性。」究竟有為人處？無為人處？若人於此薦得，無妨是一把好手，會得啐啄同時之機，天下之大，五湖四海，無一處道場遮攔得了伊，正可改易姓名為「任我行」也！正當神洲五湖四海任我行時，卻從來不曾踏著一片地；如是踏而不踏，方是禪宗真悟者之宗風也。聖嚴法師及與星雲、惟覺，垂垂老矣！臘月三十暗夜不久即居，當於此切，何須屑屑專事教相等世間法耶？　只如招提禪師如是言句，有什麼處是為人處？　頌曰：

佛無知見人難信，黑髮白鬢，共嘆禪門峻；
聞道離念靈知好，歡喜信樂皆和韻。
臨終難保知覺性，中陰時過，滅失如灰燼；
知覺滅已難問訊，賴耶方是佛正胤。（調寄蝶戀花）

第五〇一則　興國孤負

長沙興國寺　振朗禪師　初參石頭時問：「如何是祖師西來意？」石頭曰：「問取露柱。」曰：「振朗不會。」石頭曰：「我更不會。」師俄然省悟。

住後，有僧來參，師乃召曰：「上座！」僧應諾，師曰：「孤負去也！」曰：「師何不鑑？」師乃拭目而視之，僧無語。

聖嚴法師云：《佛教把意識分為「心、意、識」三個彼此相關的名詞。心，有眞、妄。**妄心是指煩惱，真心是講的智慧**。所謂妄心，即是人類的意識作用。而所有人類的意識作用都是主觀的，有利害、得失的判斷或觀念的，都不是眞的，所以叫煩惱。唯有離開意識的作用，外在的環境和現象是什麼就是什麼，不加上自己主觀的判斷的，那才是眞的，才是智慧。也就是說：**離開自我中心及主觀判斷之後，存在於純客觀的狀態，才叫智慧，亦即是真心**。眞與妄，兩者的心理活動是相同的；所不同的，在於有我和無我。妄心，又分成含有分別執著的意念作用的「意」，和沒有分別作用的、生命的主體或本體的「識」，也就是「意」和「**本識**」。》（東初出版社《禪與悟》頁157）

平實云：聖嚴法師對於佛法知見之粗淺，令人不能不深表詫異。大師所言之真心與妄心，竟然是同一意識心，差別只在此意識覺知心之有煩惱、無煩惱上，差別只在此意識覺知心之「有自我執著」和「無自我執著」上，同屬覺知心之意識，而可分為真心與妄心二者，真乃聖嚴「一家之言」也；普天下一切大乘佛法中，皆無如是說者；三乘經典及論藏之中，亦無如是說者。

三乘諸經中，凡有所說者，皆說意識覺知心乃是虛妄法，不因其有無自我執著而分判為真心或妄心也。意識心乃是依他起性之法故；覺知心，不論是在有我執之凡夫位，或在無我執之阿羅漢位，皆是虛妄之法，皆是妄心；衡於四阿含、般若、方廣唯識諸經中 佛說，莫非如是，此乃稍曾涉獵第三轉法輪之唯識經典者，或曾稍研八識規矩頌者，皆能了知之理；聖嚴大師乃是中外聞名之大禪師、大法師，竟然於此不知不解，未免令人疑怪！

復次，「**本識**」一法，從來皆是指第八識如來藏—阿賴耶識，從來不曾說為離卻我執之意識心也，亦不曾有人以離卻我執之意識心而可說之為「本識」者。如今聖嚴大師發明如是一說，真可謂為獨自一家之創見也，三乘諸經、十方諸佛、諸菩薩，皆不作此說也！

聖嚴法師墮如是邪見之因者，皆因不能親證自心如來藏，是故將意識心性套用於如來藏真心之上，以為意識離開主觀判斷而不分別人我之際，便是真心如來藏、便是根本識；然而此說違教悖理。違教者謂：佛說真實心離見聞知覺性，從無始劫以來始終如是，不曾改易其性。悖理者謂：事實上可以驗證阿羅漢已捨我執之意識心仍舊是意識，並且仍是夜夜眠熟即告斷滅之心，聖嚴法師焉得謂之為真心？佛所說之真心，則是自從無始劫以前迄至現今，從來不曾刹那斷滅過；未來無量劫之後，亦仍將如是不會有斷滅之時，乃至永遠皆不暫斷一刹那。是故，聖嚴法師以阿羅漢有間有斷之意識心，作為真心者，真乃誤會佛法之大者也，真乃「一家之說」也，絕非佛教內衆所共認之說也。

復次，滅卻我執之現行者，乃是二乘之解脫道修法，固亦屬於大乘菩薩所必修之法，然而菩薩非以斷我執為主修，乃是以能令人成就究竟佛道之般若為主修也；般若正理之入門者，則以親證如來藏、現觀如來藏之本來自性清淨涅槃，作為正修；依如是涅槃之親證，而漸修無生法忍，漸漸具足一切種智，方始成佛。禪宗之禪者，自古至今皆以如來藏之親證而發起般若智慧，作為參禪體證之標的；今者聖嚴法師竟不以禪宗內涵而說禪、教禪，竟然以二乘法斷我執之修證，作為大乘禪宗證悟之標的；復又不解二乘菩提之修證，不斷聲聞初果所斷之我見──以意識心之斷我執作為修證標的，而又不肯否定意識心，不肯斷除「意識心常住不壞」之見解，則成未斷我見、未斷我執之人。如是而空言般若禪、空言解脫、空言放下自我、消融自我，其實正是不解般若禪、不證解脫、執著自我之人也。

若人欲得證悟般若禪，必須先斷我見──否認覺知心，現觀覺知心乃是依緣而起之心，乃是依他起性之法，乃是唯能存在一世之法，不能去至後世，絕不認同覺知心為常住不壞之心；如是斷我見已，有朝一日覓得第八識如來藏時，方肯認祂，肯認定祂是真心時，般若智慧方能源源而生；若不斷我見者，則終究不肯認定祂，則般若智慧便不能發起，只成個野狐知見，終不能獲得菩薩之解脫證境，終不能獲得菩薩之般若智慧。欲免如是，則萬勿信受聖嚴法師如是邪見，萬勿隨同認取意識覺知心為真實心。破斥邪見已，當示禪宗之入處，便舉興國孤負公案，共我佛門大衆說禪：

長沙興國寺　振朗禪師，初參石頭希遷大師時問道：「如何是祖師西來意？」石頭答曰：「你去向露柱問取吧！」興國禪師答曰：「我振朗不會這個意思。」石頭大師答曰：「我更不會。」興國禪師在這時候，卻忽然省悟了。

只如興國禪師請問石頭禪師時，石頭為何不明告之？卻教問取露柱？究竟露柱有什麼玄機？石頭禪師便恁麼道？　聖嚴大師欲會麼？何妨走向法鼓山之山門？且問取山門好！　問已若猶未會，還請返歸大殿，且向泥佛、木佛、金佛、玉佛一一問取好！　如是問已，若猶未會，轉身再去問取山門！反覆問之，不悟不休。　如是問上三十載已，管保會去！未悟之前，莫管座下弟子是否嘲笑師父「神經有毛病」！

然而有一前提，聖嚴大師必須做到：將平實至今不斷寄奉與大師之每一本書，悉皆如實閱讀，讀已必須完全信受，復勤作看話頭、思惟觀之功夫，然後日日六時行之，方有悟處。若不爾者，仍繼續以己見為正者，莫道三十年後，三十劫後欲悟，也是大難！

興國禪師後來住山度眾時，有僧來參，興國禪師乃召喚彼僧曰：「上座！」那僧應諾，卻自不曉，興國禪師便訶之曰：「辜負我了也！」不料那僧是隻野狐，未悟充悟，更大言不慚曰：「禪師你何不鑑看我所安住的是哪一個心？」興國禪師聞言，乃拭目之後重又視之；那僧對於禪門機鋒，只知表相，知得其一、不知其二，便無語答伊，正是野狐一隻也。假使真是個人，當時踢腳便行，還要討伊一勺惡水作麼？

那興國禪師太過溫厚，以致彼僧難有悟處；便似平實初出道時，從來溫厚，不願破除顏面、鐵臉勘驗。若是今時，宗風迥異昔時，但見那僧無對，便好將杯中茶水望那僧臉上潑去，也好教伊懂得禪門宗旨。只如興國禪師拭目重看那僧，意在何處？莫非真欲重新看清楚那僧麼？大師若作是說，且放三十棒，自領過狀，出去自打！頌曰：

意識區分真妄，有無執著以斷；
夢破雪月夜，禪門宗風慘澹；
昏昧！昏昧！豈見風輕雲淡？
祖師西來密意，露柱山門佛案；
聞召不解意，才諾春意早占；
難昧！難昧！更待拭目重看。（調寄憶仙姿）

第五〇二則　藥山閑坐

澧州藥山惟儼禪師　絳州人，姓韓氏。年十七，依潮陽西山慧照禪師出家。唐大歷八年，納戒于衡嶽希操律師，乃曰：「大丈夫，當離法自淨，豈能屑屑事細行於布巾耶？」即謁石頭，密領玄旨。

一日師坐次，石頭睹之，問曰：「汝在遮裡作麼？」曰：「一切不為。」石頭曰：「恁麼即閑坐也。」曰：「若閑坐，即為也。」石頭曰：「汝道不為，且不為個什麼？」曰：「千聖亦不識。」石頭以偈讚曰：

從來共住不知名，任運相將只麼行；
自古上賢猶不識，造次凡流豈可明？

石頭有時垂語曰：「言語動用勿交涉。」師曰：「不言語動用，亦勿交涉。」石頭曰：「遮裡針劄不入。」師曰：「遮裡如石上栽華。」石頭然之。師後居澧州藥山，海眾雲會。

聖嚴法師云：《「蚊子上鐵牛」是禪宗的常用語，有兩層含意：第一，是悟境不容置喙，根本開不了口形容；第二，未開悟前的修行過程中，明知目標是一隻鐵牛，你自己是一隻蚊子，仍要繼續不斷叮下去。從思辯和邏輯的角度看，那是愚蠢的、無聊的；但以用功夫而言，唯有如此才能踏踏實實。**既不要用力，同時也不要放棄；既是在用力，同時也不要祈求；既不是等待，同時也要堅持。到最後忘了自己是在用功，也忘了自己是在追求，內外和主客一起放下，這就是悟境現前。**》（東初出版社《公案一百》頁94）

平實云：聖嚴法師既未曾證悟，偏又好說悟後事，以邀令名，乃以十餘年所創造出之大名聲，作如是公案拈提，連載於報紙；後更梓行為書，廣行流通於天下，句句皆成野狐證據，如今狐狸尾巴揚向半天高，沒遮掩處，佛門四衆皆已知悉，設欲補救，已無門矣！愚哉！悲哉！

禪子當知：只管打坐者，乃是意識心也。坐至覺知心忘卻六塵、忘卻自己——心法兩忘時，依舊是第六意識心，並不因此而得轉變為第八阿賴耶、實相心。如是倡導只管打坐之人，永遠不能發起般若智慧。般若智慧之發起者，乃以親證如來藏實相心，因此得以現觀如來藏之中道性、之本來自在性、之本來清淨性、之本來常住涅槃體性，由親證故，乃能從自心流露，侃侃而談，發人所未能發，言人所未能言，而句句契符三乘經典，非依強記研究之意識思惟組織而得。如是正理，一切禪子欲求證悟者，皆應了知，莫為聖嚴法師之言所惑。

活在當下者，亦復如是：正當見聞覺知六塵而了了分明時，乃至處於六塵中都不執著六塵、都不執著自己者，若不斷除「覺知心常而不壞」之惡見者，依舊不能證得聲聞初果，何況能證得聲聞阿羅漢所不能證得之大乘般若智慧？般若智慧之發起，要因親證如來藏而現觀其本來自性清淨涅槃而得，然後意識覺知心轉依如來藏**本來**所住之中道境界，以之為實相境界，如是而生起般若智慧乃至一切種智之智慧，方是親證中道觀者；絕非聖嚴法師與印順法師等人，同欲以意識覺知心入住中道境界者所能知之也。

是故，「活在當下」之一切境界，皆是意識境界，從來不是實相境界，亦非聲聞初果所住境界，是聲聞一至四果人所須斷滅之境界故，是意識我、衆生我所住境界故，名為我見者所住境界故。是故，以「活在當下」之任何境界，或其變相之任何境界，作為禪宗之證悟、作為般若之證悟、作為聲聞解脫道之證悟境界者，皆是錯會佛法之人，皆是未斷我見之人，尚且不能獲得聲聞初果之分證解脫境界，何況能發起般若智慧？如是正知正見，一切真正學佛之人，若非純為修學人天善法者，皆當了知，而後可免受諸邪師誤導，步入岐途復又違犯大妄語戒；苟能如是者，此世方有證悟之緣也。

復次，聖嚴法師云：「未開悟前的修行過程中，明知目標是一隻鐵牛，你自己是一隻蚊子，仍要繼續不斷叮下去」，乃是妄語；此謂悟前之修行，應知目標為親證如來藏，而非鐵牛——聖嚴法師所言離念離煩惱之禪法。悟前之目標何在？未具正見之所有行者根本不知，不可謂為「明知」也。聖嚴法師卻以未知、未悟之身，而言悟者所知之目標，故有如是整篇錯誤之教示，用來誤導衆生，便開示言：「既不要用力，同時也不要放棄；既是在用力，同時也不要祈求；既不是等待，同時也要堅持。到最後忘了自己是在用功，也忘了自己是在追求」。聖嚴法師道出如是言句：教人莫求悟，亦莫放棄；當用力，亦莫放棄；當用力求悟，亦莫求悟；當堅持得悟，亦莫等待悟境。如是言語，一切真實證悟之人，聞之必皆掩口葫蘆、忍俊不已。

復次，悟境本無玄妙，一切現成平實，唯是親證如來藏識，導致般若智慧顯發而已；如是境界，一切證悟之人皆能以一句言語道出，非是不可言說者；特以世尊教誡：為防衆生福慧未具足者聞之生疑乃至誹謗正法、破壞正法，是故不許明言。非是不能一語道破也。然而一切未悟之人，皆如聖嚴法師一般，臆想猜測證悟之境；然而臆想思惟者，窮劫亦不能知，是故言不及義；由自知言不及義故，遂開示云：「是悟境不容置喙，根本開不了口形容」，證悟之人甫聞如是一語，便知聖嚴法師根本未悟，即知所言皆不能及於第一義諦，皆是戲論。

由是正理，當知學禪之人，不應效法聖嚴法師之愚行——叮鐵牛，而應求證自己本具之如來藏，然後現觀如來藏之本來性、自性性、清淨性、涅槃性。萬勿以聖嚴法師之法自誤，萬勿以為「**內外和主客一起放下，這就是悟境現前**」，否則窮此一劫過去，仍舊不可能有真悟之緣也，未來劫中仍將與真悟無緣也。願我佛門一切修學禪宗之人，普能知之，棄捨邪知邪見，回歸正知正見。且舉藥山閑坐公案，提示正知正見，冀我佛門學人得入正見法道，乃至獲得正覺：

澧州藥山惟儼禪師，絳州人，姓韓氏。年十七，依潮陽西山慧照禪師出家。唐朝大歷八年時，納戒于衡嶽希操律師。一日思惟佛法後，乃曰：「大丈夫，應當能離一切三界法而自清淨，豈能在此寺院中爲了服務在家之世俗人，而作種種瑣瑣屑屑之事呢？」因此緣故，隨即往謁石頭希遷大師，而得密領玄旨。

藥山惟儼證悟之後，有一日正在打坐之時，石頭希遷禪師看到藥山禪師正在打坐，便問曰：「你在這裡作什麼？」藥山禪師答覆說：「我一切都不追求。」

石頭禪師便道：「這樣子就是閑坐了。」藥山禪師答說：「如果是閑坐的話，那就是有所為也。」石頭大師又問曰：「你說是一切法都不追求，且說說看：你是不追求個什麼？」藥山禪師答曰：「即使是一千位阿羅漢來到這裡，也是不識得祂的。」石頭大師聞伊恁麼道，便以偈讚歎曰：

眾生從古以來就一直與祂共住，卻又不知道祂的名號，

每天與祂互相扶持著，任運不停，就這麼走；

自古以來，那些聲聞乘中修證最高的賢聖們，都還是不能識得祂，

那些鹵莽造次的凡夫一類的人，豈有可能明白呢？

石頭大師有時垂語開示曰：「這個實相心，一切的言語動用，都與祂不相干。」往常每有大師見公案中真悟禪師間之進退應對，便自己在動轉中大作文章；然而進退動轉，只是風大之用，行蘊所攝，乃是有為無常之法，何須於此妄法之上大作文章？還知古今一切真悟之師皆道「從來不曾踏著一片地」麼？還知真心從來不曾禮佛睡覺屙屎送尿麼？有什麼動轉可作文章？乃竟墮於動轉之上，盡是愚癡無智之人也！

有人曾聞曾閱禪師作此破斥，便又墮入離語言文字之覺知心法相上，便以為

遠離語言文字之覺知心即是法界之實相心。藥山惟儼禪師卻不如是，聞石頭大師恁麼開示，便反其言曰：「正當覺知心不言語動用之時，也是與證悟之如來藏無關──不是如來藏也。」石頭大師聞藥山禪師恁麼道，便又說道：「這裡連一根針都劄不進去。」藥山禪師卻答道：「這裡就好像是石頭上栽植花木一樣。」石頭大師聽了，便然可藥山禪師之言語。藥山禪師後來居住於澧州之藥山，海衆雲會，遂名藥山惟儼。

至於聖嚴法師所舉蚊子叮鐵牛者，非如彼所說之旨。本意乃是：未親證悟如來藏之人，永難名邈實相心之自性，永難為人說真正之禪也；設欲強舉，必如蚊子於鐵牛身上而欲叮咬一般，終無下嘴之處，是名蚊子叮鐵牛也。此句言語乃是訶責未悟之人，訶其不能說明與形容悟境與內涵；聖嚴法師不知此意，卻取來教人修持無念境界，教人在彼蚊子叮鐵牛之愚癡境界中，等待悟境之現前，然後卻又教人不可等待悟境現前。復又教人不可求悟、不可參究實相心第八識所在，只要放下一切主客內外，以之為悟；如是修行者，根本不可能證得如來藏實相心；如是完全以意識心自住境界而放下一切，以此名之為悟者，根本無法言及證悟之內涵與方法。如是未悟之人而欲說悟事，若有所說，其法皆與禪宗之證悟無干，絕無可能道出真正之禪也！無力開示真正之禪，卻又好樂說禪，正似蚊子叮鐵牛—於真悟者面前永無下嘴處—永遠道不得真正之禪也。如是臆想所說者，真可謂去道遠矣！焉可謂是禪宗之真實正法？

世俗人及諸外道，成日裡打坐修行，追求一念不生之境界，以之為涅槃，或以之為禪宗證悟之境界，皆是有為法也。乃至如是進修，親證四禪八定境界具足者，亦仍是外道境界，終究與佛法之解脫道不相應，亦與佛法之佛菩提不相應，縱能成日裡住在四禪中或非想非非想定中，只成個常見外道爾，有何解脫果之證量？有何般若之證量？何況聖嚴法師連初禪都不能證得？焉能教人禪定之修行法門？連我見都不能斷，云何能教人以解脫道？如來藏之所在，至今都未曾知、未曾見，云何能教人以禪宗證悟之法？

乃至慧解脫阿羅漢之進修四禪八定者，亦只是求證俱解脫之境界，脫離時解脫「待時方能取證無餘涅槃」之境界爾；於彼成就俱解脫果時，方知慧解脫與俱解脫者，皆是同由聲聞之解脫慧而得解脫分段生死流轉，非因禪定而得解脫生死輪轉也，方知證得四禪八定已，實與解脫無關也；方知證得滅盡定者，亦是憑藉慧解脫之智慧而取證滅盡定，非由定得，四禪八定唯是助緣爾。此時便知：證得俱解脫果時，唯是能提前進入無餘涅槃爾；進入無餘涅槃「境界」中時，與慧解脫阿羅漢所住「境界」完全無二，無有高下之別。

是故，凡我佛門學人，欲求解脫果之修證者，應在斷除我見與我執上用心，不可專在修證禪定上用心，更不可專在修證無念離念之欲界境界上用心，否則必墮意識覺知心境界中，如是精進而修者，只是浪擲一生而已。假使逢遇真能教人證取禪定境界之師，待其證得四禪八定具足已，仍將只是個常見外道之凡夫爾；唯能以其禪定證量而入定中數天數月，以邀無知眾生之崇拜，終究不能脫離分段生死之輪迴也。若如聖嚴法師之不解禪定之修證，不證禪定之現量境界；復又不斷我見與我執，不能取證聲聞初果；亦不曾證悟大乘禪宗之禪，不入別教七住位中，而以無念離念之境界，作為禪宗般若之正修行，則去道遠矣！焉能領眾親證三乘菩提之一？大衆鑑之！　頌曰：

維摩宴坐傳古今，藥山踵繼無所為，無始劫來亙相隨。

聲聞千聖尚不識，造次凡夫知有誰？撐眼欲破亦睽違。（調寄浣溪紗）

第五〇三則　藥山眷屬

澧州藥山惟儼禪師　一日，師看經次，柏巖曰：「和尚休猱人得也！」師卷卻經曰：「日頭早晚？」曰：「正當午。」師曰：「猶有遮個文彩在？」曰：「某甲無亦無。」師曰：「汝大殺聰明。」曰：「某甲只恁麼，和尚尊意如何？」師曰：「我跛跛挈挈，百醜千拙，且恁麼過。」

院主報：「打鐘也！請和尚上堂。」師曰：「汝與我擎缽盂去。」曰：「和尚無手來多少時？」師曰：「汝只是枉披袈裟。」曰：「某甲只恁麼，和尚如何？」師曰：「我無遮個眷屬。」

聖嚴法師云：《禪宗通常不用意識這個名詞，經常所用的是「心」字。他們講的**佛心**，是指的**真心**，是**智慧**；而他們講的衆生心，是指的**妄心**，**是煩惱**。禪宗的目的是明心見性，明什麼心？見什麼性？**明真心**，**見佛性**。衆生的心，由於有自我的意識、自我的立場、和自我的觀點，便不能客觀，所以是黑暗的。**明心，就是脫離自我中心以後所顯露的智慧，即是真心**。真心顯現後，才能見到人人本具、衆生皆有的佛性》（東初出版社《禪與悟》頁158~159）

平實云：由此一段語中，可以了知：聖嚴法師所謂之真心，非是大小乘諸經所說之第八識如來藏，而是離開煩惱之意識心。果真如是，則聲聞聖者斷卻我見與我執已，尚且不執著自己，何況執著世間六塵與定境中之法塵？既如是，當知即是已明心之人也。然而大乘諸經中，卻又處處說：「聲聞人不解般若、不證如來藏」，卻與聖嚴法師如是之言迥異。

四阿含中說：諸大阿羅漢皆知「捨棄自己之十八界而入無餘涅槃已，唯有本際獨存不壞。」然而皆未曾說彼諸大阿羅漢已證得本際、實際，是故聲聞諸聖不能了知般若之意涵，其故在此。般若諸經所說者乃是如來藏之自體性故，乃是第八識阿賴耶故。

今者聖嚴法師卻以離卻「我所——六塵煩惱」之意識心，作為真心，而不曾教人否定意識覺知心以斷我見，不曾教人現觀意識心之虛妄性以斷我見，則自己正是未斷我見之人，尚且不入聲聞初果，何能證知大阿羅漢所不能知之般若實義？乃竟作此虛謬之說：覺知心離開「我所——六塵境界」之貪著，即是禪宗所證悟之真心。真乃貽笑方家之言也。如是之言，唯能顯示聖嚴大師既不懂禪宗之禪，亦不懂聲聞解脫道之法要，而竟聚集百二十億元建設法鼓山，乃竟更欲別籌五十億元而作人文基金會之用，究竟欲將衆生導向何方？究竟將以何法而令衆生得入真正佛法中？令人費解！而衆生無智，只觀彼等大師假藉新聞媒體而作宣傳所得之表相，一味迷信崇拜之，令人感嘆！

如是墮於意識心境界之人，乃是同於常見外道之見解者；常見外道亦如是認定：「覺知心離開一切六塵境界之貪著時，即是眞心，即是可以貫通三世之眞心。」今者聖嚴法師諸書所開示之禪，與此常見外道完全相同，炯無差別，云何可言之為大乘禪宗之禪？正是混在佛門中之常見外道也！聖嚴法師如是，星雲法師、惟覺法師、證嚴法師亦復如是，悉皆以為：「覺知心遠離我所煩惱，即是常住不壞之眞心。」悉墮常見外道所墮之我見中，三乘經中說之為身見，百法明門中說之為惡見。

大師既如是，座下弟子思亦可知矣！有智之人則當速離彼等四大法師所墮如是惡見，當速覓求自身本具之如來藏真心所在，方得藉此如來藏之現觀而發起甚深般若之智慧，便知彼等四大法師皆是尚未斷除我見之凡夫。未斷我見之凡夫，卻執著眷屬，深恐眷屬流失，是故便對平實正真無訛之法義，加以「有毒」之無根誹謗；如今且舉藥山眷屬公案，共彼四大法師與學人說禪去也：

澧州藥山惟儼禪師開山弘法之後，有一日，正在看經之時，弟子柏巖上來稟告曰：「和尚您不必再籠罩人了吧！」藥山禪師聞言，將經典卷卻，問曰：「如今是什麼時辰了？」柏巖回答說：「正當午時。」藥山禪師卻訶責曰：「你還有這個東西在啊？」柏巖答曰：「我連無都不存在了。」藥山禪師說道：「你可眞是太聰明了。」柏巖答道：「我就只是這樣，和尚您的尊意又如何呢？」藥山禪師說道：「我只是這麼一跛一跛地，有時拿這個東西，有時取那個物事，百醜千拙地，就這樣隨分過日子。」

一日逢午過堂時，院主來報：「打過堂鐘了也！請和尚上堂。」藥山禪師吩咐曰：「你為我擎持鉢盂去齋堂。」院主聞言，知是機鋒，乃問曰：「和尚您已經多久沒有手了呢？」藥山禪師聞言，卻斥責院主曰：「你只是個枉披袈裟的人。」責那院主披了袈裟，卻不是真正出家底人。院主受訶不解，便問道：「弟子我只知道是這樣，和尚您卻是如何呢？」藥山禪師答曰：「我可沒有這個眷屬啊！」只如古今諸方大師都執著眷屬，然而眷屬卻有二種：自己之師父、師兄弟、四衆弟子，復有自己之十八界蘊身。如今普觀全球佛教大師，何曾有一人能離如是眷屬？盡墮如是內外眷屬欲中。

下焉者，即如台灣四大法師之執著身外之眷屬，誠恐座下四衆弟子閱讀平實之著作後，迅速流失，是故私下聯合抵制平實正法，每令座下弟子不許閱讀平實之著作：較平和者，謂之為不如法，聖嚴法師之所作也；較激烈者，謂之為有毒，誣平實為邪魔外道，星雲與證嚴二人之所為者也；惟覺則是強烈禁止徒衆閱讀平實著作，查獲者即予處罰。如斯等人，悉名執著外眷屬者。

然而復有眷屬者，謂五蘊十八界法也。如是眷屬，一切有情悉皆有之，唯是十八界之界多界少差別爾，無有不具十八界法者。凡此十八界中之任何一法，皆是眷屬；若人不能現觀如是眷屬之虛妄者，皆是未斷我見之人，皆是凡夫衆生。譬如有人倡言：「隨順覺、隨順觀」，而不知一切覺觀皆是意識心，不知一切覺觀所觀者皆是六塵中法、皆是覺知心自己，仍然未脫我見境界，何能取證聲聞初果？當知聲聞初果已曾現觀覺知心虛妄，是故絕不墮於能覺能觀之我見中，亦不墮於能覺觀之意識心所墮我所之中——不墮於六塵一切境界中。如是不認一切覺觀，不認能覺能觀之心，方名已斷我見之聲聞初果也。

若隨順於貪染或清淨之覺觀者，皆是未斷我見之人，何曾證得聲聞初果之分證解脱境界？若人能得現觀一切有念之覺知心、無念之覺知心、有煩惱之覺知心、無煩惱之覺知心，皆是虛妄，皆是依他而起之緣起法，能如是覺、如是觀，然後隨順如是覺觀，方是已斷我見而證得聲聞初果之人也。苟非如是，墮於覺知心境界者，則是凡夫衆生，不得倡言解脫果之取證，不得倡言能教徒衆取證聲聞解脫果也。覺知心即是藥山禪師所言之眷屬故，色身即是藥山禪師所言之眷屬故。若不能棄捨如是眷屬之執著者，永遠不能證得解脫果，永遠不能開悟明心，永遠不能證知禪宗之禪也。一切真悟之師，悉皆不墮如是眷屬之執著中；一切欲求證悟般若之人，悉當以此為鑑。頌曰：

跛跛挈挈恁麼過，百醜千拙離六塵；

露柱更加胡餅，豈無門？

盤斷雙腿恨未消，擎鉢了無痕；

何處不相逢？只要爾自肯。（調寄謝新恩）

第五〇四則　藥山禪師

澧州藥山惟儼禪師　有僧再來依附，師問：「阿誰？」曰：「常坦！」師訶曰：「前也是常坦！後也是常坦！」

一日，院主請師上堂，大眾才集，師良久，便歸方丈閉門。院主逐後曰：「和尚許某甲上堂，爲什麼卻歸方丈？」師曰：「院主！經有經師，論有論師，律有律師，又爭怪得老僧？」

師問雲巖：「作什麼？」巖曰：「擔屎。」師曰：「那個呢？」巖曰：「在！」師曰：「汝來去爲誰？」曰：「替他東西。」師曰：「何不教並行？」曰：「和尚莫謗他。」師曰：「不合恁麼道。」曰：「如何道？」師曰：「還曾擔麼？」

聖嚴法師云：《弟子追隨老師，有的聽老師說法，甚至幫老師弘法；有的在該處修苦行、服勞役，比如打掃廁所、種田、挑水、燒火、煮飯等，很難進入法堂聽老師說法。六祖慧能當年在五祖弘忍座下正是如此，他初期並未聽到五祖說法，只在作坊舂米。有些人即使未曾聽過老師開示，也會開悟；有的天天聽老師開示，學到很多知識、學問、名詞、觀念，卻仍不開悟，他們可能因而認爲老師不想幫助或無法幫助，於是選擇離開。常坦就是這樣的人，而他離開之後，又再回到藥山座前求教，……常坦二度求教，藥山問他是誰？這當然是明知故問；常坦說：「我是常坦。」這當然也是藥山意料中事，他對常坦說：「沒出去之前是常坦，回來之後還是常坦。」這有兩層意思：一是你在來去之間還是同一個人，二是不論你生前死後，不論你在無量世之前、到無量世之後，你的佛性、你的常住不變的眞如妙心，一直都在那裡。人的相貌、年齡和生活環境一直在變，而眞如、佛性、清淨的智慧則永遠是現成的。**開悟之前，與開悟之後，都是相。如果常坦的時機已成熟，聽到這句話之後，一定會開悟。**一般人爲了追求幸福，日以繼夜，汲汲營營，心中老是向外追求，可是不論得到什麼，都不覺得是終極的幸福。也許有一天驀然回首，**發現只要內心安定知足，幸福就在面前。**》（東初出版社《公案一百》頁217~218）

平實云：世間學禪者，往往不肯面對事實：眞實可以證悟。復有一種人亦不肯面對事實：自己久在眞悟禪師座下而不能悟，咎在自己之慧力、定力、福德未具，卻不肯承認自己因緣未具足。前者若聞當世有人可以證悟，便生瞋心，不願加以探究，聞言便橫加誹謗；後者則是不肯檢討自己之所缺，不思補足，往往生瞋於善知識，便爾求去。常坦如是，今時亦復多有學人如是，故名五濁惡世也。然而此猶枝末事，更有甚者，聞道有人真悟，便恐眷屬流失，損害自身之名聞與利養，便加以否定，心行殊屬惡劣，今時不乏其人。

真悟之人心行迥異：吾人若有弟子於已座下得悟，當歡喜欣慶後繼之有人。當歡喜欣慶：辛苦建立之大道場必得因此而大興佛法。何須設計喚來，當衆否定之？故說聖嚴法師真乃無智之人也！

復次，聖嚴法師所云：「**開悟之前，與開悟之後，都是相**」，實有大過；此謂悟前必著六塵相中，以覺知心為真實心故，覺知心一旦現起之時，必與六塵中之種種相接觸故，一切未悟及錯悟之人悉皆如是；悟後則親見自己之真實心不墮於相中，所悟是第八識如來藏故，如來藏從本已來即不墮六塵相中，云何可以妄說悟後亦是相？故說聖嚴法師根本未曾得悟，卻又偏愛說悟後事。

復次，「前也是常坦，後也是常坦」者，聖嚴法師作夢亦未曾知其意，莫胡言亂語好！且舉藥山禪師公案，於中說之：

澧州藥山惟儼禪師座下一僧，因久隨而未證悟，不思探究自己不悟之因，暗思大師心有偏頗，不肯助己得悟，故而離去。雲遊諸方之後，發覺一切真悟之師悉同藥山，方知誤會藥山，於是再來依附；藥山惟儼禪師甫見，故意問曰：

「阿誰？」彼僧答曰：「常坦！」藥山禪師乃曰：「離去前也是常坦！回來後也是常坦！」

藥山禪師此語，既訶彼僧，亦示彼僧入處。訶者謂：前時捨離藥山而去者也是常坦，後時回到藥山來者也是常坦。示其入處者謂：前時捨離藥山而去時也是常常分明坦露，後時回來藥山時也是常常分明坦露。於此語中，卻有直示入處之密旨；聖嚴法師不知如是密意，卻道：「一是你在來去之間還是同一個人，二是不論你生前死後，不論你在無量世之前、到無量世之後，你的佛性、你的常住不變的真如妙心，一直都在那裡。」正可謂牛頭不對馬嘴也。由此一言，便將自己狐尾掀向半天高，令一切真悟之人皆得知悉。

只如常坦法師離藥山而去時，常時坦然顯露之自心真如何在？後時復回藥山時，常時坦然顯露之自心真如又何在？聖嚴師父還知麼？莫道是心中不起煩惱者是，莫道是心中不起妄想者是；若作是言，莫怪藥山禪師半夜入夢敲頭，醒來兀自頭痛！師父若猶不會，忍不住好奇心，卻來覓平實問取；平實甫見，但道：「來時也常坦胸露腹。」語畢便推出門去，閉門不見。師父離去時，且撕開僧服，坦胸露腹而去便得。

一日，院主請藥山禪師上堂，大衆方才集定，藥山禪師只是靜坐於法座上良久不語，便歸方丈室閉門不理。院主隨逐於藥山禪師身後曰：「和尚既然許諾我上堂講禪，爲什麼不語，卻歸方丈室？」藥山禪師答覆說：「院主！講經有經師，說論則有論師，解律則有律師，各有所司；你請老僧來，是作禪師，不是作經、律、論師，又怎麼可以責怪我呢？」

禪師上堂，總皆直示入處；藥山亦復如是直示入處，無比慈悲，亦復老婆。然而衆生對於禪法之知見嚴重欠缺，便將直示入處之法略而不顧，專要禪師說些天花亂墜之言語，不知皆是無關痛癢之風聲，個個爭相拾取如是言語，記在心中，便道是禪。那院主亦復如是，兀自以為藥山禪師不肯說法，更來見責。由有如是不知法道之人，古今同皆漫山遍野，爭取閑言閑語以為深妙禪，便有種種言不及義之公案拈提印行於人間，欲與真悟之師一較短長；未悟之人何曾知得野狐心行，便以大名聲而崇拜之，反非真悟之人所說為謬，反非真悟之人所示機鋒為乩童起乩。

如是等人愚癡無智，於真悟者所示機鋒，不肯下心探究：為何悟者作為如是？卻反信受未悟示悟者之所言：「禪，大家都知道是不立文字，離言說相。凡是有問有答有表示的，都不是禪。所以禪最不容易講，但我剛才跟成一法師說：『禪是最容易講的，只要胡說八道一頓，就能夠交差。』爲什麼？反正禪沒有東西好講，所以講什麼都可以（聖嚴法師著《禪的生活》頁309~310）。」如斯愚人，至今猶信受如是言語，爭相拾取作為真正之禪，信受不已。何曾知禪、解禪？何曾觸著禪之絲毫？於如斯等人，平實只勸爾等：不必來覓平實，但教每日前去法鼓山遊玩一遭，不必管伊山頭草長草短、需不需剷？但只記掛著：「云何去時也是常坦？回時也是常坦？」如是掛心不放，法鼓山來回三年、每日不斷者，必得悟去；只是有一句話，爾等四衆弟子必須記取：「每日捧讀平實著作，一一詳讀解義，確實信受不疑。」

藥山禪師一日問雲巖曰：「你在作什麼？」雲巖答曰：「擔屎去菜園子。」藥山禪師問曰：「你的那個呢？」雲巖答曰：「在啊！」藥山禪師又問曰：「你這樣來來去去的擔屎，是爲了誰呢？」雲巖答曰：「我只是代替他東來西去罷了。」藥山禪師便指示曰：「爲什麼不教他跟你同行呢？」雲巖答曰：「和尚您可別誹謗他。」藥山禪師聞言，便斥責雲巖曰：「你不應該這麼說。」雲巖聞說答得不好，便問曰：「那麼應該如何說才對呢？」藥山禪師卻反問伊：「祂還曾擔著屎麼？」

只如雲巖擔屎，藥山禪師問那個，那個究竟是阿哪個？還有道得者麼？且來舉似平實！見時若道是真如心，平實便當頭一棒，打伊頭腦七花八裂。且道是阿哪個？

次如，雲巖答道常在，本無錯謬，云何藥山卻不肯伊？雲巖一生拙於言語，只因宿世以來慧不深利，悟後差別智不得深妙，是故藥山常愛提點伊，期望後來住山時，可以較有智慧。便問雲巖來去不已究竟是為阿誰？雲巖答道是為伊作替，殊不知伊從來不曾有所需，何需雲巖為伊而作？是故藥山以此見責。

雲巖一時會不過意來，只得問藥山，藥山便問雲巖：「祂還曾擔著屎麼？」如是一句，真可謂畫龍點睛之作也；若是一條真龍，聞言當時早已晴空霹靂、振天價響，飛空而去也。如今何處有真龍？試與我騰空而去！平實且要見伊！

頌曰：

來也常坦，去也常坦，處處晨鐘暮鼓；
去時晨光，回時薄暮，莫思何時嚮午；
輕持疑情，典座下，幾聲砧杵；

聞聲但解回首，原來伊是真吾。

當年狂禪自負，更說禪，處處唐突；
各洲爭聘講禪，絡驛於途；
如今幽恨蓬萊，誰相矚？夜深遊園圃；
天明歸廬，夢醒正午。（調寄賀鑄之《天香》）

第五〇五則　藥山思量

澧州藥山惟儼禪師　師坐次，有僧問：「兀兀地思量什麼？」師曰：「思量個不思量底。」曰：「不思量底，如何思量？」師曰：「非思量。」

僧問：「學人擬歸鄉時如何？」師曰：「汝父母遍身紅爛，臥在荊棘林中，汝歸何所？」僧曰：「恁麼即不歸去也。」師曰：「汝卻須歸去。汝若歸鄉，我示汝個休糧方。」僧曰：「便請！」師曰：「二時上堂，不得咬破一粒米。」

僧問：「如何是涅槃？」師曰：「汝未開口時，喚作什麼？」

師見遵布納洗佛，乃問：「遮個從汝洗，還洗得那個麼？」遵曰：「把將那個來！」師乃休。

聖嚴法師舉：《僧人問永明延壽禪師：「學人久在永明，為什麼不會永明家風？」永明要他從「不會處會取」，僧人再問：「不會處如何會？」永明答：「牛胎生象子，碧海起紅塵。」》然後解釋云：《這是「天下本無事，庸人自擾之」的寫照。很多人認為開悟的境界一定非常深奧、非常玄妙，其實不然。**如果能夠把追求心、厭離心以及憂愁和期待等的念頭放下，那就是悟境。**今天有一位居士告訴我，他害病已三年……（故事，省略）。本則公案裡的出家人投在永明座下已經很久了，但仍不知永明所傳的悟境、禪法是什麼。永明說：「既然不能體會，那你不要體會就是了。」出家人還是不懂：「不體會又怎麼會呢？」永明已經告訴他：**無從體會處就是悟境**，不要追求體會。沒想到他還是窮追不捨，永明只好說：「我跟你談話是對牛彈琴，好比牛胎生象子，碧海起紅塵。」牛胎不可能生小象，大海不可能揚灰塵，你一再這麼問，等於沒事當有事。聽著！你想要體會的東西一如「龜毛兔角」，根本不存在，放下執著便是。你如果仍然不懂，我再告訴你：「牛胎生象子。」你想，有這種事嗎？**永明禪師已經非常明確地告訴僧人，叫他少掛心、少煩心**。世間那些杞人憂天、疑神疑鬼、捕風捉影的人，也不妨念念「牛胎生象子」這句話。》（《公案一百》頁132~133）

平實云：聖嚴師父不解禪，卻偏愛講禪；只因常講禪、常說禪時，大衆將會以為師父必是個悟者；卻不料當代會有真悟之人在後來出現於世間，一時之間狐狸尾巴便沒遮掩處。永明禪師言：「不會處會取。」乃是至理名言，大乘一切了義經中，莫非如是說，自是聖嚴師父誤會，更作如是誤解之言。

譬如藥山惟儼禪師一日靜坐修定時，有僧來問：「像個木頭人一般地坐在這裡思量什麼？」藥山禪師開示曰：「思量那個從來都不思量底心。」若是個人，聞言便去，本來無事可作文章；無奈那僧不解禪，便又問曰：「既然是不思量底心，又要如何思量呢？」藥山禪師答曰：「這不是用思量的方法可以了知的。」

如是藥山與永明之公案，前後相隔幾近千年，卻是同一法要，絲毫無二。聖嚴法師與星雲、惟覺、證嚴一般，同皆思量著如何令覺知心不思量、不分別，皆是欲將第六識覺知心轉變為第八識真心，同皆不肯信受諸經所言「離見聞覺知、離思量」之第八識體性，強欲變第六識爲第八識。殊不知六識八識本來同在並行運作，第八識本已自在，何須爾等大師將第六識轉變為第八識？

由不知如是正理故，便教人修學一念不生之功夫，以為第六識覺知心處於一念不生、不思量、不分別時，便是已經變成第八識真心。彼僧亦然，聞道不思量底心，以為應將覺知心處於不思量狀態，故作是問：「不思量底，如何思量？」一切學人若欲真解般若禪，真悟禪宗之心，當以能思量底覺知心，去思量不思量底第八識心；當依禪宗之法而覓此心，覓得此心已，方知絕非世俗教授、名家、大師思量之所能得，是故藥山禪師開示言：「非思量。」聖嚴大師不知此理，更言：「**天下本無事，庸人自擾之**」，更言：「**如果能夠把追求心、厭離心以及憂愁**

和期待等的念頭放下，那就是悟境」，根本未曾稍知如來藏所在，云何謂之為悟？悟境何在？

復次，如來藏體性廣大深密，含藏萬法，悟後必須勤加體驗思惟整理，絕非一悟即至佛地，唯除最後身菩薩之示現成佛。是故，證悟之人當常思量那不思量底心—第八識如來藏。如是常常思量那從來不曾思量底心，方能漸通般若之別相智，方能漸起諸地之道種智；如是世世思量那不思量底，最後方能成就究竟佛道。既入如是悟境中，便知悟境是一切真悟之人皆可思量底，便知如來藏是悟後必須體會者，不得謂為無從體會者；如今聖嚴師父竟然公開印於書中，說道「**無從體會處就是悟境**」，由此可知根本未曾證悟，云何卻又恁麼大膽，敢公開講說自己所不知之公案內涵，更梓行天下而廣流通？非是智者也！　只如不思量底心何在？且再看伊藥山禪師如何分說？

有僧上問：「學人擬歸鄉時如何？」藥山禪師問曰：「你的父母死後多年遍身紅爛，臥在荊棘林中，你想要歸到何處去？」那僧聞言便道：「既是這樣，那我就不歸去了。」藥山禪師卻道：「你卻應該歸去才是。不過，你如果眞的歸鄉時，我教給你一個辟穀休糧之妙方。」那僧以為藥山禪師真個教伊辟穀之法，便道：「便請師父開示！」藥山禪師卻道：「你回去以後，每日二時上齋堂時，不可以咬破一粒米飯。」

此亦同前，皆謂如來藏之體性也。如來藏自無始劫以來，未曾穿著一縷紗，未曾咬著一粒米，未曾造作一切無記業、有記業，皆是覺知心之意識、與思量心之意根所為。藥山禪師如是一語，欲要那僧每天過堂時，尋覓那從來不曾咬著米底心。世俗辟穀之方，乃是後來辟穀，非是從來本已辟穀者；則此辟穀境界乃是有生之法，非是本來自在、本來已有之法，故是生滅法。如來藏之從來不飲不食，方是本來辟穀之法，方是真正究竟休糧之方，方是不生不滅之法也。無奈那僧聞之依舊不懂，慧眼不生，入不得禪門。

復有僧問：「如何是涅槃？」藥山禪師反問曰：「你還未曾開口時，那個喚作什麼？」二乘聖人及諸凡夫，總以為涅槃要因修行而得，卻不知**涅槃即是如來藏之異名**：乃是依如來藏不再含藏分段生死煩惱種子，是故捨壽後不復入胎受生，亦不生於天界，不復出生七識心，只餘如來藏不生不滅、完全離六塵見聞知覺性，故名無餘涅槃。二乘聖人每欲滅除十八界，捨壽而入無餘涅槃；然而菩薩則不如是，於十八界未滅盡時，便見無餘涅槃之實際——如來藏——本無生死，本是涅槃，不須滅卻十八界法方證涅槃。此即是禪宗古今真悟之人所悟證之境界也，由是緣故，藥山禪師答那僧云：「汝未開口時，喚作什麼？」未開口時，亦是如來藏也；乃至正開口時、正言語時、正眠夢時、正瞋怒時、正分別時，亦莫非如來藏也！只是眾生總被虛妄之想所遮，總認覺知心為真，不識那同時同處之如來藏所在。

這如來藏，眾生日日受用之，及至悟者問著時，個個盡道不知，更道覺知心一念不生時便是眞心如來藏，便欲以離念靈知心之意識而入住涅槃，皆是顛倒想、虛妄想者。

一日，藥山禪師見遵布納正在洗浴佛像，乃問曰：「這個就由著你洗，只是你還能洗得那個麼？」藥山禪師如是一問，致令個個野狐口掛壁上，無人敢答。只是遵布納卻早知得宗門密旨，便責成藥山禪師曰：「把那個東西拿來！」藥山禪師聞如是一語，便即休去。

只如藥山道那個，爾等四大法師既敢說禪、解禪、出版禪，平實且要問爾：那個在什麼處？　次如藥山問遵布納洗不洗得那個？究竟遵布納洗不洗得那個？云何遵布納不答伊所問，卻反教藥山將那個來？究竟那個將不將得來？

三如藥山聞道遵布納欲洗藥山那個，藥山云何卻自認可、休去？究竟藥山將得來、將不來？　究竟藥山休去時，是將與遵布衲？不將與遵布衲？　究竟遵布衲曾洗得那個？不曾洗得那個？　爾等四大法師既道是悟者，既示現上人相，證嚴更以自己之境界而造書宣說十地菩薩之證量，藉以暗示徒衆：自己已是地上菩薩，當必於此諸問了然無暗，如今且請斷看！　天下人要知，爾等座下諸徒亦要知之。

只如那個是阿哪個？早知爾等四大法師並無一人知之，如今平實且頌與爾等四大法師知之：

廬山煙雨浙江潮，未到愁憂顏枯槁；

到得原來無別事，晨起天寒著僧袍。

識得伊，莫洗佛，歸寺卸裝焚柴草；

掩扉投身好泡澡，雖然無事難草草。（調寄鷓鴣天）

第五〇六則　藥山送藥

澧州藥山惟儼禪師　師問飯頭：「汝在此多少時也？」曰：「三年。」師曰：「我總不識汝。」飯頭罔測，發憤而去。

僧問：「身命急處如何？」師曰：「莫種雜糧。」曰：「將何供養？」師曰：「無物者。」

師令供養主鈔化，甘行者問：「什麼處來？」僧曰：「藥山來。」甘曰：「來怎麼？」僧云：「教化。」甘云：「將得藥來麼？」曰：「行者有什麼病？」甘便捨銀兩鋌曰：「有人即送來，無人即休。」師怪僧歸太急，僧曰：「問佛法相當，得兩鋌銀。」師令舉其語，舉已，師曰：「速送還他！子著賊了也！」僧乃送還行者家。行者見僧迴，乃云：「由來有人。」遂添銀施之。（同安代云：早知行者恁麼問，終不道藥山來！）

聖嚴法師云：《……此謂覺性便是由妄心離幻而現的智慧，即是六識的「意」法界轉爲覺性的智慧之時，十八界等的一切法，都與覺性相應相合，成爲一眞法界的大總相。所以此處的「法界」，就是佛的清淨智慧心。衆生雖不知道自己的心與佛心相同，但以佛的立場來看眾生，沒有任何眾生是在佛心之外的，也就是說：**眾生乃是諸佛心中的眾生，諸佛也是眾生心中的諸佛**。眾生之所以生存於煩惱世界，是因眾生自己蒙蔽了智慧心與慈悲心；如果能放下自我的自私心，就會有與佛相同的智慧與慈悲。有了智慧心，就不會受環境的影響而使自己生煩惱；有了慈悲心，就不會看到任何眾生來跟自己對立了。》（《禪鑰》頁 237~238）

平實云：舉凡能見、能聞、能知、能覺等性，皆是從如來藏中，藉諸因緣而自然流露，皆是藉六根六塵為緣，方得由如來藏中現行，故是所生之法，非是本來自在之法，卻同六識覺知心等，皆是如來藏所含藏之局部體性，然不得謂之為真實法也，否則四阿含緣起性空之理便須改寫也。此如《起信論》所云之不覺者，正是聖嚴法師之所墮者也，正是凡夫臆想隨順於佛性也，皆是臆想思惟而得者故。如是知覺性者，非是萬法之根本，非是諸佛之真實心，同於常見外道無訛，尚且不入別教七住位中，不能發起般若之總相智，何況能得十住菩薩眼見佛性之證量？一切同墮如斯邪見之人，皆不能眼見眾生之佛性也。

一切有情各皆唯我獨尊，焉得妄言「**眾生乃是諸佛心中的眾生**」？一切諸佛皆是各各唯我獨尊，焉得妄言「**諸佛也是眾生心中的諸佛**」？如是言語，卻是事理不分，謂之籠統真如、顢頇佛性。真求佛法者，萬勿隨之，否則終將浪擲一生而無所獲，常處凡夫及外道見中。

若人欲入佛法內門，廣修菩薩六度萬行者，當以求證自心如來藏為首要之務，莫墮言語思惟、佛學研究等意識情想知解之中。若欲得悟，則以禪宗公案之參究，最為便捷，故舉藥山送藥公案，共諸學人商量：

澧州藥山惟儼禪師，一日問飯頭云：「你在藥山學禪已經多久了？」飯頭答曰：「三年了。」藥山禪師卻道：「我總是不認識你。」那飯頭聞藥山禪師恁道，不知藥山乃是指示禪宗證悟之處，見藥山吃伊所煮之飯三年，明知是伊所煮，竟言不識伊，毫無人情可言，心中發起瞋心，乃離藥山而去，藥山見其緣猶未熟，亦未挽留之。

世間多有如是之人，根本不知禪為何物？復又不知禪門宗風，每以講經說法靜坐者為禪宗，每以坐求一念不生境界者為禪宗；如是之人古今皆有，故有藥山飯頭之憤而離去，辜負藥山慈悲開示。此乃古人錯悟者之通病，亦是今時人之通病，總認六塵中能知能覺之心性為真實法，或以定境中不觸五塵而住在定境法塵中之知覺性，作為真實常住法，是故藥山以真心之體性而直接開示曰：

「我總不識汝。」那飯頭卻誤會藥山為不通人情，憤而離去。

是名心性。亦如平實多年來不斷舉示諸經 佛菩薩語：「一切諸法無覺無觀，無覺觀者是名心性。法離見聞覺知。若行見聞覺知，是則見聞覺知，非求法也。」如是之言具載於方廣諸經，而時人及與四大法師，今猶未信。藥山亦復如是，欲助益飯頭建立知見，是故食其三年所炊飯食已，欲有回報，故意示以真心之體性：「我總不識汝。」便似土城老人廣欽和尚之明言：「你來以前，我莫知你來；你走了，我也莫知你到哪裡去！」明明來在眼前，卻道不知其來；明明去了，卻道不知何處去？豈真是盲聾之輩耶？如是之語，卻同藥山禪師道「我總不識汝。」亦如永明禪師之言「不會」，亦如老趙州之言：「老僧不在明白裡。」可惜那飯頭不解藥山禪師好意，誤以為藥山輕嫌於他，便憤而離去，雖入寶山卻空手而出，真乃愚人也！

復有僧上問：「身命危急之處，應當如何？」藥山禪師答曰：「不必再種雜糧了。」那僧不解問，更曰：「將什麼東西來供養？」師曰：「將那無物之物供養。」只如身命危急時，還能種雜糧麼？還須要種雜糧作麼？只須捨身往至後世便了。吾人終日吃飯，祂從來不曾吃著粒米滴水，將什麼供養祂？既然身命危急，還要種雜糧作麼？種得誰吃？又如何能種？　那藥山不答僧問「如何抵敵生死」，卻只教那僧不必再種雜糧，且道：種不種雜糧，干生死何事？卻只教伊莫再種雜糧？藥山此語意在何處？　平實卻不如是，正當身命危急之時，卻反教那僧種雜糧去！身命危急時若解得種雜糧之理，卻好抵得生死去！

藥山禪師風聞甘贄行者早已證悟，一向護持三寶，寺中正缺銀兩，不能買油鹽供僧，乃令供養主去募化鈔銀，那供養主便來到甘行者處化緣。然而，禪宗自古以來，證悟之在家菩薩，寧可大肆供養聲聞羅漢，絕不大供大乘法中未悟之人；若是來化緣者非是證悟之人，便不作大施，唯只隨緣而施，故甘行者甫見供養主，便問：「從什麼道場來？」那僧答曰：「從藥山來。」甘行者聞道是藥山禪師座下僧，正好說禪，便問曰：「來作什麼？」那僧答云：「藥山和尚教我來化緣。」甘行者便問云：「將得藥來麼？」那僧若是個會禪底，當下但只伸手云：「取藥來！」甘行者若取出銀兩來，卻好揣入懷中便行。無奈那僧不解禪，卻問曰：「行者有什麼病？」甘行者見那僧如是，早知是個不開竅底葫蘆，便施捨官銀兩錠（古時銀極貴重，非如今時之價賤），又交待曰：「如果有人的話就送來給我，沒有人的話就不必了。」那僧聞言，只道是自己問答無訛，所以行者爽快捨銀兩錠，接得兩錠銀便歸。

藥山禪師疑怪那僧歸寺太快，故爾問之，那僧答曰：「甘行者問我佛法，我的應答沒有錯誤，所以很快就得到兩錠銀子。」藥山禪師令僧舉示對答之語，那僧舉示問答之後，藥山禪師卻道：「趕快送還給他！你已經著賊了！」那僧聞藥山恁道，乃迅速送還至甘行者家中。甘行者見那僧迴轉來，便知藥山非是無人證悟之道場，乃云：「原來還眞的是有人。」遂添加銀兩布施與藥山道場。後來同安禪師聞道此個公案，卻代那僧答云：「假使早知甘行者會這麼問的話，我終究不會說是從藥山來的！」且道：那僧從不從藥山來？究竟從何處來？同安禪師作此一問，不安好心，要教聞者一時喪身捨命！

如今平實亦復如是，要教爾四大法師一時俱皆喪身捨命，且道：那僧從不從藥山來？究竟應該從何處來？

只如甘贄行者問那僧：「將得藥來麼？」究竟意在何處？豈眞有病須藥？卻是那僧有生死病，正須那藥醫治；無奈那僧不解甘行者早將生死病之大藥塞在自家手裡，更問行者有什麼病？行者聞道，早知那僧不是個門裡人，乃施白銀兩錠。那僧得銀兩錠，得得返寺，一路上多少風光，卻是猶自懵懂，不知早已著了甘行者道兒，尚自賣弄，自道解得禪門佛法應答。及至藥山道伊著了道兒，方又急忙趕回甘行者家中返還銀兩。　且道：這兩錠銀，是藥不是藥？　若道是藥，罰三十棒！　若道不是藥，亦罰三十棒！　若道非藥非非藥，卻罰六十棒！　且道：阿哪個是藥？

甘行者見那僧返歸銀兩，便知藥山非是無人證悟之道場，乃加添銀兩奉施。口中兀自道：「由來有人。」可憐那僧放著現成解脫生死之藥，放著現成般若智慧妙藥，不知不見，不會隨手取之，但只見得銀兩，便取歸寺。後來同安禪師聞道此個公案，便道：「早知行者恁麼問，便不道藥山來。」此語可有為人處？

平實作是問，如今末法，早料得爾等四大法師盡答不得，個個口掛壁上。爾等四大法師若欲會者，且翻翻黃曆，共同商議商議，撿個黃道吉日，同覓平實化緣來！　平實甫見，不問來處，但只奉上空紅包一個，看爾等解供不解供？　若解供者，平實便實以紅包供養；若不解供者，但取竹如意劈面打去，更奉上生死藥、般若藥，是名無上布施。　頌曰：

三年炊飯是忠僕，我總不識汝；

信手送藥猶道無，藥山來回苦，阿誰是奴？
法鼓之毒無人塗，誰人識真主？
歸來忽解種園圃，原來只是一畝更九鼠。（調寄虞美人）
（註：經云：若有人將正法之毒塗於大鼓擊之，凡聞法鼓之聲者，我見我執皆死。）

第五〇七則　藥山牛皮

澧州藥山惟儼禪師　大眾夜參，不點燈；師垂語曰：「我有一句子，待特牛生兒，即向汝道。」時有僧曰：「特牛生兒也，何以不道？」師曰：「把燈來！」其僧抽身入眾。（雲巖舉似洞山，洞山云：遮僧卻會，只是不肯禮拜。）

僧問：「祖師未到此土，此土還有祖師意否？」師曰：「有！」僧曰：「既有祖師意，又來作什麼？」師曰：「只為有，所以來。」

師看經，有僧問：「和尚尋常不許人看經，為什麼卻自看？」師曰：「我只圖遮眼。」曰：「某甲學和尚，還得也無？」師曰：「若是汝，牛皮也須看透。」（長慶云：「眼有何遮？」玄覺云：「且道長慶會藥山意？不會藥山意？」）

師於大和八年二月，臨順世，叫云：「法堂倒！法堂倒！」眾皆持柱撐之。師舉手云：「子不會我意。」乃告寂。

聖嚴法師舉示藥山惟儼禪師看經公案，開示云：《常有人對我訴苦：「佛經看不懂，專有名詞太多，經句、經意很難明白。」記得我師父說過，看經的人可分三種。第一種人抱佛經當成咒語來唸，一邊看一邊唸，字字分明地唸；不需知其內容，目的是藉此使頭腦安靜下來，不再胡思亂想。第二種人是爲一窺佛經的內容，因此「循文解義」，從文字表面去理解經中的義理。第三種人以看經做爲一種恆課，是生活中的例行事項。這個層次又可分爲兩種，……（無關法義之語，略之）。最後這種看經方式，相當於藥山惟儼把看經當成遮眼的層次。而他的弟子想倣效師父，藥山知其並未開悟，程度不夠，因此要他好好從文字上加以理解。**看經時只做到心無雜念是不夠的，一定要理解經的意思**，即使韌如牛皮的經，也得看破。看破的意思是鑽研、深究，不是看過即了。》（《公案一百》頁117~118）

平實云：佛學研究，無益於佛法之修證；研之究之，結果卻如聖嚴法師之不能去除我見，執著離念無念之意識為佛心，墮於意識心中，何況能去除我執？如是之人，云何能懂佛經微妙正理？是故主持中華佛學研究所二十餘年已，無有成果，竟然在早年批評藏密為外道法之後，今時復又回頭夤緣藏密達賴喇嘛名聲，以鉅金換取達賴之應許，在紐約作「世紀對談」，藉以自高。不料對談之後，筆錄成書、流通天下，卻益發曝露雙方之同墮於意識境界，曝露雙方之俱皆未斷我見，同執意識覺知心為佛心；如是二人，謂之為無智愚行，不亦可乎！

是故，佛學研究完全不可倚恃，觀乎印順老法師一生研究佛學，研之究之六七十年，結果自以為是護持正法、弘傳正法，本質卻正是最嚴重之破法行為，卻正是最嚴重之邪見，一生所造弘傳「正法」之行為，卻使其成為斷善根之一闡提人，印順嚴重誹謗菩薩藏故，菩薩藏則以第八識如來藏心為其根本故。是故，一切欲求佛法正理者，欲求真入佛法內門而修菩薩行之佛弟子，皆應親從禪宗之正理而參究之，若不爾者，經紙雖薄，卻似牛皮，必將永遠看不透其真實意也。如是畢生研究而不解義，終必墮於「常見」見，或必墮於印順所墮之「斷見」見者，有何意義？

聖嚴法師既云：「看經時只做到心無雜念是不夠的，一定要理解經的意思，即使韌如牛皮的經，也得看破。看破的意思是鑽研、深究，不是看過即了。」則不應阻止座下弟子尋求證悟之道，否則即違自說。心無雜念乃是以定為禪之外道法故，經文所說則是如來藏之中道義故；而聖嚴法師自己所說之禪法，卻又教人以「心無雜念」為悟，如今卻又倡言「心無雜念是不夠的」，正是自語顛倒。

聖嚴法師又云：《禪法一定要去「我執」，去「我執」一定是從起信、布施、持戒開始；凡夫去我執，一定先要相信心外有諸佛，心外有諸法，心外有師僧，心外有護法龍天。否則的話，剛進禪的法門，你就不拜佛、不尊法、不敬僧、不信護法諸天，

如此的慢心十足，就根本不要想能開悟見性了。》（《禪鑰》頁225）

然而如是之言，聖嚴法師正應責己，莫以之教訓於弟子。自己既不信出家在家之勝義僧所說正法、正理，即是不尊法、不敬僧者，云何可以是理訓人耶？若言余法有誤，則當舉例而辨正之，不應效法世人當縮頭烏龜也！若不能舉例而辨正余法之錯謬處，則當信受而擁護之，云何卻暗中處處抵制私下誹謗之？

復次，禪法之修行證悟，絕非先去我執，然後得悟。卻反而是不去我執，反而是不離煩惱、不斷煩惱而證菩提；乃至菩薩證得大乘菩提而入七住位已，仍未斷盡我執，悟後進修般若別相智而漸次進向初地；乃至進入初地時，仍故意不斷最後一分我執，故意保留最後一分我執，留如是思惑以潤未來世生，地地增上。可證聖嚴法師真是不懂禪法，不懂佛菩提道，乃至淺如二乘菩提所應斷之我見亦復不斷──執著離念靈知心之意識心作為第八識佛心，故說聖嚴法師未得見道功德──三乘見道俱皆未得也！聖嚴法師如是，印順、星雲、惟覺、證嚴、昭慧、傳道…等人，亦復如是，不脫意識窠臼，俱名凡夫知見。

為助佛門四眾弟子證悟，今舉藥山牛皮公案，共諸大師與諸學人扯葛藤去也：澧州藥山惟儼禪師，因一日大眾夜參，惜福故不點油燭燈；藥山禪師垂語開示曰：「我有一句禪悟的句子，待大公牛生兒子時，就跟你們說吧。」當時黑暗中，有一僧出衆而問曰：「大公牛已經生了兒子也，和尚爲什麼卻還不說？」藥山禪師聞言，便喚曰：「把燈拿過來照看是誰！」那僧聞言便抽身入衆。後來雲巖曇晟禪師聞道此個公案，便舉似其師洞山良价禪師，洞山禪師聞後便云：這個僧人卻是會得藥山禪師之意，可惜卻是不肯禮拜。

只如藥山明道大公牛生子時，方才為說；當時彼僧出列，何處有大公牛出生子嗣？那僧便道大公牛已經生子？云何洞山禪師便道那僧會得藥山禪師意？那僧聞道和尚欲把燈照看伊，卻自抽身入衆，不敢教藥山知是伊，究竟那僧解不解得藥山禪師意？　若道解得，卻又不肯禮拜，不肯自道某甲；若道不解，洞山因什麼道理卻說那僧會？卻說那僧只是不肯禮拜？道理在什麼處？　爾等四大法師既然同皆出世講禪、說禪、寫禪、出版禪籍或登載於報紙，可還有人道得此中密意者否？試斷看！

有僧問：「祖師未到此土，此土還有祖師意否？」師曰：「有！」僧曰：「既有祖師意，又來作什麼？」師曰：「只爲有，所以來。」

只如祖師未到東土震旦之前，云何便有祖師西來之意？且道這祖師西來意，究竟在什麼處？云何祖師未來之前便已有之？爾等四大法師既然敢出頭道禪、寫禪，且斷一斷：究竟祖師西來意在什麼處？ 若有人來道：「祖師西來意就是本來面目，就是離念靈知心，就是眾生的爺娘。」平實卻將竹如意劈面打過去，不停地邊打邊斥：「爺你個頭！娘你個頭！爺你個頭！娘你個頭！……」

一日，藥山禪師看經之時，有僧上來問：「和尚尋常不許別人看經，爲什麼卻自己在看經？」藥山禪師答曰：「我只圖個遮眼罷了。」那僧又曰：「弟子我如果也學和尚這樣看經，可不可以呢？」藥山禪師答曰：「如果是你來學我看經的話，可得有好眼力—牛皮也須看得透才行。」後來這件事傳揚了出去，長慶慧稜禪師便向弟子們提示云：「眼睛有什麼遮止處？」玄覺禪師聽到長慶禪師恁麼道，便拈向天下諸方老宿問云：「且道：長慶禪師是懂得藥山之意思？或者不懂藥山之意思？」

如今平實亦藉玄覺之語，問爾講禪之四大法師：「長慶這語，是懂不懂藥山之意？若道懂，懂在何處？若道不懂，什麼處不懂？」俱須有理，不可胡言亂道也。若道非懂非不懂，卻各放爾等三十棒，自己領狀出去自打三十棒！若人會得玄覺意，方解長慶禪師意，方知爾等從來眼放光明，自是爾等不知，爾等慧眼從來不曾遮止爾等見道也；如今不能見道，皆坐虛妄想所致也，皆坐妄謗正法、妄謗賢聖所致也，皆坐貪著名聞利養與面子所致也！　若肯一朝頓捨名聞利養面子，反覆思惟平實諸書所言正見，一朝緣熟時，且公開自打三十棒，公開懺之；三十棒自己打完，不信大師不能悟！

藥山禪師於大和八年二月，即將隨順世法五陰之滅壞，乃大叫云：「法堂倒！法堂倒！」大眾皆誤會藥山禪師之意，同皆執持木柱支撐法堂。藥山禪師待得大眾悉皆以柱支撐已，見大眾兀自不會，方乃舉手云：「你們都不能會得我這句話的眞意。」言畢乃告寂。

只如藥山禪師大叫法堂倒之意，是什麼意？有者道是法堂舊壞，即將傾倒，是故如是大叫；有者道是藥山禪師之色身將壞，是故大喚法堂倒；如是諸言，皆是情想思惟所得，與禪道從來無巴鼻，有什麼會處？只如藥山禪師大叫法堂倒，究竟是什麼意？可中若有個禪和子眼尖，一時瞥見，卻好驟步向前，到伊藥山和尚面前，大聲道：「恭送和尚！」禮拜了便出，法堂卻不倒也。　頌曰：

叢林夜參，殘月不入窗；

衣下不明，身心何歡？
竹窗漏不永，莫沉吟，但寬心，將特牛下鞍。
殘光驟牛，稱尊豈待衣冠？
檢點震旦祖師意，何待達摩來？早矗幡！
莫懼牛皮厚，抱經來，暗裡觀；
只恨無智，夜永難度過，和衣且將門拴。（調寄鶴沖天）

第五〇八則　大川眼盲*

潭州大川和尚　有江陵僧新到，禮拜了，在一邊立。師曰：「幾時發江陵？」僧拈起坐具，師曰：「謝子遠來，下去！」僧便出，師曰：「若不恁麼，爭知眼自端的？」（平實云：言畢當時，便好與一棒！）僧撫掌曰：「苦殺人！幾錯判諸方宿。」師肯之（平實云：莫頷首，頷首即打汝頭破）。

遮僧舉似丹霞，霞曰：「於大川法道即得，於我遮裡即不然。」僧曰：「未審此間恁麼生？」霞曰：「猶較大川三步。」其僧禮拜，霞曰：「錯判諸方底甚多。」洞山聞之曰：「不是丹霞，難分玉石。」

聖嚴法師云：《中國禪宗馬祖的弟子大珠慧海所著『頓悟入道要門論』卷上云：「云何爲頓悟？答：頓者頓除妄念，悟者悟無所得。」又云：「頓悟者不離此生即得解脫。」又云：「修頓悟者，不離此身，即超三界。」又云：「頓除妄念，永絕人我，畢竟空寂。」此爲宗門的通說。「頓」就是突然間除妄念、去執著，心中悟無所得。頓悟的人不需等待來生，不必脫離世間，在這一生之中，尚在世間之時，就能得到解脫。因頓悟的人是斷煩惱執著，不是頓失知覺聰明，所以仍有一切人的反應，決不聾子、瞎子、白癡一樣；聾子聽不見，瞎子看不見，白癡聽不懂看不懂；開了悟的人，是照樣能看、能聽、能解的。**禪宗的修行目的，就是希望能在某一個時空裡，突然間把妄念斷除了，那就是開悟的經驗。**》（東初出版社《禪論》頁128~129）

平實云：聖嚴師父誤會佛法極為嚴重，竟以為佛法之開悟即是「**在某一個時空裡，突然間把妄念斷除了**」，以為「**那就是開悟的經驗**」。然而大乘諸經所言之開悟，卻是親證第八識如來藏，領受第八識如來藏之不生不滅、不來不去、不增不減、不垢不淨、不一不異……等中道之事實；如是正理，經由親證如來藏故始得現觀，由現觀如來藏之如是中道性故，便得中道觀，便證知一切法界之真實相，如是修、如是證者，方是真正之佛法開悟境界也。今者聖嚴法師不知如是正理，卻認為覺知心中妄念言語斷了便是開悟，誤會大矣！

大珠慧海所云：「頓除妄念」者，乃是頓時除去妄念，一剎那間便永除妄念；試問聖嚴師父，您此生曾否頓除妄念？若未頓除者，則是未悟人，焉可開示證悟之法？未悟之人不知悟事故。請問聖嚴師父頓悟之後，是否至今未起妄念？若尚會起妄念，則非是真悟，自既不知悟事，焉得教人求悟？

然而一切真悟之人悉皆如是：於證悟之時，證明自心如來藏——第八識阿賴耶

──從來不起妄念，由如是親證故，頓時轉依如來藏之三世不起妄念，故名頓除也；非是經由打坐靜坐之漸修而除妄念也。今者聖嚴法師不曾了知大珠慧海開示之密意，以己之誤會而妄自作解，非是真悟之人也！

復次，大珠慧海所云：「悟無所得」者，乃是親證如來藏後，現前照見如來藏一向離見聞覺知，不知不見六塵，一向不受苦樂捨受，云何言其於世間法而有所得？由親證如來藏而現前觀見如來藏之從來皆無所得，故說頓悟無所得也；非是經由二乘法緣起性空觀之漸次觀行而得也。然而聖嚴師父所言之斷妄念，卻是覺知心之斷妄念；如是覺知心之斷妄念，非能永斷，必定忽然又起，云何得言同於大珠慧海之禪悟耶？

復次，大珠禪師言：「修頓悟者，不離此身，即超三界」，然而聖嚴法師悟後之覺知心何曾頓超三界？仍在三界中也！唯有如來藏方是本來不在三界六塵中者，唯有親證如來藏已，轉依如來藏之不在三界中，方得言為頓悟之時不離此身而超三界也。今觀聖嚴法師根本未曾證得如來藏，而以意識覺知心之無念作為證悟之境界，何曾超得三界？乃至欲界人間皆未超越，何況能超三界？

復次，大珠禪師言：「頓除妄念，永絕人我，畢竟空寂」，試問聖嚴大師：覺知心是人我？不是人我？覺知心空寂耶？不空寂耶？　四阿含諸經中，乃至大方廣諸經中，皆說覺知心正是衆生我，正是人、天人、畜生…等六道衆生之人我，以離念之覺知心作為永絕人我之心，何曾絲毫絕得人我？

復次，離念靈知心、無念覺知心，從來不離六塵，焉得是畢竟空寂之心？乃至進入二禪以上之等至位中，亦仍與定境中之法塵相觸、相應，何得說之為畢竟空寂之心？乃至眠熟無夢時之末那識，不與五塵相觸，而與睡眠位之法塵相觸，亦不自知我之存在，尚且不可說為畢竟空寂之心，何況能知能覺之意識覺知心，焉可說之為畢竟空寂之心？唯有如來藏從來離六塵見聞覺知，方可說之為畢竟空寂之心也！試問聖嚴大師：您曾否證得如來藏？您的如來藏今在何處？還道得否？　若道不得，何得言悟事？何得助人求悟？　是故，一生勤求世間名聲、募集鉅款建大道場，於一生道業，終無所益；於廣大弟子之道業，復何所益？何妨放下身段、閉關參禪去！有朝一日親證如來藏時，方知平實從來不曾妄語也。且舉潭州眼盲公案，共師父說禪去也：

潭州大川和尚雖然名聞當時，然非是真悟之人，卻極聰明伶俐，善能模仿作家手腳。一日，有江陵僧新到，這僧不是吳下阿蒙，才禮拜了，便在一邊立。

大川和尚兀自不知，更學禪師作略，問彼僧曰：「幾時離開江陵？」那僧亦不敢一著便判定其未悟，錯判則有大因果故；乃又拈起坐具，看伊更待怎地？那大川和尚便學禪師言語曰：「謝謝你大老遠的來到此地，下去吧！」那僧聞言便出，大川和尚不解那僧真意所在，更作籠罩之言曰：「如果不是這樣作的話，怎麼知道來者是有眼無眼？」平實當時若在，大川言畢當時，便好與一頓痛棒！那僧卻極為慎重，勘驗再三，然後撫掌而曰：「苦死人了！幾乎錯判諸方老宿了。」那僧一再勘驗之下，已知大川落處，早知伊根本未曾知得悟境，可憐大川猶自不曉那僧意在何處？兀自頷首肯之！座下弟子同等無智，更記之留與世人，流傳後世，貽笑作家。平實當時若在，便向大川和尚喝云：莫頷首！頷首即打汝頭破。

後來那僧便將此個公案舉似丹霞天然禪師，丹霞禪師曰：「依大川自己所認為的法道來說，也就算了；如果是依我這裡的法道來說的話，我可就不能認可他了。」那僧聞道丹霞如是道，便問曰：「不知道你這裡又是怎麼說的呢？」丹霞便道：「還是勝過大川和尚三步啊！」那僧聞言便禮拜，丹霞禪師卻又道：「錯判諸方的人太多了。」如是事件，古今同調，錯判諸方老宿之悟抑未悟者，比比皆是，難得逢見真悟真判者也！後來洞山良价禪師聞道此個公案，便說道：「如果不是丹霞禪師的話，可就沒有能力分別出寶玉或者石頭了。」爾等四大法師欲會丹霞禪師意旨麼？且退三步再說！

古往今來，禪門同調：悟者自是悟者，冒充者自是冒充者，然而魚目混珠者比比皆是，未悟之人難分賢聖與野狐。何況今時諸方學人多年以來廣被誤導，先入為主之錯誤觀念極難改易，復又但觀名聲、道場、身相等表相，如是崇拜表相，豈有能分玉石之人？頌曰：

大川眼盲本非玉，江陵僧，初見禮，復立一邊，處處下針砭！
為報佛恩親勘驗，拈坐具，勘大川。

玄旨未解更效顰，僧卻出，且撫掌；
桃符乖異，何人解曲折？

丹霞三步較大川，千年後，誰得似？（調寄江城子）

第五〇九則　石樓無耳

汾州石樓和尚 師上堂，有僧出問曰：「未識本來生，乞師方便指。」師曰：「石樓無耳朵。」僧曰：「和尚過在什麼處？」師曰：「過在汝非處。」僧禮拜，師乃打之。

師問僧：「發足何處？」僧云：「漢國。」師云：「漢國天子還重佛法麼？」僧云：「苦哉！苦哉！賴遇問著某甲。問著別人則禍生。」師云：「作什麼呢？」僧云：「人尚不見，有何佛法可重？」師云：「闍梨受戒來多少夏？」僧云：「三十夏。」師云：「大好不見有人！」便打之。

聖嚴法師開示「逢著便殺」之意：《臨濟禪師對僧衆講開示，曾談到如何把執著心、攀緣心趕盡殺絕。凡由嘴吧說出的什麼，全都予以否定；**只要你心中冒出念頭，他都給你當頭一棒**。舉心動念之間，只要把它當成自己的主見、看法、經驗、立場，那就是煩惱，不是智慧。要想眞正得到佛法的見解，必得不受他人的迷惑。不管向內向外，凡是心理的、生理的、社會的、自然的現象，一旦對它產生迷思，就應該一刀兩斷（段？），這就是「逢著便殺」。「著」是心中很在乎；**不論好壞、內外、**

善惡等等差別，以及相對的觀念、事物，都要用智慧的劍連根斬絕，才能得到自由的心，那也就是悟境。……這並不等於說一個自由自在、解脫開悟的人，什麼都沒有了；出家人還是可以有廟，在家人還是可以有家，不論僧俗還是可以有學識、經驗、名位。只不過他不將之當成是自己的安全保障，因爲那些東西並不眞正可靠。我的師父（東初和尚）曾經告訴我：「人在口袋裡和在銀行裡要有錢，在頭腦裡和在你心裡不要有錢。」這句話值得每個人深思。》（《公案一百》頁 134~135）

平實云：眾生學佛時，總誤會佛法；學禪時，又誤會禪師開示之意，總以為一切都不執著，只要保持覺知心清淨無著，便是佛法。聖嚴法師亦復如是，總以為心中不存任何一法，便是佛法、便是證悟。如是知見，卻與臨濟法道迥異；亦與大乘方廣諸經所說者迥異，絕非佛法也。

平實自出道以來，不斷宣示：禪宗之開悟者，乃是親證第八識如來藏，由是親證故，能現觀如來藏之中道性，能了知法界之眞實相即是如來藏，由是而發起般若智慧。復又宣示如來藏之體性，指正彼等錯悟諸師：所誤認之如來藏，皆是意識覺知心。然而彼諸大法師、大居士，由於平實如是言語，以致一時之間喪失悟者之身分，故於平實心生瞋恨怨惱；復又多年私下參究如來藏之所在，而不可得；欲覓平實之過復不可得，無可反擊，亦不能守衛自身之名聞與利養，故爾恨透平實；以有恨故，於平實之語，乃多不信，耽誤自身道業。

禪師之作略，固然每逢學人墮於葛藤時，必定斬之；然而此乃去黏解縛之手段，去黏解縛之後，則必示以入處，非唯逢著必殺而已。若殺去學人執著之後，不能直示入處者，則非是真悟之師也！豈況聖嚴法師之不能去自己之所黏、不能解學人之所縛，自己墮於我見之中，亦教令座下弟子悉皆同墮我見之中，同執離念靈知心為實相心，皆以意識心之無念離念作為禪宗之悟境；如是我見不斷之人，何能去他人之黏？何能解自己之縛？自己尚不能去黏解縛，何能助人悟入從來無縛無解之如來藏境界？去道實遠矣！

禪宗之禪法，不在於將執著心、攀緣心趕盡殺絕，而在於教令座下弟子悉斷我見，不認意識賊人為親子；不認意識賊人之後，則示以入處，令得親證一切法界之根源—實相心如來藏，由是親證故，發起般若智慧，非聲聞緣覺所能知之，故名為悟，亦名大乘賢聖僧，亦名大乘菩薩僧，初不論其身為出家在家表相，皆是大乘法中之勝義僧也。今者台灣四大法師，既然個個出頭道禪，悉皆示現已證禪悟之表相，可曾親證如來藏？可曾親見法界真實相之如來藏所在？

如今四大法師文獻證據顯示：迄無一人曾證如來藏，故於如來藏之體性悉皆無所了知。乃竟個個示現上人法，以證聖自居而廣受供養，廣聚「大量」資財之後，悉皆不肯用於幫助學人親證三乘菩提，令得解脫、令得般若智慧，卻有志一同，悉皆用於教相及世俗法上，違　佛本懷殊甚！為諸誠實學人計，當共舉示能令人證悟之公案，共說禪宗，於是便舉石樓無耳公案，共諸大師學人說禪：

汾州石樓和尚一日上堂時，有僧出列問曰：「學人未曾識得本來面目何在，乞求師父爲我方便指示。」石樓禪師答曰：「我石樓卻沒有耳朵。」石樓此語乃是指示如來藏之體性—從來不聞一切聲、一切法。那僧新學，不解石樓禪師此語意在何處，以為石樓真個聞而不解，乃又問曰：「和尚您的過失在什麼處？為什麼道沒有耳朵？」石樓禪師答覆說：「我的過失就在你的過失處。」直示入處。那僧聞言，不知石樓禪師意旨，悔過禮拜；石樓乃打之，欲藉此打令得悟入。

只如天下古今真悟之師，為什麼悉皆如是？學人問道時，禪師總是答個不會、不知、不聞、不覺、不懂、不見？趙州更常掛在嘴邊兒的一句話是：「老僧不在明白裡，是汝還護惜也無？」殊不知自心真如從來不會六塵萬法，卻能藉諸因緣而出生六塵萬法；出生萬法已，卻又出生見聞覺知心，讓見聞覺知心在自己所生之六塵萬法中打混，自己卻不在萬法中起見聞覺知貪瞋癡慢。如是離見聞覺知、不會一切六塵萬法、不會解脱道、不會佛菩提、不會三十七道品，無智亦無得。既如是，石樓禪師道自己無耳，又有什麼過？那僧卻拙於知見，不會石樓禪師意在何處，更問石樓禪師之過。

石樓禪師見那僧不會，便又指示云：「過在汝非處。」那僧不解石樓意在言外，卻只在石樓語脈上用心，以為自己真實有過，卻不知石樓禪師意在嘴皮兒上，乃禮拜悔過；石樓禪師見伊辜負自己本意，乃打之，意欲令會；不料那僧白捱一頓打，依舊未曾解會。

復有一日，僧來參訪，石樓禪師問那僧云：「從什麼處來此？」好有一問，盡天下人不知，如今台灣四大法師亦不能知此一問意在何處，皆是門外漢。那僧答云：「從漢國來。」卻似個家裡人，石樓禪師更問云：「漢國天子還重佛法麼？」那僧答云：「苦哉！苦哉！好在是問著我。若是問著別人的話，那可就大禍一場了。」石樓禪師見那僧敢道此語，便勘問云：「爲什麼這樣說呢？」那僧答云：「人尚不見，有什麼佛法可重的呢？」答來卻是有理，只不知是以緣起性空之理說呢？或是以如來藏不墮六塵境而說呢？須得驗明，方好辨得緇素也，於是石樓禪師便從旁裡問云：「法師你受具足戒以來，已經多少年了？」那僧不證不解如來藏，不知如來藏從來不受戒，便答云：「已經有三十年了。」石樓禪師聞那僧恁麼道，便知他不是證得如來藏之人，乃是以緣起性空之理作為禪理，便笑云：「好個不見有人！」舉起拄杖便打。

只如石樓言無耳，那僧不會，更問過在何處？石樓道是過在那僧不知處，那僧禮佛悔謝，石樓卻打那僧，且道：這一棒是賞棒？是罰棒？是探竿影草？是示現丈六金身？爾等四大法師既敢示悟於人，還道得麼？試斷看！

復如爾等大師每道諸法緣起性空，無我、無人亦無法，那僧亦道無人無法，只因曾受得戒，便遭石樓棒打，且道是有我無我？是有人無人？

爾等若向平實道有我有人，且放三十棒！　若道無我亦無人，亦放三十棒！若道非有我有人，亦非無我無人，更放六十棒！

若真是個人，忽聞平實如是問，但向平實胸前放一掌，伸手討茶一盞便得，還道個有無作麼？　只如這一掌，意在什麼處？料得爾等四大法師無一人能知也！管教個個口似扁擔！　或有大師不信，前來放平實一掌者，平實卻不放伊走人，且要揪住伊胸襟逼問：「速道！速道！」若也解得禪門腳手，平實且抓住伊手，同入斗室，奉茶一盞，且要共喝無生茶，看伊怎地喝！頌曰：

平實偶發古時狂，同邀四大禪德：
本來面目既曾識，何妨同唱和，一時現古哲！
聞道僧從漢國來，還問天子佛法；幽居深宮何曾蟄？
受戒三十夏，無人更見責！（調寄臨江仙）

第五一〇則　大顛有心

潮州大顛和尚　初參石頭，石頭問師曰：「哪個是汝心？」師曰：「言語者是。」便被喝出。經旬日，師卻問曰：「前者既不是，除此外，何者是心？」石頭曰：「除卻揚眉動目，將心來！」師曰：「無心可將來。」石頭曰：「元來有心，何言無心？無心盡同謗！」師言下大悟。

師後辭往潮州靈山隱居，學者四集。師上堂示眾曰：「夫學道人，須識自家本心。將心相示，方可見道。多見時輩，只認揚眉動目、一語一默，驀頭印可，以為心要，此實未了。吾今為汝諸人分明說出，各須聽受：但除卻一切妄運想念見量，即汝真心。**此心與塵境及守認靜默時，全無交涉；即心是佛，不待修治**。何以故？應機隨照，冷冷自用，窮其用處了不可得，喚作妙用，乃是本心。大須護持，不可容易。」

聖嚴法師云：《如果你試著找自己的心，一定越找越多，邊找邊想，念頭紛飛。當你不再想時，這也是念頭，因為你在想自己的心並沒有在動，這當然是念頭。為什麼慧可做得到（無心）呢？因為他已經修行很久，遇到達摩一句話打回來，**把他的妄**

想、分別、煩惱、執著的念頭打得粉碎，終於發現心了不可得；無心可安，才叫安心。》（東初出版社《聖嚴說禪》頁 113~114）

聖嚴法師又開示云：《其實，**根本沒有「心」這樣東西**，凡有念頭全是妄念，**無一樣東西叫作「心」，真心無心**。有心可動，有心可用，全都是妄念，不是真的。能理解到這一點，便隨時都能安心了。……但是正念不斷，並不等於開悟。開悟以後，不管是在打坐或是不打坐，只要煩惱一出現，就像冬晨遇到了太陽，也像雪花遇到了火焰，馬上融化不見。心裡可能還有煩惱，但已不會有持續不斷的痛苦煎熬，這就是開了悟的人。……怎樣達到這個目的？首先，當沒有辦法離開妄念，而心一定要攀緣、抓東西時，要用方法。用得心很安定了，用到心平如止水，是不是表示開悟了呢？不是，但是有許多人誤認爲那就是開悟，其實，這只是在打坐的時候，有一些「定」的工夫而已，離開打坐，妄念可能還是會生起，雜念還是會有，煩惱還是會在（平實註：此語意謂煩惱妄念若不在時，即是禪宗之開悟），因此要持之以恆的從正念練起，最後一定會練習成功的。》（東初出版社《禪鑰》頁 239~240）

聖嚴法師又云：《開悟的人是突然**與無我相應**，這時就會見到**本來**清淨的心，見到自己本來不動不變的空性或本性，就會明白佛心與衆生心是相同的；也就是說，他已悟到這身心世界是虛妄的，在這當下，他便從對身心世界的迷戀執著，得到解脫自在，也就是「覺性」的出現了。所以我們的身心世界，本身雖是虛妄，但當我們理解到它是虛妄的時候，這虛妄也就即是真實的覺性，遍於時空而又超越了時空。》（東初出版社《禪論》頁 239~240）

平實云：聖嚴法師早期常以為**無心便是道**，所以在禪坐會上開示云：「**明心即無心，無心才能見性。**」復載於會訊之中流通，所講的即是無心：無心便是禪法正修。如今卻又將見聞知覺心之體性，認作禪宗所悟之真實心。前後十餘年來講禪之不同書中，有時說：無妄念生起時便是開悟，如今又說煩惱不起以致妄念永遠不再生起，方是開悟，前後自相矛盾衝突。

於《聖嚴說禪》一書中，明言「**把他的妄想、分別、煩惱、執著的念頭打得粉碎，終於發現心了不可得；無心可安，才叫安心。**」意謂心是虛妄，緣起性空，求之並無實體，是故無心可安，以此認知作為禪宗之證悟。或謂：覺知心中之語言妄想、分別、煩惱、執著，消除之後即名無心；如是住於「無心」之境界中，即是開悟者所住之境界。然而如是境界非是無心，仍有覺知心處於粗糙之不動狀態故，不得謂為無心也！

於後出之《禪鑰》書中則言：「**根本沒有『心』這樣東西。**」又言「**無一樣東西叫作『心』，真心無心。**」如是卻成斷見外道見，何以故？謂覺知心既然緣起性空，虛妄非真，如是一生必滅之心、不能去至後世之心，非可謂之為真實有心也。若然，則經歷一世生死之後便成斷滅，聖嚴法師以如是斷滅法說為真心，故說**真心無心**；不然，則應此世之知覺性心入胎永滅之後，別有真實不壞之心，可以貫通三世生死而永不滅。如今且要請問：聖嚴法師**無心**之說，究竟然耶？不然耶？有請聖嚴師父自斷看！還能自圓其說否？　亦可商請星雲、惟覺、證嚴等三師共同商量說帖，公諸於世，料將依舊不能自圓其說也！

復次，念頭打得粉碎之後，依舊是覺知心，依舊是緣起性空之虛妄心，乃是意識心；如是知覺性，有何可憑？有何可恃？竟欲以之而了生死？眠熟、悶絕等五位中必定斷滅故，依衆緣而後方能現起之法故，非是本來自己已在之自在心故。如是，靜坐而將念頭打得粉碎之後，依舊是生滅心也，焉得謂為真心？

復次，聖嚴法師所云：「開悟的人是突然**與無我相應**，這時就會見到**本來**清淨的心，見到自己本來不動不變的空性或本性。」果真此語可通，則二乘聖人亦皆與無我相應，皆已親見五蘊十八界法之一切我與我所悉皆空幻，悉皆無我亦無我所，依聖嚴法師之說法，則應二乘聖人亦是禪宗之證悟者，亦應是已經親見第八識空性、本性。審如是，則大乘《妙法蓮華經……》等方廣諸經悉當改寫，現見經中具載彼諸聲聞聖者聞大乘般若法義及與種智之時，悉皆茫然，不知義趣所在故，悉皆唯知緣起性空而不知空性如來藏之中道觀故。

佛子當知：二乘聖人雖證空，然其所證空者乃是諸法空相，謂蘊處界我及一切我所皆空，無一非是緣起性空者；然而大乘法中非唯宣示蘊處界及我所之緣起性空，實以空性如來藏而說二乘人所證之蘊等緣起性空也，如是名為空性，《勝鬘經》中說之為不空如來藏也；以不空之名而號空性如來藏者，謂此如來藏心有其真實不壞體性，常存於前後三際，前追無始，後究無盡，現今有其真實體用，非是緣起性空之性；一切緣起性空之法，舉如蘊處界及一切我所，悉皆由此如來藏而藉緣現起；一切有情之見聞知覺性，能觸知六塵萬法者，亦皆由此如來藏藉緣而現起，是故《楞嚴經》中說：「見性、聞性、……觸覺性、了知性，悉非因緣生、亦非自然生」，乃是由如來藏所生也，悉皆攝歸如來藏，故說能見之性非真非妄，亦非真月，已是第二月也。當知真月者，即是如來藏自心也。聖嚴法師焉得以無心而說為真心耶？又焉得以知覺性之不起煩惱妄念，而謂之為真心耶？前言不對後語，違理又復悖教，豈可說為佛教正法？

聖嚴法師既然自道證悟、知悟、解悟，是故今時出世說悟後事，又言：「開悟的人是突然**與無我相應**，這時就會見到**本來**清淨的心，見到自己本來不動不變的空性或本性。」且道師父所證得之空性、本來面目何在？不可謂無心也，不可謂真心無心也；三世諸佛皆必同言第八識如來藏是真心故，皆必異口同聲言有第八識如來藏故。且道：大師之自心如來藏何在？若未證得，焉可自稱「與無我相應時，就會見到本來清淨的心」？焉可稱說「見到自己本來不動不變的空性本性」？且道大師之空性心、本性心、**本來**清淨的心何在？

若道是知覺性修除妄念後，即是本來清淨心，莫怪諸祖夢中打汝頭裂，醒來時兀自痛楚不已。覺知心之知覺性從來不是**本來清淨**之心，乃是後來修行而漸漸轉變為清淨之心，絕非本來已是清淨之心也。是故，以無心為真心者，有其大過；以知覺心之不起煩惱而說之為**本來清淨**心者，亦有大過！師父乃是久學佛法之人，不應犯此大過也！以免學人笑爾無智！為助師父遠離「無心」之過，且舉大顛有心公案，共師父扯點兒葛藤：

潮州大顛和尚未悟之時行腳，初參石頭希遷禪師，石頭問曰：「哪個是你的眞實心？」大顛禪師答曰：「現在正與大師言語者，即是我的眞心。」答話甫畢，便被石頭大師大喝出去。大顛禪師不解石頭大師意在何處，出得丈室已，參之究之已經十日，仍然不會，卻來請問石頭大師：「前者所說之心既然不是眞心，除此以外，另有哪一個心是眞心？」石頭大師乃曰：「你不許在那兒揚眉動目，且將眞心呈出來！」大顛禪師回答曰：「並沒有心可以拿得出來。」石頭大師卻罵道：「本來就是有個眞心，如何可以說是無心？若說是無心的話，都同樣是謗佛謗法！」大顛禪師言下大悟。

禪宗門下，自古以來，不許打混；若有人存心渾水摸魚，模擬兩可，必遭真悟之禪師嚴斥。若有錯悟之人出世身為禪師，示現悟者之相，講說似是而非之禪，則真悟之師必皆同一鼻孔出氣，同加拈提，令天下人悉知，不許未悟充悟、渾水摸魚。禪門宗風自古如是，向無例外；今時平實雖無同道，隱忍諸多大師五六年許，不曾依照禪門宗風而明言之；然而諸多大師卻屢在私下無根誹謗余法為非。正法不說邪法為非，邪法卻說正法為非，隱忍六年以待彼等之修正邪行謬語而不可得，由是緣故，乃拈提之，舉示邪謬之處以示四衆學人。

學禪之人，萬勿以無心為真心，萬勿以為知覺性即是佛性，萬勿以為覺知心不起念、不起煩惱妄想，便是真心，否則豈唯不能證得禪宗之般若智慧？亦必無法斷除聲聞初果所斷之我見，永處外門而修菩薩萬行，見道無期；若不信余言，三十劫後猶難見道，如是三十劫中徒自傷悲，復有何義？不如今世奮起心志，從頭來過，改依正知正見而學禪宗；但得證悟，此後便可將諸長劫化為短劫，迅速修成佛道，其樂何如？至於大乘見道，則以親證自心第八識如來藏為唯一內涵，是故禪門學人當速依正知見，依正確禪法，求覓自心如來藏。

大顛禪師於石頭大師座下證悟之後，奉侍石頭，親隨左右；後來告辭，前往潮州靈山隱居，風聲漸漸傳出，學者便自四方來集。一日，大顛禪師上堂示衆曰：「一切學道之人，當須識證自家本心。能夠將本心舉出相示與已悟之人，方可謂爲見道之人。如今卻見許多當代之前輩後輩禪師，只是在表相上認個揚眉動目、一語一默底覺知心，一時之間便盲目的加以印證認可，以爲揚眉動目時一語一默時，不起煩惱妄想之覺知心，即是禪宗所證悟之宗要，這種人其實根本未曾了知禪悟的內涵。我如今爲你們諸人分明說出，你們各人都須聽了以後確實信受：只要除卻一切妄運想念的能見的心量，剩下的沒有見聞覺知的心，就是你的眞心。這個眞心與六塵境全無交涉，亦不安住於靜默無念之了知境界中，和動靜語默全無交涉；這個心也就是眞正的佛，並不是等待修行治理之後才變爲不在六塵境中，才變爲不起煩惱妄想。爲什麼我這樣說呢？因爲這個心可以因應各種機緣而隨時知照，卻又不在六塵之見聞覺知之中，所以眞的是冷冷的、不動於心的自己現起神用；你如果想要窮盡祂的用處，卻又了不可得，根本不可能完全了知祂；由於這個緣故，所以喚祂作妙用，乃是我們各人的本心。如果證得這個本心了，可得大大地用心護持，不可因爲悟得太容易了，就不相信祂是本心，就退失了。」

往昔弘法時，平實太過老婆，於第一至第三次禪三期間，但見最後一日猶不能悟入者，便將未悟之人集合於小參室中，一一明說之。如是濫慈悲者，誠乃愚行，必令聞者往往錯會余意而自以為悟，必多錯會，以無自行參究過程之體驗故，又無悟後之微細整理指導故；是故彼等誤會余言之後，若是聚頭相議時，往往所見有異有同，不盡相同。凡此皆是吾過，是故後時一改前風，不再老婆過頭，從此不復明講。悟後亦必給與課題，令皆整理微細運作之處，方乃印證為悟，此後便無如是過失。

是故，福德因緣未具足者，慧力未具足者，性障猶重者，若令其易得悟入，往往出生如是過失。是故古來禪師悉皆秘惜密意，唯恐不慎洩露密意，即成**洩佛密因**，即成**虧損如來**之罪。平實早年自參自悟後，未有師教，亦尚未深入瞭解禪門宗風，胎昧所障故不審如是規矩，是故犯之，護法菩薩因之不喜，亦懲平實之過，故令一至三次禪三期中，皆受色身之痛苦；連續三次受苦，乃斷定是明說之過，是故後來一改前風，不復濫慈悲，不復輕洩密意與不應知悉之人，爾後每年禪三便得安然順利。

古時大顛禪師之世亦復如是，往往有因輕易得悟之人，不甚護惜，將為容易，便生疑怪：如是之心究竟是否爲佛心？　緣未熟者，往往退失菩提，別覓佛心，卻墮常見外道見中。乃至亦有轉墮於今時印順等人所墮之斷見外道見中者，每執緣起性空方是真實佛法。如今聖嚴法師亦復如是，以為無心便是真心，石頭大師卻斥云：「無心盡同謗！」聖嚴師父還記此語否？　頌曰：

有心無心多淆訛，野狐遍閻浮；
日夜苦參謁石頭，不許動眉目，難得糊塗。
無心成謗離動靜，吩咐莫踟躕；
冷冷自用鑑機照，天寒夜漫將手向烘爐。（調寄虞美人）

第五一一則　龍潭行食

澧州龍潭崇信禪師　本渚宮賣餅家子也，未詳姓氏；少而英異。初，悟和尚為靈鑒潛請，居天皇寺，人莫之測。師家居于寺巷，常日以十餅饋之；悟受之，每食畢，常留一餅曰：「吾惠汝，以蔭子孫。」師一日自念曰：「餅是我持去，何以返遺我乎？其別有旨乎？」遂造而問焉。悟曰：「是汝持來，復汝何咎？」師聞之，頗曉玄旨，因請出家；悟曰：「汝昔崇興福善，今信吾言，可名崇信。」由是服勤左右。

一日問曰：「某自到來，不蒙指示心要。」悟曰：「自汝到來，吾未嘗不指汝心要。」師曰：「何處指示？」悟曰：「汝擎茶來，吾為汝接；汝行食來，吾為汝受；汝和南時，吾便低首；何處不指示心要？」師低頭良久，悟曰：「見則直下便見，擬思即差。」師當下開解。乃復問：「如何保任？」悟曰：「任性逍遙，隨緣放曠；但盡凡心，無別勝解。」

聖嚴法師云：《禪宗說，只有無我的人才能悟入佛的智慧心。但許多人都認為無我很恐怖、很可怕，以為沒有開悟時，至少還有一個我，開悟了就什麼都沒有了。其

實，無我是把自私的我、煩惱的我、自害害人的我、以幻為真的我放下來，然後即顯現出一個有大智慧及大慈悲的偉大人格。禪宗的『壇經』說：「悟人頓契，自識本心，自見本性，即無差別。」『圓覺經』說：「知幻即離，不作方便；離幻即覺，亦無漸次。」可見開悟別無手段，只要放下自我的追求執著；對於禪修者，也就是要不犯「作、任、止、滅」的四種禪病，即可開悟。》（東初出版社《禪鑰》頁238）

平實云：無我誠然是禪宗開悟之先決條件，若不能親自證知蘊處界法悉皆無我者，則不能覓得禪宗所悟之如來藏本心也。一切執著於蘊處界我之人，皆將同認意識心或意根思量心，作為常住不壞之法，則墮我見與我執之中。凡是墮於我見中者，必認定意識心為禪宗所悟之本心，則不可能悟入佛心。聖嚴法師如是說法，可謂至理明言也。

然而聖嚴法師卻仍須以如是語而責自身，謂聖嚴法師自至今仍將意識執為常住不壞之本心，則非是實證無我之人也；既未斷我見，則不可能別覓真正之第八識如來藏本心，則無可能證悟也。云何平實作是說？謂聖嚴師父至今仍以為覺知心或知覺性離於分別、煩惱，即是本心；而不能了知此一真相：覺知心縱使真能永遠離於分別及煩惱，依舊是意識心，非是本心也。本心乃是與第六識知覺性同在之恆離見聞覺知之心也，非是以第六意識覺知心捨離分別煩惱而轉變成就者。如今聖嚴法師欲將知覺性修行轉變為無分別、無煩惱之本心，則是誤會佛法、誤會般若之說，非是真悟之人也！

依聖嚴法師所說：「**把自私的我、煩惱的我、自害害人的我、以幻為真的我放下來，然後卽顯現出一個有大智慧及大慈悲的偉大人格**」，如是具有大智慧、大慈悲的偉大聖者，煩惱復已斷盡，成為佛陀時，其覺知心依舊是意識心，而非第八識本心也。意識永遠不可能變為第八識心故，第八識心乃是本來就與第六識覺知心同在之心故，不待修而後成故。而今聖嚴法師同於星雲、惟覺、證嚴一般，皆是欲將第六意識心修行轉變成第八識心，既是違教之言，亦是悖理之說。如是四大法師悉同此墮，而彼等座下諸多學人悉皆不能了知其法之謬，猶自迷信崇拜之，何其無智？

「知幻卽離，不作方便；離幻卽覺，亦無漸次。」乃是先行了知意識心虛幻，觀察知覺性虛妄，遍觀察十八界法虛妄已，不須造作任何方便，不須靜坐觀行念頭現起而抑制之，只須將彼本來已在之本心找出，不須別作方便加行也。如是覓得本心已，即是始覺位菩薩，即時遠離虛幻之十八界法，不須漸次而離。

至於聖嚴法師所說：「可見開悟別無手段，只要放下自我的追求執著；對於禪修者，也就是要不犯『作、任、止、滅』的四種禪病，即可開悟。」正應反責於己，此謂本心從無始劫以來，不曾起過一念煩惱，不須離之；但只不認能知能覺之妄心而覓得本無煩惱之本心即可，不須對本心或任何心「作」任何事修功夫，若有所「作」，即是「作病」；聖嚴法師卻教人修行知覺心，要令遠離煩惱、修除煩惱，正是有所作之「作病」也。

聖嚴法師又言：「只要放下自我的追求執著」，謂如是即可開悟，正是「任病」。放下一切自我的追求與執著者，仍然不能證得本心；放下涅槃之取證者，仍然不能證得涅槃，正是「任病」。要須證得本心已，方能發現如來藏本來即是涅槃，無始以來常住涅槃，未曾生、亦未曾死，不生不死即是涅槃；然而如來藏卻須吾人起心證之，非可藉由「放下、不求證悟」而得悟之；如是求證如來藏，而非放下不求證悟者，方是離「任病」者；聖嚴法師教人放下一切，而不求證如來藏，則永不能證得本來自性清淨涅槃，違遠圓覺正理，正是「任病」，卻來教人應離「任病」。

聖嚴法師又教人應止息一切語言妄想妄念，教人於無語言妄想中放下一切執著，謂若能住此境者，即是開悟，此法正是「止病」；正應以此「止病」責己，卻以如是應除之「止病」，而教人墮於「止病」之中。修習語言妄想妄念之止息者，即是修止之加行也，亦正是「作病」也；然而本心自無始劫以來，即不曾剎那起過一念語言妄想，不須修止以對治之；若人不解此理，而以覺知心之修止、定於一念不生之境者，皆是墮於「止病」者。聖嚴法師正是其人也！星雲、惟覺、證嚴等人亦復不免焉！

復次，聖嚴法師開示言：「**把自私的我、煩惱的我、自害害人的我、以幻為真的我放下來**」，以為如是境界即是開悟，正墮於「滅病」之中。自墮於「滅病」之中，卻教人應離「滅病」，而其所教遠離「滅病」者，其法卻正是「滅病」之法。滅者謂：滅除煩惱、斷除煩惱，以此而求圓覺境界。然而如來藏本心自無始劫以來，未曾稍起一念煩惱，不須修行而斷除之、滅除之。意識覺知心不斷生起煩惱而造作種種業時，本心如來藏隨緣任運而配合之，然卻從無煩惱相應，根本不須吾人在祂身上修除煩惱；必須修除煩惱者，乃是知覺性之意識心，乃是思量性之意根、末那識。是故修除煩惱之法、修除我執煩惱者，於二乘法中即得，於大乘圓覺之法中，即成「滅病」。

今者聖嚴法師以如是「作、止、任、滅」等四病具足之法教人，謂為離此四病者，乃是顛倒無知，違教復又悖理；而星雲、惟覺、證嚴等三人亦復如是踵隨之，並無差異，皆是其心顛倒之人，焉得謂是已證菩提之人；本質乃是具足凡夫之人，復是墮於常見及斷見中之人也！彼等四人所說諸法，似是而非，本非正統佛法，皆是常見我見而說佛法，有智學人當慎思明辨之，莫含糊籠統而隨入歧途也。邪見辨正已訖，當示正見，便舉龍潭行食公案，以示入處：

澧州龍潭崇信禪師，本是渚宮賣餅家之子嗣，姓氏未詳；少年時即頗具英姿而異於常人。時天皇道悟禪師潛居天皇寺，人莫之測。龍潭禪師彼時尚未出家，俗家正居于寺巷中，日常皆以十餅饋贈道悟禪師；道悟禪師受餅之後，每逢食畢，皆留一餅反遺龍潭崇信曰：「我以此嘉惠與你，藉此庇蔭你的子孫。」龍潭崇信禪師一日忽然起疑，作是念曰：「餅是我所持去饋贈者，為何卻以之返遺於我？其中別有意旨乎？」遂造丈室而請問焉。道悟禪師答曰：「本是汝所持來，回歸於你，復有何咎？」龍潭崇信禪師聞之，頗曉其中別有玄旨，因此而請求在其座下出家；道悟禪師於剃度時便命名曰：「你以前崇興福善，如今又信我所開示之言，可以名為崇信。」由是緣故，服勤於道悟禪師左右。

別有一日，龍潭崇信禪師問曰：「弟子崇信自到來和尚座下，不曾荷蒙指示佛法心要。」道悟禪師答曰：「自從你來到我座下，我一直都在指示你佛法的中心要旨啊！」龍潭禪師不解道悟禪師意在何處，便又問曰：「何處曾指示我？」道悟禪師便開示曰：「你高舉著茶水來供養我，我就爲你接過來喝；你端了食物過來，我就爲你而接受此食；你來頂禮我時，我便爲你而頷首；有什麼地方不是在指示佛法的心要？」

龍潭禪師低頭思惟，良久之後，道悟禪師卻說：「如果是看見了佛法心要所在的話，那麼直下便看見了，如果是以意識心而作思惟的話，那就偏差了。」龍潭禪師聞言，當下也就心開意解了，當下便證知如來藏所在了。乃又提出問題說：「那麼悟後要如何保任呢？」道悟禪師開示說：「只要任著如來藏的體性而逍遙自在，隨著因緣而放下一切、隨著如來藏的廣大心性而行就可以了；從此以後，只須要觀察凡夫五陰十八界法虛妄，不要落入凡夫心性之中就可以了，以外就不須要其他種種勝妙的見解了。」

只如龍潭禪師每日以餅饋贈天皇道悟禪師，道悟禪師卻都故意留下一餅，道是返贈，以蔭子孫，其中別有何意？一切禪和子，於此且須留意，莫道輕易。次如天皇道悟開示云：「是汝持來，返汝何咎？」究竟其中有何密意？致令龍潭崇信因此遂爾出家？　三如龍潭禪師歸依道悟座下，從來不蒙指說佛法，一日以此致問，道悟卻言每日無時無刻不為其說法；俟其指示佛法時，亦只是接茶啜飲、飯食進湯等凡俗鄙事，卻道即是指示佛法。只如吾人日常飲食便利，走作營為，與道悟禪師一般無二，云何卻無佛法？其中差異何在？且仔細！

那龍潭禪師倒也伶俐，聞得道悟如是言語，低頭尋思，早知這個事，只是不敢承當，如是躊躇良久，兀自猶疑。道悟乃開示曰：「見則直下便見，擬思即差。」那龍潭聞言，當下承當，再無猶疑，故問保任。道悟禪師便垂開示。　衆位看官：且看伊龍潭禪師如是俊行，一言之下便敢承當，何等勇猛？　只如那龍潭禪師究竟承當個什麼？便爾自肯，再無猶豫？　若人於此薦得，人天有眼，即是平實同參；若薦不得，且聽平實頌來：

聖僧潛居，示同俗人；崇善子，植福入門。

擎茶行食，禮拜頷首；處處玄機，人堪鑑，炯離塵。

綿綿不絕，絲絲如縷；無量劫，紅塵滾滾。

天王餓鬼，久劫沉淪；
寺苑蹴毬，且自忖：誰得諗？（調寄行香子）

第五一二則　翠微惡水

京兆終南山　翠微無學禪師　初問丹霞：「如何是諸佛師？」丹霞咄曰：「幸自可憐生，須要執巾帚作麼？」師退三步，丹霞曰：「錯！」師即進前，丹霞曰：「錯！錯！」師翹一足，旋身一轉而出，丹霞曰：「得即得，孤他諸佛。」師由是領旨，住翠微。

投子問：「未審二祖初見達摩，當何所得？」師曰：「汝今見吾，復何所得？」一日，師在法堂內行，投子進前接禮而問曰：「西來密旨，和尚如何示人？」師駐步少時，投子又曰：「乞師垂示。」師曰：「更要第二勺惡水作麼？」投子禮謝而退，師曰：「莫垛卻。」投子曰：「時至，根苗自生。」

師因供養羅漢，有僧問曰：「丹霞燒木佛，和尚為什麼供養羅漢？」師曰：「燒也燒不著，供養亦一任供養。」又問：「供養羅漢，羅漢還來也無？」師曰：「汝每日還喫麼？」僧無語，師曰：「少有靈俐底！」

星雲法師舉示古德一偈：「莫說他人短與長，說來說去自招殃；若能閉口深藏舌，便是修行第一方。」以談「閉口修行」，開示云：《平常人我相處，**最忌的**

就是談論別人的是非、說人長短，說來說去只有自己遭殃，因此佛教裡就教我們「靜坐長思己過，閒談莫論他非。」因為……。我們閉口藏舌，不說是非閒話，**卻不是要我們連好話也不說。**一般人自讚誹他，當然不可以；一般人自謙、讚美別人，我想這是非常好的。……我們每天對人說了什麼話，如果可以**少說人家的是非，也少說人家的長短，便是修行第一方。**修行不一定要閉起眼睛，也不一定是在哪裡禮拜、在哪裡打坐，**讚美別人其實是最好的修行**。眼睛看到人，行個注目禮，給人微笑、給人歡喜，這些都是最好的修行。尤其在修行裡面，口最容易修行。念佛固然是修行，讚美別人、說別人幾句好話，這個也是最好的修行方法。因此你想要有修養，先修口；世界上啞巴最不造口業，不過啞巴心裡面瞋恨也不行，所以我們口裡面說人好話，心裡面對人要恭敬，**心口如一，這是處世第一方。**》（台視文化公司《禪詩偈語》頁48～49）

平實云：星雲法師如此言語，乃是平實十餘年來所奉行者；尤其出道早期，完全奉行；乃至有人問及月溪法師之法道，問及星雲、聖嚴、惟覺、自在、元音……等法師居士之法道，平實悉皆讚歎，從來不置否定之語，此即是星雲所開示者：「我們閉口藏舌，不說是非閒話，**卻不是要我們連好話也不說。**」然而吾人以誠待人，卻招來自在居士之否定，卻招來惟覺之否定，卻招來聖嚴之否定，卻招來諸多弘法者—包括星雲法師—之否定。星雲法師作是語已，當於平實之人、之法義「**說幾句好話**」，不料卻反自己「說好話」之語，而無根加以誹謗。

近年來，為因應法鼓山、中台山……等道場之私下否定誹謗，而於書中作諸破邪顯正等事時，平實未嘗以隻字片語，言及星雲與證嚴二人法義上或身口意行之過失；並皆曾贈拙著供養之；然而終亦不能免除彼二人之私下攻訐、無根誹謗，無故招來星雲與證嚴二人之否定，乃至私下加以「**邪魔外道，其法有毒，隨蕭平實修學者將同墮地獄**」等無根誹謗之語。如今所觀，星雲法師如是開示言語，其實正應責成自己而身體力行之，不應責成座下弟子、亦不應責成他人力行之，自身言行不一故，正是自身所應當力行者故；星雲法師自道應當**心口如一**故，自道**讚歎他人乃是處世第一方**故。

然今觀乎平實法義，與三乘諸經完全符契，絲毫無異；而平實身口意行，迥異邪魔、迥異外道；為法、為眾生而義務付出金錢與精神勞力，心無所求，不受供養、不受頂禮、不作宣傳、不求名聞，無可譏評。反觀星雲法師所說法義，卻是崇尚印順所弘傳之藏密應成派中觀邪法，奉行印順之人間佛教邪思；如是邪法正是嚴重破壞佛教正法，剷除三乘菩提根本之邪魔外道法；復以新聞媒體廣作宣傳，復又自己設立兩種新聞媒體：報紙、電視台，廣作宣傳。星雲法師以如是手段成就大名聲已，翻以印順之邪魔外道法而廣弘傳，以如是邪行邪見，翻謗弘傳佛教正法者為邪魔外道、為有毒之法；如是扭曲事實，於應讚美、應支持者，翻誣謗之，云何可以訓示他人「**凡事讚美、心口如一**」？

星雲法師數十年來，倡言八宗共弘，是故數十年來對於藏密之法亦私下**弘傳**、**力行**之；而藏密之法，究其根本乃至枝末諸法，皆是邪魔之法、皆是外道之法，乃是以雙身法淫樂四喜之理論與宗旨，貫串其全部理論與前後一切行門，是故藏密所修諸法之境界，皆與佛法完全無關，平實今已舉示證據於《狂密與真密》共四輯書中，並一一辨證其邪謬所在，如今事實俱在，人人可稽。而星雲法師主持佛光山數十年來，私下弘傳藏密邪淫之邪魔外道法，亦與藏密人士往來密切。星雲法師既同時倡弘藏密之法，而藏密之法則以雙身法為主，以雙身法貫串全部理論與行門，以淫行之四喜為**即身成佛**所修證之主要標的；吾人於此，不免產生合理之懷疑：星雲法師究竟曾否與女弟子合修過雙身法？因此導致當年白色恐怖戒嚴時期之雜誌新聞，敢於冒死而作報導。彼星雲法師必須就此對外公開說明，以除疑雲。

彼若言有，則本質已非佛教法師，則是已經嚴重毀破聲聞比丘根本重戒、已經嚴重毀破菩薩十重戒之根本戒者，已成地獄種性，自身已無比丘戒及菩薩戒之戒體，實質已是嚴重破戒之在家人，已無資格評論任何人。若彼言無，是否有覆藏之罪？復過半月之後即成僧殘重罪，再半月之後即成波羅夷罪，除原有破戒之性罪及戒罪外，重加一重覆藏重戒之重罪，必入地獄。所以者何？修學西藏密宗二十餘年，一向與藏密喇嘛往來密切之大師，亦曾於白色恐怖之戒嚴時期，被雜誌舉示「人事時地」而報導性醜聞者，若言不曾修過雙身法，或言不曾於指上自修樂空雙運—手淫者（請詳《狂密與真密》二、三輯），誠屬難以令人置信之事也，大衆皆可對此產生「合理之懷疑」也，藏密行門專修淫樂四喜故。

佛光山十餘年來，於所辦法會中，於奉迎佛牙及佛指舍利之重要活動中，亦皆將藏密邪淫之喇嘛安置於最重要、最顯著之地位，並對新聞媒體渲染為「金剛法師」，以之作為佛牙、佛指舍利之重要護持者。由上述種種事實以觀，究竟誰人方是邪魔外道？究竟誰人所弘之法為有毒之法？究竟依誰學法者會於捨報後墮入地獄？有智之人自能明辨，豈受星雲法師一人之言所遮蔽耶？豈受星雲表面之偽善面目所遮蔽耶？由是緣故，說星雲非是心口如一之人也！由是緣故，星雲所言「讚美他人、常思己過、莫論人非」等事行，自身皆未能做到。乃至最嚴重之破壞佛教正法、誹謗佛教正法之嚴重行為，乃是佛教出家法師所絕不可輕犯之行為，乃是法師之基本行止，而星雲法師對於破壞正法、誹謗證悟賢聖等事，卻身自任之、口自說之；翻於書中作是空言以訓弟子，故示慈悲有德之表相，復有何義？究其事實皆是**心口不一**之行故。

平實多年來，不斷勸說諸方大師：應當殷勤進修基本定力，應當建立正知正見，應當早日勤求證悟如來藏，達成禪宗開悟明心之基本目標；後又於書中示以悟後進修之內容及次第。是故年年作是公案拈提，繼以諸書宣示三乘菩提正理，以告諸方大師及與學人。復又付囑會中同修：凡有新書出版，皆寄贈之。然而前年中，星雲法師來函婉拒平實之贈書，函中亦隱寓「大師教導後進」之意，委婉勸諫平實莫論他人法義正訛，並開始私下否定平實之法道；是故平實吩咐停寄書籍，然終未曾起不悅之心，未曾片言隻字論之，不論公開場合抑或私下言行，都無一語見責。

然而星雲法師去年竟聯合證嚴法師，對諸政治人物及與徒衆，同時開始無根誹謗於余，誣為邪魔外道、誣為法義有毒、誣為必下地獄，如是以凡夫身而行如是事於余身余法。如是之行，已顯示星雲法師之言行不一，與其書中所勸勉於弟子，示現有德之相者，嚴重相違；亦成就破壞正法、誹謗勝義僧之重罪。

今者平實仍舊本於初衷，且勸星雲法師：莫再無根謗法謗人，以免捨壽時後悔莫及。更當速求臨濟本宗之見道，莫再信受印順法師否定如來藏之邪說，莫再配合印順邪説而否定臨濟宗門之如來藏正法。更當速與藏密斷絕往來，公開宣示：不再弘傳藏密邪淫荒謬之外道法，公開懺悔往昔私下修習雙身法之地獄罪—假使曾經修之。如是行已，更當日日佛前痛懺往日之非，誓不復犯無根謗法謗人之過，否則臘月三十不久到來，救之不及，勿怪平實未曾好意先言。為示正理，便舉翠微惡水公案，共諸學人話禪：

京兆終南山翠微無學禪師，於悟前參訪善知識時，初問丹霞禪師：「如何是諸佛之師？」丹霞禪師咄曰：「在自己身中那麼分明的現前，卻還不知道，還得要在別人座下奉水執帚、服勞役作什麼？」翠微無學禪師聞此一言，便退三步，丹霞禪師卻道：「錯！」翠微無學禪師聞言，以為退步錯誤，便又進前，不料丹霞禪師更說道：「錯！錯！」如是連下兩錯。翠微無學眼見退後進前皆錯，乃又翹起一足，旋身一轉便出方丈，丹霞此時卻道：「若道是悟得，倒也可以說是悟得了，只是辜負了他們諸佛了。」翠微無學禪師由於這個緣故，而領會宗門意旨，後來住持正法於翠微山，時人謂為翠微無學禪師。

這翠微無學與丹霞天然禪師這一幕，來來往往之間，卻真似榮總長青樓內精神病院裡偷跑出來者；他二人若不是古來已經大有名氣，是共所公認之大禪師，若是示現在今時，恐仍將不免平實所受之譏，恐仍將被少見多怪之初機行者斥為神經病、乩童起乩也。只如翠微無學遊歷諸方，只知禪門機鋒表相，便將偷學來底這幾招，用來參訪丹霞禪師，取出來應對進退一番；如是前後倒也合轍，只是不知其所以然。

野狐學久了，心中不免起疑：究竟是阿哪個？　雖然疑嘿著，終究不敢魯莽承當，恐墮大妄語罪中，只得繼續參方，期望可以漸漸理出個頭緒來。這回遇到丹霞禪師，也是走運，如是應對進退之間，丹霞禪師看他是個根器，不捨有緣，欲令大興佛法，便爾指示，方得悟去，不枉翠微無學多年參方行腳辛苦。

只如翠微無學退三步，丹霞道錯；進前三步，亦復下伊兩錯；後來旋身一轉，步出方丈，丹霞卻道即是得悟；究竟這中間，有什麼玄機？致使丹霞印可之？星雲法師既是臨濟宗之傳承者，於此不可不知也！否則出世說得臨濟禪，豈非正是誑騙人家女男者？法之傳承何在？且道：退步進前皆謬，云何翹足轉身而出，便得即是？竟是什麼道理？可還道得麼？

復次，既道是悟，云何又道翠微無學如是悟去，已是辜負他諸佛苦心？此中道理何在？星雲法師既是臨濟宗法脈傳承者，還知其中緣由麼？若也不知，即是愧對臨濟義玄祖師之不孝子孫，何得到處説臨濟禪？敗伊臨濟義玄名聲？且更寫種種講禪之書，將臨濟門庭破敗之窘狀公諸於世？更將遺於後世？且道：翠微無學如是一悟，什麼處是辜負伊諸佛之處？　若也不會，來覓平實問取時，平實甫見，劈面三十竹如意，更大罵云：「正當發足初離佛光山時，便好與三十棒！也免辜負諸佛。」

後來翠微無學禪師住持於翠微山，投子大同禪師為求證悟，前來問法：「未審二祖初見達摩時，究竟有何所得？」翠微無學禪師反問道：「你今天來拜見我，又有什所得？」後來別有一日，翠微禪師正走在法堂內，投子禪師進前接足禮拜，拜已，乃又問曰：「祖師從西方來到震旦之秘密旨意，和尚是如何開示於弟子的？」翠微禪師聞此一問，便停住腳步一會兒，投子禪師不會這個機鋒，以為翠微禪師不肯開示，遂又請求道：「乞求師父垂示。」翠微禪師見伊不會，便責備道：「還要第二勺餿水作什麼？」投子禪師不敢再問，便重新禮拜道謝，退身而下，翠微禪師吩咐道：「你可別自己埋沒了。」投子禪師答道：「時節因緣到來的時候，我自然就會了，智慧自然就會出生。」後來投子大同禪師以此而參究之，果然因此機鋒便得悟去，成為諸方大師皆不敢小覷之大禪師；乃至牢關亦拘限不得伊，是故趙州老人亦曾前往論道、作家相見。後來投子禪師因學人問道，曾如是開示末後句：「最初明不得。」流傳至今，平實往昔亦曾舉之。

翠微禪師一日因為供養某一阿羅漢聖像，有一僧深覺奇怪，便問曰：「丹霞禪師對於修證最高的佛，尚且不甚恭敬，竟然燒了木佛來取暖，和尚您對於距離佛地還很遙遠的阿羅漢，爲什麼卻要供養他？」翠微禪師答道：「其實丹霞禪師何曾燒著佛？根本就不曾燒著；我如今又何妨供養阿羅漢？正供養時又何曾供養著？如是儘管供養也就是了。」那僧聞翠微禪師恁麼道，乃又問曰：「您供養這阿羅漢，不知這阿羅漢來不來受供？」翠微禪師答曰：「你每天還曾喫著飯麼？」那僧聞之不解，無語應對，翠微禪師乃訶責曰：「沒有幾個是靈俐底漢子！」

只如丹霞燒木佛，其徒弟翠微無學禪師卻供養阿羅漢聖像，正是顛倒之事例；凡此皆是因應時機，故作種種不同之示現，如是教化學人。丹霞燒木佛，何曾燒著佛？正是應機施教之事！每見學佛人，執著表相，但見俗人穿著僧衣，便道是大修行人，納頭便拜；若見諸地菩薩穿著白衣，便側頭斜視之，無有絲毫尊重，不辨真假僧寶。此事自古已是如是，是故諸大阿羅漢見維摩詰大士時，無人肯禮拜伊；世間學佛之人亦復如是，不肯禮伊等覺大士。然而維摩大士不曾因此見責，往見諸大阿羅漢，欲為其宣說深妙法前，尚自伏地一一先行禮拜，令其心喜，不生煩惱，然後方為說法；彼諸阿羅漢見維摩大士禮敬於己，亦無一人回禮於地，只是立受維摩之禮拜。是故今時佛弟子之不敬諸地在家菩薩者，亦是必然之事，無可厚非。

然而祖師設教，必須觀察因緣，隨事方便而改易之，不可一成不變也。是故丹霞見僧執著木佛表相，不敬各人身中自性佛，不敬法身佛，乃取名貴木佛燒之，乃於佛殿中小便，更道：「何處無佛？教我去何處解手？」欲令親證各自之法身佛也！　翠微禪師則反之，欲令衆人莫輕伊羅漢，所以者何？謂羅漢雖未能明禪宗祖師所悟般若，不入菩薩正位，難曉禪師智慧；而諸俗人尚且不知解脱道正理，何況能知禪師所悟般若正理？何得以錯悟之凡夫身，輕伊羅漢之解脱道修證？由是故意供養羅漢聖像，教令諸徒不得輕視三乘法中一切聖者。

然而燒佛一任燒佛，終究不曾燒著；供養羅漢一任供養羅漢，終究不曾供養著；既如是，何須問佛之是否被燒？何須問羅漢是否前來受供？但於燒佛之時，覓取自性佛便得；但於供養羅漢時，覓取自性羅漢便得。只如正當燒佛時，佛在什麼處？正當供養羅漢時，羅漢在什麼處？還有道得者否？

今時平實且要問爾星雲法師：爾星雲既是臨濟一脈「正宗」，既是佛教「正統」，云何不傳臨濟正法？卻傳印順所弘之藏密應成派中觀邪見？卻認同印順否定臨濟正法之藏密應成派中觀邪見？如今且要問爾星雲法師：每年供養臨濟祖師時，臨濟祖師還來不來？若是來者，來在何處？若道不曾來，平實便趕上佛光山去，劈面三十竹如意！且道爾家臨濟祖師在什麼處？頌曰：

莫說他人短與長，說來說去自招殃；
若能閉口深藏舌，便是修行第一方。
臨濟禪宗是正脈，星雲若證顯佛光；
未入臨濟宗門時，開口道禪盡粗糠。
勸爾星雲第二句，惡水當喝莫嫌髒；
會得平實餿水恩，從此行履不踉蹌。（增句瑞鷓鴣）

第五一三則　道吾坐臥

潭州道吾山　圓智禪師　姓張氏，幼依槃和尚受教登戒；預藥山法會，密契心印。

因潙山問雲巖：「菩提以何爲坐？」雲巖曰：「以無爲爲坐。」雲巖卻問潙山，潙山曰：「以諸法空爲坐。」潙山又問師：「怎麼生？」師曰：「坐也聽伊坐，臥也聽伊臥；有一人不坐不臥，速道！速道！」

潙山問師：「什麼處去來？」師曰：「看病來。」曰：「有幾人病？」師曰：「有病底，有不病底。」曰：「不病底，莫是智頭陀否？」師曰：「病與不病，總不干他事，急道！急道！」

星雲法師開示「性海自足」之義云：《**在佛教的唯識家把心叫做「識」，就是認識的**「**識**」。我們人有八識：眼耳鼻舌身意，更有末那識、**阿賴耶識，可以去分別世間、認識世間**。這八識比作田地，在八識田中可以生長各種的植物、稻穀米麥。另外，「識」又比作海，識海無邊，在八識的大海裡面也藏了各種的東西。「巨海茫茫性海清」，就是大海茫茫，但是我們八識的性海、自性的海，應該是清淨的。「何分江渠與溝坑」，管你所謂百川匯歸大海，世間上的一切都是從我們「唯識所辨、唯心所現」。世界的現象既然是和我們心識的本體融匯一起的，那麼「歸來一滴曹溪水，灑向雲廚味自珍」。你求學讀書也好，求法問道也好，當你回來的時候，所獲得的知識與佛法，就好像六祖惠能大師在曹溪，不少人到他那邊去求法，所得到的曹溪的法水。你做什麼？你要把它好好受用，要把它消化融匯貫通，運用到你的生活，運用到你的世間來。》（台視文化公司《禪詩偈語》頁 26~27）

平實云：星雲法師誤會佛法極為嚴重，竟將能分別、能認識之覺知心——意識——認作第八識阿賴耶識，竟公開解釋：「**佛教的唯識家把心叫做『識』，就是『認識』的『識』**」，卻不知唯識家所說之真實識、根本識，乃是第八阿賴耶識，而非第六意識；復次，唯識家所說之阿賴耶識，乃是無始劫以來**本離見聞覺知**之心，乃是從不思量、從不認識六塵諸法之心，而不是星雲所說能認識的**識**，不是星雲所說能知能覺的意識心。阿賴耶識自無始劫以來，一向離見聞覺知、離分別，**恆而不審**，故名無分別心，此是佛門四眾所共認之法義；然而星雲竟說：「更有末那識、**阿賴耶識，可以去分別世間、認識世間**」，違背般若系諸經所說，更違背方廣諸經所說。亦違二乘諸經——原始佛法四阿含意旨——令離覺觀之無餘涅槃成為有覺有觀之境界，則涅槃即非絕對寂靜。

星雲竟將本無分別、恆而不審之阿賴耶識，說為能分別、能認識之覺知心，以能分別、能認識之意識覺知心取代阿賴耶識。以如是顛倒佛說之意旨，而廣為宣說、流通；以如是常見外道之法，而說為臨濟禪宗所悟之法，說為佛教證悟者所悟之法，本質其實是常見外道法，焉得說之為佛法？如是以常見外道法而取代正確之佛法，正是藏密一向所行「李代桃僵」之手法，同出一轍，根本即是佛門內之外道。

星雲法師又云：《人非聖賢，孰能無過？別人有過失，你可以私底下勸他，但是你不能一直在背後宣揚他的過失；如果給他知道了，他會刻骨銘心地記恨你，這就是在人際的應酬關係上不要做懊惱的事，也等於佛教裡面講**菩薩畏因、眾生畏果**。》（台視文化公司《禪詩偈語》頁 26~27）

然而星雲口中雖作是說，其實心中根本不畏惡因，絕非真正之菩薩也。所以者何？星雲既然對政治人物及諸徒眾指稱平實是邪魔外道，又指稱平實之法有毒，又指稱隨平實學法者將與平實同墮地獄；如今且以星雲自語而問之：「人非聖賢，孰能無過？別人有過失，你可以私底下勸他，但是你不能一直在背後宣揚他的過失，為何汝星雲法師不直接指正平實法義之過失？為何一直在背後宣揚平實沒有過失之『過失』？」

而今平實引經、據理，證明法義之無訛；多年來又復不曾評論汝星雲法師之法義邪謬及身口意行，明知汝謬而又隱忍不言；云何汝星雲竟背後不斷無根誹謗平實之法義？無根誹謗平實？

復次，坊間傳聞星雲法師與諸女衆合修雙身法，數不在少；亦曾有雜誌明文登載，指證姓名、時地歷歷；汝佛光山二十年來復又推廣藏密之法，然而藏密之法自始至終皆圍繞於男女雙身修法上，以淫觸之第四喜長受淫樂為修證標的、作為即身成佛之果報；歷次法會中，藏密喇嘛亦皆被星雲置於最重要之位置；佛光山並且公開宣稱八宗共弘，復慈容（？）比丘尼於人間電視台上公開宣稱西藏密宗亦是佛教之真正宗派，從來不曾掩飾弘揚藏密邪法之事實。

今者平實卻摒除雙身法，破斥雙身法，破斥邪淫雜交之藏密；為防有人編造性醜聞而無根誹謗個人、牽累正法，故將拙荊每日全天攜在身旁，十年來悉皆如是，藉以防微杜漸；復又同皆不受錢財寶物供養，不作宣傳以邀虛名。如是清淨自守，法義又復正真，於教於理悉皆無謬，復又全力破斥外道邪說，努力弘傳世尊正法；如是淨行，竟被星雲法師誣蔑為邪魔、誣蔑為外道、誣蔑為法義有毒。復又不肯依自所言：私下規勸平實；而竟私下不斷無根誹謗。正是言行不一之人也。如是之人，絶非**畏因**之菩薩也；一切畏因之人，尚且不敢稍起如是邪行之心念，何況身口行之？然星雲竟以凡夫身而力行之，**無根誹謗**證悟之在家菩薩，乃至**無根誹謗**正法為邪法；如是之人焉可是**畏因**之菩薩？如是之人正是自己口中所言**畏果**之衆生也！須待果報現行時方知畏懼之人也！

凡我佛門學人萬勿愚癡效行之，莫學星雲將意識心認作佛心，佛以第八識如來藏為真心故；莫學星雲無根誹謗正法及弘正法人，如是作為乃是一闡提之重罪，捨壽後須無量數劫作地獄身，長劫身受地獄尤重無間斷之純苦，後轉鬼道受諸苦受多劫，再轉畜生道中多劫受種種苦，然後初回人間時，尚有種種餘報苦受，《楞嚴經、阿含經》中佛語俱在，當自警惕。如是長劫受諸尤重純苦，衡於一世之名聞與利養，孰輕孰重？思之立判！何須以一世之名聞利養與我慢，換取未來無量世之尤重無間長劫純苦？星雲法師既非盲聾之人，復是教人以「智慧」之法師，竟不能計此，謂之為愚人，不亦可乎！

心口不一之人，難免他人舉證說之。學禪之人則當以直心行事，欲悟真心者，唯以直心方能得悟故；若墮意識心中者，尚難證悟，何況星雲之墮於意識境界中者，焉有悟緣？由是緣故，便舉道吾坐臥公案，共諸學人說禪：

我所

潭州道吾山 圓智禪師，俗姓張氏，幼時依止於槃和尚受教及登戒；後因參預於藥山禪師之法會，是故密契心印——證得第八識如來藏。

因行腳時與溈山、雲巖互相過從，一日道吾禪師欲探知他二人悟之深淺，便問雲巖：「**佛菩提是以什麼爲宴坐？**」雲巖曇晟答曰：「**佛菩提以無爲爲宴坐。**」溈山答後卻問溈山靈祐禪師，溈山禪師答曰：「**佛菩提是以諸法空爲宴坐。**」溈山答後卻又返問道吾禪師：「**那你又怎麼說呢？**」道吾禪師見伊二人其實仍然還不懂禪，便開口道：「**坐也由著他坐，臥也由著他臥；可是卻有一人從來不坐也不臥，趕快說出來！趕快說出來！**」那溈山靈祐與雲巖曇晟二人，當時尚未悟入，皆道不得。

只如維摩詰大士道宴坐，古今錯悟阿師，無人會得，至今更有未開眼阿師，亂解維摩詰經，共同誤導衆生去也！只如佛菩提若以無爲為宴坐，則二乘聖人亦應得佛菩提，云何卻未曾得？卻聞之茫然？ 佛菩提若以諸法空為宴坐，則維摩經中諸阿羅漢亦皆是親證諸法空者，不應懼於探視維摩之疾，云何卻個個違佛所命、推辭不就？只而今，諸家大法師，個個示現上人相，個個出頭宣說上人法，自道已知、已證上人法，更有出頭宣講《維摩詰經》者，如今且要請問爾等：佛菩提以何為宴坐？還解得麼？

或有大法師具膽來問者，平實但向伊道：「來也聽爾來！去也從汝去！卻有一人一向無來去！會麼？」若道會，平實卻一把揪住伊前襟，逼問道：「速道！速道！」大法師聞平實語，若擬開口，平實早知是隻野狐，便一把推出門去，更送拄杖一枝；且向伊身後擲下一句：「路上小心走好！」若是好答者，且攜手同入書房，奉上無生茶一杯，且要勘伊解喝不解喝？

一日溈山靈祐禪師問道吾圓智禪師云：「去了什麼地方回來？」道吾禪師答曰：「去看病回來。」溈山問曰：「有幾個人生病？」道吾禪師答道：「有生病了的，也有不曾生病的。」溈山聞道吾恁麼道，便問曰：「那個不病底人，莫非就是圓智頭陀你嗎？」道吾禪師豈受溈山如是一問，便道：「不管是有病的，或是不曾病的，從來都與他無干，他究竟是哪個？快說！快說！」溈山當時亦無下文，方知悟之深淺，確有千差萬別，不可等視齊觀也！初參、重關、牢關之設，豈偶然耶？

如今星雲法師既私下向人數度言道余法有毒，自道是正法，以證悟之大師自居，而今且要問爾星雲法師：患眾生病底是星雲？不是星雲？若道病與不病都不干伊事，且道伊在何處？且饒爾星雲法師三年之中對此問試下一語，不急於一時。然余料爾三年後依舊下不得語也！頌曰：

宴坐幽寺非干禪，無為法空亦復癡；
能坐能臥策五馬（註），會得山門迎大師。
誑唬閭閻人莫知，妄解禪詩是死獅。
諸洲來去弄鼓吹，解得趕屍真法施。（調寄瑞鷓鴣）
（註：古時太守出行時，得御五馬之車）

第五一四則　道吾同道

潭州道吾山　圓智禪師　僧問：「無神通菩薩為什麼足跡難尋？」師曰：「同道方知。」曰：「和尚知否？」師曰：「不知。」曰：「為什麼不知？」師曰：「汝不識我語。」

雲巖問：「師兄家風作麼生？」師曰：「教汝指點著，堪作什麼？」曰：「無遮個來多少時也？」師曰：「牙根猶帶生澀在。」又問：「如何是今時著力處？」師曰：「千人喚不回頭，方有少分。」

星雲法師開示「修心」之義云：《在佛經裡面有一個故事：有一位富翁娶了四個老婆，……（以上寓言，略而不錄）。故事中第四個太太就是我們的身體，平常吃飯化粧，愛護到最後，不是我們的；第三個太太就是財富，生前我們擁有的黃金鈔票，到了最後還是別人的；第二個太太就是我們的親戚朋友，到了我們要死的時候，我們的親戚朋友頂多替我們上個香；**大太太是我們的心，到最後只有心跟著我們去，所以我們平常要修心，修心是最重要的事。**》（台視文化公司《禪詩偈語》頁28~29）

平實云：星雲法師既然打著臨濟禪宗的旗號，就應該照著臨濟義玄禪師所遺傳的如來藏法門而證、而傳；然而星雲如今卻去認同印順法師所弘揚之藏密應成派中觀邪見，認同印順所弘之兔無角論、無因論的斷滅邪見，又認同藏密之邪淫法門而多年暗中弘傳不斷。如是邪行過咎之成因，皆在誤認意識心為真實心所致；根本不曾了知臨濟禪師所悟得之第八識如來藏，便以意識心為真實心，卻與常見外道完全相同。由於誤認意識心為真子故，便與藏密所修之雙身法等邪淫法門相應，便與藏密邪教喇嘛過從甚密，令人不免懷疑是否曾暗中實修之。臨濟禪師若有靈感，當出世間公開大哭一場，當與星雲法師兜頭痛棒。

星雲認為：「**能分別世間、認識世間**之覺知心即是實相心。」然而 世尊從來不曾作如是說，從來皆說實相心為非心心、為無心相心，一向都說實相心離見聞覺知、離一切思量性；而星雲以證悟者自居，所「悟」卻是第六意識心，卻是能知能覺、能分別認識之覺知心、思量心，迥異 世尊所言之第八識如來藏**恆而不審**之體性。由此即知星雲之未悟示悟也，即知其言語之處處籠罩人也；如是心行口行不一之人，焉是佛教中之真實大師耶？

星雲法師曾開示云：《人生如戲，在如戲的人生裡面，不要太過計較、和人爭強鬥勝，**到最後兩敗俱傷，最好能互相幫助、互相提攜。**》（台視文化公司《禪詩偈語》頁28）

平實云：如是之語，星雲法師實應以斗大之字，書於丈室中，每日自讀，以此自勉。所以者何？此謂平實從來不曾與其計較，雖然多年來早知其所墮，亦知其身行、口行、心行等事，而悉隱忍不言其過，不論口行或文字，皆悉如是不言其過。然而星雲竟以心口不一之下劣心，竟以邪淫藏密外道之知見，竟以常見外道之知見，無根誹謗於我，無根誹謗余所弘傳 世尊正法，無根誹謗菩薩藏。如斯等事，皆是地獄業。星雲「既知」人生如戲，既知「不須計較、不應與人爭強鬥勝，以免兩敗俱傷」；既知「應與人互相幫助、互相提攜」，又何苦主動無根誹謗余之正法？何苦無根謗余為邪魔？為外道？為法有毒？如斯言行，與己之開示於四衆弟子者迥異，顯示星雲自身之心口不一也。

平實今則以星雲之語還贈星雲：「人生如戲，在如戲的人生裡面，不要太過計較、和人爭強鬥勝，到最後兩敗俱傷；最好能互相幫助、互相提攜。」若自有過，當自檢校，莫論平實之非，平實未曾無根謗汝故；亦未曾有根謗汝，縱使證據在手，亦未曾有根揭汝之過故。今者公開勸汝星雲法師：若是自法有誤，當自檢校、當自求悟，莫因他人之真悟而生嫉妒之心，莫因他人之法勝妙於己而排擠之，否則汝之身口意行，皆成誹謗正法、破壞正法大過失也。未審星雲法師然余言否？　閒言表過，今且舉示道吾同道公案，共諸大師學人說臨濟禪：

潭州道吾山　圓智禪師，有僧來問：「無神通菩薩，爲什麼足跡難尋？」道吾禪師答曰：「只有所修之道相同的人方才能知。」那僧又問曰：「和尚您知道嗎？」道吾禪師卻回答曰：「我不知道。」那僧又問曰：「爲什麼和尚您不知道？」道吾禪師回答說：「你聽不懂我的話。」

只如無神通菩薩，為什麼稱作菩薩？為什麼身列為有證量之菩薩衆中？皆因足跡難尋故。如是菩薩既無神通，為什麼卻足跡難尋？皆因如是菩薩證得如來藏已，了知神通乃是意識之心所法，乃是意識之心行，非常住法，是故鄙而不修；非至不修不可時，則不修之，是故必待三地心時方才修之；非如世俗人之欲邀寵於衆生、示炫於衆生，是故汲汲營營而修證粗淺之神通，便炫示於衆生眼前。由是緣故，三地以下菩薩悉皆不修神通之法，不離胎昧而生生世世唯在無生法忍——一切種智——之般若慧上用功。菩薩既如是，乃是轉依如來藏者，是故悟後心中煩惱漸滅，乃至於不起；煩惱不起者，則無覺知心之妄想語言在心中現行，亦無觀想所成之影像在覺知心中現行，則一切神鬼欲覓如是菩薩之心行足跡，絕無可能；是故一切鬼神皆有此語：「無神通菩薩足跡難尋。」

有神通之凡夫菩薩，足跡則易尋之，鎮日裡靜坐，令覺知心常在神通境界中示現，一切鬼神欲覓伊者，隨時可得。如是凡夫菩薩不知如來藏恆不起念、恆不返觸六塵、不於六塵而起了知；由不知如是正理之故，不能轉依，是故鎮日裡言語影像等心行不斷，時時在覺知心上現行，一切鬼神若欲覓之，極為容易，故說為凡夫神通菩薩也。如是道理，那僧焉得了知？是故問於道吾禪師。禪師度人之法，一向不肯多作言語開示，唯除對於已入室弟子。是故道吾禪師答言：「唯有同道方知。」今時平實未言之前，諸家大師亦皆不知也。及至那僧問道吾曰：「和尚知否？」道吾卻回個不知。然而今時一切大師與學人，若欲了知「無神通菩薩足跡難尋」之意者，卻須在道吾此句不知之下參之。

星雲、聖嚴、惟覺、證嚴等四人，出家已久，卻始終不曾悟得臨濟禪，不曾悟得大乘法之般若慧，咎在不能了知道吾「不知」之正理所致。古來諸多禪師，每逢有人問道時，多有指點；及至學人當面詢其是否證知禪之正理時，卻又同一鼻孔出氣，皆道不知，或言不會、不識。凡此，皆是親從轉依如來藏之境界，而言不知、不會、不識。是故達摩對梁武帝答言：「不識。」

梁武帝廣造寺院、度僧出家無數，達摩卻言其無功德，是故佛法之功德修集，不以造寺度人出家為重，而以度人親證佛菩提—開悟臨濟禪—為最重要，以如是度人證悟為功德，以如是證悟而發起般若智慧為功德，不以度人出家、廣造寺院為功德也，是故達摩大師當面對梁武帝蕭衍明言：無功德。蕭衍問法，更問達摩「**對面者為誰？**」達摩卻言不識，錯悟之人每作「不見不識梁武帝」之解釋。如是之言，有諸禪人於未悟之前，多作錯解；亦有大師故作聰明，道是達摩心無所求、亦無所懼，故意對梁武帝答個不認識伊。如是名為野狐禪師說禪也。

只如星雲大師：汝之如來藏還曾認識平實麼？還曾認識世間麼？還曾分別世間麼？還知解得平實諸書文字麼？　汝云何可道**阿賴耶識能認識世間、分別世間**？　如是癡兒言語，出自大法師之口，不嫌輕率麼？不懼人指點拈提麼？還記得老趙州之開示麼：「**老僧不在明白裡！**」如今星雲法師卻與聖嚴、惟覺、證嚴等人同墮明白裡，同墮意識心境界上，儘在意識覺知心之我所，教諸徒眾保持明明白白、清清楚楚、處處作主，皆是在意識心之我所境界上用心，如是四人何曾解禪？悉皆辜負老趙州、辜負臨濟門庭也！　爾等若來問道：「為什麼如來藏不知六塵、不知世界？」平實但只是撕開嘴巴，向爾等面前一字一字分明地大聲道：「我…也…不…知…道！」此外別無二語。

一日雲巖上來問道：「師兄！您的家風如何呢？」道吾禪師答曰：「如果讓你可以指點得到，我還能夠作什麼？」雲巖卻問曰：「師兄沒有這個以來，已經有多少時日了？」道吾禪師答曰：「你問這個語話，牙根還是帶著幾分生澀啊！」雲巖又問道：「既如是，那麼如何是今時著力之處？」道吾禪師答曰：「縱使有千人一起叫喚你回到離念覺知心上來，你都不肯回頭，這樣才算是有少分的禪。」

早期常見學人來學吾法，由余濫慈悲，不觀根器，舉凡無力參出者，便於禪三之最後一天召來一起為之明講。然而如是之人，緣既未熟，身無體驗，慧力復缺，聞之大多不能真解我意，復又大多不能信受；解三已，便不肯認定余所明示之如來藏心，心中常懷疑惑，猶豫不定，不敢承當，由是緣故智慧不能次第發起；復因信受月溪法師邪法者，不斷對其倡言離念靈知心方是真實心，便返歸常見外道所認取之離念靈知上。如斯等人，豈待千人萬人喚？一二人喚，便回頭返認覺知心了也，何曾有禪可言？

復次，明說者，由於未有親身體驗故，各人聞余明說之法其實完全相同，然而聞後之解知，則各各不同；即同經說：「佛以一音演說法，眾生隨類各得解。」

各人之解知互有同異，是故後時聚頭討論時，便有種種不同之說，有人言道此是平實所言之如來藏，有人言道彼是平實所言之如來藏，衆說紛紜，悉皆未能真解平實所言實義。由是緣故，復加私心作祟，後時於我所求不遂時，便出而無根誹謗云：「被平實所印證之人，所說之如來藏卻有種種不同，各人所悟悉皆不同。」乃至更於網站上貼文，作是無根誹謗。

然而檢驗我會中諸不退於法者，互相印證之，則皆是同一心也，曾無差別；唯是早悟與晚悟者之間，所悟深淺有別，體驗之深淺有別，然而皆是同一如來藏心，迥無差異。自是早期聞余明說之人，聞之錯會，各自生解，故有所異。由是緣故，第四次禪三起，一改以往：若緣未熟，不能破參者，必留待次回禪三再參，絕不明言之，絕不強加引導，以待緣熟。若是緣熟之人，若是真參實證之人，悟後皆得以三乘諸經而自印證，並因參閱三乘諸經故，令其解脫道與佛菩提之智慧，漸次發起；如是之人，縱有千人萬人喚其回歸離念靈知之意識心上，亦無可能。

禪之證悟，必須如是，方有少分相應，方得漸次再破重關而眼見佛性，乃至得過牢關，捨壽時有力證取無餘涅槃，而故意留一分思惑以受未來世生；亦因此故方得漸次發起般若之別相智、乃至種智，漸入諸地。是故，若人真實證得如來藏之後，三五人喚之，即回至離念靈知心上者，則如《菩薩瓔珞本業經》所載之王子法才等人一般，退失之後須經多劫值　佛供養之後，方得於　釋迦世尊座下重新悟入佛菩提。由是緣故，道吾禪師乃有此言；初悟者若欲於一生之中，在佛菩提之道業上有大修證者，當記取道吾禪師之語：「千人喚不回頭，方有少分。」　頌曰：

心清明，能認識，意識分別伶俐；
紅日艷，綠山青，美景明歷歷。
如來藏，真佛心，見聞覺知皆泊；
我不知，爾不識，風花悉不憶。（調寄更漏子）

第五一五則　道吾即非

潭州道吾山　圓智禪師　南泉示眾云：「法身具四大否？有人道得，與他一腰褌。」師云：「性地非空，空非性地。此是地大，三大亦然。」南泉不違前言，乃與師褌。

師見雲巖不安，乃謂曰：「離此殼漏子，向什麼處相見？」巖云：「不生不滅處相見。」師曰：「何不道：非不生不滅處，亦不求相見？」

師見雲巖補草鞋，云：「作甚麼？」巖云：「將敗壞，補敗壞。」師云：「何不道：即敗壞，非敗壞。」

星雲法師舉偈：「學道猶如守禁城，晝防六賊夜惺惺；將軍主帥能行令，不用干戈定太平」，便開示云：《我們一個人求學也好、工作也好、學道修行也好，就好像衛士保護自己的城池，不管白天夜晚，時時都要警覺到恐怕有敵人來侵略。其實，我們的城池就是指我們的身體。……。我們怎樣來保護我們自己的城池、人體的村莊？要緊的是要把我們主人翁叫醒，也就是我們本來面目、我們的眞如佛性。「將軍主帥能行令，不用干戈定太平」，將軍主帥的命令若能貫徹，不管有多少的兵馬，他必定能調動自如。我們有的時候常常怪別人不聽自己的話，其實自己又何嘗聽自己的話呢？可以說最不聽自己話的人就是自己。所以，我們若能增加自己心裡的力量，讓眼耳鼻舌身心都能聽自己的話：當看則看、當聽則聽、當說則說，能自我尊重、自我肯定、自我堅持，有計畫的把自己的正知正見正念正命用之於人生、用之於生活，就能戰勝一切。》（台視文化公司《禪詩偈語》頁 30~31）

平實云：星雲法師於如是一段話中，已經將其未悟、錯悟之真相，顯露無餘了也！所以者何？謂佛法之中，不論三乘菩提之任何一法，皆不教人處處作主、時時作主也。舉凡教人時時作主、處處作主者，皆是方便法，非是真實佛法也。由於凡夫眾生執著我所：於「我所見、我所聞、我所嗅、我所嚐、我所觸覺、我所有身色、我所了知」等**我所**萬法，恆生執著；由如是**我所**執著之故，便教導初學解脫道之淺學眾生當離**我所**：以離**我所**境界而作為斷我見，作為親證初果，作為修行第一方。令其遠離**我所**之貪著，令其面對六塵中之種種**我所**時，應當不貪不求，應當防意如城、藏六如龜。如是之法，本是方便法、不了義法，亦是初學二乘菩提——解脫道——初期所應用心之處，絕非欲入初果者所應觀行之法，亦非二乘菩提之已入門者進修上地解脫境界所應修證之法，更非大乘佛法之般若正理也。

如是時時作主、處處作主而離**我所**之法，尚且未能言及**我**之虛妄，猶在**我所**之法上，縱能如是防意如城、藏六如龜，不攀緣六塵中之一切**我所**，而確實履踐者，亦猶未能斷除我見，唯能斷除**我所**之執著爾。如是行之，**我所**縱使已斷，我見未斷，猶是凡夫，未能得入聲聞初果境界，何況能斷我執而得解脫？而證阿羅漢果？如今北傳及南傳佛法之衆多法師居士，悉皆教人保持清明境界，教人遠離六塵境界等**我所**之貪著，而「清明地活在當下」，皆是離**我所**而轉墮於我見中者，意識心即是常見外道之我故，認定此覺知心為常住不壞心者即是執著我見者故，意識覺知心方能「清明地活在當下」故，此覺知心即是聲聞初果人所觀察為虛妄之衆生心故；覺知心虛妄、非是真實不壞我，即是初果人所斷**我見**之**我**故。

二乘菩提之正理，先教衆生去除六塵等**我所**之貪著，方能入學解脫道。若未能斷離**我所**之貪著者，則不能入學解脫道，誤以為世間六塵萬法皆是可貪可樂之法故；對如是人，則當教以**我所**之患：是味為患，變易無常，有為非真，無常即苦，貪之復招苦業，當速遠離，以免為之所縛而轉造惡業，為業所牽而流轉生死。學人若受此教，得離卻**我所**貪著，則教觀行：覺知心之**我**虛妄、思量心之意根**我**虛妄、三受五受之**我**悉皆變易無常，無常故苦；覺知心、思量心之心行實依七識**我**及色身**我**而輾轉出生，非是常住法。學人如是確實觀行已，則斷**我見**，成聲聞初果人。要須斷除覺知心常而不壞之**我見**，方入聲聞初果境界。

今者台灣及南洋之北傳南傳諸多法師居士，卻悉教人保持覺知心於六塵中了了分明而不執著六塵，以此作為親證阿羅漢果者，或以此作為親證聲聞初果者，皆是墮於**我見**中者，皆是知悉**我所**虛妄而未能斷除**我見**者，皆是因中說果者，皆是昧於二乘菩提之解脫道者。粗淺之二乘菩提尚未之知，何況能知定性大阿羅漢所不能知之大乘般若？竟敢以錯會之不實解脫道邪理，藉以解說大乘禪宗般若正理，膚淺之言行，令人不敢苟同。

今者星雲法師卻將如是應離**我所**之法，將如是尚非二乘菩提正修斷除**我見**之皮毛法義，用在大乘了義之法上，而說之為般若正理之正行法門，已經證明星雲法師個人尚且未能斷**我見**，尚且不入聲聞初果中，何況能證聲聞四果？聲聞初果境界尚且不能取證，何況證知聲聞阿羅漢所不能證之般若智慧？如是三乘菩提中之具足凡夫，乃竟敢言般若正義，乃竟敢謗正法為有毒之法，真可謂為癡人之行、井蛙之見也。星雲於吾此語，若有不服，則當造文或出書公開破斥平實，令衆週知；若於平實如上所言，不能置一語者，則當儘速公開懺悔，否則來日有殃在：閻王必定一一計算汝廣受衆生供養，及無根誣謗正法與賢聖菩薩之一切罪業也。

是故，未知禪者莫說禪；不解般若者，唯可依文解義，莫依自意所想而廣作演說，更莫因己法之下劣於人，恐名聞利養受損、眷屬流失，而橫加誣蔑、否定、誹謗，否則終將被人拈其狐尾以示天下，屆時須不好看。若復心生嫉妒，造作無根謗法、無根誹謗賢聖之大惡業者，地獄有份；捨報時將何以自救？大阿羅漢尚且不能救生母殺生之業，星雲身側衆徒復有何力拯救星雲無根誹謗正法之大惡業？爾等衆多弟子還有此能否？星雲法師於此，必須在意，萬勿忽之。平實如是逆耳之語，句句好言好語，星雲法師莫當作耳邊風。二乘法道略辨後，當示以大乘般若悟入之處；便舉道吾即非公案，共諸大師學人合計：

潭州道吾山　圓智禪師，一日因南泉普願禪師開示大衆云：「眞心法身究竟有沒有四大呢？如果有人能說得出來的話，我就送給他一條新的長褲。」道吾禪師聽了就回答說：「眞心自性的境界並不是什麼體性都沒有的頑空，空無、虛空也並不是眞心法身的體性境界。這就是地大與眞心法身的關係，其餘水大、火大、風大也都是一樣的。」南泉聽了道吾禪師這麼說明了以後，沒有違背前來所說贈與長褲之言語，乃持一新長褲贈與道吾禪師。

一般禪師居士若開示空性，往往作如是道：一切法緣起無常，沒有眞實不壞之體性，即是空性。以如是無常空，說為佛法所說之空性，皆是咋食印順涎唾之無智人也，同墮印順所墮之**無因論**、**斷滅見**中。是等法師居士，去道遠矣！殊不知 佛說二乘菩提時，以諸法緣起性空，教人離卻我所之執著；然後復說覺知心緣起性空，乃至明說非想非非想定中之覺知心，亦復緣起性空，非是真實常住法，教人依此觀行而斷我見，方是已入流之聲聞初果人也。

然於大乘法中則不如是，皆言意識心虛妄，亦同二乘法中之言意根虛妄；復又進一步而宣說「一切法悉依如來藏而直接及間接出生」，宣說「一切無為法依如來藏及五陰方得顯示與親證」，故說色身亦是空性如來藏所出生者，是故《心經》中說：色不異空，空不異色。本是如來藏之局部功能性故，本是如來藏之大種自性所出生者故，色身與如來藏本就非一亦非異故。色不異空，受想行識亦復如是，皆不異空性如來藏也。如是正理，乃是一切親證如來藏之禪宗祖師，悟後復作現前觀行之後，所必定親自證實之理；由是緣故，南泉禪師作如是問時，道吾禪師乃有如是應答。

如是正理，今時顯密諸多大師居士，大多錯會，是故多以「外如來藏之緣起性空」之無常方便理，以諸法空相而解說萬法本體之空性，乃是不解大乘佛法、不解佛菩提，亦是不解二乘菩提緣起性空正理之人也。對於佛法之如是誤會，尤以印順等人最為嚴重，允為代表人物。凡欲修證三乘菩提者，於此正理皆當了知，而後知所適從。

一日，道吾禪師見師侄雲巖禪師身體違和，乃謂之曰：「有朝一日捨離了這個有漏的殼子，向什麼處相見？」雲巖答云：「向不生不滅處相見。」道吾禪師見伊答得不好，便指正曰：「為何不這麼說：捨離了這個有漏的殼子，不可以說是在不生不滅處，也不求誰見誰。」往常諸多大師與居士們皆道：捨報時便將離念靈知心安住不動，絕不再起心動念而永遠了了分明，那境界就是無餘涅槃。然而此皆錯會二乘菩提者所說也，皆是凡夫臆想無餘涅槃也。

當知四阿含諸經中，佛已具說十八界法悉皆虛妄，皆應棄捨，然後方能入住無餘涅槃中；一切人所證無餘涅槃境界，皆須三法印之所印定無誤，方是正真。無餘涅槃之中，若仍有離念靈知心，顯然尚且未離欲界六塵境界，何得謂為涅槃寂靜？尚有覺知心我存在，何得謂為諸法無我？尚有覺知心行繼續現行，正是諸行無常所破者，何得謂為符合三法印？乃至非想非非想定中之離念靈知心，已不返觀自我之是否存在，亦不自知覺知心之我存在與否，亦不自知意根我尚在，如是之境界，尚且不能契符三法印，何況欲界中之離念靈知心？焉得謂為涅槃境界？

非想非非想定中之離念靈知心，乃是意識心，唯是不起證自證分，是故不返觀自我之存在，似為無我；然實覺知心尚在，非是滅盡者；其中復有意根具足現行存在，如同眠熟時無異，焉得謂為無我？乃至滅盡定中，意識覺知心已滅，似同眠熟時之不知不覺有我，尚且不得言為真實無我，尚有意根之三種心所法繼續存在運作故，故仍不得謂為真實無我也，則未契符三法印之諸法無我之說也。

於此定中，意根繼續存在運作，唯斷五遍行心所法中之受與想爾；故知意根之心行尚未全斷，猶有意根我存在，非是真實無我；既有意根我之心行存在，故俱解脫阿羅漢次晨能從滅盡定中出，復又入城托缽，是故仍有意根之心行存在，故仍未離諸行無常之侷限，仍未完全印證三法印，故非真實無我。既仍有意根之心行存在，而鑑機照用，故能於午前出定，則顯然尚有三界中之法塵相觸而存在心中，故亦非是絕對之寂靜，是則不符涅槃寂靜之正理。滅盡定中之境界，尚且不符涅槃寂靜之理，尚且不能完全契符三法印正理，何況彼諸大師與居士等人，以欲界中觸及六塵而了了分明之覺知心境界，而言為涅槃之證得，悉是因中說果，悉是誤解二乘解脫道者，悉屬不知不證涅槃境界者。

如是正理，上自俱解脫大阿羅漢，下至分證慧解脫之初果人，悉皆知之；而今南傳北傳佛教中，曾有自謂已證四果或初果之大師與居士，竟然悉皆不知，乃作種種無餘涅槃境界之臆想，更以之而教授於學人，相將同入未證言證之大妄語罪中，誠可憐憫。由慈憫故，平實造諸書籍，宣示涅槃之正理，以救四衆。然而若欲實證無餘涅槃之實際、本際者，則唯大乘證悟之人，方能了知，此乃定性二乘聖人所不能知者，不論是俱解脫抑或是慧解脫者。行者欲知是理，請閱拙著《邪見與佛法、心經密意》詳述即知，此處容略。

由是正理，一切大師與學人當知：真實證得解脫果之定性聲聞人，若入無餘涅槃時，十八界俱滅，意識覺知心滅已，時時作主思量之意根亦復滅盡，「十八界我」之一一界俱皆滅盡不存，尚有誰我欲求相見？我尚不有，豈有不相見之事可言耶？是故道吾禪師道：「亦不求相見。」此際唯餘第八識如來藏獨存，而如來藏離見聞知覺性、離思量性，從來隨緣而不作主，亦無返觀自己之體性，從無證自證分存在，意識與意根復又永滅無餘，云何而有生滅或不生不滅之可言？是故道吾曰：「非不生不滅處。」但凡心中有不生不滅之處者，即是意識知覺性也，即非已離此有漏之殼也。如是應知。

一日，道吾禪師見師侄雲巖曇晟禪師正在修補草鞋，便問云：「你在作甚麼？」雲巖答云：「我只是將敗壞底東西，用來修補會敗壞底東西。」道吾禪師卻教訓他說：「為什麼不這麼說：這個會敗壞底，亦是不會敗壞底。」當知禪宗大悟之人，一切時地皆在解脫知見境界中住，唯除起心動念欲利衆生之時。是故，雲巖答道「將敗壞、補敗壞」，便遭道吾禪師之訶責教訓。

然而道吾之意究竟在什麼處？如來藏本非敗壞之法，道吾云何卻道「即敗壞、非敗壞」？卻是何意？

色身既是空性心所造，從空性心所生，本亦是空性心之局部功德，假藉業種而顯現於三界六道之中，是故其中亦有會敗壞者，謂空性如來藏所生之一切法也：色身、受想行識四陰……等。然而於是等必將敗壞之法中，則有空性如來藏同在；如是等空性心所生之法雖亦必定敗壞，而其中之如來藏空性則永不壞；如是敗壞與不敗壞者，同時同處，非一非異。是故雲巖以草鞋而說「將敗壞、補敗壞」，實已墮於三界法中；道吾則依三界法之悉由如來藏生，復與如來藏不一不異之現觀，而言「即敗壞，非敗壞」。如是正理，方是真實大乘佛法也；離此如來藏空性，則無二乘菩提之緣起性空可說故，則無世間出世間之一切法可說故；離此敗壞之蘊處界等法，則不能取證不敗壞之如來藏故。一切大師與學人若欲親證如是正理者，卻須下心用功，參取如來藏空性心；一朝親證時，方知平實不汝欺也！頌曰：

法身四大非一異，西來祖師意；
生滅見聞皆軼！寂滅離生趣。
將敗壞，補敗壞，猶遭議；
無生敗壞，亦即亦非，草鞋得葺。（調寄訴衷情）

第五一六則　道吾不識

潭州道吾山　圓智禪師　師聞僧唸《維摩詰經》云：「八千菩薩、五百聲聞，皆欲隨從文殊師利。」師云：「甚麼處去？」其僧無對，師便打。後僧問禾山，禾山代云：「給侍者方諧。」

師下山到五峰，五峰問：「還識藥山老宿否？」師曰：「不識！」五峰曰：「為甚麼不識？」師曰：「不識！不識！」

問：「如何是和尚家風？」師下禪床，作女人拜曰：「謝子遠來，都無祇待。」

星雲法師舉偈：《世事紛紛如閃電，輪迴滾滾似雲飛；今日不知明日事，哪有工夫論是非。》隨後開示云：《……。有兩句話說：「今晚脫下襪和鞋，不知明日穿不穿。」今天晚上上床都不知道明日能不能起來，在這樣無常的人生歲月裡，哪裡有時間去論長道短呢？》（台視文化公司《禪詩偈語》頁36~37）

平實云：既然如是，則星雲法師應當專心致志於臨濟禪之宗門證悟，應當如救頭燃，汲汲營營、如喪考妣而參究之，何須以凡夫身分而顧慮一世之名聞利養，見人便說平實之短長？更作無根謗法之愚行？明日起不起得床？自己尚且不知；死亡前後之許多過程，自己亦不知；死已往何處去？自己亦不知；死後將如何面對此世所造之業？亦復不知；焉有時間繼續營造名聞利養、攀緣政治勢力無根誹謗正法？乃至無根誹謗弘揚正法之人？是故星雲如是開示，應當命侍者每日晨昏為自己各誦三遍，以自警惕，從此不應再背地裡說平實長短也！否則臘月三十日到來，閻王老子不免要計較大師之舌頭短長也！

星雲法師隨即又開示云：《在禪宗史上有一位懶融禪師，他有一天燒飯時，柴火裡的煙燻得他眼淚鼻涕流個不停，旁邊的人看到不忍心，說：「禪師！你把眼淚鼻涕擦一擦。」懶融禪師回答說：「我哪有工夫爲世俗的閒漢來揩拭鼻涕。」他連揩拭鼻涕的時間都沒有，爲什麼？**因爲他專注於自己本分的工作**。人最要緊的是把今天要做的事在今天做好，「今日事，今日畢」，不要把今天的事擺到明天，把現在的事擺到將來。人生苦短，歲月無多，要辦的事情越快辦完越好，越早辦完越好。我想做人只有把自己內心想做的做好做完，才是最要緊的，其他就可以不必計較了。》（台視文化公司《禪詩偈語》頁 36~37）

平實云：星雲法師根本就不懂臨濟禪，卻愛講臨濟禪，以邀開悟之令名，非是有智之人也。一切有智之人，欲示證悟之前，皆必先行衡量自身之悟是否正真？是否完全符合三乘諸經之理？確認已，然後方敢出世說禪道悟。豈如星雲之以未悟、錯悟，完全不符三乘諸經之世俗言說，而敢冒膺證悟賢聖之位？復又顧慮名聞利養而故謗真悟之人，如今難免他人之拈提，處處顯示敗闕；今時悔不當初，而為時已晚也！

星雲上舉公案，實非彼說之意，星雲自生錯解，更說來梓行流通於大眾，將自身未悟之把柄交付天下人手中。懶融禪師之言者，實乃為大眾破除我見、身見，開示大眾：一切色身皆是俗漢；於此一語中，亦兼示禪門密意。非因「**專注於自己本分的工作**」，故而無暇為色身拭涕也。如是公案，一語之中亦有為人之處，然而絕非星雲法師錯以意識心作為如來藏真心者，所能知之也！是故星雲解釋此一公案時，便顯示其言不及義之本質。學人若欲親證大乘般若真實義者，當從禪宗公案入手；然欲親證之前，必須先行建立正確之知見，而後緣熟之時，方有悟處。由是緣故，平實年年拈提公案而舉示於一切大師與學人。今者再舉道吾不識公案，共諸大師學人商量：

潭州道吾山 圓智禪師，一日聞僧唱唸《維摩詰經》云：「八千菩薩、五百聲聞，皆欲隨從文殊師利。」道吾禪師便問彼僧云：「此諸未悟之菩薩與聲聞羅漢，隨從文殊菩薩欲向甚麼處去？」其僧聞道吾禪師之質詢，根本不知道吾禪師意在何處，無以答對，道吾禪師見伊不會，舉杖便打。後來有僧舉此公案以問禾山禪師，禾山禪師代那僧答云：「應當說是給侍者隨從，如此方諧道吾禪師之意也。」

只如彼諸菩薩及與聲聞大阿羅漢，個個深懼維摩詰居士，不敢受 佛之命前往探病；後來 佛命文殊前去，衆人深知如是二位等覺菩薩相見，必有一番法義往來言論，欲聞妙法，是故個個欲隨文殊前去。只如道吾禪師問道：「此諸菩薩及與聲聞隨從文殊菩薩到什麼處去？」如今諸方老宿，還有人答得否？　爾等四大法師既然個個敢出頭道禪，示現知解禪宗之禪，且請斷看！究竟隨文殊到什麼處去？　若有大師答言：「到維摩詰居士家去！」平實且劈面五爪金龍，更問：「到什麼處去？」若猶不會平實意，便推出門去，閉門不見。這等漢子，救得有什麼用處？

道吾禪師一日下山到五峰禪師處相見，五峰問云：「還識得藥山老宿否？」那藥山惟儼禪師明明是道吾之師父，是道吾法身慧命之父母，然而道吾卻回曰：「不認識！」這不識之理，平實解說已多，今時廣有多人知其道理。五峰禪師明知故問曰：「為甚麼不識？」道吾禪師卻答曰：「不認識！不認識！」

只如藥山老宿明明是道吾之法身慧命父母，為何卻道不認識？或有大師來言：「道吾禪師之意，乃是在說明藥山禪師之法身無形無色，故不可認識。」平實便當頭一棒，趁出門去。或有大師來言：「道吾之意，乃是在說：自己的法身如來藏，離見聞覺知，所以不識藥山。」平實亦是一棒打出門去，如是之人，皆是錯會臨濟佛法之人，於臨濟禪門家風，有什麼巴鼻？

或有個緣熟之人前來，舉此公案而問道，平實只是向伊道：「不識！不識！」如是四字之下，且要教伊會去，此後便得出世住持正法，播揚大教去！且道：此中關鍵在什麼處？會得此中關鍵，便知道吾答道「不識」之意。

復有行腳僧來問：「如何是和尚家風？」道吾禪師卻下禪床，故意作女人拜，向那僧道：「謝謝您那麼遠來看我，我這裡卻都沒什麼可以招待的。」

且道：道吾作女人拜，意在何處？　一切男人女人作禮，豈有二法？道吾何妨作女人拜？平實又何妨作男人禮？是故或有大師來見，平實且正經八百頂禮大法師；頂禮已畢，起身卻要問伊大法師：「會麼？」若不會平實意，便好取杖趁出門去！　若道會者，卻牽伊手，同入書房，問伊無生茶底道理，問伊茶中無生法忍妙理；進得書房奉茶之後，若發現是個野狐，卻要縛卻伊手腳，餓伊半日，而後平實親自奉食自手餵之，如是親手餵伊三永日。三日後卻要問伊：大師爾這三日裡，曾吃得喝得否？若道曾吃得喝得，卻要繼續縛住伊，且教衆同修每日輪流來餵伊，每日餵罷便作是問；平實且無恁麼閒工夫每日陪伊吃喝拉撒也。只如道吾言：「都無祇待。」卻是何意？究竟道吾意在言外？意在言中？還有大師道得者麼？何妨斷看！頌曰：

人生無常，大師訓言莫道人非；

時移勢易，風勢變幻焉免折邪魔？

大樹叢林，人道佛光少輝。（註：佛光山建於高雄縣大樹鄉。）

想當年政壇賁緣，氣吞諸方誰追？

只而今，困處法城，贏得四衆同悲。

朔望猶記，尋常訓徒：慎口莫流輩。

不堪回首，佛光山中，道吾不識誰窺？

問平實，佛法尋常，且弄鼓吹。（調寄永遇樂）

第五一七則　道吾知有

潭州道吾山　圓智禪師　雲巖臨遷化時，遣人送辭書到。師展書覽之，曰：「雲巖不知有，悔當時不向伊道。然雖如是，要且不違藥山之子。」（玄覺云：「古人恁麼道，還知有也未？」又云：「雲巖當時不會，且道：什麼處是伊不會處？」）

藥山上堂云：「我有一句子，未曾說向人。」師出云：「相隨來也！」

僧問藥山：「一句子如何說？」藥山曰：「非言說。」師曰：「早說了也。」

星雲法師教人「**把握真如自性**」，舉偈釋云：《麗日昊天照寒空，風自西兮雲自東；好把繩頭牢穩住，莫隨流水任漂蓬。倘若一個人把自己的眞如自性發揚光大，就好像萬里無雲的晴空，一輪太陽在那裡照射，這個時候你盡可以逍遙自在，管他風向西邊吹去，管它雲向東邊飄去，境界、是非、外面的好壞，都可以不去管它，**只要把自己的本性自心照顧好**。………。一個人要緊的是金錢也買不動，美色也誘惑不動，威力也恐懼不動，儘管好好壞壞、是是非非，**你如果一個真如不動，一切都奈何不了你，所以你只要**「**把自己的心扣得很牢**」。扣在什麼上面？把它扣在慈悲的上面，扣在解脫的上面、扣在般若的上面。你不要順著流水隨波逐流，隨著人情、人

云亦云，到最後失去了自己，自己沒有立場、沒有原則，當然成不了事。》（台視文化公司《禪詩偈語》頁38~39）

平實云：「**把握真如自性**」者，乃是未悟凡夫之說也；於般若正理中，絕不作是說也。所以者何？謂真如自性不必把握，本來自在，復永不失；假饒一神教之耶和華與阿拉，再加彼二人座下所有「聖衆」之力合為一力，亦無能力毀壞一極小身有情（譬如一隻螞蟻）之真如自性；一切有情之真如自性皆是本具者，皆是本來已自清淨者，皆是永住金剛性中，一切凡聖皆不能絲毫壞之、皆不能壞其自性令於一刹那之間不能運行。是故一切學佛之人，皆不須如星雲一般「**把握真如自性**」，只須參禪尋之、覓之、見之；尋得真如之後，自然發起般若智慧，便入七住賢位中；見得佛性，便見山河大地一切處皆有佛性，世界如幻觀當下成就，便入十住賢位中；發心行諸正行以弘正法，便得轉入十行位中；悲憫衆生被誤導，出而力救衆生皆離衆生相，便入初迴向位中；次第修諸迴向行，便成就十迴向位功德；依此為基礎而進修種智，並又伏性障如阿羅漢，又起增上意樂而發十無盡願——盡未來際以護正法，便入初地聖位中；凡此皆以本自存在具足之真如與佛性為基礎，進修如來藏一切種子之智慧而能次第升進，次第成就佛道。是故真如佛性本已存在具足，分明現前，但只覓得真善知識，學習法門而親證之即可；證已便知本自存在，誰人亦奪不走，誰人皆不能壞之，亦不曾須臾滅失不現，時時分明現前，不須吾人去把握之。是故星雲所言「**把握真如自性**」者，乃是未悟凡夫之說也，乃是未悟之凡夫臆想真如與佛性也。

如是，由星雲此一段開示語中，已證實星雲其實根本未悟，自身之真如何在？體性如何？皆未曾證知；自身之佛性何在？體性如何？見時是如何見？見後是何境界？亦未證知；如是未知未證之人，乃是凡夫俗子，而竟因為貪著於名聞利養之故，無根誹謗真悟之賢聖為邪魔外道，無根誹謗真悟賢聖所說完全同於 佛說之法為有毒之法，誹謗真悟賢聖宣說種智妙法之正行為必下地獄之邪行。如是無根誹謗之行，出於星雲法師曾受具足戒者之身上，豈非正是末法衆生之寫照？

觀乎佛光山四衆弟子（特指星雲法師座下出家二眾弟子），每日佛前唱誦懺悔偈文：「往昔所造諸惡業，皆由無始貪瞋癡；從身語意之所生，我今佛前求懺悔。」又發願云：「願消三障諸煩惱，願得智慧眞明了，普願災障悉消除，世世常行菩薩道。」每日佛前唱誦、懺悔罪業，祈求佛菩薩加持得遇弘傳正法之明師，期望證得般若正法；然而逢遇佛菩薩遣來真善知識時，卻又各依表相而無根誹謗其法及人；如是每日佛前求遇真善知識、求悟智慧、求消災障等，復有何義？豈非至愚至癡者之心行？如斯等人每日隨星雲個人之邪見，而造作故意誹謗正法賢聖、故意誹謗正法之身口意業；對於佛菩薩所安排示現於人間之正法賢聖，卻以名聞利養之流失等顧慮，而依善知識之表相，恣意加以無根誹謗，豈非心口相違之人，豈是有智之人？

譬如星雲所言：「應須**把握真如自性**」。審如是者，則星雲自身既未曾證真如，亦未曾眼見佛性，欲待如何把握？故其把握之言，乃是空口徒言也！若如所言應須把握者，則當先證真如、先見佛性，然後方有把握之可說也！而今星雲既未證之、見之，何能把握之？顯見星雲之未悟言悟、籠罩衆生也！

如是未知未證之人，而言「應將眞如自性扣在慈悲上面，扣在解脫上面，扣在般若上面」，其實根本不知應扣在何處、應如何扣之，是故皆成空口徒言也！復次，真如自性，從來不失、不斷、不壞，從來具足慈悲、解脫、般若，本自具足，不曾剎那而失，不須吾人將之扣牢；然而星雲不知真如所在，不知自性所在，不知般若實義，而竟教導徒衆應將之扣牢，諸佛菩薩聞之，難免苦笑：「竟有如是弟子大師，而又身任台灣佛教界之龍頭地位，眞乃眾生福薄之相也。」此乃台灣佛教之悲哀也！台灣地區如是，大陸地區亦復如是，皆是未曾親證真如、未曾眼見佛性、未具般若慧之凡夫，竟教人應將真如佛性扣在慈悲、般若、解脫上面，臨濟義玄禪師聞之，必定不免為諸衆生潸然淚下。

當知將心附和於解脫、般若、慈悲者，皆是意識心也；唯有意識覺知心，方能將之隨附於解脫、般若、慈悲上。從真如佛性自身之地位以觀，從來離見聞覺知、離色聲香味觸法、亦無眼耳鼻舌身意、亦無四聖諦、八正道、解脫、慈悲、般若等三十七道品，乃至最後總結為「無智亦無得」。如是正理，《心經》誠證分明，云何星雲卻要將真如佛性扣在慈悲、解脫、般若上？真乃無知愚癡之言也！

然而平實卻道：「確實可以將覺知心扣在慈悲、解脫、般若上面。」此謂意識覺知心親證真如、親見佛性已，則意識心中漸次生起般若智慧，從此常住於般若智慧中，即是星雲所言「扣在般若上面」者；而此境界，星雲至今不知不證。意識覺知心證悟真如佛性已，則可常見真如之本來自性清淨涅槃而轉依之，如是即能常住於解脫之境界；亦可了知：無餘涅槃之解脫境界，其實唯是自心真如境界，非是意識心所住境界；覺知心如是轉依之，名為常住解脫境界中，名為有餘涅槃。如是正理，尚非定性大阿羅漢之所能知，何況星雲未斷我見，尚不能入住聲聞初果境界，何能知之？

菩薩由如是親證、如是現觀，返觀眾生及佛門四眾弟子之迷於正理、迷信表相大師、盲從表相大師而排拒所未曾聞之正法，不免心生慈悲而欲救之；如是慈悲之心行，亦是意識覺知心所攝，真如佛性含攝意識之慈悲⋯等種子，卻從來不起慈悲之心行也。如是正理，星雲亦復不知、不證、不見，而以世間表相之營謀宣傳，示現大師之相，卻說如是愚癡之言，妄說正法，誤導四眾弟子鉅萬，其罪非輕。乃竟不知罪之深重，復因名聞利養之考慮故，對佛教中真正之正法、妙法，橫加無根誹謗，說為毒法、邪人；如是破壞佛教正法、無根誹謗勝義僧之罪，於聲聞戒或菩薩戒中，皆是地獄重罪，犯已不通懺悔，必下地獄七十大劫，長劫之中受諸尤重純苦；七十大劫已，罪猶未消，次入鬼道，受種種苦多劫；罪猶未消，次入畜生道，受種種苦多劫；罪猶未消，始回人間時，猶有種種餘報；如是果報，《楞嚴經、阿含諸經》具載，非是平實徒言也。

如是餘報盡已，方有因緣聞受正法；然因往世貪著世利名聞習氣，及無根謗法謗人之宿業與習氣故，甫聞所未曾聞之深妙正法時，又將再度誹謗正法及弘正法者，遂爾再度重受長劫苦惱，輪迴三途難盡；如是正理，《大乘方廣總持經》中具說，星雲法師及其四眾弟子，皆宜細讀熟記，力求避免如是大過。莫待臘月三十到來時，怨怪平實未曾提醒。

星雲法師又云：《「江月不隨流水去」，燕子去了，有再回來的時候；楊柳枯了，有再發青的時候，可是光陰一去就不回頭了。所以我們要如同天上的一輪好月映在水裡，**要能把握住自己**，不要隨著流水漂流，**不要失去自己**。「天風直送海濤來」，海濤的聲音隨著風一起吹來，好像我們一個人如果把自己準備好：要演講之前，把講稿先準備好；要做生意，先把資本、對商場的調查、各種的評估計畫都準備好，這樣就能事半功倍。你自己準備好了，天風直送海濤來，自然會有你的好消息、你的好運道，你必定會成功。》（台視文化公司《禪詩偈語》頁 40~41）

平實云：平實於此書中所言「星雲法師未斷我見，仍是凡夫俗子」者，乃是實語，未曾絲毫冤枉伊。今者此段星雲之開示中，亦已顯示彼從來未曾斷我見，根本未曾證得聲聞初果之分證解脱境界；復又未曾證得真如、未曾眼見佛性，故亦未證入菩薩數中；由此故說星雲其人乃是具足凡夫，與印順、昭慧、傳道⋯

等人並無差別；唯是印順⋯等人較之聰明伶俐，能言善道爾，然而凡夫俗子之本質則無差別。

星雲於此段開示中，教人「**要能把握住自己，不要失去自己。**」然而這個自己，卻正是四阿含諸經中 世尊所廣破之五陰十八界虛妄法， 世尊說之為「有為、緣起、無常、生滅、苦、空、無我」之法， 世尊教諸四衆弟子悉皆應予細觀：「現前觀察自己虛妄，緣起性空，現觀自己虛妄，根本無有常住不壞之我。」故名無我。佛弟子四衆由如是現觀故，證得須陀洹乃至阿羅漢果，名為出離觀、無我觀。如今星雲卻教其四衆弟子「**要能把握住自己，不要失去自己**」，正是執著五陰十八界我為真實有我之凡夫也，未入聲聞初果位中，根本不懂原始佛法阿含諸經所說之聲聞解脫道，卻教示徒衆要將自己之真如時時扣在解脫上面，以如是執著於**我**之繫縛邪見，以如是完全違背解脫之邪見，而欲住於解脫境界中，豈非癡人說夢之具體事證？佛光山四衆弟子，何不比對四阿含諸經實地求證之？何不求證於四阿含 佛說正理而確認平實所說為正？為非？

星雲之所墮、所著、所執，亦正是如今聖嚴、惟覺、證嚴之所墮、所著、所執者，亦正是如今台灣南洋等南傳佛法專修解脫道之法師居士所墮、所著、所執者，唯是大同小異之別爾；同皆教人「應當了了分明而不執著六塵萬法，不生一念煩惱妄想而住於了然分明之清明警覺性中，如是時時分明了然地**活在當下**，即是涅槃。」然而衆生何嘗了知其謬？根本不知如是言說本違 世尊解脫道正理。天可憐見，如今平實引經而又據理，如實明示其邪謬所在，令衆週知；期望佛教之解脫道及佛菩提道，將可日漸澄清，以此緣故而令今時及未來之佛弟子，可以親證解脫果及佛菩提果。今觀星雲之所說者，不唯粗淺，亦復邪謬，全違解脫道之出離觀，亦違佛菩提道之安隱觀；二道二觀俱違，有何證量之可言耶？而示現上人法、大師法，以邀令名，以亂衆生，其罪難喻！

破斥邪說已，當示佛菩提之入處；若得真入佛菩提道者，亦自能入解脫之道，能證聲聞解脫果也；便舉道吾知有公案，共諸大師學人說禪：

潭州道吾山 圓智禪師，因雲巖禪師將即捨報之時，遣人送來辭別之書信。道吾禪師展開書信閱覽之，閱後對大衆道曰：「雲巖禪師卻不知有，我如今眞是後悔當時不曾向伊開示。然雖如是，雲巖仍然不曾違背藥山禪師之法道，仍然是藥山禪師之眞子。」後世之玄覺禪師閱得此個公案，便拈向天下所有出世說禪已久之老宿，問道：「古人恁麼道，究竟是已經證得眞如呢？或是未曾證得眞如呢？」後來又問諸方講禪之大德云：「雲巖禪師當時不會，且道：什麼處是伊雲巖不會之處？」

如今平實便以玄覺之語，問於今時諸方多年講禪底四大法師，省卻多少氣力？如今爾等四大法師，還有道得者麼？試斷看！　若斷不得，根本即是未曾證悟般若，即是凡夫之身，何得出頭示現證悟之身相？正是籠罩天下人之野狐也！　若道已悟，試斷看！非唯天下人要知，爾等座下四衆弟子亦皆要知也！

雲巖當時若下書來與平實，平實且教人送上三兩麵粉供養之；更無一語。若問「道吾云何言其不知有？」平實但道：「雲巖只解如是去！不解如此來！只成個阿羅漢，非是大心菩薩，是故平實只願供養伊三兩麵粉。」若問：「道吾既然言其不知有，云何卻又稱許雲巖仍然不違藥山？仍是藥山之真子？」平實答云：「伊但知禪門所證解脫之道，要且唯得般若總相之智，不得別相智與種智也。由是緣故，捨壽之時，解去不解來，只值得三兩麵粉供養。」如今平實和盤托出，爾等講禪之四大法師，還能答得玄覺之問麼？且道：雲巖還知有也未？　且道：雲巖當時不會，什麼處是伊不會處？　速道！速道！

藥山禪師一日上堂開示云：「我有一個好句子，未曾說給人知。」道吾禪師聞言，知藥山故意引起衆人疑情，乃出列云：「已經相隨而來了！」只如道一句子，爾等四大法師還曾知麼？這一句子，在爾等大法師身上分明呈現，不可道不知也！且道：藥山這一句子卻在何處？若不會者，且覓平實話道；平實甫見大師獨自來見時，只向大師如是道：「相隨來也！」還會麼？若會得，且書房奉茶共話無生；若不會，且放三十棒，要教爾會得棒下無生忍！

這一句子，有僧久參不會，乃上問藥山惟儼禪師：「這一句子，究竟是如何說的？」藥山禪師答曰：「不是言說。」道吾禪師隨侍在側，卻向藥山道：「師父您早就說出了也。」

這一句子，普天下阿師不會，如今台灣四大法師聞之，個個頭痛欲裂，管教個個抱頭苦思三年下來，亦必不會；不會之最大過咎，皆因不肯斷除我見，是故執著意識覺知心之種種變相所致也。只如那僧上問這一句子，藥山只道這一句子不是言說，明明未曾明示，云何道吾禪師卻言藥山早已明說了也？究竟藥山在什麼處明說了？以致道吾禪師作是說？爾等四大法師既敢出頭講禪而且示悟，如今卻不得迴避平實這一問，且要舉向天下人，大家要知！若道不得，儘是野狐大師，只成個籠罩天下人之誑語者，焉得承當大法師之名耶？頌曰：

雲巖真悟不知有，毫釐有差天地隔。
玄覺才舉早是有，如今老宿誰出格？
一句子，早明說，相隨來去曾未蟄。
穿簑戴笠勤種禾，出家求道卻隔閡。（調寄鷓鴣天）

第五一八則　雲巖驅驅

潭州雲巖曇晟禪師　道吾問：「大悲千手眼如何？」師曰：「如無燈時把得枕子，怎麼生？」道吾曰：「我會也！我會也！」師曰：「怎麼生會？」道吾曰：「通身是眼。」

師掃地次，潙山云：「太驅驅生！」師云：「須知有不驅驅者。」潙云：「恁麼即有第二月也。」師豎起掃帚云：「是第幾月？」師又低頭而去。（玄覺聞云：正是第二月。）

星雲法師解說「死生覺悟」之道理，舉偈開示云：《未曾生我誰是我？生我之時我是誰？來時歡喜去時悲，合眼矇矓又是誰？這是清朝順治皇帝的詩偈。他說，哪一個人知道我是從哪裡來的？父母未生我之前，誰是本來的我？我出生了以後，我是什麼？不知道。「來時歡喜去時悲，合眼矇矓又是誰？」人家添丁、生孩子，我們恭喜恭喜；人家死人了，我們悲傷，所以生之喜、死之悲，是人之常情。但是如果一個有智慧的人，就不是這樣看法。……。所以我們應該想到：人生百歲，在無限的時間裡，一百歲也只是剎那而已。人也不是到了百年之後才死，你每天晚上合眼矇矓的時候，那時的你又是誰呢？因此**在每天的生活裡，對於迷悟、對於生死，都應該有一番警覺才是。**》（台視文化公司《禪詩偈語》頁 44~45）

平實云：清朝與蒙古所傳承之「佛法」，與藏密無異，而迥異南傳與北傳之佛法。南傳佛法乃是上座部所傳之二乘菩提，向南傳至南洋地區，專在解脫道上用心，專求解脫生死輪迴，從來不曉般若正理；然而久傳而至今日，亦已失去解脫道之正理，如今彼諸南傳佛法大師，亦皆以意識心之不執我所六塵等法，令覺知心住於不起煩惱、不動妄念之境界，如是而求安住，以之為涅槃境界，同於常見外道無異。

中國、日本、高麗所傳之北傳佛法，則是大乘佛法之般若實相智慧，函蓋二乘法之解脫道；然而傳至今日，非唯失去般若正義，亦已失去大乘法中本所兼有之二乘解脫道正理，是故今時海峽兩岸所有大師與居士，悉皆同以「不起六塵我所煩惱而不起妄念之覺知心」，作為禪宗般若所證悟之實相心，作為涅槃之真際。同皆誤會三乘菩提正義。

至於清朝與蒙古人所信受之「佛法」，則是印度後期「佛教」之密宗法門理論與行門，即是西藏密宗「佛教」之法，是故元朝皇帝皆信奉「歡喜佛」，以雙身法中之「大日如來」淫樂雙身法像，作為供奉之「佛」像；由是緣故，後宮之淫亂情形，中國佛教史之研究者罕有不知者。蒙古皇朝如是，明末及清廷皇朝亦復如是，皆以「歡喜佛」之雙身淫樂報身「佛」，為其所供奉及修行之理論與行門。如是蒙古地區、元朝、明末、清朝皇室，皆因或多或少之政治因素而信奉藏密之「歡喜佛（詳見《狂密與真密》第二輯封面圖示）」，本非真正之佛教，卻假冒佛教之名、之教相、之出家僧寶相，藉政治勢力公然取代真正佛教之顯教，令真正之宗門正法，於當時之中原地區不能弘傳。

既以雙身法之淫觸第四喜作為修證之標的與內容，則知必定須以意識心之一念不生作為修證之標的，則必須以淫樂之專心享受淫樂觸覺作為助道之法，以求住於一念不生，不起我所煩惱之境界中；然而淫樂有時強、有時弱、有時停滅，則導致一念不生之境界隨之變化，則不能常時住於第四喜大樂境界中，則不能永保一念不生之境界，是故必須勤練氣功提降功夫，以攝住精液不洩，以此得住於永不射精之狀態中，藉以常保最大樂觸之第四喜境界不斷，常住於一念不生之境界中，是故必須借助於淫樂，是故必須修行雙身法。元、清及明末之皇帝既然如是信奉、如是「修行」，如是支持藏密，則知皆是以意識覺知為真如佛性者；然而真正之實相心如來藏，則是從來離見聞覺知者，永遠不墮於知覺性中，焉得與淫觸相應而了知之、而常住淫樂之境界中？無是理也！

是故，順治皇帝之偈所云：「來時歡喜去時悲，合眼朦朧又是誰？」唯是意識覺知心爾，根本未曾證得永離見聞覺知之如來藏也！來時歡喜者，以及去時悲哀者，皆是意識心之知覺性故。由是緣故，順治皇帝之偈中所云「未曾生我誰是我？生我之時我是誰？」當然亦是意識知覺性也。順治如是，康熙、雍正：等歷代皇帝亦復如是，悉是認取藏密所誤認爲眞之意識知覺性也。由於明末與清朝所有皇帝皆信奉藏密佛教所奉之「歡喜佛」故，便使禪宗真正證悟之人所說法義，必定與彼等皇帝相違，有所牴觸；彼諸歷代皇帝當然必定加以破斥壓抑，以免損及皇帝在佛教界之權威；雍正之造《雍正御選錄》，將古來真悟之禪宗祖師加以貶抑，並引錯誤祖師誤認意識覺知心而宣說之公案加以表揚者，其目的在此。

由是緣故，明清兩代之真悟者，皆不能正大公開弘傳真正如來藏正法，必與皇帝所「悟」互相牴觸故，只得依 佛之命而投生於西藏地區，希望從西藏內部改變西藏「佛教」法義，導歸正法，雖然仍因藏人薄福及業力而歸失敗。然而由此亦可證知元、明末、清朝之顯教正統佛教遭受政治壓迫，正理無法弘傳而受壓抑之實情。然而星雲法師渾然不知此理，不能了知順治皇帝之墮於意識心之知覺性中，猶引順治皇帝之偈，以為佛法修證上之好偈，卻成為星雲未悟之旁證；又不肯與平實和睦相處，無根誹謗平實，今日不免遭致拈提而出醜也！

復次，星雲引順治之色身無常偈，以如是無常之觀行，作為臨濟禪宗之禪法知見，去臨濟法道實遠！何曾了知臨濟正道？如是誤以意識心之知覺性，作為佛性，作為真如者，皆是常見外道見，與常見外道曾無差異，焉可作為佛法而教授四眾弟子耶？

星雲既然勸勉四眾弟子，認為應該探討實相心，故作是語：「因此**在每天的生活裡，對於迷悟、對於生死，都應該有一番警覺才是。**」如今閱讀平實之著作已，已知一念不生之知覺性乃是意識心之自性，乃是緣起性空之法，非是實有常住之金剛法，四阿含諸經明說之文俱在，第三轉法輪諸唯識經佛語現在，則應殷勤探究第八識實相心之所在，求覓自身本有之空性實相心，求覓從來本離見聞覺知之實相心，求覓本來不曾稍起煩惱、本來不起妄念之第八識實相心，方能入於證悟賢聖之列，方入菩薩數中。

若仍如今日之尚未證得實相心者，則汝星雲實是迷人，非是悟者；一切同於星雲之未證得實相心者，皆是不通般若之凡夫故。星雲自身既未證得實相心，復又出書開示：「**期望四眾弟子於『迷悟生死』皆應有所警覺**」，則當勉勵四眾弟子及與自身：**同皆戮力求證第八識實相心**。既如是，又何可故作違心之說而謗平實？何得以凡夫未悟之身而謗平實所弘正法？心口相違如是，非是真正大師應有之心行也！佛光山四眾弟子，於此應當有所警覺、有所探究，方免誤修法道之餘，復又隨於星雲法師廣造破壞正法、誹謗證悟賢聖之重罪。

至於今時南洋各國所傳之南傳佛法，以及今日台灣諸多弘揚南傳佛法四念處觀、十二因緣觀之法師與居士，其實悉皆未曾斷除我見；平實於諸書中，屢將我見之正義多所闡述，令知彼等所墮皆是我見、常見；然而至今多年，彼等仍舊不肯斷除我見，仍皆繼續認定覺知心一念不生時即是涅槃境界，只教人斷除對於六塵我所上之執著，以知覺性不動、不起念，作為親證四念處觀之究竟境界，作為預入聖流之果證；而不能觀察：「清明了知之覺知心、作主之意根，悉皆虛妄，皆是原始佛教中所言之眾生我。」彼等諸人，其實皆是遠離我所而未曾斷除我見者，根本未曾證得初果，三縛結俱皆未斷，錯會二乘菩提之解脫道修證與境界，乃是錯會佛法之人、之言也，我見未斷，不得初果，更何況能證三果？平實作是言，而彼諸人悉皆不能推翻之、不能正式具文辯解之；事實本來如是故，彼等悉皆未斷我見故，三縛結悉皆未斷故，四阿含現在猶可檢校故。

現代台灣及南洋諸多弘傳二乘法解脫道之法師與居士，對於大小乘之差別內涵，每多誤會，不曾理解其同異所在。小乘之異於大乘者，非單因行者心量是否弱小、是否不肯乘願再來人間度衆而有差別也；亦非單因捨壽時取不取無餘涅槃而有異也，乃因修行之法道及所證內涵，悉皆迥異，故分二乘與大乘之別。大乘人之所以稱為菩薩者，乃因所修法道為**安隱觀**：親證般若實相—由親證如來藏—無餘涅槃之實際，是故發起涅槃實際無境界之「境界相」與智慧，即是一切法界體性之真實相，即是無餘涅槃界之實相，此非二乘羅漢所能知之，亦非緣覺所能知之（詳見拙著《邪見與佛法》細述）；二乘聖者唯斷我見與我執，令自己之十八界滅失而入無餘涅槃，唯是**出離觀**，而未能知菩薩所修之**安隱觀**，不能證得無餘涅槃之真際故。

然而今時諸多弘揚南傳佛法之南洋與台灣之法師居士，悉皆不知此義；若聞余作是說，聞余明示此理者，則皆拒絕信受，此說已顯示彼等之未曾親證解脫道正理故，攸關彼等諸人自身之名聞利養故；若讀余書中舉示證據而宣示此理，發現余所說之正理證據確鑿，完全符合四阿含諸經所說者，則皆故意裝作未聞之狀，或故意漠視，言為未聞余作是說，皆因顏面攸關故。如斯弘揚南傳佛法等人，皆是逃避現實之輩者也，而悉不肯承認二乘法之唯有解脫之道，不具能成佛道之佛菩提道；復又悉皆不肯承認自己未斷我見，不肯承認南傳二乘法之未具足佛法、之不具成佛之道；亦不肯承認南傳佛法之修證永遠不能證知法界體性、永遠不能證知法界實相、永遠不能證知第一義諦，不肯承認自己根本不懂大乘法第一義諦之佛菩提道。

如是心行不正之人，卻又目空一切，高座說法，以慢待人，若聞平實名號時，明知平實之法正確無訛復又深妙，絕非自己臆想之所能知，卻生卑慢之心，加以貶抑，皆非心地正直之人也！無怪乎學佛日久卻離正法日遠，無怪乎彼等諸人永與第一義諦絕緣，永與解脫道正法絕緣，良有以也！

今時大乘佛法學人，若欲親證實相般若者，若欲親證法界體性之真實相者，當從大乘禪宗之參禪法門究明心性入手，庶幾得證佛菩提而了知實相、而發起般若智慧；若因此法而得證悟如來藏者，絕非唯能發起般若智慧，亦能因此而了知二乘菩提所修之解脱道智慧。若不如是，平實記彼：此一生中將於佛教三乘正法永無所知，永無所證。唯除勤閱拙著而處處修正原有對於解脱道之邪見，處處修正對於佛菩提道之邪見。　為欲利樂人天故，便舉雲巖驅驅公案，以示佛菩提道之入處：

潭州雲巖曇晟禪師，其師叔道吾禪師一日因有一事未會，問雲巖云：「禪門常言道：大悲千手眼。此事究竟如何？」雲巖禪師於此卻是早有所會，便曰：「譬如無燈昏暗之時卻抓得到枕子，你認爲怎麼樣呢？」道吾聞此一言，便速道曰：「我會也！我會也！」雲巖禪師欲知道吾禪師是否真個了知，便問曰：「你是怎麼體會出來的？」道吾禪師回答曰：「原來渾身上下都是眼睛。」

雲巖禪師一日正在掃地時，溈山靈祐禪師問云：「你眞是太勤勞了！」雲巖禪師卻答云：「須知還有個不勤勞底人。」溈山聞雲巖恁麼道，便表示云：「依你這麼説的話，卻是有第二月也。」雲巖禪師聞溈山恁麼道，卻豎起掃帚云：「是第幾月？」然後又低頭而去。後世玄覺禪師聞道此個公案，便云：「這正是第二月。」平實今日卻又反玄覺之言云：「正是本月。」

且道：平實之意與玄覺之意，是同？是殊？　復問：溈山之意，與雲巖之意是同？是殊？　三問：溈山云何言雲巖如是應答正是第二月？　四問：雲巖聞溈山如是道，卻豎起掃帚云：「是第幾月？」且道是第幾月？　五問：雲巖豎帚後，卻又低頭而去，究竟是第幾月？　六問：雲巖且不是未悟之人，如是休去，玄覺卻又道正是第二月，究竟是不是第二月？　七問：平實明見玄覺之意無訛，云何卻又反玄覺之說，道是本月？　如是諸問，其實只是一問；但悟得本，任爾道是本月，道是第二月，悉皆無訛，解來俱無錯謬；但問爾知不知，不問爾禪定功夫勝劣，不問爾一念不生功夫佳不佳，不問爾有無神通。若無見地，成日裡一念不生、都無一念生起，復加神通廣大，亦只成個常見外道，只成個冷水泡石頭之著定凡夫，只成個外道世俗法中之聖人，何異彼諸外道之證得四禪八定與神通者？何能知得般若向上事？　頌曰：

千手千眼了無痕，暗夜伸手抓枕；

大悲觀音千手眼，通身是眼，不曾和六塵。

揮帚驅驅為衆生，真月影月須忖；

來時歡喜去時悲，一世精明，六道皆同倫。（調寄臨江仙）

第五一九則　雲巖非眼

潭州雲巖曇晟禪師　師作鞋次，洞山問：「就師乞眼睛，未審還得也無？」師曰：「汝底與阿誰去也？」曰：「良价無。」師曰：「有！汝向什麼處著？」洞山無語；師又問曰：「乞眼睛底是眼否？」洞山答曰：「非眼。」師咄之。

師問尼眾：「汝爺在否？」尼曰在，師曰：「年多少？」尼曰：「年八十。」師曰：「汝有個爺，不年八十，還知否？」尼曰：「莫是恁麼來者？」師曰：「猶是兒子。」洞山聞云：「直是不恁麼來者，亦是兒子。」

星雲法師以「口號」為題開示云：《達摩西來一字無，全憑心地用功夫；若要紙上談人我，筆影蘸乾洞庭湖。》達摩祖師當初從西天印度到我們中國來，是帶著心裡的禪道來的，他沒有帶語言文字。要緊的是禪和道不在語言文字上，是在心地來用功。比方我們講修行，**修行不是嘴上喊口號**，也不是身體上在那裡做個樣子的打坐禮拜，那只是一種形式；形式固然有需要，**最主要還是心裡面的所得**。你心裡面有沒有慈悲忍耐的力量？**你心裡面有沒有般若智慧**？所謂「六般若蜜、四無量心」，你心裡面具備了這許多慈悲喜捨、布施持戒、忍辱精進、禪定智慧，自然會形之於外。在紙上談人我、辯是非，是沒有用的，語言文字也只是表達的一種方式，它不是道，不是禪。過去有一個國王……（故事，略之）。所以這種只有語言文字的空歡喜，不是心裡的功夫，筆影蘸乾了洞庭湖都沒有用，**最主要的就是要知道祖師西來意——心裡的那麼一個慈悲喜捨。**》（台視文化公司《禪詩偈語》頁 50~51）

平實云：如今台灣四大山頭之住持法師與信徒們，有何人不是在喊口號者？鎮日裡喊口號：「人間佛教、淨化人間。心靈環保、淨化人心。提昇人的品質、建設人間淨土。理事圓融，事事圓融。回歸佛陀本懷，回歸原始佛教……」，大家提出種種口號；然而其實皆是本位主義者，提出口號之目的，只是表顯自己與他人之不同、之超勝罷了；卻又一一違背 世尊之教誨，違背原始佛教之經典所說，違背 佛所制定之戒律，違背 佛所訓誡少貪、少惱、清淨自修、不募集大量銀錢、出家眾應遠離男女淫行，在家眾應遠離邪淫……等；如是處處違背佛誡，而提出種種口號，目的只是募集大量錢財，建造自己與少數弟子所掌控之佛國、之人間淨土。

如斯大法師等人，率其四眾弟子，以種種口號，號召不知情之在家信徒，為其所用，大力勸募，建造自己所掌控之「佛國淨土」以後，卻用來弘揚常見外道之法，卻用來抵制 世尊之真正佛法，並誣蔑為邪魔外道法。如是無根誹謗正法，不肯信受正法已，卻又每日黃昏立在佛前懺悔業障。如是抵制正法已，卻又每日晨朝立在佛前發願：願證無上菩提，願得值遇真正菩薩，證得般若實相。如是抵制正法，誹謗 佛遣來受生弘法之菩薩已，卻又每日立在佛前，懇求佛菩薩別派菩薩前來傳授正法、前來救度之；及至別派菩薩受生於人間，二三十年後出世弘傳正法時，卻又抵制誹謗之。如斯等人，諸佛菩薩亦復無可如何，每日聞其祈求已，亦唯有苦笑憐憫而已，不復有所能為也！無法救之也！

是故，平實今日責彼四大法師、四大道場：皆非真實弘揚佛法者，皆非如實修行佛法者，皆是高唱口號者，皆是每日佛前懺悔而每日繼續造諸無根謗法之大惡業者。彼等諸人，根本無心於真正佛法之修證，只是以佛法為口號，藉以聚集人脈、錢脈，擠壓諸多小法師、小道場之弘法空間，令佛教資源廣為彼用，為彼掌控，如是而已。是故，真實可以助其證悟般若之正法出現在人間時，彼等悉皆不肯信受，悉皆暗裡百般誣蔑與抵制；由是緣故，平實指稱彼等四大法師皆是每日在佛菩薩聖像前唱口號者。

如今且喜星雲法師於書中公開倡言：「比方我們講修行，**修行不是嘴上喊口**

號，……。**最主要還是心裡面的所得。**你心裡面有沒有慈悲忍耐的力量？**你心裡面有沒有般若智慧？……。最主要的就是要知道祖師西來意。**」由是緣故，平實今時且在此處呼籲佛光山之一切四眾弟子：應當努力以所有善根功德，迴向臨濟禪之證悟；莫再追隨星雲法師所説言語而專在世俗法上用心，亦莫追隨星雲法師以意識覺知心作為實相心，亦莫隨星雲法師無根誹謗真正之佛菩提正法、真正之解脱道。所以者何？謂真正佛菩提道之見道，即是臨濟禪宗之開悟故，臨濟禪宗開悟所明證之實相心是第八識如來藏故，絕非星雲所證之覺知心故，星雲錯以意識覺知心認作實相心故。

星雲於書中更言：「**最主要的就是要知道祖師西來意**——心裡的那麼一個慈悲**喜捨**。」如是將意識心之心所「慈悲喜捨」，誤認作祖師西來之真正意旨，卻不知此一能夠慈悲喜捨之覺知心，正是常見外道所主張「常住不壞」之意識心；卻不知慈悲喜捨只是意識心之心所法。如是未悟言悟之人，提出種種口號，而廣作勸募，建造金碧輝煌之佛光山、西來寺、本棲寺等世界各國富麗堂皇之寺院，説為人間淨土，藉以成就大師之表相；本質卻只是佛門內之常見外道，誤導座下四眾弟子同入常見外道法中。彼雖如是而行，平實十餘年來未嘗片言隻字破斥之；然彼卻以如是常見外道見之凡夫身，無根謗余、無根誹謗 世尊正法，今時莫怨平實加以拈提。今時星雲雖知正法威德力之廣大雄渾，然已無力能救也；小根小器之行徑，無根誹謗之惡行，皆將隨於余書之流通天下，而廣為天下人所知也；故說星雲個人以佛光山道場及徒眾之多廣為恃，而小覷正法之威德力，勇敢造作破壞正法、壓制正法之愚行，非是有智之人也！由此亦可證知星雲非是真悟之人也！一切真悟之人悉皆不敢造次、不敢造作如是事也！

如今且藉星雲之語，以勸佛光山四衆弟子：「當速尋求眞實證悟佛法之道，當速懺悔往昔隨同星雲所造無根謗法之大過，勤作補救諸行；勤作補救諸行已，然後發願求悟佛菩提。」由是緣故，今舉雲巖非眼公案，共諸佛光山學人說禪：

潭州雲巖曇晟禪師，一日作鞋之時，徒弟洞山良价禪師當時猶未曾悟，上來問道：「弟子前來向師父乞求慧眼，不知道能不能證得？」雲巖禪師反問曰：「你的慧眼又是給誰去了呢？」洞山答曰：「我良价不曾給別人啊！」雲巖禪師便又問曰：「你既然有眼！到底放到什麼處去了？」洞山聞雲巖這麼一問，卻無語可答；雲巖禪師見洞山不會，乃提示曰：「你向我乞求眼睛底心，是不是眼？」洞山答道：「乞求慧眼底心不是慧眼。」雲巖禪師卻咄之。

眾生顛倒，一向如是；每欲將能見諸法、能悟實相之妄心意識，變為所悟之實相真心；每將真心與妄心混為一心，每欲藉諸禪修方法而將妄心轉變為真實心。洞山彼時未悟，亦復如是，不知慧眼者乃是意識心之智慧所生智眼，更欲離卻意識覺知心而另覓慧眼；不知佛法其實是以意識覺知心去尋覓同時同處之第八識如來藏；一旦覓著如來藏之後，意識覺知心即是慧眼所依之心也，慧眼即依意識心而生起。然而覓見真實心之意識心——各人之意識覺知心——每日皆在，不曾失去，由是緣故，雲巖禪師反問洞山：「汝底眼與阿誰去了？」

洞山初學禪道，終究不知雲巖之意，是故雲巖又提示曰：「那麼你現今正在向我乞求慧眼底心，是不是眼？」洞山答道非眼，雲巖乃又斥之。是故，一切學人悉當了知：欲證佛菩提者，皆莫將覺知心之分別性滅卻，且將覺知心之分別性安住於了了分明之境界中，隨時隨地依正知見，觀察本離妄想妄念之第八識如來藏何在？以此覺知心之分別性而尋覓一向皆離見聞覺知之第八識如來藏，以覺知心之分別性而尋覓一向皆是清淨性、一向皆是常住涅槃之第八識如來藏何在？萬勿效法星雲與聖嚴⋯等人，成日裡靜坐而求一念不生；縱能終日一念不生，依舊是眼而非真實心也；縱能終日一念不生，依舊是意識境界而不能了知自己之如來藏何在也！意識心永遠是第六識故，如來藏乃是本來即已存在之第八識故，第六識與第八識心永遠不可能互為轉易故。

一日，某尼衆來參問佛法，雲巖禪師乃問曰：「你家爺爺還在否？」那尼師回曰在，雲巖禪師又問曰：「有幾歲了？」尼師答曰：「已經有八十歲了。」雲巖禪師卻問曰：「你還有另外一個不是八十歲的爺爺，知道嗎？」那尼師回答曰：「莫非就是這麼來的人？」雲巖禪師教示曰：「這麼來底人，還只是兒子而已。」洞山當時已經證悟，聞此現成公案後，便說道：「就算是不這麼來的人，依舊只是兒子，仍然不是那個無年歲的爺爺。」

只如禪門之內問答無數，有時道是，有時道非；同一件公案之中，卻有恁多淆訛，直教那些未悟錯悟之人，永無可以下嘴處，個個又怕又恨公案；印順法師之衆多門徒們，便管禪宗公案叫做「無頭公案」，彼諸印順門徒等人，悉是未悟之人故，於諸證悟祖師之公案，彼等皆無從說起故。

既然「達摩西來一字無，全憑心地用功夫」，爾星雲法師何不且再試行前時封山之舉，合寺僧衆權且靜心結禪安居，安心閉關參禪？若不如是，儘作困獅之門，終究不能於般若實義如實宣說，終究不免平實年年拈提，面子更不好看；

如是未悟示悟、不解禪而又好說禪，以凡夫知見而又好樂無根誹謗正法，於己、於諸弟子，復有何益？　然而星雲既不肯公開懺悔無根謗法謗人之大惡業，亦不肯封山潛求證悟之道，繼續以諸邪見廣泛誤導衆生，如是欲冀平實之隱忍不言、不加拈提者，難可得也！

佛光山四衆弟子皆當了知：星雲法師所言「**心裡的那麼一個慈悲喜捨**」，乃是意識覺知心之心所法，尚非心所法所依之意識心，與實相心第八識如來藏迥異，非是禪宗祖師西來之真實意旨也，亦非是臨濟義玄禪師之真實意旨也！是故平實懇勸佛光山之四衆，應速建立正知正見，然後自求臨濟禪師之真實意旨；若能證得臨濟義玄禪師所悟意旨，意識覺知心便得發起慧眼乃至法眼，斯乃正辦；世俗法上之唱頌、全球建造金碧輝煌之寺院、靜坐修定……等法，皆與證悟實相無干，不須跟隨星雲個人在此世俗法上用心也；若不如是，浪擲錢財、一生空過事小；隨於星雲法師造作無根謗法，抵制正法；或以錢財護持星雲，而使其得以將錢財抵制正法，其過則大，悉皆不免成就破壞佛教正法之共業故。佛光山諸多出家二衆，以及遍佈全球之在家信衆等人！且聽平實之誠實言，以此正知正見自救。　頌曰：

恁麼來，如是去，禪門正真古今譬；
乞眼者，正是眼，原來爺是嫗。
揮筆影，勿沾墨，還約洞庭相遇；
畫舫裡，船歌晚，爺孫不相覷。（調寄更漏子）

第五二〇則　沙彌承當

藥山　高沙彌　師初參藥山，藥山問師：「什麼處來？」師曰：「南嶽來。」山曰：「何處去？」師曰：「江陵受戒去。」藥山云：「受戒圖什麼？」師曰：「圖免生死。」藥山云：「有一人不受戒，亦免生死，汝還知否？」師曰：「恁麼，即成佛何用？」藥山云：「猶掛唇齒在。」便召維那云：「遮跛腳沙彌不任僧務，安排向後庵著。」

藥山又謂雲巖、道吾曰：「適來一個沙彌，卻有來由。」道吾云：「未可全信，更勘始得。」藥山乃再問師曰：「見說長安甚鬧？」師曰：「我國晏然。」藥山云：「汝從看經得？請益得？」師曰：「不從看經得，亦不從請益得。」藥山云：「大有人不看經、不請益，為什麼不得？」師曰：「不道他無，只是他不肯承當。」師乃辭藥山住庵。

星雲法師舉他人偈云：《多年古鏡要磨功，垢盡塵消始得融；靜念投於亂念裡，亂念全入靜心中。……。佛教徒念佛，為什麼要念佛？佛要我們念祂作什麼？主要是用念佛的方法，**來認識自己心中的佛**。佛教徒也拜佛，佛要我們拜祂作什麼？

主要的是用禮拜的方法，**把自己心裡的佛拜出來**。打坐也是一樣，要來認識自我。好像身體髒了要洗，衣服髒了要洗，洗了以後才乾淨。我們的心髒了，心被煩惱無明弄髒，你要洗，**洗一洗、清淨的真心才會呈現出來**。「靜念投於亂念裡」，我們每天生活在胡思亂想的妄想裡面，也就是生活在虛妄之中；要用正念來對付妄念，要自己樹起正念——正確的觀念、正確的見解。有了正念，才能對付那許多妄想雜念。其實真正的修行學道，正念還是在用力，還是有心，還是有執著，**最好把自己安住在無念裡面，萬事無念，一切勾銷**。所以我們以正念治妄念，以靜心治動心。「亂心全入靜心中」，是要我們不要在鬧情緒的時候決定事情，不要囿限於自己的成見，要用自己的本心，那個光明的心鏡照出一個本來面目。》(台視文化公司《禪詩偈語》頁54~55)

平實云：星雲法師其實根本就不懂佛法，基本佛法都誤解了，如何能說禪、講禪？竟也寫作禪書，出版《迷悟之間、禪詩偈語》等書，為世人講禪。然而書寫得越多，禪講得越多，便越敗露自己悟錯之事實，越發敗露未悟示悟之凡夫本質。已經自我曝露錯悟之凡夫本質已，偏又不肯尊重他人，偏又不肯對於與自己有善意之人和睦相處；真悟者曲意尊重之，而星雲錯悟者卻翻對真悟者作無根誹謗，誣為邪魔外道；以錯悟之凡夫身而對真悟者所弘正法，誣蔑為有毒之外道法，謂人曰：「若隨蕭平實修學者，將來必隨其下墮地獄。」

有智之人悉有自知之明，方是世俗法中之智者；如今星雲既不能就平實衆多書籍中之任何一書，提出法義錯誤之指正，自身所說又復完全同於常見外道，翻對真悟之人橫加無根誹謗；由是緣故，今時遭逢平實拈提之，乃是自作自受之愚行，尚非世俗法中有智之人，則佛法中二乘聖人所不能知之般若智慧，更無論矣！

星雲法師教示四衆弟子云：「念佛之主要目的，就是**要認識自己心中的佛**；拜佛的目的是**要把自己心中的佛拜出來**」，然而星雲自己心中之佛，卻至今未曾覓著；是故所說之真如佛性，悉皆錯以意識心之知覺性，作為真如佛性，卻成緣起生滅之法，與常見外道所墮完全相同，正是常見外道之徒子徒孫也。

星雲又對信衆開示云：「我們的心髒了，心被煩惱無明弄髒，你要洗，**洗一洗、清淨的真心才會呈現出來**。」仍然是以意識心作為真心。一切有情衆生之真心，皆是常住於「本來自性清淨涅槃」之境界中，從來本是清淨心，不須吾人去加以清洗；只有祂所含藏的我們七識心種子，方是染污者；此七識心現行時，即成染污心。真心第八識與七識同時同處而運行，七識心於貪染境界中起染污心行時，真心雖配合運作，卻從來不於六塵萬法中起任何貪染心行；根本不須依星雲所說之謬見而行：「你要洗，**洗一洗、清淨的真心才會呈現出來**。」若依星雲如是邪見而作者，永遠不能覓著真心；縱使將七識染污心洗至究竟清淨時，依舊是七識心，永遠不可能轉變為真心，永無可能轉變為自性佛也。真心自性佛乃是第八識心故，染污心乃是第六七識故；第八識心與六七識乃是同時同處並行運作之心故，乃是本來已經存在、本來已經清淨之心故，非是可以修行而轉易變來變去者故。由是「清洗眞心」一句，便知星雲法師真是不懂佛法之人也。

星雲法師以何心作為真心？乃是以意識覺知心處於無念、離念、不起煩惱妄念之際，作為真心。故作是言：「**最好把自己安住在無念裡面，萬事無念，一切勾銷**。所以我們以正念治妄念，以靜心治動心。『亂心全入靜心中』，是要我們不要在鬧情緒的時候決定事情，不要囿限於自己的成見，要用自己的本心，那個光明的心鏡照出一個本來面目。」由如是開示語句中，已經分明顯示星雲乃是以無念離念、不起煩惱妄念之覺知心，作為真心，與法鼓山之聖嚴法師、中台山之惟覺法師完全相同，同墮常見外道所墮之我見中，並無絲毫差異。如是未斷我見之凡夫，尚未能證聲聞初果，何況阿羅漢所不能測知之菩薩般若實相智慧，云何能知？

乃竟不肯與人為善，乃竟漠視真悟者對其所示之善意，反作橫加無根誹謗之愚行，真可謂為愚癡無智之人也！

今者明示星雲法師之落處已，乃舉真悟者之公案，以示禪悟之關節，便舉沙彌承當公案，共諸禪子說禪：

藥山 高沙彌，初參藥山時，藥山問云：「從什麼處來？」高沙彌答曰：「從南嶽來。」藥山禪師又問曰：「欲往何處去？」高沙彌答曰：「欲往江陵受戒去。」藥山禪師又問云：「你想要去受戒，是圖個什麼？」高沙彌回答：「圖個免掉生死。」藥山禪師乃問云：「有一個人都不受戒，卻也是一樣免除生死的，你知不知這個人呢？」高沙彌答曰：「如果是這樣的話，那麼就算是成佛了，又有什麼用？」藥山禪師開示道：「你這個說法，還是落在言說上，不能算是證悟。」藥山禪師口中雖然如是說，心中卻認為高沙彌是個真悟之人，也是可以培植的人才，便召喚維那來，吩咐云：「這個跛腳的沙彌，不必派給他僧事職務，安排他到後庵去住。」

後來藥山禪師對雲巖、道吾二人說：「方才來的那個沙彌，倒是有些因緣的。」道吾禪師聽了，便勸藥山禪師云：「也不可完全聽信他的話，還是得要重新再勘驗一番才好。」於是藥山禪師乃又來問高沙彌：「我聽你說長安那裏很吵鬧？」高沙彌答道：「我國卻是安靜得很。」藥山禪師乃問云：「你是從閱讀藏經而證得的？或是由於請益禪師而證得的？」高沙彌答曰：「不是從看經教得來的，也不是從請益禪師而得來的。」藥山禪卻反問道：「有很多人都不看經、也都不請益禪師，他們爲什麼卻證不得？」高沙彌答覆說：「不可以說他們沒有眞心，只是他們自己不肯承當罷了。」高沙彌與藥山禪師應答無誤，亦知自己所悟真實，乃向藥山禪師告辭，自己住庵去了。

這公案中，尚未曾見高沙彌之悟處，當因不得明說故，省略其中部份問答之言；其實必有部份問答，致使藥山禪師判斷高沙彌之悟真實；便如今時我會諸同修之見道報告登載於書中時，必有部份可能洩露密意之文字，被消除之，以免令諸未悟之人閱之，少諸體驗，便爾不信，轉謗正法。藥山恐防伊是聽來底，一時猶不肯伊；然私心裡卻認定伊所私道而未載於文字之應對確屬正確。

只如高沙彌道：「恁麼，即成佛何用？」是有悟處？是無悟處？一般人總以為成佛之後，唯有真心，已無妄心；皆是知解宗徒，卻與星雲一般，以為妄心清洗乾淨之後即變為真心，即無妄心繼續存在；如是之人，何曾知解般若正理？

正是凡夫臆想之言也！

若人不信平實之語，前來當面理論，或具文登載者，平實且要問伊：「請問：究竟佛位時，在人間示現之最後身菩薩成佛時，究竟有無六七識妄心？是否仍然八識並行運作？或是唯有第八識眞心存在？」彼諸自認為悟之人，如星雲法師流類，還能答得平實如是一問否？是故，一切學人皆當具備高沙彌之知見：不論成不成佛，皆有「本無生死之心」，與「不免生死之心」同時同處，如是配合而運行不輟。若唯有第八識真心存在，而無六七識等妄心同時並存者，則般若慧將何所附麗？則妙觀察智、平等性智、成所作智將何所附麗？豈是依附於虛空而存在者耶？豈是能由第八識真如心而逕行示現者耶？

由是緣故，佛地亦仍有「可以」毀壞之六識心等，方有四智圓明示現於人間之德用，方有能說法之德用，方有能受衆生請益、受衆生植福之德用，方得謂之為佛也！豈以第八識真如而得單獨謂之為佛耶？若成佛時，猶如星雲之意：唯有眞心而無妄心，則如高沙彌所質問者：「恁麼，即成佛何用？」星雲開示之語意，乃是將染污之六七識妄心轉變為清淨之第八識真心者故。

然平實此語，非即謂佛地之六七識心，與衆生同為虛妄必滅之心也，此謂佛地之第八識真如中所含藏之六七識一切種子，已經悉皆清淨故，永不再行絲毫轉易故；復因意生身及圓滿莊嚴報身常住不滅，故令可以毀壞（譬如取證無餘涅槃）之六、七識亦隨之而永不滅，然亦不得因此便謂之為真心也，乃是依於十無盡願、大悲願，而從第八識真如心中所出生者故，非如第八識真如心之本自得在者故。

是故，一切禪宗求悟之人，悉當了知：一切人皆同是八識心王並行運作者，前七識永是妄心，唯有第八識心方是真心也。是故一切求悟之人，皆當以六七識妄心之見聞知覺性、之思量性，不令滅失，不令住於不能分別之狀態中，而以如是本來即能分別、即能思量之見聞知覺性，用來分別自身之真心何在？及至覓得真心已，方知真心從來離見聞覺知，本自清淨，從來不在見聞知覺性相應之六塵我所中貪厭，方知真心從來恆住於寂靜默然之境界中，從來不曾住於三界六塵境界中。

由是緣故，藥山禪師問曰：「聞道長安甚為吵鬧。」高沙彌卻答道：「我國卻是一向都很安靜。」藥山禪師便知高沙彌確已證悟，能說真如之正確體性者必是真悟之人故。其中正理，平實若不言之，星雲法師根本不能了知，竟然以悟者身分、以大師身分，出而說禪、寫禪、出版禪籍，更誣謂真悟之平實為邪魔外道，膽子忒也太大！頌曰：

薙髮受戒，生死不免，無奈仍須受具戒；
長安縱鬧我宴然，深宮獨處誰能誡？
內外信通，炯然無隔，細若絲縷誰得躡？
洗心革面棄俗業，真人相隨柳拂靨。（調寄踏莎行）

第五二一則　沙彌一和

藥山　高沙彌　藥山禪師云：「生死事大，何不受戒去？」高沙彌曰：「知是遮般事，喚什麼作戒？」藥山咄云：「遮個沙彌饒舌！入來！近處住庵時，復要相見。」高沙彌住庵後，雨裡來相看，藥山云：「爾來也！」高沙彌曰：「是！」藥山云：「可殺濕！」高沙彌曰：「不打遮個鼓笛。」雲巖云：「皮也無！打什麼鼓？」道吾云：「鼓也無！打什麼皮？」藥山云：「今日大好曲調。」

僧問：「一句子還有該不到處否？」師曰：「不順世。」

藥山齋時打鼓，高沙彌捧鉢作舞入堂，藥山便擲下鼓槌云：「是第幾和？」高曰：「第二和。」藥山曰：「如何是第一和？」高就桶內舀一杓飯，便出去。

星雲法師舉他人之偈而說「天堂地獄」云：《人從巧計誇伶俐，天自從容定主張；諂曲貪瞋墮地獄，公平正直即天堂。人常常自恃聰明，……。在佛經裡面說：我們的心有十個法界，這十法界就是佛、菩薩、聲聞、圓（緣）覺、天、人、阿修羅、地獄、餓鬼、畜生。從佛到畜生，每人的心就都擁有，可以說我們每天都在這十法界裡面來回好多次。**你升起了慈悲心，那就是佛心**；你升起了貪瞋的心，那就是地獄餓鬼的心；你升起諂曲愚癡的心，就是那種畜生的心。你能公平正直，當下就是天堂，天堂地獄就在人間。你看有的人幸福享受，那就是天堂；有的人煩惱痛苦，那就是地獄。其實天堂地獄就在我們心裡，你心裡面一念慈悲、一念公平正直，就是天堂；一念貪瞋愚癡，就是地獄。》（台視文化公司《禪詩偈語》頁58~59）

平實云：一切眾生心中，固然皆有十法界之種子，然而要因正確之善行，方得出生天界種子，由是而於捨壽後受生於天界；要因正確之知見與修行法門，方得出生四聖法界之種子，方得成為聲聞、緣覺、菩薩、佛。非如星雲所說一念之間便得是地獄，便得是天、人、聲聞、緣覺、菩薩……也。

審如星雲之所說者，則爾星雲成日裏心中存想慈悲，則應已經成佛了也！爾道「**升起了慈悲心，那就是佛心**」故，且道：爾星雲法師今時是佛？不是佛？若道是佛？云何不懂禪宗見道位之悟？云何不懂解脫道之修證？云何不懂佛菩提道正理？云何所說佛法皆是世俗法？皆是言不及義之說？　若道仍非是佛，則汝所言「**生起慈悲心時即是佛心**」之語，即成妄語，即成非法之說。如是，星雲法師說出如此一語，便致進退兩難窘境；是故古德有言：不是詩人莫說詩，未遇劍客莫呈劍。昔日不肯聽受拙著諸書良言，後時更作無根謗余之事，今日便有如是進退兩難之局面。

世俗人所作詩偈，皆在我所上用心，從來不曾觸及我之虛妄；今日觀爾星雲法師所造禪籍，亦復悉皆專在我所上用心，不曾在「**五陰我**」之是否虛妄上觀行、開示。無怪乎佛光山四衆弟子專在建寺、課誦、經懺法會上而用心計較，個個不能親觀五陰我之虛妄，個個不能斷除我見；凡此過咎者，皆因星雲法師自身不斷我見，不觀察我之性空虛妄，而專在我所上說法及用心。墮於我所故，便思我所得之名聲，今時因蕭平實之書中所說法義，已受損害；便思我所得之利養，今時因蕭平實之書中所說法義，已受損害；我所掌控之全球道場募款業務，今時因蕭平實之書中所說法義，已受損害；我所多年經營而招來之衆多徒衆，今時因蕭平實之書中所說法義，而致減少；我所……而受損失。

如是一向皆在我所上用心，而不曾在「**我**」之虛妄上用心觀行，是故平實多年來雖未片言隻字評論於星雲法師，星雲卻因我所之執著故，造作無根誹謗平實之事。由是緣故，今時不免平實之拈提也。是故，**我**與**我所**，二者之分際，學人悉應知之。若多年學佛以來，只能在我所上用心——不計較人我是非財利名聲——而不能現前觀察自我之虛妄、之緣起性空者，則難修證二乘菩提之解脫道，何況能修大乘菩提之實相般若佛理？由星雲所舉如是世俗境界我所之偈語以觀，即知星雲其人之佛法證量所在也！有智之人觀之自知，不勞平實贅言也。

大師過謬舉已，次當舉示真悟禪師玄旨，便舉沙彌一和公案，共諸大師與學人說禪去也：

一日藥山禪師云：「生死事大，何不受戒去？」高沙彌答曰：「既然已經知道佛法是這個樣子，和尚卻喚什麼作戒？」藥山禪師聞伊道得有理，乃咄云：「這個沙彌眞是多嘴！進來吧！在附近找到個茅庵住下來時，我還要與你重新相見。」後來高沙彌住庵了，一日雨裡來相看，藥山禪師云：「你來了！」高沙彌答曰：「是！」藥山禪師道：「可眞是濕啊！」高沙彌卻回答曰：「我不打這個鼓、不吹這個笛。」雲巖禪師在旁云：「皮也無！打什麼鼓？」道吾禪師卻云：「鼓也無！打什麼皮？」藥山聞伊三人如是道，心中歡喜，便云：「今天可眞是唱出了個大好曲調。」

生死事大，所以今時恁麼多人出家受具足戒，現出家相；只如自心真如從來無形無色，復又從來離見聞覺知，從來離一切思量性，從來常住涅槃，卻要教伊受個什麼戒？當知受戒者，乃是五陰所受，真如不得受也！若人證得真如，親見真如之體性，了知一切法界莫非是伊所生，而伊從來如是性，若真轉依之，則是究竟清淨者，則是自然不犯淨戒者，又受戒何用？如是轉依真如本來清淨之體性者，名為道共戒。

復次，戒法者戒色身、戒覺知心、戒思量性之意根末那識，從來戒不得真如心也。既如是，證悟之人轉依自心真如之清淨體性，則令意識心不犯衆戒，又何須受聲聞具足戒？正是多此一舉也！由是緣故，高沙彌自證悟後，出世弘揚宗門正法，為人師已，仍然一生不去受聲聞具足戒，寧可畢生以沙彌身分弘法，於比丘身分不起絲毫欣樂之貪，世人稱之為高沙彌。

只如藥山禪師見伊雨天來見，渾身不免潮濕，便道：「可殺濕！」高沙彌卻道：「我不打這個鼓笛。」且道：伊作是語，意在何處？ 雲巖曇晟當時，卻知高沙彌之意，便和道：「皮也無！打什麼鼓？」且道：雲巖此語是什麼意？ 道吾禪師當時聞道，便亦和道：「鼓也無！打什麼皮？」且道：道吾禪師意在什麼處？ 他三人如是一場問話，少聞凡夫聞之，便道是神經病、是乩童起乩；不料藥山禪師卻歡喜道：「今日大好曲調。」只而今，星雲法師既敢出頭道禪，解得禪詩偈語，還知藥山禪師四人意在何處麼？試斷看！ 若不解斷，今後少說禪好！否則我會中已悟之人讀之，不免哂之！復又不免平實年年拈提，出乖露醜，面子上須不好看。

有僧上來參問：「禪門這一句子，還有該不到之處否？」高沙彌禪師答曰：「不隨順世間。」如今天下說禪者浩浩，個個自道懂得禪、道得禪、解得禪、破得禪，是故近年來四大法師個個皆敢出頭說禪；如今且要問問爾等四大法師：云何禪門這一句子不順世間？　爾等四大法師，個個皆在世間法上用心，皆以世間法說禪，還曾知道禪門這一句子從來不隨順世間法麼？　世間法總是尋求快樂、遠離痛苦，禪門這一句子，卻不教爾如是。世間佛法總是教人淨除妄想煩惱，禪門這一句子，卻不教爾如是。世間佛法總是教人禮拜大法師、供養大法師，禪門這一句子，卻不教爾如是。　且道：禪門這一句子，究竟教爾如何？　或有大法師前來，倡言教我如何、若何。說得一大篇，平實且都不聽，但見大師一開得口，便取竹如意，亂打出門去！禪門這一句子，從來不教爾如何、若何！從來不順世間！

藥山一日故作神頭鬼臉，於齋時故意自己去打鼓，高沙彌見是藥山自己打鼓，知他用意，便捧著缽，作舞而入齋堂；藥山見伊解得機鋒，便故意擲下鼓槌，問云：「我這個是第幾和？」高沙彌答曰：「和尚這個已是第二和。」藥山禪師卻反問曰：「如何是第一和？」高沙彌聞藥山如是問，便從飯桶內舀一杓飯在缽裡，便轉身走出齋堂去。

只如，開飯時打鼓為號，本是日常事，藥山身為堂頭和尚，卻為何要親自打鼓？　那高沙彌見是和尚親自打鼓，為什麼卻故意要作舞而入齋堂？　藥山見伊作舞而入齋堂，為何卻將鼓槌擲於地上？更問是第幾和？且道是和個什麼？莫是法鼓山部份少聞之人所言之「與精神病者唱和」麼？　藥山如是擲下鼓槌，高沙彌為什麼卻道已是第二和？且道：第一和與第二和有什麼差別？藥山卻問如何是第一和？　那高沙彌為何卻不回話？只是就飯桶中舀一勺飯便出？且道：高沙彌是唱和藥山？不唱和藥山？是不是第一和？

只如高沙彌舀飯這一和，明明已是第三和，為什麼藥山禪師卻不放棒？卻承認伊是第一和？　如今這些子淆訛，且要問爾懂禪底星雲法師：究竟藥山與高沙彌二人，是精神病？不是精神病？　若不是，究竟是什麼道理？還要一一記錄，流傳後代？究竟有什麼玄妙？值得費筆墨記之？今日更勞平實舉示拈提？試道看！　爾若道得，平實道汝有來由！今後不再說爾，更且要在書中公開讚歎爾；若道不得，平實道爾只是野狐，且將爾勸喻衆徒之言還勸於爾：「莫說他人短與長，說來說去自招殃；若能閉口深藏舌，便是修行第一方。」此語是爾勸喻諸徒之語，還記得麼？頌曰：

雖有巧計誇伶俐，成就佛光一片山；
說禪道悟言人非，招來拈提自擔當。
打鼓作舞第一和，擲槌舀飯賽田單；
出莒且上佛光山，但道無人口喃喃。（調寄玉樓春）

第五二二則　百顏尊貴

鄂州百顏明哲禪師　洞山與密師伯到參，師問曰：「闍梨近離什麼處？」洞山曰：「近離湖南。」師曰：「觀察使姓什麼？」洞山曰：「不得姓。」師曰：「名什麼？」洞山曰：「不得名。」師曰：「還治事也無？」洞山曰：「自有郎幕在。」師曰：「豈不出入？」洞山便拂袖出丈室。

師明日入僧堂曰：「昨日對二闍梨一轉語不穩，今請二闍梨道。若道得，老僧便開粥飯，相伴過夏，速道！速道！」洞山曰：「太尊貴生！」師乃開粥共過一夏。

星雲法師舉古德偈：「理事圓融泯自他，白雲飛去了無遮；海納百川流不盡，空容萬象是吾家。」宣說「有容乃大」之理云：《這個世間上，無論什麼方面的事情，講究的要理事圓融。有的人說話做事有理沒有事，有的人有事沒有理、不合理，有的空談、無事無理，不著邊際；有的人太現實，缺乏遠大的眼光，沒有合乎人情道理。所以做人處世要顧到理、顧到事，要理事圓融，天理國法人情通通都要能顧到。……。在禪宗裡面說：**不思善、不思惡，就是得道的時候**。

「海納百川流不盡」，大海所以大，大海的水所以一直在那裡流，流不盡的，爲什麼？因爲它能容納百川。所謂「泰山不辭土壤，所以成其高；大海不擇其細流，所以成其大」，所謂「空容萬象是吾家」，**最要緊的是要能包容**。世間上最大的東西是什麼？最大的是虛空。因爲虛空大，它能包容萬物，因此**我們要像虛空能包容萬物，能容納異己、准許異己者存在**。》（台視文化公司《禪詩偈語》頁 64~65）

平實云：星雲法師對他人說法，以及自己之身口意行，看來是有兩種不同之標準：對人說法時，要求他人「**要像虛空能包容萬物，能容納異己、准許異己者存在**。」然而對他人時，則不能包容他人，不肯容納異己，不肯准許異己者存在。是故平實雖明知其法義邪謬而仍包容之、容納之，准許其繼續存在弘傳而不曾在言語及文字上拈提之；然而星雲卻對平實加以排斥，無根誹謗為邪魔、為外道、為法義有毒。如是事實，已顯示星雲其人之心口不一、表裡不一也！

復次，禪宗或大乘佛法中所說之理事圓融，絕非星雲在世俗法上所說之**理事圓融**也。世間法上之理，迥異佛法中所說之理；世間法上之理者，乃謂世事中之是與非；佛法中之理，則是專指法界體性之實相。而今星雲竟將世事中之是非正理，取來附會於佛法中，取代佛法中之法界體性實相之理，如是淺化佛法、將佛法世俗化，以誤導真欲修學佛法之人，其過大矣！故說星雲其人，其實不懂佛法理事圓融之理。

真知理事圓融之理者，絕不誤解《壇經》而作是說：「在禪宗裡面說：**不思善、不思惡，就是得道的時候**。」然而六祖當時情況緊迫，事出無奈，故有**不思善惡**之方便說；彼諸未悟之人如星雲、惟覺、聖嚴、證嚴者，不知其中密意，便以為覺知心不思善惡之時，即轉變成真心第八識。由如是誤解故，彼四大法師悉皆同以如是誤會所得之邪見，開示於座下四眾弟子；如今星雲亦寫入書中，開示於大眾，益發顯其錯會之事實。（欲知六祖不思善惡公案之內情者，請詳閱拙著公案拈提第一輯《宗門正眼》第 39、40 則之舉示，此處容略。）

如今星雲認為：覺知心不思善、亦不思惡時，一念不生，不起煩惱妄想時，即是真如佛性；認為靜坐至如是不起心念之時，即是禪宗之證道、得道時。墮於我所之中，如是境界正是我所故──正是**覺知心我所有**之境界故。墮於我所，而不能了知**我**之虛妄者，乃是**我**見具足之人，焉得是禪宗證悟之人？乃竟示現上人法，以凡夫知見而來函勸諫於余。余仍隱忍而不言之，繼續包容之，彼竟以言語無根誹謗余法及人，心口不一，焉得是真悟之人？如今更將自己所見之

「禪宗得道」邪見，公諸於世，筆之於書，流通天下；如今天下學人已可盡知其「得道」之邪謬也！

是故，一切欲求證悟大乘般若之人，皆當親入禪宗修學，禪宗之學正是般若之真見道故，正是大乘佛法般若之最速入門處故。便舉百顏尊貴公案，共諸大師學人說禪：

鄂州百顏明哲禪師，一日因洞山禪師偕同師伯神山僧密禪師到鄂州來參訪他，便問洞山曰：「闍梨是從什麼處來此？」洞山答曰：「我是從湖南來此。」百顏禪師又問曰：「湖南的觀察使，他姓什麼？」洞山答曰：「他沒有姓可說。」百顏禪師復又問曰：「那他名叫什麼？」洞山同樣答道：「他也沒有名字。」百顏禪師又問曰：「那他還做不做事？」洞山答曰：「若要做事的話，自然有府幕（秘書與職事）等人去做。」百顏禪師卻又問曰：「那他難道都不出入門戶嗎？」洞山聞此一問，便拂袖走出方丈室。

百顏禪師明日又故意走入僧堂，對神山師侄二人問曰：「昨日我對兩位所說的那一轉語，還沒有完全勘驗清楚，今日還要再次請二位再說一說。假使說得清楚，老僧我便吩咐開粥炊飯，與二位相伴、過此一夏，速道！速道！」洞山禪師見伊百顏禪師一心要打破砂鍋問到底，便回答說：「他不出門户的原因，其實是因爲他太尊貴了！」百顏禪師聞此一句，確定了洞山與神山禪師真是作家，乃吩咐典座，將彼二人算入僧衆之列，開粥炊飯，與他二人共過一夏。

只如百顏禪師問洞山從何處來，是有言外之意？是無言外之意？星雲大師還須於此留意好！若於此會得，久後可成人天之師也！

次如百顏禪師又問：「湖南之觀察使姓什麼？」如是問地方官姓氏已，又問：「觀察使名什麼？」卻是何意？星雲法師莫將伊百顏禪師問話當作世俗法上之寒喧也！洞山悟後行腳以來，閱人已多，諸方禪師作略已曾領受，是故聞此二問已，儘道伊無姓亦無名。且道：觀察使亦是人生父母養，亦是當朝皇帝所派，云何洞山卻道伊無姓亦無名？ 星雲法師若於此中會得，久後不妨可成度人師，已不堪為度天人之師也！

三如百顏禪師又問云：「那觀察使還做不做事呢？」洞山卻答：「自有下手等人爲伊做事。」卻是何故？星雲不可將他二人言語，解釋作「平常言語、平常生活，什麼都不要執著，便是禪宗的禪。」若作是解，且放三十棒，自領出去自打！只如洞山如是答覆，是什麼意？星雲法師若能於此會得，不妨自度，兼且度得身邊二、三人，若欲度諸廣大衆生，終不可得也！

四如百顏禪師又問云：「那觀察使難道從來不曾出入門户嗎？」洞山甫聞百顏禪師作此一問，便立即拂袖而出，丢下百顏禪師與神山僧密二人，離開方丈室，不復入室。如是，百顏禪師這一問，究竟有何意旨？究竟有什麼嚴重處？值得洞山拂袖而出，再不入方丈室？　且道：百顏禪師意在何處？洞山又意在何處？星雲若於此處方才會得，唯能自度，不能度人也！其慧已不堪勝任故。

五如百顏禪師明日復又走入僧堂，更要重勘洞山之悟，驗明真假，方肯開粥飯留洞山共住，伴同過夏；便問洞山：「昨日問爾：觀察使豈不出入？爾聞言便拂袖而出。我且不肯便此印定你的證悟，還要再問一問你：爲何我問豈不出入？爾便拂袖而出？速道！速道！」洞山見伊勘驗再三，無比慎重，便實答曰：「因爲他就是尊貴到這個地步啊！」那百顏禪師聞洞山如是一語，便完全認可，便吩咐廚下算伊二人在常住衆中，開粥飯共同過夏、同道無生語話。且道：洞山這一句，究竟意在什麼處？令百顏禪師直下無語？只得開粥飯共過一夏？星雲法師若於此句猶悟不得，早是不堪，早該關閉佛光山，早該再次封山、上下苦參；更哪堪無根誹謗賢聖所弘　世尊正法？愚癡乃爾！　佛光山在家二衆既非專業之佛法修行者，我則不問；如今且要問爾出家二衆弟子：「百顏與洞山之間，單就湖南觀察使，便作得許多文章，流傳至今日，平實更又拈之，提問於星雲大法師；且道：他二人意在什麼處？」還會麼？頌曰：

湖南觀察使，無姓復無名；
永劫內裡坐，治事郎幕憑。
從來無出入，尊貴人難迎；
共粥一夏中，處處影娉婷。
佛光山上下，若曉使君名；
且將清淨瓶，更繫正黃綾。（調寄：增句生查子。）
（註：正黃綾者，古時唯有皇帝方得用之。）

第五二三則　石室遇人

潭州石室善道和尚　師於嗣縣長髭曠禪師座下作沙彌時，長髭遣令受戒，謂之曰：「汝迴日，須到石頭禮拜。」師受戒後，迴參石頭。一日隨石頭遊山次，石頭曰：「汝與我斫卻，面前頭樹子礙我。」師曰：「不將刀來。」石頭乃抽刀倒與師，師云：「不過那頭來？」石頭曰：「爾用那頭作什麼？」師即大悟，便歸。

長髭問：「汝到石頭否？」師曰：「到即不到，不通號。」長髭曰：「從誰受戒？」師曰：「不依他。」長髭曰：「在彼即恁麼，來我遮裡作麼生？」師曰：「不違背。」長髭曰：「太忉忉生。」師曰：「舌頭未曾點著在。」長髭咄曰：「沙彌出去！」師便出，長髭曰：「爭得不遇於人？」（長髭曠禪師乃是未悟之人，詳見拙著公案拈提第一輯《禪門摩尼寶聚—宗門正眼》第六十八則「長髭點眼」解析。）

星雲法師舉古人偈：「山前一片閒田地，叉手叮嚀問祖翁；幾度賣來還自買，為憐松竹引清風。」隨後開示云：《一個年幼的孩童指著山前一片沒有人耕種的田地，問老祖父說：「這一塊田地是誰的？怎麼沒有人耕種？」老祖父回答道：「世界哪樣東西是我們的？你說房屋田產是我們的嗎？你賣給我，賣給他，買來賣去，這個世間上所謂房地產究竟是誰的？甚至於我們的身體又是誰的？現在我們對自己身體種種的營養保護，到了百年之後，身體也不是我們的。滄海桑田，你計較、你貪心，到最後一無所有。要緊的是『為憐松竹引清風』，如果把我們的心回歸到大自然，把我們的心像虛空一樣廣大，像一棵松樹萬年長青，一根竹子堅貞不拔，你看明月清風就歡喜與松竹為友。所以**假如我們能夠心地清淨、思想純真，和佛道、真理契合在一起，幸福的日子就可以和我們永遠同在。**」我們平常的生活裡面，常想金錢越多越好、財富越多越好，其實多了以後，大廈千間夜眠不過八尺，良田萬頃日食又有幾何？所以對個己，不必要太貪圖執著，把個己擴大與宇宙所有一切眾生共榮共享，這是非常要緊的。》（台視文化公司《禪詩偈語》頁66~67）

平實云：星雲法師一向以世俗法之精神，用來解說禪宗之禪道，用來解釋禪宗之證悟境界，用來解說禪宗所悟之智慧；如是之故，便將本來無比勝妙之禪宗內涵，淺化為世俗境界之智慧。如今更引此偈，以世俗法上之知見，以解釋禪宗所證悟之內涵與境界，焉能令人認同？

「**山前一片閒田地**」者，本指眾人各自本來皆有之自心如來，乃是第八識如來藏也；星雲卻以覺知心之意識而解釋之，卻以「外如來藏之緣起性空」、絕無實性之色身空而解釋之，誤會不可謂不大也！「叉手叮嚀問祖翁」者，本謂禪門子孫自參不得，只得叉手而問已悟之人；已悟之人，不論年歲多寡，皆名祖翁；卻不是猶如星雲一般在色身上提問也。

「幾度賣來還自買」者，乃謂衆生每日受用之，卻不肯認伊為真；乃至有人於早期從余學法時，余見其久參不得，乃明言告之；而彼諸人悉皆不信；更捨正覺同修會，轉向藏密、轉向常見外道等師，欲重新另覓真實心；如是之人，多世以來往往如是，故名「幾度賣來還自買」。

「為憐松竹引清風」者，乃是真悟禪師雙關之語；非唯以此語表示禪師為憐未悟之人，而作種種提示、而扮種種神頭鬼臉，費盡心血，亦藉此語而示入處；然而彼諸凡夫俗子猶如星雲法師者，卻皆不解如是偈意，更作種種毫無意義之註解，用來博取世間「懂禪」之虛名，用來誤導學禪之學子。如是行為，豈無過失？

覺知心縱使真能猶如星雲法師所說：「**假如我們能夠心地清淨、思想純真**」，依舊永遠是意識心；以如是清淨之意識心——猶如大阿羅漢一般清淨——亦無法會得大乘菩提之般若智慧也；是故星雲所言，欲以清淨之覺知心「**和佛道、真理契**

合在一起，幸福的日子就可以和我們永遠同在」者，乃是妄言也！此是意識心之境界故，未曾證得第八識如來藏故。唯有親證第八識如來藏者，方能與佛道契合，方能與法界實相之真理契合；星雲卻欲以尚未親證如來藏之凡夫覺知心，而與佛道契合，而與法界實相之真理契合，正是癡人說夢也！癡人說夢之言，焉得言之佛法？如是之人焉得是佛教中之真正法師？有智之人鑑之！

而今卻應以星雲自身引用之祖師言語，回贈星雲自身：「山前一片閒田地，叉手叮嚀問祖翁。」只如這一片閑田地，從無始劫以來，究竟曾閑、不曾閑？星雲大法師自身猶道不得，卻更引如是一句祖師語，開示於天下人！　若今不會，何妨叉手來問祖翁？若拉不下老臉來，何妨每日臨濟祖師像前燒香提問？且道：爾星雲每日裡燒香提問時，臨濟祖師究竟來抑不來？答抑不答？還道得否？若道不得，說得一大段言語，引得幾百則曾悟及未悟祖師之偈語，用以說向天下人，復有何義？無非是籠罩天下人罷了！

是故，胡人言語少說的好！眼盲之人少說明眼話好！否則句句篇篇都成野狐證據，將來都無遮掩處，且不如藏拙好！　好言相勸已，且舉石室遇人公案，共爾星雲大師說禪、解禪去也：

潭州石室善道和尚，少年時於嗣縣長髭曠禪師座下作沙彌，依長髭禪師學禪，亦受長髭印證為悟。一日，長髭禪師遣令受戒，又吩咐曰：「汝受戒完了，迴轉嗣縣之時，中途可須記得要到石頭希遷禪師處禮拜。」石室禪師受戒之後，迴嗣縣時，途中果然依師命，前去參訪石頭禪師，石頭便留石室禪師稍住數日，盤桓說禪；由是緣故，石頭便知石室之落處。

一日石室禪師隨侍石頭禪師遊山之時，石頭見伊是個可用底漢子，有心為伊，乃故意曰：「你為我斫卻了吧！面前那棵樹子礙了我的路。」石室禪師以為石頭真個要伊砍樹，便稟告曰：「不曾帶得刀子來。」石頭禪師乃抽出自己所帶刀子，卻顛倒地以刀刃那頭過與石室禪師，石室禪師見狀，便云：「怎麼不是以那頭遞過來？」石頭禪師卻反問道：「你用那一頭能作什麼？」石室禪師聞石頭禪師這一句語，當時大悟了去，方知斫樹時其實不是用那一頭——不是用刀。由此一悟之故，方知自己之師父根本就錯會了禪道，因此急於回寺以度己師，便於陪同石頭禪師回到石頭寺中之後，隨即告辭而歸。

回到嗣縣之後，長髭禪師問曰：「你到過了石頭禪師處沒有？」石室禪師答曰：「若要說是有到的話，其實卻是不曾到，也不曾通上個名號。」其師長髭禪師不解石室禪師之真意，墮在石室語句上，便又問曰：「你是跟隨什麼人而受得的比丘戒？」石室禪師卻回答：「我不依從誰人而受戒。」長髭禪師見他答話如此，不知他在石頭處別有所悟，以為石頭所悟同己一般，以為石室禪師是因行腳諸方以致生慢而作如是言語，乃質問曰：「你在那邊既然是這樣，又回來我這裡作什麼？」石室禪師卻答道：「回來這裡也是一樣不曾違背祂。」長髭禪師卻以證悟師長身分而責備石室：「你也說得太嘮叨了。」石室禪師聞言，早知其師根本未曾悟得禪門宗旨，乃提示其師曰：「師父您這麼說禪，其實根本就不曾點著禪的眞實意。」長髭卻不受徒弟之勸告，反而咄之曰：「這沙彌！出去！」石室禪師聞言便出方丈，那長髭曠禪師猶自不知，更責備石室禪師曰：「你這回出去受戒，又行腳到石頭禪師處，怎麼會遇不到眞悟之人呢？」（註：長髭曠禪師乃是未悟之人，詳見拙著公案拈提第一輯《禪門摩尼寶聚》第六十八則「長髭點眼」解析。）

那長髭禪師自己悟錯了，卻不知道自省，反而否定真悟之徒弟；便似今世聖嚴法師一般：自己根本未悟，卻設計平實去參加禪坐會之幹部會議，便於衆幹部面前否定余法，謂為非悟，欲使諸多禪坐會幹部免受平實影響（平實悟後雖極謹言慎行，未敢大肆張揚，然因有時受命於禪坐會幹部訓練之課程中，稍微開示深妙之法，便受寺中領導之法師當場批評及壓制。平時言辭若稍有不慎，便受指責，是故兩年之中凡有問者，皆以一句或二句語應對，儘量少語，不敢多作言說；由是緣故，當時便有不少同修誤會余爲吝於指導他人，亦有誤會余爲高傲者。余經如是過程中之兩年觀察，當時已了知吾師不可能認同余之所悟，已不可能於諸同修有所助益，是故決心不再前去服務；作此決定後，時經年餘，不曾前往農禪寺服務，故當時並無前往參加會議之意。吾師乃藉新任禪坐會長林淑華之口，聘任余爲該會顧問；復以聯誼會名義，前後三次來電力邀平實參加。平實後來思之：既不欲再去，卻佔著顧問名額，實無意義，乃答應前往，欲於聯誼會中道謝並辭去顧問一職。逮至彼處，方知是新任幹部會議，非爲聯誼會。會中吾師以輕佻渺視之口吻要余坐於其面前，余即依言而坐。隨後宣佈顧問名單時，亦未將余列爲顧問，令余不能面辭及言謝，只是由聖嚴師父藉故當眾否定余法）。如是之人，古今皆有，不絕如縷；皆同以第六意識覺知心之自我清淨以後，誤認為即是第八識實相心。

如今觀之，星雲大法師亦復如是，同墮此一邪見之中，數十年來舉辦大型講經法會，兼又說禪、寫禪，復造《迷悟之間》數輯，舌頭卻不曾絲毫點著禪，同於長髭禪師一般無二，近年卻更來誣責平實為外道、為邪魔、為法義有毒、為必下地獄，顛倒其說。由是緣故，乃說此時為末法之季，說此時之禪門真是野狐漫天遍野，處處籠罩學人，悲矣夫！頌曰：

心地清淨，思想純真，輪迴無限；
大樹（註）四衆，佛光已歛，黯黯無人薦。
驚起早板，分分明現，怎奈四衆目眩；
夜茫茫，尋覓無處，覺來園殿普現。
諸洲建寺，天涯厭倦，讀破公案文獻；
輝煌寺院，宗旨未在，徒勞空飛燕。
望斷禪門，金殿朱閣，滿腹舊愁新怨；
夜闌珊，求遇真人，當遊綠苑！（調寄永遇樂。）

（註：佛光山建於高雄縣大樹鄉。）

第五二四則　石室難消

潭州石室善道和尚　師於石頭座下悟後，回省長髭禪師依止。尋值沙汰，乃作行者，居于石室。每見僧，便豎起杖子云：「三世諸佛盡由這個。」對者少得冥契。長沙聞之，乃云：「我若見，即令放下杖子，別通個消息。」三聖將此語到石室祇對，被師認破是長沙語。

杏山聞三聖失機，又親到石室；師見杏山僧眾相隨，潛往碓米，杏山曰：「行者不易，貧道難消。」師曰：「無心碗子盛將來，無縫合盤合取去，說什麼難消？」杏山便休。

星雲法師舉未悟古人之偈：「趙州八十猶行腳，只為心頭未悄然；及至歸來無一事，始知空費草鞋錢。」開示云：《唐朝有一個年輕學道的人來向趙州禪師參禪學道，問：「宇宙經過成住壞空，到最後風水火把世界毀滅了的時候，我還會不會存在呢？」趙州禪師當時就回答他：「隨他去！」可是趙州禪師回答了以後，對自己的回答一直很不滿意，他就到外面又去尋師訪道，「一句隨他語，千山走衲僧」，就是說的這一件事情。

趙州禪師到了八十歲的時候，爲了自己講的一句話，心頭不盡肯定，還要尋師訪道，要得到一個最後的了解。像我們現在大家對於自己、眞的明白嗎？生從何來？死往何去？不明白！甚至於對自己的明天不明白，明年也不明白，對自己的將來更不明白。**對於不明白，難道你就這樣子隨他去嗎？**如何讓不明白變明白，這是非常要緊的。過去的禪師們對於父母未生我之前，什麼是我本來面目？什麼是祖師的西來意？我在念佛，念佛者誰？甚至我在吃飯，吃飯者是誰？我在睡覺，睡覺的是誰？都要明白。對自己明白了，那才是找到自己的本來面目，才可以安心安然。趙州禪師他出去行脚以後，「及至歸來無一事，始知空費草鞋錢」，原來所謂道，不要到外面去求，要找自己，要明白自己的本來面目。》（台視文化公司《禪詩偈語》頁 72~73）

平實云：星雲此話，真是胡人所說者，非是秦言正語故。當知趙州八十猶行腳者，在於牢關之故，非是未悟故。如今星雲同於古時未悟之假名善知識一般，胡說一氣，猶道趙州八十歲時尚未曾悟，猶道老趙州行腳是因為自己一句話不滿意；顛倒歷史事實，莫此為甚。當知趙州初出家已，不久即得大悟，觀乎趙州行腳前，與其師南泉普願禪師間之種種公案，乃至南泉斬貓等極為淆訛之公案，年輕時之趙州，悉皆無所滯礙，豈是未悟之人？是故古人之作此偈者，非謂趙州八十歲時猶未曾悟，非謂老趙州八十歲時之下語不佳也；只是道大隨禪師之「隨他去」一語，令僧來回千里之典故也（詳見拙著《禪門摩尼寶聚—宗門正眼》第四則「大隨隨他」之拈提）；亦謂古今諸僧多未能知，皆為一句「隨他去」而遠走各處道場，故名千山走衲僧也。然而星雲尚且未破初參，是故渾不知此，更道老趙州八十歲時猶未得真悟，猶為下語之謬而行腳，誤會大矣！

只如趙州隨他去一語，星雲既是敢出頭道迷說悟之大師，不合未曉，且道隨他去一句，意作麼生？且下一語看！天下人要知，還道得麼？莫道爾星雲答不得，假饒請得印順與聖嚴、惟覺、證嚴、昭慧、傳道等人，聚頭商量三年整，亦復答不得也！何曾知得老趙州此句「隨他去」之意旨？　爾等聚頭商量三年之後，答不得，或者忽生大膽，相邀來問平實者，平實但只面向爾等一大群法師，大聲道：「隨伊自去！」若猶未會，平實再向爾等大聲道：「隨汝去！」只這兩句子，管教死卻爾等七大法師也！還會麼？

大隨禪師亦常對學人開示云：「隨他去！」趙州亦復如是，以此一句開示於人。有僧不解，更問大同禪師，大同禪師只道大隨真是佛祖，教伊趕緊回去禮問大隨；那僧聞言，兼程趕回，大隨已然入滅，法緣難熟。一切真悟之師悉皆如是，早知伊大隨與趙州一句「隨他去」，只是未悟之師會不得；個個皆為如是一句語，千山尋覓真悟禪師，冀望遇著個有緣者，或可得悟，故言「一句隨他語，千山走衲僧」，本非星雲所言之意也。如今星雲故作會狀，說得如是言語，偏又無根謗余，今日不免平實拈提出醜去也！此謂星雲自身亦在「千山走衲僧」之衲僧數中也，何得故作悟狀、以此貶抑趙州之悟境？真乃不知天高地厚之人也！

趙州八十行腳，遇得投子山大同禪師，投子當時雖然是個不太有名之小禪師，卻是個早過牢關之人，老趙州因此於牢關必有所得。便如昭慶大師是真悟之人，並且名震諸方，名氣不下於前時之德山宣鑑禪師，然而終究過不了牢關；要待下心親承未有大名聲之羅漢桂琛禪師請問之後，方得會去。然而會得牢關之後，依舊如同初參，同是此一本來已在之真實心，並無二心，故云：「及至歸來無一事，始知空費草鞋錢。」如是意涵，星雲法師既未曾破初參，亦未過重關、不曾眼見佛性，更云何能知牢關事？

古人悟後，若是無慢之人，每常言道：「不破初參不閉關。」謂初參之悟，唯是覓得自心第八識爾，然而佛性名義為何？終究未曾了知！或者雖然參得了佛性名義，了知佛性名義已，卻猶未能眼見分明，正好閉關且作眼見佛性之功夫也！　縱使已經眼見佛性，牢關之意卻猶未明，入手處尚且未知，何能參究？如是禪門宗旨深淺差別，星雲……等人根本未曾知之，而竟說禪、寫禪、出版禪籍，以誤衆生！平實多年來一向隱忍之，一向與其為善，乃竟不能領納平實好意，為顧慮世俗利益故，無根誹謗余法；愚癡之甚，已至不可救藥之地步也。

今時且要問爾星雲法師：「汝之實相心何在？還能現前觀照第八識自心真如否？」若不明白自心真如之事，將來如何隨他去？今時更如何令他隨自己去？於此不得明白者，誠如星雲自語所言：「**對於不明白，難道你就這樣子隨他去嗎？**」

星雲更當以如是自語而自勉之：「如何讓不明白變明白，這是非常要緊的。過去的禪師們對於父母未生我之前，什麼是我本來面目？什麼是祖師的西來意？我在念佛，念佛者誰？甚至我在吃飯，吃飯者是誰？我在睡覺，睡覺的是誰？都要明白。對自己明白了，那才是找到自己的本來面目，才可以安心安然。」既如是，則星雲應當依自所言，速速閉關參究，莫再拋頭露臉，大肆舉辦佛教梵唄唱誦會、佛教文學、佛教歌曲……等教相事；凡此諸事，皆與星雲自己之本來面目參究無關故，皆是世俗化之佛教教相故，皆是障礙星雲自身參證自心真如之事相故。亦莫再大肆舉辦佛法講座，所說皆是誤導衆生之世俗知見故。

一切大乘佛法學人，皆當以親證自心真如為首要之事；若未曾證得自心真如，則不能了知般若之總相智，亦不能了知別相智，更不能了知般若中之一切種智。不知最基本之般若總相智，不能證知自身第八識真心何在者，而每日研究唯識學，探討唯識諸經，何能真實知解唯識諸經所述之一切種智正義？唯名熏習唯識爾。然余此言，非謂熏習無用，謂唯識學若能正確熏習者，則能了知彼諸大法師、大禪師之錯悟，亦能了知何者為真悟之師，故亦有其作用，非全無用也。然而終究只能說為熏習，不得謂為修學也；於諸唯識經論所宣真心自性等法義，悉皆不能確實體驗領受故，大多唯能臆想思惟故。

由是緣故，說一切大乘學人若欲真入大乘佛法，親證般若智慧者，唯有親證如來藏一途，別無他途；佛法中八萬四千法門所求證者，皆同是此一第八識心故，如來藏即是八萬四千法門所證悟之標的故，一切種智即是證知此如來藏心所含藏之一切種子之智慧故；親證如來藏者，即得開啟大乘佛法金殿之門故，亦得親見大乘金殿中所含攝之二乘菩提解脫正道故。是故平實於此大聲呼籲星雲：當速求證自心如來藏，莫再未悟示悟，亂解禪宗公案偈語，以免益曝自短！作是建議已，便舉石室難消公案，共諸大師說禪：

潭州石室善道和尚，自於石頭座下悟後，回省長髭禪師依止。不久值遇三武毀佛等沙汰之事，乃現在家行者之相，於未回復僧籍之前，獨居于石室，時人稱之為石室禪師。每見有僧來參，便豎起杖子云：「三世諸佛全部都靠這個。」面對石室禪師這句話的人，很少有人能在這句話下與他冥冥相契。後來長沙招賢禪師聽到這件事，乃對衆人道：「我如果看見他這樣說的話，就教他放下杖子，且要教他另外再疏通個禪門的消息。」三聖禪師當時尚未曾悟，聽了長沙招賢禪師這一句話，便將這句話去石室禪師那裏對答，結果卻被石室禪師認破是長沙禪師所說的話。

杏山禪師後來聽聞三聖去到石室處，結果失卻機緣，知道他石室禪師真是個悟道的人，便又自已親到石室拜訪；石室禪師眼見杏山禪師有僧衆相隨，石室中又無多米，便偷偷潛往石碓舂米，杏山禪師知道了，跟他說道：「行者也真的是不容易，貧道我倒是難以消受啊！」石室禪師卻曰：「以無心之心的碗子，盛起米來；以密合無縫的盤子，卻是合該取了去，何必說什麼難消、易消的話呢？」杏山禪師聽了，認同他的話，便以作家之機而自休去。亦是見伊石室當時身為在家行者，不受供養，餘糧難得，乃體恤之，率衆離去。

只如石室禪師每見有僧來參，便豎起杖子云：「三世諸佛盡由這個。」且道：這個是阿哪個？　星雲法師既道得禪，復又寫得《迷悟之間》，應當知得悟後事，如今還答得平實此問否？　料爾答不得，平實且開個縫，便舉首山禪師舉棒之語而作提示：「若喚作棒則觸，不喚作棒則背，且道：喚作什麼？」

長沙招賢禪師聞道石室有這個當代公案，便對衆訓示曰：「我若見，即令放下杖子，別通個消息。」且道：長沙此語意在何處？　爾星雲法師若不會，平實再通個消息：您老且放下杖子，為平實斟一杯茶來！　那三聖禪師當時未曾會得禪，故作聰明，將長沙語去石室賣弄，焉能瞞得石室禪師？如今四大法師亦復如是，不曾會禪、解禪、懂禪，見藏密諸大法王喇嘛同以離念之覺知心作為實相心，便個個自道懂禪，便敢講起禪來；近年證嚴法師亦因此故，便自膽大起來，跟隨三大法師之後開始講禪，又講菩薩十地之修證，暗示自己已是入地之大菩薩。

卻不知未悟之人，必定處處敗闕，必將自己狐尾掀向半天高，卻又個個不知自己狐尾之明顯敗露，猶自籠罩座下弟子，以為無人能知。如今平實且要請問爾等四大法師：三聖將此語去到石室處，云何便被石室識破？此中關節何在？

還道得麼？

次如杳山禪師聞道三聖失機，便親到石室結善法緣；此乃古時真悟者之心行，自古以來，禪門宗風一向如是。世間若有真悟之人，一切真悟之師悉皆前往作家相見，共話無生，深結法緣；若有未悟示悟之人，真悟之師必定有人前往勘驗，破斥其妄，令其重參，絕不故作人情放過，絕不教其繼續誤導衆生。

平實今世由因示現在家相故，不便作此事，故於錯悟之師，悉皆故視不見，不與破斥；然而今時末法學人，未悟示悟已屬不當，見平實所說法與其迥異，便知自己所悟非真，卻不思自省，更來誹謗平實、顛倒其說，誣蔑平實正法為邪魔外道之法，致令如絲如縷之佛教正法難以正常延續。逼得平實如今走上古時禪師所走之路，開始拈提諸方顛倒說法之法師與居士；乃至進一步破斥藏密、印順……等人所極力弘揚之藏密應成派中觀邪見，破斥藏密邪淫法門之虛謬。

如今之世，還有杳山禪師一輩人麼？還有石室行者一輩人麼？若不能具如此見地，焉敢出世自道懂禪、解禪、證禪？更何況寫禪、出書講禪，梓行天下以誤學人？頌曰：

杳山領衆共結緣，行者碓米道難消；

識者相惜同休去，佛門古風今已銷。
佛光法鼓兼中台，各募巨億矗金碉；
籠罩諸方走千僧，何如閑居賞飛鵰？（調寄瑞鷓鴣）

第五二五則　石室嬰兒

潭州石室善道和尚　仰山問：「佛之與道，相去幾何？」師曰：「道如展手，佛似握拳。」曰：「畢竟如何得當？可信可依？」師以手撥空三兩下曰：「無恁麼事！無恁麼事！」曰：「還假看教否？」師曰：「三乘十二分教是分外之事，若與他作對，即是心境兩法、能所雙行，便有種種見解，亦是狂慧，未足爲道。若不與他作對，一事也無。所以祖師云：『本來無一物』，汝不見小兒出胎時，可道我解看教、不解看教？當恁麼時，亦不知有佛性義、無佛性義；及至長大，便學種種知解出來，便道我能、我解，不知是客塵煩惱。十六行中，嬰兒爲最；哆哆和和時，喻學道之人離分別取捨心，故讚歎嬰兒，何況取之？若謂嬰兒是道，今時錯會。」

星雲法師舉古人偈：「山也空來水也空，隨緣變現體無窮；青山綠水依然在，爲人疑嫉難相容。」開示「空與色」云：《這個世界上雖然變化很多，甚至於山也空來水也空，但是這一個空並沒有否定山水，而是肯定山有山的內容、水有水的本性。這一個空是佛教裡面至高無上的道理，因爲空不是否定有的，是成就有的；**要空才有**，

不空就沒有了。比方說一個房子有空間，才能住人；一個茶杯是空的，才能倒水；我們的耳朵、口腔、鼻子、毛孔、五臟、六腑，要有空，我們人才能存在，如果眼耳鼻都堵塞了，都不空了，你說這個生命怎麼能存在？**房子裡面都不空了，口袋都縫死了，東西就沒有地方放。所以空是有，空是存在。虛空因為空，能容納萬有，森羅萬象都在虛空之中，所以要空才有，不空就沒有**。

很多人把空和有對立起來，認爲有的不是空，空的不是有，其實空和有是一物的兩面。《般若心經》裡面就講到：「空卽是色，色卽是空」，意思就是：「有就是無，無就是有」，有無是一體的兩面。**色是物質，空是精神，物質和精神要和合起來**。有宇宙虛空的本體，才能有森羅萬象在虛空裡面，所謂「隨緣變現體無窮」，有了這個空的本體，千變萬化怎麼樣都超脫不出空之外，這是空的眞理。》（台視文化公司《禪詩偈語》頁 74~75）

平實云：星雲法師說法，不過兩三百字之中，便自相顚倒矛盾，智慧何在？而稱大師？如彼所言：「一個茶杯是空的，才能倒水；我們的耳朵、口腔、鼻子、毛孔、五臟、六腑，要有空，我們人才能存在，如果眼耳鼻都堵塞了，都不空了，你說這個生命怎麼能存在？**房子裡面都不空了，口袋都縫死了，東西就沒有地方放**。

所以空是有，空是存在。虛空因為空，能容納萬有，森羅萬象都在虛空之中，所以要空才有，不空就沒有。」是則將**空無**作為佛法中所說之**空性**，卻墮**頑空**去。如是知見，卻同虛空外道一般無二，同皆是以虛空作為空性也。

星雲又云：「**色是物質，空是精神，物質和精神要和合起來。**有宇宙虛空的本體，才能有森羅萬象在虛空裡面，所謂『隨緣變現體無窮』，有了這個空的本體，千變萬化怎麼樣都超脫不出空之外，這是空的眞理。」如是之語，卻是自相矛盾之言：既然色是物質，空是精神，則應說空性即是心，焉得說為虛空之空無？何得將虛空與空性心混合？究竟星雲所說之空性是指第八識真心？抑或是指虛空？卻須對座下四衆弟子解釋分明，不可含糊籠統也。

復次，若空是精神、是心，是否應以意識覺知心為空性心？抑或應以思量性之意根為空性心？抑或應以第八識如來藏為空性心？星雲法師亦須於此對衆宣示分明，不可將六七八識含糊籠統、混為一譚也！否則座下弟子究竟應以親證意識心之一念不生作為臨濟禪宗所證之心？或是以思量性之意根、或以印順所說之「不可知不可證之意識細心」、或以本離見聞覺知之如來藏，作為臨濟禪宗所證之心？星雲於此不應含糊其詞，否則座下弟子必定悉皆無所適從也，必定永與三乘菩提絕緣也。　且道：爾佛光山之臨濟禪，究竟以修證六七八識之哪一心作為證悟之標的？有請對衆宣示之！

若道是以意識之一念不生、或以印順所言「不可知不可證之意識細心」，作為修證之標的，則爾佛光山之禪，非是臨濟禪之正統；若道是以思量性之處處作主之意根作為修證之標的，亦非是臨濟禪之正統，亦是背棄臨濟正宗之常見外道。若道同於臨濟義玄禪師，同以第八識如來藏作為修證之標的，則須請問星雲法師：汝為何卻與印順破斥如來藏之人間佛教邪思合流？汝為何不與印順之人間佛教邪思劃清界限？汝為何不思修證第八識如來藏？卻儘在世俗法上講禪、寫禪、出版禪？　星雲法師對此諸問，必須提出正式之澄清，以解衆疑，然後方可說禪、寫禪、出版禪籍也！否則即是背地裡走作，明裡籠罩天下人者！若不如是正式提出澄清、以解衆疑，終究難免「青山綠水依然在，爲人疑嫉難相容。」未審星雲然余言耶？不然余言耶？

是故，一切大師與學人，若欲真入大乘佛門者，當求禪宗之見道：開悟明心。若不能真實證悟，欲求進入內門修學菩薩行，終究只是口號而已，始終無法成就真正菩薩之道業也！由是緣故，便舉石室嬰兒公案，且共佛光山⋯等四大道場堂頭和尚講說禪宗之基本知見：

仰山未悟之前，來問石室善道和尚云：「佛之與道，相去幾何？」石室禪師答曰：「道如展手，佛似握拳。」仰山不懂，便又問曰：「畢竟應該如何才能會得確當？如何才是可信可依之法？」石室禪師以手撥空三兩下曰：「沒有這些事！沒有這些事！」仰山不懂，又問曰：「需不需要假藉看經讀教才能開悟呢？」石室禪師見仰山不懂，便只好在知見上開示曰：「如果想要求悟的話，那三乘十二分教其實都是分外之事，讀來不容易證悟，但是卻也不可以因此就排斥它。你如果是排斥它、與它作對，那就落入心境兩法、能所雙行的境界中了，那就有了種種的見解，那也是狂慧；這種狂慧，根本不能爲人宣講眞正的佛法。如果不與經教作對的話，其實一事也無。所以祖師常開示說：『本來無一物。』你沒看見小兒剛出胎的時候嗎？他們可曾說『我懂得讀經教、不懂得讀經教』？正當這個時候，也不知道有佛性的道理、無佛性的道理；等到後來長大成人了，便學習種種知解出來了，就會說我能作什麼、我懂得什麼！卻不知道這些能作、能懂的，都是客塵上的煩惱。在十六行之中，以嬰兒行爲最重要；正當張口作聲索乳之時，比喻學道之人遠離分別取捨之心，所以讚歎嬰兒，何況執取嬰兒之覺知心？如果有人說嬰兒就是道，那就正是今時諸人的錯誤體會了。」

古今多有一般人，認為覺知心不起一念時便是實相心、便是空性；復有一般人，誤認處處作主之心為實相心，教人須時時作主、處處作主，卻成我執，卻成生死輪迴之根源；復有一般人，見禪宗祖師作家相見時，皆是在應對進退上，便認一切動作中之了了分明覺知心是實相心，卻成常見外道；亦有一般人，誤認動作是實相心，卻不知動作乃是五陰中之行陰，風大所成，有為無常、生滅變易，正是衆生所最執著之我所；亦有一般人，認為時時刻刻放下一切，都不執著，保持了了分明而無所著，一切煩惱心都不生起，猶如嬰兒一般「飢來吃乳睏來眠」，一切事都不掛心，便是開悟，卻不知此時正是我見我執所繫境界，覺知心正是我見之**我**故，卻是誤會嬰兒行之真正意旨了也。

如是石室禪師之正知見解釋已了，且須指示正道與諸禪子，便提示云：只如仰山未悟之時，參訪石室禪師，問佛問道，又問佛與道之關係；石室禪師卻指示道：「道就好像是展開手掌一般，佛就像是握拳一般。」只如石室禪師之意在什麼處？平實權開一縫道：「握拳與展手，相去幾何？」且不言佛之與道。

仰山當時不會，更問如何才是正確底？如何才是可信受底？如何才是可以依止底？石室禪師卻以手在空中撥了三兩下，明著告訴伊：「沒有這些事！沒有這些事！」仰山還是不會，更問看經讀教，轉問轉遠。

只如石室禪師以手撥空，是撥卻仰山語？是撥卻依草附木之語？是撥卻能依與所依？是撥卻展手與握拳？是撥卻讀經與看教？是撥卻仰山向他人求法？究竟是撥卻個什麼？　如今台灣四大法師還有人道得否？試道看！　或有人真實道得，方知平實此一段語不是好意。　且道：好意與惡意，什麼處差別？　若道是好意，放三十棒！　若道不是好意，亦放三十棒！　若道非好意亦非惡意，已墮第三頭，更放六十棒！爾等四大法師試斷看！　頌曰：

好意惡意多訛淆，佛道相去曾幾何？
撥空三下無傒事，十二分教何須捨？
甫出生，哆和和，七手八腳猶似渴；
而今會得道與德，方曉佛道曾未隔。（調寄鷓鴣天）

第五二六則　三平萬里

漳州三平山　義忠禪師　初參石鞏，未得悟入。後參大顛禪師，方得悟入，後往漳州住三平山。

示眾云：「今時出來，盡學馳求走作，將當自己眼目，有什麼相當？阿爾欲學麼？不要諸餘，汝等各有本分事，何不體取？作麼心憒憒、口悱悱？有什麼利益？分明說：若要修行路，及諸聖建立化門，自有大藏教文在；若是宗門中事，汝切不得錯用心。」

時有僧出問：「還有學路也無？」師曰：「有一路，滑如苔。」僧曰：「學人躡得否？」師曰：「不擬心，汝自看。」有人問：「黑豆未生牙時如何？」師曰：「佛亦不知。」

講僧問：「三乘十二分教，某甲不疑，如何是祖師西來意？」師曰：「龜毛拂子，兔角拄杖，大德藏向什麼處？」僧曰：「龜毛兔角，豈是有耶？」師曰：「肉重千斤，智無銖兩。」師又示眾曰：「諸人若未曾見知識，即不可；若曾見作者來，便合體取些子意度，向巖谷間木食草衣，恁麼去，方有少分相應。若馳求知解義句，即萬里鄉關去也！珍重！」

星雲法師舉古德偈：「溪聲盡是廣長舌，山色無非清淨身；夜來八萬四千偈，他日如何舉示人」，開示「自度度人」之意云：《**佛法普遍存在「虛空」之中**，佛陀的色身當然也有生老病死，但佛陀的精神慧命、法身，流於大化之間橫遍十方豎窮三際，**無處不在、無處沒有**。「溪聲盡是廣長舌，山色無非清淨身」，你要聽佛陀說法的聲音嗎？你聽**潺潺溪水，那就是佛陀說法的廣長舌發出的聲音**。你要看佛陀的樣子嗎？山色無非清淨身，**遠遠的青山就是佛陀的清淨法身**。

如果用這個道理來推想，無論什麼聲音，只要你能有體會、有覺悟，小孩子「哇」一哭，你想一個生命的誕生啊！**人生是苦，那不就是小孩子跟你說法嗎**？打鐵賣豆腐，甚至於打架罵人的聲音，你會想人間好辛苦、好複雜，因此你想到要學道、要求真。打人罵人也是跟你說法，甚至於汽車的聲音、火車的聲音，你如果會聽的話，那都是諸佛如來跟你說法，要你悟道。**青青楊柳、各色花朵，都是如來的法身**，我們生活在如來的法身裡面，佛就在我們的當下。

「夜來八萬四千偈，他日如何舉示人」，佛陀和我們這麼靠近，說法又讓我們處處都能聽到，夜來的八萬四千偈那麼多的妙法，那麼多宇宙間的道理，爲什麼不知道運用？爲什麼不把它好好的去再傳播給別人？

我們想到現在的一些人，一學了佛法就關閉自己，就忙自修、自立、自了，是很可惜的。對於佛法的八萬四千偈，你將來如何舉示人？如何可以上報四重恩，下濟三途苦？這一首偈語就是要我們時時生活在佛法裡面，時時要再能把佛法傳播出去，**自度度人，自覺覺人，是非常要緊的**。》（台視文化公司《禪詩偈語》頁80~81）

平實云：星雲法師真可封之為佛門稗官也！所講、所寫、所印之講禪書籍，皆可稱之為「稗官野禪」也！何故如是？此謂星雲其人，舉凡說禪講道，皆同於世俗稗官所說者無異。稗官所說歷史，名為「稗官野史」，非是正史；然而「稗官野史」，有時卻是較諸正史更為正確之歷史，尤其是在暴君當政之時。至於星雲所說之禪、所寫之禪、所印行之禪藉，則皆是禪門稗官之禪也，絕非真正之禪，故名「稗官野禪」；而「稗官野史」偶有正史所扭曲而由「稗官野史」加以補正、修正者；星雲之「稗官野禪」，則是完全邪謬之世俗言說禪、文字禪，絕無絲毫正確之處。

禪門極為平實，本無玄妙可說；衆生未悟之前，思之不及，臆之不得，衆多世智辯聽者聚頭討論亦不能知，共同研究一生終不能解，故有玄妙；若究真悟者所住無境界之境界，本屬平常——極為平凡與實在，從無一絲一毫虛妄與玄妙，自是未悟錯悟諸人思之不及，故覺玄妙。由深覺玄妙故，便有「禪門稗官」如星雲、聖嚴、惟覺、證嚴者流，出現於台灣，非唯星雲一人而已。

今者星雲開示云：「**佛法普遍存在虛空之中**」，正是**虛空見**之外道，以**虛空外道見**而解說禪理、解說佛法般若正理。當知一切佛法皆在有情各自本有之第八識如來藏中，由如來藏藉種種緣及無明因、業因，而有眾生出現於十方三界中，此心名為空性。由有眾生流轉於三界中，故有覺知心之分別功能，故能參禪而得證知如來藏心，故能從親證如來藏而了知一切法界之真實相；如是法界之真實相即是佛法，若無眾生，則無一切佛法可言；若入無餘涅槃，唯餘如來藏存在時，則是「無智亦無得」之境界，即是《心經》所說「諸法空相」之意也！即是《心經》所說「一切世間出世間法皆無」之意也！由是緣故，依理而言，即可證知「佛法普遍存在於空性如來藏中」，絕非星雲臆想所言之「**普遍存在虛空之中**」也，佛法迥異虛空外道見故。依理而言如是，依親證如來藏者而言，一切真悟之人現前所觀察者，亦復悉皆如是，迥無所異，絕非**存在虛空之中**。

今由星雲所言「**佛法普遍存在虛空之中**」一語，即可證明星雲其人根本不懂大乘佛法之基本要義，何況能是禪門證悟之人？故說星雲法師其人，既非聲聞初果人，未斷我見故；亦非大乘證悟之菩薩，尚未證得自心如來故，大乘佛法之基本法義尚且不曾知曉故。更道「**青青楊柳、各色花朵，都是如來的法身**」，則當星雲每日吃飯食菜時，皆是吃佛法身，則佛法身應當日日損減，星雲之法身應當日日增益，則眾生與諸佛之法身皆是有增減之法，非是《心經》所說之不增不減之中道法也！究竟星雲所說之理是耶？非耶？彼諸佛光山有智之信眾等人，盍共思之！

往昔多年以來，平實常勸彼諸大法師：未悟之前莫說禪、莫解公案，以免自曝其短。而彼四大法師都不垂聽，個個自以為悟，復皆自恃名聲廣大、道場規模宏大、信徒眾多，認為信眾必定完全盲目相信彼說，自認可以遮蓋正法光輝，故作種種強言狡辯，以冀混淆法義之是非。殊不知正法威德無比廣大，天魔尚且畏之，何況爾等四大法師凡夫？焉能隻手遮天、欺矇全台四眾佛子？欺矇諸佛菩薩、諸大護法神祇、天龍八部？乃竟無所忌憚而無根誹謗正法！

今者平實舉示爾等常見斷見落處，一一加以條分縷析，令眾週知。四眾佛子中固有迷信**名**師之輩，然非所有佛子悉皆墮於個人崇拜而盲目迷信者，仍有部份佛子唯信**明**師而不信**名**師者，彼等必將如是實情漸漸轉告同參好友，是故今時爾等四大法師之敗闕、之愚矇，便將逐漸一一為人所知，都無遮掩處！如今平實仍勸爾等四大法師：且息心靜慮，勤讀平實諸書，每日細心尋覓自心眞如。真能十年如是奉行不違者，有朝一日，親見爹娘時，方知平實不汝欺也！若不如是，此生終將每下愈況，一日不如一日，日日難是好日；一年不如一年，年年難是好年也！閑言表過，且舉三平萬里公案，共爾四大法師說禪：

漳州三平義忠禪師，初參石鞏慧藏禪師時未得悟入。後又往參大顛禪師，方得悟入；後乃前往漳州，住三平山開法度衆。一日上堂示衆云：「如今這些時候出來弘揚禪宗的老宿們，都是學來一些以前四處奔走聽來底禪門言語，自己裝模作樣地籠罩人，取來當作自己所親證之眼目，與眞正的禪悟有什麼相同底？那你們想要學眞正底禪麼？且把那些人所說的種種不同的說法都丟掉吧！你們各自都有這個本分事，爲什麼不向自己這邊去體會取證？爲什麼要在那裡自以爲知，心裡憤憤、口中卻又講不出來？像這樣子而說懂得禪、悟得禪，到底有什麼利益？我跟你們大家分明說了吧：如果你是想要知道修行的理路，以及諸聖所建立的方便度化法門，那些自然是有大藏經的教文如今還在；但你們如果是想要證得宗門中的開悟境界，你們可千萬不能錯用心啊！」

如今台灣一地亦復如是，四大法師及印順、昭慧、傳道、性廣…等人，哪個不是背地裡「馳求走作」底人？哪個不是依文解義卻又自作聰明、亂解一通底？盡學古時底野狐，背地裡馳求走作，明裡卻裝作一付證悟大師模樣籠罩人；將那些經中的文句、他人所寫書中、公案文句中讀來底，當作自己證悟之眼目，與禪有什麼相干？與佛菩提有什麼相干？與宗門底般若智慧有什麼相干？

爾等四大法師之中，或有自道是證悟者，或有暗示已悟者，個個示現上人相，廣受供養禮拜，聚集大量錢財，打造自己所掌控底偉大佛國；及至宣揚佛法、説得禪、寫得禪、出版禪時，平實取來評之，便顯露敗闕百出。爾等四大法師遭平實評論法義時，個個心憤憤、口悱悱：個個自認是悟，及至平實公開問著時，卻又一句也道不得。迄今竟無一人道得。如是走作與籠罩，於自己之道業，於座下弟子之道業，復有何益？而竟至今不肯絲毫改易錯誤心態！

三平義忠禪師開示完時，便有一僧出列而問：「除了師父上來的開示以外，還有學得禪悟的道路沒有？」三平禪師答曰：「卻有這麼一條路，只是滑溜如苔。」那僧聞之不解，更問曰：「那學人我，能不能小心地走上這條路？」平實當時若在，便急忙出列，且故意不小心滑上一跤，自顧自地步上五觀堂，點個點心，便好回寮睡大頭覺去，還要與三平禪師攪和作麼？無奈那僧不會，三平禪師只得指示曰：「你就不要在那邊用心揣摩了，自己去那條苔蘚路上走走看。」又有人問道：「黑豆尚未生牙時如何？」三平禪師答曰：「佛亦不知。」平實若聞，但向伊道：「暗如漆！」

只如爾等四大法師各有恁大道場，何不找個雨天時，且赤腳跨上那些苔蘚山路走走看？莫問平實滑溜不滑溜！此事方是爾等四大法師眼前最最要緊之事，莫學印順六七十年來當個大藏經底書蠹蟲，成日裡啃他三乘經教故紙，又成日裡啃他藏密應成派中觀見底《密續》，將來作為自己底見解，有什麼會處？只是治絲益棼、成就外道邪見罷了，有何眼目可說？

有一講經僧來問：「三乘十二分教，我都不懷疑；如何是祖師西來意？」正是：遍讀三藏十二教，黑豆無芽曾未見；眼暗無光豈能鑑？禮師更求吹毛劍。三平禪師曰：「你家自有龜毛造的拂子，兔角作底拄杖，大德你卻藏向什麼處？」三平禪師望斜裡答去，那僧云何能會？便又問曰：「龜毛兔角，豈是世間實有底物事耶？」三平禪師便指示曰：「若要說身肉的話，你倒是重有千斤；論到智慧，卻是連銖兩之數亦無。」這話卻似雲門花藥欄、胡餅、綠瓦一般，雖示入處，只是難會；語中卻又帶著罵人之意，責那僧廣大身肉，卻無智慧。

三平禪師見衆人不會，又不可明講，得要各人自參自承當，乃又開示衆人曰：「你們這些人如果還不曾參見過眞正的善知識，那是不應該的；如果是曾經參見過行家的話，就應該在行家那邊體會出善知識的意思，就以那些意思，到巖谷間去住下來，也不要去化緣、煮飯，自己撿著樹木上的果子將就著吃，衣服破了便撿些乾草塡補著，不要爲衣服操心，專心地參禪。能夠像這個樣子參禪去，才有一些機會能夠與禪悟相應。如果儘是到處尋覓善知識而不肯自己去參，落在聽來和記來底許多意識知解上的法義文句上，那可就眞的是『萬里鄉關回不得老家了！大家珍重！下去休息了吧！」

只如台灣四大法師，個個都出頭講得禪，示現證悟之狀；如今平實且要公開問問爾等四大法師：「爾等有誰不是暗裡走作、明裡籠罩人者？」平實上來所提關節，有請斷一斷看！

早料爾等個個答不得，平實更作提示與爾等：且莫管雨下多日後，生苔山路滑不滑溜，有請光腳每日上去走幾遭。若肯聽平實言，若肯信平實如是等言確是好意；日日行之，十年之後保汝必悟，唯除不信平實諸書所示正見者。若是勤讀平實諸書，並確實履行十年後，仍未得悟者，卻來問平實，平實向爾等明說了吧：「爾肉無千斤，汝智有萬噸。」還會麼？頌曰：

馳求走作籠罩人，萬里鄉關是禪狐；
寫得禪籍重萬噸，般若實智點墨無。
心憒憒，口悱悱，更謗平實是魔徒；
欲尋龜毛與兔角，勤耕心田無一畝。（調寄鷓鴣天）

第五二七則　僊天兩句

僊天和尚　新羅僧到參，方展坐具禮拜，師捉住云：「未發本國時，道取一句！」其僧無語，師便推出云：「問伊一句，便道兩句。」（註：僊字，今寫作仙。）又有一僧至，擬禮拜，師云：「野狐鬼！見什麼了？便禮拜？」僧云：「老禿奴見什麼了？便恁問？」師云：「苦哉！苦哉！僊天今日忘前失後。」僧云：「要且得時終不補失。」師云：「爭不如此！」僧云：「誰？」師云：「呵！呵！遠即遠矣！」

星雲法師舉古人偈：「廬山煙雨浙江潮，未到千般恨不消；到得歸來無一事，廬山煙雨浙江潮。」說「得失」云：《這是宋朝蘇東坡居士的大作，形容……。這是說明我們一個人爲了好奇心，沒有得到的想要得到，不知道的想要知道，其實這個世間上的任何事情，都有他一個本來的自性。廬山的煙雨，你不到時它是那樣，你到了之後也還是；浙江的潮水，你不到時是那樣的潮水，你到了還是那樣。

這個世間上的一切有個當然的道理，不要一定說我得到它才是我的；我見到它，才是我親眼所見、親耳所聽。你沒有見到的東西都是在你的心裡，你可以用心眼去見、用天（心？）耳去聽，只要我們有一個平常心來看這個世間，這個世間一切都是那麼自然、當然。快樂也好、痛苦也好，有也好、無也好，都不要在上面太過去計較或煩惱，這是庸人自擾，因爲萬物都有萬物的自性。

有很多人憤世嫉俗，對某一些人和事感到不平，實在都是多餘的。如果遇到「有、無」的抉擇時，你用平常心去對待，有也好、無也好，有固然我們可以生活，無裡面也很多。**在無的裡面，你真正體會到無限、無量、無邊**。得也好、失也好，得到我福氣，失去結緣布施，這樣得失就沒有什麼要緊了。用平常心生活，就不會顛倒、不會掛礙、不會好奇。》（台視文化公司《禪詩偈語》頁84~85）

平實云：星雲法師真是誤會佛法了也！東坡居士之偈，本意乃是：未證得自心真如時，則一切真悟祖師證悟時之公案，以及悟後為人施設之公案，悉皆讀之不解，由是緣故，總以為真如是極為玄妙之心，便對真如作種種臆想，心中每以未曾證得開悟之境界為憾事。未悟之師亦復如是，對真如作種種玄妙之臆想，然因真悟者常作開示云：「**眞如極爲平常、極爲平易、極爲平實、極爲現成，並無玄妙可言**。」由此緣故，便有星雲如是「平常性」之言語開示於大衆。

然而禪宗真悟之古今祖師，所言之心者，悉是第八識如來藏，悉是本來已離見聞知覺性之實相心；而星雲所說者，卻以意識心之理解，而欲說服意識心自己：以平常心看待一切人、事、物。於是東坡居士之名偈，便被解為世俗庸法之意識平常心，故說星雲非唯是佛門中之庸人，亦乃是世俗法上之庸人也，所言《禪詩偈語》皆從世俗法上而作情解故。

星雲更言：「**在無的裡面，你真正體會到無限、無量、無邊。**」卻成頑空外道，以為一切法皆虛幻，終歸於無，皆是緣起性空，便是佛法、便是般若，同於印順之將般若定位為「性空唯名」，成為虛相法，而非實相法；故說星雲與印順一般，同皆是大乘惡取空者；彼等辯言自己非是惡取空、非是空無之空者，只是意識施設之「滅相不滅」觀念爾，以具有「滅相不滅」之觀念，而說為不空，並非真正之非空亦非有，「滅相不滅」之觀念依意識而有故，意識是緣起無常之法故，「滅相不滅」本是空無故，意識滅時此「滅相不滅」之觀念亦復隨滅故，意識滅時即成斷滅空故，般若所說真正之非空亦非有者乃是如來藏心故。由是正理，說星雲與印順皆是大乘法中之惡取空者，皆是墮於頑空之人。

星雲又言：「得也好、失也好，得到我福氣，失去結緣布施，這樣得失就沒有什麼要緊了。用平常心生活，就不會顛倒、不會掛礙、不會好奇。」如是說法，卻與聖嚴法師同出一轍：皆以為覺知心若能不動心起念，若能保持在平常心之狀態下，便是真如心；卻成常見外道，同住於常見黑窟中。

星雲如是，證嚴亦隨後踵繼之，同以意識心住於平常不動之狀態下，作為明心開悟，便教導徒衆應當修習無妄念之功夫。證嚴見星雲、惟覺、聖嚴等「大禪師」皆如是說；乃益發堅定相信此說，後來更加以發揮，便道覺知心一念不生而發起慈悲心，為利益衆生在世俗法上之利益而努力付出，常住於慈悲心中而為衆生效力，於如是諸行之中若能發起歡喜心，如是長期而行，不退失者，即成初地菩薩；不以一切種智之無生法忍，作為地上菩薩之修證標的，誤會佛法如是之鉅，皆拜星雲、聖嚴、惟覺之賜也！如斯等人，名為誤會佛法般若之世俗凡夫，皆是冒膺大師之名、冒膺證悟賢聖之名者！

然而禪宗所悟之法，本來不得離教；禪宗助人證悟之法，只是藉諸方便法門及與機鋒之使用，而令學人易得悟入爾，是故所悟內涵本來不得有違教門。而教門中所言實相心者，則一向皆是單指第八識如來藏，從來不曾指說一念不生之意識覺知心為實相心，亦不曾指說眠熟亦不斷之處處作主之意根為實相心。如今星雲等四大法師，名為佛教之法師，卻同皆以 世尊所破斥之意識我，不起妄想妄念而保持平常心，以此意識之知覺性，作為實相心，全然違　佛所說，與世尊唱反調；平實多年以來，非唯據理而勸告之，復又引教而勸告之；然而如是四人悉皆不肯捨棄各自悖　佛之說，繼續以常見外道之知見而說禪、寫禪。如是公然違　佛所說、公然悖　佛教理而不肯修正之人，焉得承認彼為佛教之法師？

是故一切佛門學人皆應建立正知正見：若欲親入大乘菩提門中，發起般若智慧者，當以求證自心如來藏為要務，當以求證自己本有之第八識實相心為要務；莫依彼等四大法師所言：以覺知心住於平常心性之中，作為真如。欲證真如者，則以禪宗之公案，最為迅捷，便舉仙天兩句公案，共諸大師學人說禪：

仙天和尚乃潭州大川和尚法嗣。一日，有一從韓國來底僧人到參；那僧人進得方丈室來，方才展開坐具禮拜，仙天禪師便捉住那僧問云：「當你還沒有從本國來到漢國時之事，說一句看看！」那僧恍恍惚惚，根本不清楚仙天和尚意在什麼處，便無語答對，仙天禪師便將那僧人推出方丈室云：「我只是要問他一句，他卻向我道了兩句。」（註：古僊字，即是今時之仙字。）

只如那僧才進得方丈室禮拜仙天禪師，尚無過失，那仙天禪師為什麼卻便抓住伊逼問？且道：那僧過在什麼處？　爾等四大法師不可言無過也！若無過，仙天禪師不合抓住伊逼問也！

次如那僧答不得，被仙天禪師推出方丈，仙天禪師卻又道那僧已經答了兩句，只如那僧第一句在什麼處？　爾等四大法師若言：「那僧進門時是第一句。」平實但只是推汝出門去，不道是二三句，卻等汝等歸到寺中，平實方才東西南北前去各打一棒。且道第一句在什麼處？　若道未出門時即是第一句，放三十棒！自領出去自打！　若道正出門時是第一句，亦放三十棒！亦教自領出去自打！　若道正出未出時是第一句，卻放六十棒！爾且過來，平實親自料理爾這六十棒！且教爾會得第一句。　爾等四大法師還有人具膽能受平實這六十棒者否？受已便得入住別教七住賢位中，亦是聲聞初果聖者，永離凡夫位也。

又有一僧來到參訪，正擬禮拜仙天禪師時，仙天禪師卻罵云：「這隻野狐鬼！看見什麼了？便禮拜我？」那僧自以為悟，便理直氣壯答云：「你這老禿奴，又見個什麼了？便恁麼問？」仙天禪師見他見過作家來，懂得這些言語，一時辨不得伊，便故意云：「苦哉！苦哉！我仙天禪師今日卻是忘前又失後。」那僧卻不懂仙天禪師意在言外，非唯向伊道真如之體性，亦直接指示真如所在；可惜那僧不解，落在仙天禪師語脈上，便答云：「雖然如此，但是證得的時候，終究不能補償所失去的。」如是一句之下，馬腳盡露，猶自不知，仙天禪師更指示云：「怎奈事實上並非如此！」那僧方知自己錯會禪也，便問云：「那究竟應該是誰呢？」仙天禪師卻大聲笑云：「呵！呵！說你差得遠！還眞是差得遠哩！」

只如仙天禪師早是悟得多年，名聲已響之大禪師，為何卻道自己當時「忘前失後」？此正是今時一切大禪師、大法師，皆應懷疑之處；若有此疑，方有悟緣；若無此疑，便無悟緣。所以者何？一切有情皆有自心真如，而此第八識真如心，亙古以來，本離見聞覺知，從來不於六塵萬法中了知與起念，有什麼前塵可忘？復有什麼後法可失？而今台灣四大法師悉皆不知此理，總在六識心之見聞知覺性上廣作文章，廣作思惟，廣作執著；如是自誤已，卻又來造作禪籍，廣誤今人與後人。

若如彼僧所道者，則證得真心時，應有證前之所得法喪失，更當應有證後所得法增加；然而現見一切古今證悟之人，乃至今時我正覺同修會中諸多已悟之人，現前觀察悟前與悟後之一切法，終究並無一法多得，亦無一法喪失，云何彼僧卻言「得時終不補失」？由此一言，仙天禪師聞之，便知那僧雖然廣有名聲，其實根本未曾了知禪門宗旨所在，只是野狐罷了，去道猶遠！然而彼僧既是大師，仙天禪師為保存其面子，不便打伊，只道個「終究不是你所說的這樣。」是故，一切學人與大師，若欲會禪而入般若宗門、而起般若慧者，必須確實了知實相心之體性，然後依真悟者所言禪法而參究之，未來方有證悟之緣也。只如仙天禪師笑道：「呵！呵！遠即遠矣！」是有為那僧處？是無為那僧處？爾等四大法師試道看！頌曰：

雪景疑唯新羅白，遠足漢土來；

為證佛道訪仙山，數百里行來，辜負爺孃。

問伊一句道兩句，玄曲光靄靄；

春來卻遊瘦西湖，搖槳拂柳何曾負本懷！（調寄虞美人）

第五二八則　福州開遮

福州普光和尚　有僧立次，師以手開胸云：「還委老僧事麼？」僧云：「猶有遮個在！」師卻掩胸云：「不妨太顯。」僧云：「有什麼避處？」師云：「的是無避處。」僧云：「即今作麼生？」師便打。

星雲法師舉古德偈：「坐破蒲團不用功，何時及第悟心空？眞是一番齊著力，桃花三月看飛紅。」開示學佛應當「用功」云：《一個人**光是在形式上、表面上修行是沒有用的**，你就是把蒲團坐破了，若不用功、不用心，也是不能得道。「口唸彌陀心散亂，喊破喉嚨也徒然」，我們若想悟道要用心，要想成功立業，不是在那裡喊口號，要緊的是要把事情做好。做人要把人做好，**修行要把心修好，無論做什麼就要像什麼**。

像現在我們看到電影、電視的金馬獎、金鐘獎，在表揚的時候，有最佳的主角，還有最佳的配角，這個很重要。不一定你做主角就是最好，有時候荷花雖好，沒有綠葉襯托，也顯不出荷花的美好。不管在哪一個階層，就要把自己的本分守好，把自己本分的事情做好。你是家庭主婦，把飯菜煮給一家人吃得非常稱心滿意；你做一個兒女，把書讀得很好，讓父母放心；你做一個公務員，把工作做好，得到長官的信賴、部下的擁護。

「眞是一番齊著力，桃花三月看飛紅」，自己要把所有的力量表現出來，你有多少物力用出來，有多少的體力用出來，有多少的腦力用出來，有多少你跟人相處的人力、大衆的力量，尤其自己的心力全都用出來，到時候自然會豐碩的成果。》（台視文化公司《禪詩偈語》頁86~87）

平實云：星雲法師說得好：「一個人**光是在形式上、表面上修行是沒有用的**，你就是把蒲團坐破了，若不用功、不用心，也是不能得道。」既然如是，則當探究：如何方是**得道**？若如星雲法師所說之禪，皆是在意識心境上用心者，皆是在世俗教相法相上用心者，皆是在廣募錢財而到世界各國建築金碧輝煌之佛光山別院等事相上用心者，皆在意識心而說真如佛性者，皆是在世俗境界上好好作人，令人賞識讚歎者；有時若言及般若法義時，則又皆是在「否定如來藏而說緣起性空」之「無因論」上用心。如是以觀，則星雲個人及其座下法師，正是星雲自己所斥之人也。如今平實卻以星雲之語，返贈星雲自己：「一個人**光是在形式上、表面上修行是沒有用的**，你就是把蒲團坐破了，若不用功、不用心，也是不能得道的。」

誠如星雲所云：「我們若想悟道要用心，要想成功立業，不是在那裡喊口號，要緊的是要把事情做好。做人要把人做好，**修行要把心修好，無論做什麼就要像什麼**。」如今星雲身現出家證悟大師之相，平實便依大師所言返勸大師：「我們若想悟道要用心，要想成功立業，不是在那裡喊口號，要緊的是要把事情做好。做人要把人做好，**修行要把心修好，無論做什麼就要像什麼**。」然而大師當自檢校：究竟自己有沒有把心修好？有沒有把自己應該「正確教導信徒正確法義」之事作好？而不應該只是像今天的佛光山那樣只在那裡空喊修證菩提的口號。既然今天是做了大師，就應該像個大師！那就應該親證三乘菩提之一，方才真正像個大師，否則空有大師之名，而無大師之實，亦不過是**形式**爾，於修學佛道而言之，終無實義！

如今檢校大師之身行、口行、意行，看來大師根本未將心修好：明知平實之法完全同於　世尊三乘經典所說，卻私下對眾誣蔑為邪魔外道法；明知平實之人非是邪魔，卻私下對眾誣蔑為邪魔。如是意行、口行、身行，焉是已經將心修好之人？自己不將心修好，反而造作無根謗法、謗人之惡事，正當以如是自語而勉自身，何有資格勸勉他人將心修好？由此事實，平實作是言：星雲籠罩眾人，令人以爲自身是已將心修好之人，其實是自身尚未將心修好，卻來要求徒眾將心修好。

星雲既然身為佛教大法師，示現上人相，當然必須「**做什麼就要像什麼**」，然而星雲對上人法、上人境、大法師身行，卻不曾做好，亦做得不像，只像個背後放暗箭之小人，放暗箭之後被人發覺，卻不敢出面認錯道歉。如是，做個大法師、上人，卻不像個大法師、上人；是故，「**做什麼就要像什麼**」，此語仍當返贈星雲其人。 復觀星雲之書，所說皆是世俗言語，從來言不及禪門宗義，卻又名為《禪詩偈語》，一點兒禪味也無，正是「**做什麼都不像什麼**」，徒令禪門老參哂之，有何意義？ 是故勸請星雲法師：當速遠離印順所倡導「**以意識細心爲中心，以藏密應成派中觀邪見爲中心思想**」之人間佛教；遠離印順法師之藏密中觀邪見已，更當以勤求禪宗之證悟，方能光大臨濟宗門正法；莫再打著臨濟傳承之旗號，卻以印順之藏密中觀邪見，取代臨濟正法。由是緣故，且舉福州開遮公案，而共星雲法師說臨濟禪：

一日，有僧立於福州普光禪師面前，福州禪師以手擘開胸前衣服云：「你還懂得老僧證悟之事麼？」那僧多年參過諸方老宿來，稍微懂得禪門一些機鋒，以自己之揣摩體會，便以為已經證悟，便向福州禪師云：「你還有這個在！」福州禪師一言之下，辨不得伊，卻又掩胸說云：「不妨太過明顯了。」那僧答云：「有什麼迴避之處？」答來卻似個真悟之人，福州禪師卻順伊語脈說云：「正是炯然沒有迴避之處。」那僧到此，卻不知福州所示之意，只得問云：「那麼到這個地步，又應該怎麼樣呢？」原來只是一隻野狐，一語之下盡洩底蘊，福州禪師聽了，舉杖便打。

只如那僧應答處處合轍，只這一句話下，為何便盡洩底蘊？便遭福州禪師一頓痛棒？星雲大師可還知得其中道理麼？　爾若道得，從今日起，便將永遠捨棄印順之人間佛教邪思，便將公開聲明：永遠不與印順之藏密中觀邪見為伍。若道不得，終究不能如是作為，何以故？必將進退兩難故。　星雲若未真實悟得，進，則難以對應他人之所詢：「星雲大師您已經證得如來藏了嗎？」退，則難答他人之所問：「印順之中觀見、之緣起性空，與　佛所說中觀見迥異，與佛所說『依涅槃本際如來藏而有之緣起性空』迥異，您還是認同印順之藏密中觀見、認同印順『外於如來藏本心之緣起性空、一切法空說』嗎？」只得繼續維持現狀，以觀後變。

星雲法師既舉此偈：「坐破蒲團不用功，何時及第悟心空？眞是一番齊著力，桃花三月看飛紅。」可得真以此偈自勉，否則，坐破蒲團不用功，何時能得真悟如來藏而及於般若門第耶？何時真能悟得「覺知心緣起性空」耶？何時方能答得平實諸問耶？　必也確實著力之後，三月到來時，方有觀賞滿山桃紅景致之心情也！頌曰：

坐破蒲團，錯用心功；
大禪師，原是冬烘。
三乘菩提，法義誰通？
端在現觀：解緣起，證我空；
更預禪法，般若正宗。
覓真心，絲縷難通；
君臣內外，滯迷殼封。
平實無語，但斟茶，喝一盅。（調寄行香子）

第五二九則　德山訶佛

朗州德山宣鑒禪師　師本研教，精通《金剛經》，曾造《青龍疏鈔》多卷，註解《金剛經》，以此疏鈔常講《金剛經》，由是緣故，未悟之前，時人謂之周金剛。本發願往滅南方禪宗，卻因南行欲滅南禪而悟；於龍潭崇信禪師座下悟後（詳見拙著《禪門摩尼寶聚—宗門正眼》第69則拈提：龍潭吹火），次日禮辭而歸。路過溈山時，入溈山法堂，從西過東，迴視方丈；溈山禪師無語，師曰：「無也！無也！」便出至僧堂前，乃曰：「然雖如此，不得草草。」遂具威儀，上再參，才跨門，提起坐具喚曰：「和尚！」溈山擬取拂子，師喝之，揚袂而出。

溈山晚間問大眾：「今日新到僧何在？」對曰：「那僧見和尚了，更不顧僧堂，便去也！」溈山問眾：「還識遮阿師也無？」眾曰：「不識。」溈曰：「是伊將來有把矛蓋頭，訶佛罵祖去在！」

星雲法師舉偈「佛在靈山莫遠求，靈山只在汝心頭；人人有個靈山塔，好向靈山塔下修。」以「靈山莫遠求」爲題而開示徒眾云：《當初釋迦牟尼於菩提樹下金剛座上成道，然後在靈山說法，上百萬人在那裡跟隨佛陀學道。　我們現在的佛陀在哪裡？你以爲佛陀還在靈山嗎？　靈山在哪裡？你以爲靈山是在印度的國土裡面嗎？　其實不然，靈山在我們的心裡。　人人都有一個靈山塔，有個眞如自性、一個佛性，我們也可以向靈山塔下修。

這一首詩偈使我想起：當初普陀山的觀世音菩薩在世經常行善，好多人都想到普陀山去看觀世音。有一個屠夫他非常不孝順父母，但是對觀世音非常虔誠，一心一意趕到普陀山去朝山，要見觀世音，……（故事譬喻，略而不錄）。所以，觀音菩薩都在自己的家裡，佛祖就在我們的心裡：堂前雙親你不孝，逢廟拜佛有何功？**能孝順父母，行道德、行慈悲，那就是我們人人的靈山寶塔。**》（台視文化公司《禪詩偈語》頁88~89）

平實云：善矣哉！大師之言！　如是，則天下一切孝子，苟能起慈悲心，行仁義於天下人者，即是已經證悟之人也！　善矣哉！大師之言！

何故平實作是讚歎耶？謂如星雲法師之語，而言為佛法者，則三乘菩提之四聖諦、八正道、因緣觀等理，皆可廢矣！皆不須以四念處法而作如是四諦八正……等觀行了也！以老子道德經所說者修之，以孔孟之道修之，以一貫道強調之三綱五常自省而復行善者，應皆是已經親證靈山寶塔之人也！皆是已經證悟般若、證悟臨濟禪宗之人也！如是觀之，已可不必佛教法義存世了也，佛光山亦可從此永遠關閉，不須再勸募龐大錢財而到世界各處廣立金碧輝煌之寺院了也！西方世界亦不須佛光山法師前往傳法了也！西方亦自有天主教等世間善法，星雲亦認為天主教同於佛教之支派故，天主教中亦常教人「**孝順父母，行道德、博愛眾生**」故，則應皆是已經親證靈山寶塔者也，則彼等宗教亦應皆是佛教，則符星雲書中所言「天主教等亦屬於佛教」了也！是耶？非耶？星雲大師何不對此公開說明之？

當知祖師所言靈山者，乃是各人自己無始本有之第八識如來藏，非是星雲所說如是行善之覺知心也。然而星雲卻以如是行善之覺知心，作為祖師所示人人本有之靈山塔，誤會不可謂小也。禪門宗旨，自古以來，即以親證如來藏為唯一之標的；由親證如來藏故，現觀如來藏之中道性、現觀如來藏之能生能顯世間出世間一切法，故得了知法界體性之真實相；有如是現觀之智慧者，方得名為證得般若智慧者。然而星雲於本家之臨濟禪，其實根本未曾稍得了知；竟以世俗宣傳之法，以邀令名，後更造作如是世俗言說之《禪詩偈語》，於禪門宗義，其實八竿子亦打不著，竟然亦可名之為臨濟禪，如是作賤臨濟禪門之劣行，古今難覓更上之者。

是故，一切佛門學人若欲親證般若智慧，現觀法界體性之真實相，當求證悟自心如來藏所在；證悟如來藏已，現前觀察其體性，般若智慧則得發起，自己能通般若系諸經，不須人教，不須他人為之解釋。如是證悟者，方是大乘佛菩提之正修。而今星雲不此之圖，別闢世俗法中之蹊徑，以為捷路；卻是根本不能觸及般若法義之俗言俗語，與臨濟禪有何相干？與佛法之般若有何相干？與大乘佛菩提有何相干？而佛光山四衆弟子迷之、崇拜之？豈非迷信之人？學佛之目的本是尋求智慧，結果卻是越學越迷信，學之至再，竟墮落於常見外道見中，竟同於世俗法之教善，而不能確實證知法界體性之真實相，不亦愚哉！

由是緣故，平實年年繕造公案拈提，舉示四大法師現成事例作證，以為教材，分辨其似是而非之處，以令佛門欲求般若智慧之人悉知，便得迴入佛門正道之中，今生庶有悟緣。今以此故，便舉德山訶佛公案，共大衆商量：

朗州德山宣鑑禪師，俗姓周，本是研究教典之人，精通《金剛經》，曾造《青龍疏鈔》多卷，以示金剛經義，並常以之宣講；由是緣故，未悟之前，時人謂之周金剛。後因聞道南禪自稱見性成佛，心有不服，遂發願往滅南方禪宗，擔起一擔《青龍疏鈔》得得南行，欲滅南方「禪宗魔子」；不料卻因此緣而於南方禪宗法要之中悟入。

德山禪師於龍潭崇信禪師座下悟後，隨即禮辭而歸。路過溈山時，便刻意進入溈山法堂，從西過東而立，迴身而視溈山方丈；溈山方丈靈祐禪師見伊如是，卻不發一語，只是冷眼旁觀。德山禪師見溈山禪師不肯出一語應對，便說道：「這裡沒人證悟也！這裡沒人證悟也！」便走出法堂，來到僧堂前，乃又曰：「然而雖是如此勘過一遍，還是不應該草草了事。還是得要再重新勘驗一遍。」遂搭三衣，持錫杖等，具足威儀，又上法堂再參；來到法堂，才跨入堂門，提起坐具便大喚曰：「和尚！」溈山禪師見伊重又具足威儀再入，便準備取拂子使機鋒；德山一見，便知溈山意欲何為，當時便大喝一聲，將衣袖猛地一揚便出法堂。

溈山到了晚間卻問大衆：「今天新來底僧人在哪裏？」大衆對曰：「那僧見過和尚之後，再也不去僧堂安單，就走了！」溈山禪師卻問衆人：「你們還有人認識這個阿師沒有？」大衆回曰：「不認識。」溈山禪師曰：「這個人啊！將來倒是有一把矛草可以蓋頭——造一座寺院——但是他將來一定會訶佛罵祖的！」

只如德山初悟不久，回北方時路過溈山，一進溈山法堂，便從西過東而立，迴視方丈和尚，究竟是何意？　那溈山禪師閱人已多，防伊德山只是學來底樣子，便冷眼旁觀，也不使機鋒，也不勘驗伊，看伊怎地？　那德山見溈山不搭理，便道溈山無禪，抬腳便出法堂，卻是何意？　莫道伊德山只是一念不生！大師若作是語者，放三十棒！

那德山出了法堂，來到僧堂前；未見溈山真面目，豈肯作罷？思量道：「我雖使得機鋒，鎯鐺不少；那溈山卻只是如如不動，不曾露頭，怎可如此便罷？好歹得要見他眞面目！」便搭衣持錫再上法堂參見溈山禪師，才跨入門，提起坐具大喚溈山禪師曰：「和尚！」　且道：德山提起坐具大喚溈山，卻是何意？若有禪和子眼尖，一時覷得，便會般若諸經，久後便成人天師也！　且道：德山是什麼意？爾等四大法師還會麼？試道一句！莫言不知！

溈山見德山具足威儀復來，準備使機鋒，方才抬手擬取拂子，尚未取得，那德山眼尖機捷，早已大喝一聲，衣袖猛地往上一揚，踢腳便出，頭也不回地走了；　且道：德山這一喝，意在什麼處？　若人會得這一喝，便知臨濟入門即棒、木平三轉泥、雲門綠瓦露柱、石鞏叉僧頸、道吾不知、禾山打鼓、關南吹笛……等意也！　且道：德山這一喝，意在什麼處？

平實舉至此處，儘將關節拈出，爾等四大法師若會者，便知平實從來不曾訶責過爾等，諸輯公案拈提雖然提及爾等姓氏及種種謬說，俱是戲論，與爾等四大法師從來不曾相干！從來不曾說著爾等四大法師！還會麼？若猶不會，且邀平實上去爾等四大名山再言一遍。平實果真受邀，必定前往；待得相見，只是對大師一喝，踢腳便回，大師好生廝見！頌曰：

天下英俊周金剛，欲滅南禪卻通宗；
寫得藏教皆玄辯，青龍疏鈔付火風。

龍潭溈山寺猶在，臨濟祖意已塵封；
佛在靈山莫遠求，佛光山上祖意豐。（調寄瑞鷓鴣）

只如平實既道爾星雲法師不懂禪，云何卻道「佛光山上祖意豐」？星雲大師欲會麼？且到佛光山各處尋覓看！　若是久覓不著，不曉在什麼處，心中急著會者，且請平實再度南去佛光山觀賞風光去；只是平實不愛紅楓，只愛雪梅與綠楓，大師何妨先植綠楓雪梅數株，待得粗可一人合圍時，再來邀請。

後時綠楓雪梅若可合抱時，大師若猶未忘前言，上門來邀；平實忽見大師來邀，劈面大喝一聲「回去！」只請大師驅車先回佛光山，平實且過一晡之後，發足卻上陽明山去。大師莫遲疑，平實雖然後發，卻與大師同時到山！

第五三〇則　德山問話

朗州德山宣鑒禪師　師住澧陽三十年，屬唐武宗廢教，避難於獨浮山之石室。大中初，武陵太守薛廷望，再崇德山精舍，號古德禪院。將訪求哲匠住持，聆師道行，屢請，不下山；廷望乃設詭計，遣吏以茶鹽誣之，言犯禁法，取師入州瞻禮，堅請居之，大闡宗風。

師上堂謂眾曰：「於己無事，則勿妄求。妄求而得，亦非得也。汝但無事於心、無心於事，則虛而靈、空而妙。若毛端許，言之本末者，皆為自欺。毫釐繫念，三途業因；瞥爾生情，萬劫羈索；聖名凡號，盡是虛聲；殊相劣形，皆為幻色；汝欲求之，得無累乎？及其厭之，又成大患，終而無益。」

師上堂曰：「今夜不得問話，問話者三十拄杖。」時有僧出，方禮拜，師乃打之。僧曰：「某甲話也未問，和尚因什麼打某甲？」師曰：「汝是什麼處人？」曰：「新羅人。」師曰：「汝未跨船舷時，便好與三十拄杖。」（法眼云：「大小德山！語作兩橛。」玄覺云：「叢林中喚作隔下語且從；只如德山道：『問話者三十拄杖。』意作麼生？」）

星雲法師舉偈：「學道容易悟道難，不下工夫總是閒；能信不行空費力，空談論說也徒然。」開示信衆「信仰與實踐」云：《你要學道嗎？要學佛法嗎？學什麼經論嗎？學參禪打坐、學念佛誦經嗎？學道很容易，只是悟道就沒有那麼容易了。但是，**如果學道而不悟道的話，是很可惜的**。而你不下工夫來悟道、不下工夫潛心修行、不能吃苦，不經一番寒徹骨，哪有梅花撲鼻香？ 有人說我們只要相信就好了，但**光是相信是不夠的，信而後要起行**，所謂要「知行合一、行解相應」，能信卻不去實踐，這個信是空信，好像……。無論什麼學術也好，什麼宗教也罷，**光在空談理論、沒有實行，結果是沒有用的**。

你在機關裡面做事，也需要樹立自己的形象，現在人常常要求提高工資，其實不要光在工資上著眼。因爲我們……，你不要只計較金錢上的價值，我們工作所獲得的價值，除了金錢以外，還有其他的方面；如果把人家的感謝、人家的歡喜、社會的成就、自己良心的安慰、自己的功德、自己的因果這個總算起來，可能是比金錢的價值還要多、還要高，這個就是實踐的效果。》（台視文化公司《禪詩偈語》頁 96~97）

平實云：星雲法師作是言：《學道很容易，只是悟道就沒有那麼容易了。但是，

如果學道而不悟道的話，是很可惜的。而你不下工夫來悟道、不下工夫潛心修行、不能吃苦，不經一番寒徹骨，哪有梅花撲鼻香？》此段語中，有德有過。有德者謂：星雲教人學道必須悟道。若是久學佛法，而始終不能入道，始終不能悟入般若、不能親證解脫果，則學之何用？「**如果學道而不悟道的話，是很可惜的**」，如是語者實有功德！**爾等佛光山四眾弟子，悉應記取大師如是開示！**有過者，謂星雲此一段語中，暗示自已已經悟道，令人誤以為星雲確實已經悟道，成為證悟之聖人。然而推究星雲所說一切法、所著一切書，迄無一言一語可證明其已悟道，卻反而是句句有過、段段邪謬，根本未曾會得悟道之內涵，只是凡夫外道邪見爾！更來推廣印順法師弘傳之**藏密應成派中觀邪見**，更廣弘印順之藏密中觀「**無因論**」兔無角法。以此斷滅本質之無因論——佛所極力斥責之兔無角論——作為真正之佛法，卻反而誹謗正法為邪魔外道法；如是作為，豈是真悟者之所當言、之所當為者？故說星雲此一段語中暗示自已已曾悟道者，實有大過，成就方便大妄語之罪也！

佛光山上下四眾，皆應謹記星雲如是語：《**光是相信是不夠的，信而後要起行，**所謂要「知行合一、行解相應」……**光在空談理論、沒有實行，結果是沒有**

用的。》星雲法師既然未曾證悟，而故示悟狀以邀衆生起信供養，則爾等佛光山四衆學人，悉當自求多福、自求證悟；若如星雲與心定……等人，每日空談理論，卻又將理論錯說、誤導衆生，「**結果是沒有用的**」；是故當急之務乃是揚棄星雲、心定……等人之斷滅論、無因論邪見，速覓各人本有之第八識如來藏，莫隨星雲、心定……等人，同墮「**外於如來藏**之緣起性空、**外於涅槃實際**之緣起性空」斷滅見中，此是世尊於四阿含諸經中所破斥之斷滅見故。

爾等佛光山四衆弟子，若是有智之人，當速求覓自心如來；星雲亦自開示於汝等：「**佛在靈山莫遠求。**」靈山者，豈是星雲與心定…等人所言之緣起性空耶？豈是星雲所言之虛空耶？豈是心定所言「無如來藏之一切法空」耶？若是一切法空者，則不須尋覓各人之靈山也！則星雲所言之靈山，即成無義之說；若靈山即是一切法空之斷滅空者，而倡言尋覓靈山，復有何義？只成斷滅見故。爾等佛光山四衆學人，於此悉當細思，莫遭星雲、心定…等人似是而非之佛法名相所遮障，皆當以自己之第八識靈山—自心如來—作為究竟歸依處，殷勤修證之，方得發起般若實相智慧也！　為助爾等佛光山四衆學人，便舉德山問話公案，共爾等宣說臨濟禪：

朗州德山宣鑒禪師於澧陽住持弘法三十年，正值唐武宗廢黜佛教，乃避難於獨浮山之石室。逮至大中初年，大中皇帝復興佛教後，武陵太守薛廷望，再度崇敬莊嚴德山所曾住持之精舍，號為古德禪院。崇嚴後，即將訪求有德已悟之宗匠為住持，因聞德山禪師之道行，乃屢次前往邀請，然德山宣鑒禪師皆不肯下山住持；太守薛廷望乃設一詭計，派遣府吏前往，以德山干犯私茶私鹽之罪而贓誣之，故言德山已犯禁法，如是提取德山禪師入州，而邀大眾共同前來瞻禮，堅請德山居住古德禪院，大大地闡揚宗門風格。

德山禪師乃上堂開示大衆曰：「於自己份上本來無事，因此不須作種種虛妄之尋求。如果是虛妄索求而得者，亦非是眞得佛法也。你只須要無事於心，亦無心於事，那六根、六塵、六識都否定掉了，那麼剩下的那個心，其實是虛無一物而又很靈感的、是空無而又極微妙的。如果有一點點落在六塵上，猶如毛端那麼小，都不可以；如果是落在六塵上之微細境界中，卻說得有頭有尾的話，那都是自己在欺騙自己。只要是對任何微細的境界有一毫一釐的繫念，那都是墮落三途的業因；如果忽然之間對各種微細的境界生起情執，那就是繫縛你一萬劫而不能解脫的羈索；所謂聖人的名號或凡夫的稱謂，全部都是虛妄的名聲；

殊勝的法相以及眇劣的身形，都是虛幻的色相；你們想要在這上面追求的話，不嫌太累了嗎？等到你知道這些都是繫縛你的東西，因此討厭殊勝的身形法相時，它又成爲你的大患，想要棄捨卻也不容易，對你佛法上的修行終究是沒什麼益處的。」

一般大師與學人，總是將覺知心處在一念不生之境界中，便認作本來面目，認作自己本具之靈山。更有人將欲界定、未到地定中之靈知心，一念不生而了了分明之靈知心，或者前念已過、後念未起之短暫無念時之離念靈知，認作本來面目；其實皆未曾稍離覺知心意識境界，未曾稍離定境中之法塵，仍是意識覺知心也！如是而言之本末，說之鑿鑿，四處倡言自己已經證悟禪宗，已經懂得般若；及至探究彼等所言，悉屬意識心境界，根本未曾親證從來不墮六塵境界之自心如來。如斯等人，即是德山所訶之「毛端許，言之本末」者，皆為自欺之人也。若以此意識境界而籠罩他人者，即成大妄語罪！臘月三十到來時，若猶繫念如是一念不生境界，而自以為悟，不肯懺悔者，對此境界認定不捨，即成繫縛此人淪墮三途之業因。禪宗參禪者，於此不可不慎！

當知自心如來──各人悉皆本具之靈山，自無始劫以來，從來不與六塵法相相應，從來離六塵之見聞覺知。吾人所觸之六塵，固由自心如來觸外五塵而出生，然六塵出生已，自心如來卻不於此六塵上起一絲一毫之見聞覺知。一念不生之境界，從來不離六塵；乃至證四禪八定已，住於非非想定中時，亦復是定境法塵所攝，覺知心依舊住於非非想之定境法塵中，未曾離得定境中之法塵也。凡此皆是六塵所攝境界。若人所悟之心，非是完全離六塵境界者，於六塵境界稍涉毫端者，皆是未曾悟道之人也。何況星雲所說者，完全是世間善法，與定境扯不上絲毫關係，更與禪悟完全無關，焉得是悟道之人？與常見外道中不曾修定之人，完全相同，有何悟道之可言耶？彼之所說者，正是德山所斥之萬劫羈索也；如是未悟示悟，正是三途業因，乃是愚人之所行者，智者悉皆遠離！

一日，德山禪師上堂說禪時，開口道：「今夜誰都不許問話，問話者便打三十拄杖。」當時有一僧出列，方才禮拜，未曾開口問話，德山禪師卻打伊。那僧不服，辯白曰：「我出來禮拜時一句話也未曾問，和尚因什麼原故便打我？」德山禪師見伊抗議，便問曰：「你是什麼地方的人？」那僧答曰：「我是韓國人。」德山禪師便見責曰：「你在韓國正欲搭船來漢國，還未跨上船舷之時，便該打你三十拄杖了。」後來法眼禪師評論這個公案時云：「什麼德山禪師！答話落在兩頭上了。」後來玄覺禪師也參與這件公案的評論：「在叢林中說德山這話叫作隔下語，他們究竟說得對或者不對，這句話就由著他們去講，暫且放著不說它；只如德山道：『問話者三十拄杖。』他的意思到底怎麼樣呢？」

那高麗僧不會佛法，出得衆列，早該回身寮房去也！猶在德山面前作禮，德山若不賜棒，哪裡還是德山禪師？　那僧不解禪門宗旨，學人進退應對，合該德山棒打；叵奈那僧不解禪，遭打了，兀自分辯未曾問話，卻教德山鎯鐺不少！

只如德山道：「汝在高麗，未跨船舷時，便好與三十拄杖。」卻是什麼意？爾星雲大師既於言語開示中，暗示自己已經悟道，可還道得麼？試斷看！若真斷得，平實從此不言爾法諸過；若斷不得，莫道平實年年拈提爾法中之處處邪見，教天下人皆知！試斷看！

隔下語者，乃是未悟之人，專在公案表相上思惟，作諸情解，臆想而說；禪門之中，有什麼隔下不隔下可說者？句句皆要有偏有正，言言皆示宗門入處，還道什麼隔下不隔下？只成個禪學研究謬說罷了，有什麼理會處？

只如法眼禪師嫌德山話作兩橛，竟是什麼意？星雲大師若來問此語者，平實聞問，當下立即亂棒打出門去，且要教伊星雲當下會得法眼這德山兩橛。且道：法眼道這德山兩橛，意在什麼處？　星雲若遭平實這一頓亂棒已，逃出門後若猶不會，捨報便只好墮落三途去也！平實亦救不得汝也！

或有大師拾取玄覺禪師之語來問：「只如德山道：『問話者三十拄杖。』意作麼生？」平實卻不打伊，只是向伊道：「面見平實時，不得問話；問話者自領過狀，出去自打三十棒！」未審爾等四大法師還會麼？頌曰：

問話則棒，不問亦棒；
賊人行，禪門陣仗。

魚翻鮫浪，晚鷺枝盪；
且海裡看，魚箱觀，山腳望；
在在處處，何曾相忘？
日黃昏，晚課初唱；
句句向上，誰人對仗？
但任伊唱，審細尋，曾未障。（調寄行香子）

第五三一則　德山無法

朗州德山宣鑒禪師　有僧到參，師問維那：「今日幾人新到？」對曰：「八人。」師曰：「將來一時生案著。」

雪峰問：「從上宗乘，學人還有分也無？」師打一棒曰：「道什麼？」曰：「不會。」至明日請益，師曰：「我宗無語句，實無一法與人。」巖頭聞之曰：「德山老人一條脊梁骨，硬似鐵，拗不折。然雖如此，於唱教門中，猶較些子。」（保福拈問招慶：「只如巖頭出世，有何言教過於德山？便恁麼道？」招慶云：「汝不見巖頭道：如人學射，久久方中。」保福云：「中時如何？」招慶云：「展闍梨莫不識痛癢。」保福云：「和尚今日非唯舉話。」招慶云：「展闍梨是什麼心行？」明昭云：「大小招慶，錯下名言。」）

星雲法師舉古人偈：「蠅愛尋光紙上鑽，不能透處幾多難；忽然撞著來時路，始覺平生被眼瞞。」開示「悟道在心」之理云：《這首偈語是形容蒼蠅喜歡……。唐朝時候芙蓉山有一位古靈禪師，他在百丈禪師那裡學道有了心得，回到故鄉的時候，師父還沒有開悟，所以他就常常用話來啓發師父，要讓他找到一個出路。一日，師父在看經的時候，他見一隻蒼蠅在窗戶飛撞，說：「世間如許廣闊你不肯出，你只鑽紙張，做什麼呢？」師父放下了經典，望著古靈禪師。古靈又再說了，他說：「空門不肯出，投窗也太癡；千年鑽故紙，何日出頭時。」意思就是告訴師父：**你為什麼參禪不去明心見性、不去找尋自己，而在字面上計較，經典裡面哪裡能悟道呢？心裡面才能悟道啊！**師父放下經典問他：「你難道是已經得到了消息的人嗎？」古靈禪師告訴師父在百丈禪師那個地方悟道。師父就請他登座說法。古靈禪師說了這樣四句話：「有千法門，只在方寸；河沙妙法，總在心源。」我們每一個人不要只是向外面去追求，聲色貨利總是有限的財富，在內心裡面才有眞正無限的寶藏，所以百千法門只在我們方寸之間，比恆河沙一樣多的功德，只在我們心的源頭就可以找到。》（台視文化公司《禪詩偈語》頁 98~99）

平實云：星雲法師如是云，實應以之勸勉印順、聖嚴、惟覺、昭慧、傳道、證嚴、性廣等人：「**你為什麼參禪不去明心見性、不去找尋自己？而在字面上計較？經典裡面哪裡能悟道呢？心裡面才能悟道啊！**」彼等諸人若聞星雲法師如是言語，應當立即聽受，重新參過，以求確實親證；或者棄捨印順所弘藏密應成派中觀之無因論邪見，立即改學禪宗之般若禪，火速尋覓自己本具之第八識自心如來；覓得了，自然便懂般若，漸漸可通第三轉法輪諸唯識經義，自然得離今日《妙雲集、華雨集、公案一百、聖嚴說禪、心靈十境、初期唯識思想、見性成佛……》等貽笑作家之邪說謬見；莫再晧首窮經，啃他故紙—研究古經。

星雲若依余言，如是勉勵印順、聖嚴、昭慧、證嚴、惟覺、傳道、性廣……等人已，復應將如是語，勉勵座下四衆弟子，**更應以之自勉**；謂星雲自身亦是一向啃故紙者；非唯二千五百年之故紙，乃至不滿百年之新紙，星雲自亦啃之，更舉近代及古德之禪偈，不論作偈者悟抑未悟、法正法謬，悉皆舉來作解示衆。由是故說星雲自己更應如是勉勵自己：**我為什麼參禪不去明心見性、不去找尋自己？而在字面上計較？經典裡面哪裡能悟道呢？心裡面才能悟道啊！**

古靈神贊禪師之師父，自古難尋，今時更無譙類矣！古時禪門有法性寺之印宗法師者，實仍不如古靈之師；謂盧行者當時雖仍是在家居士，然有五祖法衣佛缽為證，復因傳說盧行者南行已十餘年，是故印宗法師肯之；若無法衣佛缽南行之言者，恐印宗法師亦難信之也！　而古靈神贊乃是其座下徒弟，復無法衣佛缽為證，雖是百丈座下得悟者，唯有自己所言法意為憑，難以取證，是故其師竟能信之，供養徒弟後請其上座說法者，絕非容易之事也！故說其師根器遠上於印宗法師也！是故平實勸諸學人：莫期待今時亦有古靈之師也，如是類人，自古難得。

至於古靈禪師回報其剃度師恩德之公案，其中意涵及關節所在，星雲根本未能知之，唯在語屑上言之，唯以世俗法言之，豈是悟者拈提公案所應為者？是故未悟之人拈提講說公案者，皆是自曝狐尾之愚行也；正是欲邀已悟之令名，反示錯悟之事實。此一公案，平實已曾拈提，請詳公案拈提第五輯《宗門正道》第364則「古靈故紙」即知，茲且略而不述。

只而今，說禪、寫禪、道悟、示悟者，紜紜紛紛，數不在寡；然而到得今日，平實著作繁多，屢屢破斥諸方錯會之悟，如今可還有人能出頭道個真悟所在麼？還盼不吝賜見，且共飲無生茶一杯，同敘茶中無生之理！還有麼？還有麼？ 若真有者，便教改寫從前諸禪書——悉皆收回重寫。 若無者，平實還拈德山無法公案，共諸大師學人扯些子葛藤去也：

朗州德山宣鑒禪師因有僧到參，德山便問維那：「今日幾人新到？」維那對曰：「有八人新到。」德山禪師吩咐曰：「全部都喚來，一時且將他們全都擺著，先不跟他們說禪。」這德山老子倒也奇怪，一隊禪和子來參問，既教全部喚來，為何卻又不與伊等諸人說禪，只教喚來生生地按擺著？卻是何意？　爾等四大法師既然都敢出頭說禪、言證，爾印順「導」師既然敢批評禪宗為「中國所傳的野狐禪」，如今還有一人答得這話麼？　且道：德山將彼一隊禪和子喚來硬生生地案著，卻不與他們說禪，究竟是什麼意？　爾等四大法師及印順，既敢示人以「上人相」，今請試道看！　若真道得，平實親自上門供養無生茶，共話無生茶道，不待大師供養平實。　若道不得，莫怪平實拈提，此事皆是爾等未悟言悟、未證謂證之後，復又抵制平實、誹謗平實，或是破壞如來藏正法而自作自受者；如是抵制正法、誤導眾生者，莫怪平實拈提！　還憶老生常譚：「人不自重，侮則必至；早知今日，何必當初」之語耶？信矣夫！

雪峰上問其師德山：「禪門向上一路之宗門意旨，我雪峰還有沒有證悟之分？」德山禪師聞言，打雪峰一棒曰：「說什麼？」雪峰回答曰：「我不會。」德山卻無進一步指示。至明日，雪峰又上來請益，德山禪師開示曰：「我這個禪宗裡，沒什麼語句可說的，其實並不曾有一法送給人。」巖頭聞得他師父德山有這話，便又褒又貶地說：「德山老人的一條脊樑骨，可真的硬似鐵，誰也拗不折他。雖然是這樣，如果要說真的：他這些話語，若是跟那些宣演教門的道場來比較的話，倒也是比他們好多了。」

只如雪峰請問向上一路之關節，德山為什麼卻打伊一棒？意在何處？打一棒了，卻又問云：「說什麼？」又是何意？如今爾等諸大法師們！還有答得者麼？試道看！若是亂答者，莫怪平實來年重拈於書中！若是答不得者，平實年年拈提爾等諸大法師，唯除已經公開認錯者！若是真能答得者，平實來年書中公開讚歎爾，然終不道爾有來由，要因平實年年拈提及諸書助益，方能悟入故，已不堪為人天師故，於平實眼前仍無語話分故。

次如德山翌日因雪峰請益，說道：「我宗無語句，實無一法與人。」仍問爾等諸大法師：德山此語，是有為人處？是無為人處？若有者，有在何處？若無者，因何道無？且請爾等諸大法師試道看！若道不得，根本是不解禪、不解般若之人，有何般若智慧可以評論禪宗？焉敢恣意評論禪宗為野狐禪？更說禪宗證悟祖師之公案為「無頭公案」？以凡夫身而評論真悟祖師之公案，以否定證悟之公案而變相否定真悟般若之禪宗祖師，其罪非輕，莫作容易想！皆是勝義僧故！禪宗真悟之人中，有位在七住者，亦有位在初地、三地者，非爾等**不學無術、不參無證、未證般若**之諸大法師所能臆測也！

　　三如巖頭全豁禪師舉說其師德山此一答話之公案而評論之，言中即有褒貶之意。表相上觀之，褒其師德山之無懼無求於人，然而卻貶德山如是等語已非禪門正宗語話也，故言其師之言：比諸於唱教之道場確實更勝。言外之意則是：若依禪宗眞悟、久悟者而言，如是言語已是下下之語也。然而巖頭此語，實有吹毛求疵之過，平實此語謂：德山前一日打了雪峰一棒後，已曾問云：「道什麼」了也！只是次日未再重施同一機鋒爾！是故平實乃嫌巖頭褒貶之語！若余師能得如是同於德山者，平實今後便閉卻嘴，從此不再拈提此世之師也！只是難得！

　　後來保福從展禪師聞道德山之徒弟巖頭全豁禪師如是評論其師，便就巖頭此語拈來問招慶大師：「只如巖頭出現在世間度人，他有什麼言教超過了德山？便敢恁麼評論自己的上師？」招慶大師答云：「你沒看見巖頭這麼說過嗎：譬如有人學習射箭，可得要久久練習，方能射得中目標。」保福從展禪師又問云：「射中了的時候又如何呢？」招慶大師斥責云：「從展法師你可別不識痛癢。」保福從展卻答云：「和尚您今天這句話，可不是單單舉示禪語而已。」保福從展可不是不懂中時之境，卻是故意問這一句，要教招慶大師知伊差別智之勝妙；那招慶大師一時失察，不知保福從展之意，便問云：「從展法師你這話是什麼意思？」

果然不解。這便是保福從展會得了啐啄同時之意，招慶大師卻會不得，更作如是問話。後來這公案傳了出去，明昭禪師聽得招慶與保福間之語對，便拈提云：「什麼招慶大師？還不是與德山一樣說錯門裡話了！」

如今平實卻勸星雲、印順……等人：「莫再鑽它諸經故紙了，亦莫再私底下鑽我平實諸書新紙了，更莫私底下努力鑽破平實新紙後，卻來對眾宣示：平實之書有毒，所以我從來不讀它！」否則平實公開授記汝等：終此一生，與般若智慧絕緣，終究不能證悟般若。頌曰：

德山無法授與人，只較唱教門；

宗門痛棒豈無辜？假使雪峰會，更覆米盆。（註）

晨昏勤誦佛光山，玄曲誰人諗？

相邀同參喧囂居，唯有數杯濁茶生按準！（調寄虞美人）

（註：雪峰在洞山時當飯頭，猶未得悟；一日洗米時，因洞山問話機鋒故，覆卻米盆，洞山乃記其因緣不在洞山，合在德山。）

第五三二則　德山畜生

朗州德山宣鑒禪師　師上堂曰：「問即有過，不問又乖。」有僧出禮拜，師便打。僧曰：「某甲始禮拜，爲什麼便打？」師曰：「待汝開口，堪作什麼？」師令侍者喚義存（編案：雪峰義存禪師），存上來，師曰：「我自喚義存，汝又來作什麼？」存無對。

師見僧來，乃閉門，其僧敲門，師曰：「阿誰？」曰：「師子兒！」師乃開門，僧禮拜，師便騎項曰：「遮畜生，什麼處去來？」

星雲法師舉偈：「深山畢竟藏猛虎，大海終須納細流；是非只爲多開口，煩惱皆因強出頭。」開示學人面對「是非」時應如何自處云：《猛虎很兇猛，但是……。大海所以成其大，因爲……這是說明我們人如果要大，必須要包容、要能容納。**世間是非之多，主要就是由於我們講話不慎，製造了好多的是非。煩惱從哪裡來的？煩惱是從我們自己爭強好勝而來，因爲我們不肯輸別人**、不肯吃虧，太愛討便宜、爭強好勝，所以就有很多的煩惱。貪欲、瞋恨、愚癡、傲慢、懷疑、邪見，這就是佛教所謂的六大煩惱，六種根本煩惱。這一首偈語是……。關於是非，我平常總覺得有個原則，我們第一不說是非，第二不聽是非，第三不怕是非。所謂「是非朝朝有，不聽自然無」，是非止於智者。是是非非別人嘴中搬來弄去，我何必那麼認真？那麼計較？所以沒有用的人就不會處理環境、處理垃圾，甚至把家裡弄得很混亂；有用的人他就會處理是非，解除煩惱，像貪瞋癡慢疑邪見，只要用教裡面所謂「戒定慧」，三學四無量心都可以化解的。》（台視文化公司《禪詩偈語》頁 102~103）

平實云：佛光山若要繼續維持大格局，依星雲自語，可得有包容心，要能容納別人。如今平實多年來不曾拈提星雲種種是非，亦不曾拈提星雲種種法義上之錯誤，更不曾一句言及早年星雲被黨外雜誌所刊登之種種性醜聞等事；然而星雲竟容不得平實宣說完全符合 世尊教義之正法，只因為平實之法義迥異其意識心境之說，只因為平實破斥藏密種種邪法，使其以往修證藏密法門之事行難以自圓其說，是故憑藉其佛教界之大名聲、徒衆之廣大、政治上貪緣所得之勢力，便自恃無恐，對平實無根誹謗，誣為邪魔外道，誣為法義有毒。如是，星雲其人，口說包容，卻因私心而對真實法義及人，加以排擠，口是心非，全無包容心，焉得以如是「包容、容納」之語訓示諸徒？更梓行天下以訓天下人？

今者平實仍以星雲自語勸導星雲其人：「……這是說明我們人如果要大，必須

要包容、要能容納。世間是非之多，主要就是由於我們講話不慎，製造了好多的是非。煩惱從哪裡來的？煩惱是從我們自己爭強好勝而來，因為我們不肯輸別人、不肯吃虧，太愛討便宜、爭強好勝，所以就有很多的煩惱。」且勸星雲法師：「未真實證悟卻又不肯服輸，太愛未悟示悟而討便宜；爭強好勝，欲作天下第一大師、天下第一大道場，則必生起煩惱。復又由於此諸煩惱，導致心中不能安忍，講話不能忌口，便誣謗平實，製造是非，則難免今日平實之公開苦勸。　補救之道，唯有消除爭強好勝之習性：法義不正便須服輸，不應再作狡辯。若欲平實停止對爾星雲之辨正者，唯有公開認錯、道歉，別無他法；所遣座下法師二人來託我會某師，勸余停止如是事相及法義上之辨正者，絕無實質意義可言。繼續強言狡辯者，必定欲蓋彌彰故，絕無利益。止謗莫如自修：自有過失，則當改之；自身未悟，則當求悟；狡辯之言，終無所益。」

至於平實法義是否有毒？平實其人是否為邪魔外道？自有四阿含解脫道之教典正義為證，自有般若系及唯識系諸多方廣如來藏教典為證，自有身行之清淨無貪無瞋為證，自有解脫與般若之實證智慧寫於平實所造諸書中為證，豈是星雲信口胡言所能橫加扭曲者？　至於六種根本煩惱之內涵，爾星雲至今尚且未能真知。乃至其中淺如邪見五利使中之身見、我見，乃是見道所斷之惑；如是粗淺之見道所斷惑，爾星雲尚且未知，猶墮於「緣起性空而絕無真實體性之意識心」中，執以為真，未曾斷得見道所斷惑之「身見、我見」，何況能斷「邊見、見取見、邪見、戒禁取見」等見惑？何況能知斷除五利使後修道所應斷之思惑？星雲自不能知，自不能斷，竟於書中教示徒衆如何斷此見思惑等六大煩惱，正是癡人之說夢者也！

如今平實更以星雲自語而勸星雲：「關於是非，我平常總覺得有個原則，我們第一不說是非，第二不聽是非，第三不怕是非。」是故請爾星雲謹守自言：此後不說平實之是非、不聽他人妄言平實之是非。

星雲既然如是說言：「有用的人他就會處理是非，解除煩惱，像貪瞋癡慢疑邪見，只要用教裡面所謂『戒定慧』，三學四無量心都可以化解的。」是故平實勸爾星雲不說是非已，如今面對自己所招惹來之是非，應當實現自語：「不怕是非。」對於自己所招惹來之言語及法義上之是非，不應害怕，應當加以消滅：或者運用名聲、教界勢力、政治界勢力，強壓於平實而消滅之。或者運用智慧及懺悔之心—爾星雲所言之戒定慧三學及四無量心—而化解之。 未審星雲然余此言乎？

不然余此言乎？能履行自言乎？或逃避自言乎？能面對實行自己所言乎？或唯能逃避之乎？

是故，論人是非雖易，舉證事實則難；論人法義邪謬則易，舉證他人法義邪謬之教上理上證據則難；是故，爾星雲嗣後若欲再評他人者，當以此事為鑑，莫再犯之。特別是對真悟之人所作誣謗，爾星雲捨報之時，縱言無力能受以求免受，仍須勉力自受，乃是自己所作者故，非干他人之事與業故。今勸星雲法師已，且舉德山畜生公案，共諸佛光山信衆，宣說臨濟正統之禪宗法義：

朗州德山宣鑒禪師一日上堂開示曰：「未悟之人，若開口請問法義，那就有過失；若是不開口問的話，卻又錯了。」開示甫畢，有一僧出列禮拜德山禪師，德山見狀便打。那僧不服曰：「我才剛剛禮拜師父，為什麼便打我？」德山禪師答曰：「等到你開口的時候才打你，那我這個師父在禪宗度人的法門上，還能作得了什麼？」

老禪師之見地與機鋒，由於智慧深利之故，總是迅捷無比，常似石火電光；一般人總是後知後覺、不知不覺，根本無從測度老禪師之見地，亦無從了知其機鋒涵意。便似前些年，有部份寡聞少見之法鼓山弟子，見平實在法會上使機鋒，見之不解，根本不懂何謂機鋒，當場嘲笑平實是瘋人、是乩童起乩；如是而言在法鼓山學禪十餘年、而言會禪，卻成禪門笑話，可以傳為千古笑譚也！

只如德山禪師上堂如是開示，究竟有無慈悲為人處？　未悟之人，本該請問堂頭和尚：「**如何是佛？如何是祖師西來意？**」如是商請堂頭和尚助悟，方是正理；如今德山禪師卻教示弟子衆等：「**問即有過。**」　既然有過，理當不問，卻又言：「**不問者亦是乖違。**」且教未悟之弟子衆等，欲待如何是好？　不問者有過，爾星雲以意識思惟，當可知之，我則不問；且道：問即有過者，過在什麼處？爾星雲還答得否？　料爾不知也！縱使答得，亦是言不及義之語，不須說與平實知之，免得痛棒。

那僧聞德山禪師恁道，未曾會得德山禪師之意，便大膽出列，出頭來禮拜德山；卻不料德山見伊出列方才禮拜，便打一棒。那僧以為自己出列禮拜時，正是未問、亦非未問，不當受責，乃提出抗議。殊不知德山之意，那僧猶自未會，合該德山痛棒也！　若有人出得頭來，欲待禮拜時，平實早於未拜之前便與痛棒，更哪堪禮拜之時？　真會之人，聞此一語，便知平實與德山之意也！正當爾起身之時，合當了知；若待出頭再禮時，更待開口問話時，方才賜棒，早是機遲，哪堪作人師？更何況以人天之師自居？　爾星雲法師若來相見，平實且先說話在此：「問即有過，放三十棒！不問亦乖，亦放三十棒！」後日若有緣相見時，須記此語，方免平實勞動筋骨。

德山禪師一日令侍者喚義存（編案：雪峰義存禪師），義存上來見過，德山禪師卻道：「我只是叫喚義存來，你又來作什麼？」雪峰義存不知德山意在何處，便無一語可供回答應對。

只如，德山明明喚雪峰義存上來，云何上來之後，卻道不是雪峰義存？且道：阿哪個是真的雪峰義存？　或有個禪和子來，道來者即是！平實便好取竹如意，劈面打去！　如是打趁不已，打上半里路去！　且道：阿哪個是雪峰？阿哪個是上座？

德山禪師一日見有僧人前來請益，乃閉卻方丈門，其僧敲門欲入，德山禪師便問曰：「是誰？」那僧答曰：「是雄獅之子！」德山禪師聞伊恁道，敢自稱獅子兒，乃開門放入，欲要見伊手段。那僧見方丈門開，入得門便禮拜德山，德山一見，早知是隻野狐，何曾是獅子兒？正當那僧禮猶未起之時，便騎上那僧頸項，逼問道：「你這畜生，去了什麼處又來我這裡？」

那僧入門方才禮拜，本是禮數週到，德山合該客氣些；無奈禪門不講這些世俗規矩，一切時地就是為了要教學人親證般若智慧，從來不套交情。寡聞少見之人，便道德山粗魯，猶似法鼓山久學「農禪」之信徒，寡聞少見故，便責平實為瘋子。　只如那僧才剛入門見禮，為何德山卻騎其頸？又責為畜生？又問何處去來？竟是何意？　如是諸問，不問佛光山四衆弟子，專問臨濟宗「真得」法脈傳承之星雲法師，且請斷一斷！究竟是何道理？　爾若斷得，平實道汝有來由；爾若斷錯，只成個野狐，禪門正理知見猶未夢見在！　頌曰：

是非只為多開口，煩惱皆因強出頭；
此語星雲須自省，勿造是非莫營謀。
勸大師：且開眸，不須諸洲建金樓；
達者畜生到處騎，從來不與人相仇。（調寄鷓鴣天）

第五三三則　清平胡孫

鄂州清平山　令遵禪師　師於咸通六年落髮後，詣滑州開元寺受具，攻律學。一日謂同流曰：「夫沙門應抉徹死生，玄通佛理；若乃孜孜卷軸，役役拘文，悉數海沙，徒勞片心。」遂罷所業，遠參禪會。

後參翠微禪師，久後方得悟入。宣揚妙義於大通禪苑，化導將十稔，至光化中，領徒百餘，遊鄂州，從節度使杜洪請居清平山安樂院。上堂曰：「諸上座！夫出家人須會佛意始得，若會佛意，不在僧俗男女貴賤，但隨家豐儉，安樂便得。諸上座盡是久處叢林、遍參尊宿，且作麼生會佛意？試出來！大家商量。莫空氣高，至後一事無成，一生空度。若未會佛意，直饒頭上出水，足下出火，燒身煉臂，聰慧多辯，聚徒一千、二千，說法如雲如雨，講得天華亂墜，只成個邪說爭競是非，去佛法大遠在！諸人幸值色身安健，不值諸難，何妨近前著些工夫體取佛意好！」時有僧問：「如何是大乘？」師曰：「麻索。」曰：「如何是小乘？」師曰：「錢貫。」問：「如何是清平家風？」師曰：「一斗麵作三個蒸餅。」問：「如何是禪？」師曰：「胡孫上樹尾連顛。」

星雲法師舉古德偈：「蜻蜓點碎波中月，盪散清光上下圓；吞吐魚龍全性命，隨其風雲浪滔天。」開示「修道的功夫」云：《這一首粟菴鼎禪師的偈語，說得非常美而有意境。他說蜻蜓點水，把水波裡的月亮都點碎了，月亮的清光隨著水波蕩漾開來，上面的水一圈一圈的很圓，映在水下的影子一圈一圈的也很圓。**水裡的魚龍有時候在圈子裡，有時候在圈外；不管在圈內圈外，它不傷害你的性命。這就是說修道者縱有所為，也不傷害世間，自然的生態不可以輕易的破壞，一個美的形象要大家來保護**。我想每一個人從童年到青年、壯年、老年，一定有很多美的形象、美的記憶，最要緊的就是不要把美的形象破壞。佛經說：「如蜂採蜜，但取其味，不損色香。」蜜蜂採花蜜，但是花的顏色香味沒有損壞。「隨其風雲浪滔天」，這就是過一種不變的生活。修道者儘管風雲波浪，而以不變應萬變，在這裡面才見得出修道的功夫。》（台視文化公司《禪詩偈語》頁414~415）

平實云：有緣出家已，住持僧坊，不事生產，五事供養皆靠在家菩薩，專事修行，而以修行所得正法利諸人天。如是專事修行之人，先不論悟道難事，但言悟道所須之基本功夫、但言悟道所須之基本知見，乃是一切出家法師必須具備者。若無見道應備之知見與基本功夫，縱使出家了，成日裡只在食衣住行上用心，又何異猢猻之鎮日裡專在飲食上用心？

如今佛光山上下四衆、我則不論，但只觀爾星雲一人，凡有所說，乃至舉說禪詩偈語等修行上事，亦復如是專在世俗法之事相上用心，從來不曾指導座下諸人修證禪悟之理論與行門。若於證悟之事或有所說，則皆唯在佛法名相上言之，初不曾言建立參禪功夫之方法，亦不曾言參究臨濟禪所應具之基本知見；卻反而將印順之藏密應成派中觀邪見，取來作為本家臨濟禪宗之正知見，實弘印順人間佛教之邪說，所說正是破壞臨濟禪之藏密中觀邪法。如斯佛光山，以印順所崇奉之藏密黃教應成派中觀邪見為主軸，取代本家臨濟禪之宗門正法；復又兼弘藏密之法，三十年來倡言八宗共弘、顯密雙修——函蓋藏密所修之雙身法在內——焉得是佛教之正宗？而佛光山諸多誠心之在家二衆，少有知之者；諸多老實之清信士，幾無人能知，皆遭欺瞞！

佛光山之四衆弟子，若欲真入佛道，若欲遠離藏密邪魔外道法者，當速棄捨佛光山目前所弘傳之虛妄法義：「**印順之藏密應成派中觀邪見、藏密所修之種種法門及雙身法**、常見見之星雲所『悟』意識心。」若不如是，終將浪擲一生於佛光山，而所「悟」之法卻是藏密之自續派中觀常見法，所修之中觀則是藏密黃教應成派中觀之「**無因論**」斷見法，卻悉冠以顯教之表相以為掩飾。如是而修者，非唯無功，抑且有過：助長藏密邪法之泛濫。則令佛教正法之弘傳，屢遭混淆與打擊，如是「護法」者，復有何功？更有何德？

如星雲所舉之偈，語中有正有偏、有境亦有真心，非如星雲所言之純依六塵境、純依覺知心而言也！　或有個人真會得禪，一日上得佛光山時，只教爾星雲：「閉卻嘴！且去偷拈一隻蜻蜓來。」拈得蜻蜓，一時會得，爾星雲方能知解「盪散清光上下圓」之意；若會不得，卻成上下亂光妄發，驟雨打亂湖水，悉皆圓不得也，因此便致星雲在其人句下會取不得。若問平實為什麼如是？平實卻教伊且向佛光山庭園中魚池邊去參究，若解「吞吐魚龍全性命」，爾星雲此後便可「隨其風雲浪滔天」，爾後一切風雲大浪，悉皆動轉爾星雲不得也！只恐爾星雲法緣未足，難得悟入！　由未能悟故，便將那偈作諸情解妄想，更印入書中，籠罩天下人！　星雲如是，佛光山出家二眾弟子亦復如是，何人曾參、曾解、曾證得本家臨濟禪宗旨？

佛光山大眾之所以同墮此過中者，皆因未具慧眼、未具法眼所致；**若人未具慧眼，絕無能力簡異辨魔**；若人已具慧眼而無法眼者，尚可能遭受他人表相行為及佛法唯識名相言語所籠罩；若人已具法眼，則一切人皆不能惑之；若人已具慧眼者，則平實但略言之，斯人便得了知一切大師之法為正為訛？是故今時若欲振興佛教者，必須於實質法義上著手，而非在寺院道場規模等表相上著手，非在信衆之多寡上著手。由是緣故，今舉清平胡孫公案，共諸佛光山清信士說禪，冀得證悟，以啟慧眼：

鄂州清平山 令遵禪師，於咸通六年落髮後，詣滑州開元寺受具足戒，專門研究戒律之學。有一日，清平禪師對師兄弟說：「身爲出家人，應該尋求抉徹死生之道，也應將玄而又玄之佛理會通；如果只是像現在這樣孜孜用心於經卷之中的話，像現在這樣一字一句而拘束於文句中的話，其實都只是在數海沙罷了，都只是白白地勞累身心而已。」說了這話，就停止了戒律上的研究，遠走諸方去參與各地說禪之法會。

後來終於參訪到真悟的翠微禪師，在翠微禪師座下參學日久之後，方得悟入。後來宣揚妙義於大通禪苑，化導衆生將近十年；到了光化年中，率領徒衆百餘人，出遊鄂州，依從節度使杜洪之請，常居於清平山之安樂院，時人名之為清平令遵禪師。

一日，清平禪師上堂開示曰：「諸上座！凡是出家之人，都須要會得佛的眞實意旨才可以；如果眞正會得佛意的話，所謂賢聖與智慧，其實並不是在出家或在家身相上、不在男人或女人身相上、不在富貴或貧賤上來定義的；眞悟之後，只要隨著個人家中的富有或貧窮的狀況，自己安樂的過日子就可以了。諸位法師盡是久處禪宗叢林、遍參諸方尊宿之人，你們到底是怎麼來體會佛的意旨呢？有誰是證悟了的？站出來試試！大家商量看看！不要私底下自認爲悟，空自氣焰高張地籠罩人，其實卻是不曾悟得，到後來一事無成，這一生就空白地度過了。如果還沒有會得佛法的眞正意旨，就算是你頭上能夠出水，腳下能夠出火，這樣示現，也是沒用的；或者只是燒身煉臂，修學世間有爲功德，就算是聰明世慧而又善能論辯，因此而能聚集徒眾一千、二千人，上了法座以後，說法如雲如雨，講得天華亂墜，也只是成就了邪說、只是與人爭競是非罷了，距離佛法眞正的意旨還是遠得很呢！你們諸位今時幸好是色身安健，不曾値遇種種困難的境界，何妨走近前來，作一些工夫來體取佛意，不是很好嗎？」

當時有一僧人出來請問：「如何是大乘？」清平禪師答曰：「麻索。」那僧又問曰：「如何是小乘？」清平禪師答曰：「錢貫。」只如那僧問大乘，清平禪師為何卻不答伊所問？不說個明白？但答是麻索？　那僧當然不會，便問小乘；然而清平禪師為何卻又答曰錢貫？為何儘在鄙俗事相上答伊？　爾星雲既已示現上人法，種種作為之中既已示現為佛門賢聖，如今且要請問：清平禪師答那僧之言，意在何處？　若答不得，莫要空自氣高，於己於弟子四衆，有何真實利益？

爾佛光山專在世俗法上用心，專在「世界第一道場」上用心，專在國際化上用心，於自己及學人之道業上，有何益乎？復又專在世界各國建設金碧輝煌之寺院，以供佛光山之出家法師住之，美其名為「人間淨土」，果真是人間淨土耶？人間真實之淨土乃如是理乎？如是浪費大量金錢於世界各國之寺院建築上，而不能回報衆生以真正之佛法，復有何益？　且道：清平禪師答伊麻索與錢貫，究竟是何意？　若能真解此中密意，用以回報佛光山諸清信士者，方是大師本分也！餘事皆難回報衆生恩也！

大師若對衆開示言：「麻索鉅大，能拉極重之物；比喻能度極多之人，所以是大乘。錢貫細小，最多只能貫串千文銅錢，不能拉極多極重之物；比喻不能度極多之人，所以是小乘。」平實聞得，有日方便，卻取杖子上得佛光山，將大師好打一頓；大師若向法院控告平實傷害侮辱之罪，平實卻願入牢服刑，以此公案世諦流布，成就今時未來諸人天衆。

大師後時若復來問（平實早料大師拉不下這個臉來），平實只問爾：「麻索與錢貫，是同是異？」若道同，同在何處？　若道異，又異在何處？　果真答得，平實便請入書房，奉上粗茶一盞，且要論議其中道理。大師還能對衆答得？還能筆之於書麼？　若答不得，莫空自氣高，腹中無物而言之鑿鑿，縱使籠罩得天下人，作家眼前便無語話分，有何實質法益？只成個野狐，臘月三十到來，閻王老子且要共爾計較生受衆生之衣飯錢！

前僧問過，復有一僧上來問：「如何是清平禪師您的家門風格？」清平禪師答曰：「一斗麵作三個蒸餅。」禪師家，向來如此。不知者便道禪師吝於開示，聖嚴法師更道：「答非所問，就是禪師答覆問題的最好方法。」何曾曉得禪門宗風？卻敢大膽出來教禪、辦禪七、印證弟子之「開悟」。

然而清平禪師此一答問，意旨卻是同於對前僧之答問，殊無二致，禪門中說為啐啄同時，最是難會；若非利根而又久學之人，皆難可悟。　只如是清平禪師之家風，為何是「一斗麵作三個蒸餅」？　次如平實言：「麻索、錢貫、一斗麵作三個蒸餅，這三句其實正是同一句。」又是何意？爾星雲若真道得，平實說汝有來由；否則，還是儘早再度封山，戮力參究好！平實因此便不復論議爾之法義正訛。若不爾者，年年遭人拈提，狐尾沒遮掩處，老臉無處可掛，莫怪平實！

因藏密與印順…等人之嚴重破法，是故平實主動加以評論之外，向來抱持「河水不犯井水」之世間規矩：人不犯我，我不犯人；星雲大師既要誣賴平實為邪魔、為外道、為法有毒，顛倒是非，製造是非，平實便遵照大師之開示：「不怕是非」，出而拈提大師法義之邪謬。大師切莫因此怨怪平實，啟此因者乃是大師自己故，平實只是回應故。　且道：上來諸問，大師還答得否？試道看！

那僧聞清平禪師道「一斗麵作三個蒸餅。」仍是丈二金剛摸不著頭腦，便又問曰：「如何是禪？」清平禪師見伊真個不會，不是真正利根底人，有心為伊，便開一縫道：「猴子上了樹之後，尾巴連連顛動不停。」　且道：清平禪師欲教那僧會禪，開示「胡孫上樹尾連顛」之語，意在何處？有請星雲「大」師一道，天下人要知，佛光山上下四衆弟子亦復要知！還答得麼？　只如平實道伊清平禪師此語是權開一縫，有心為那僧；只如清平禪師這一語中，偏正之理，在什麼處？爾星雲還答得麼？　頌曰：

胡孫上樹梢，說法無數篇；
叢林騰挪無生忍，風度正翩翩。
驚起尾連顛，妙旨誰得鐫？
綠樹薦爾不肯棲，寒枝更喊冤！（調寄卜算子）

第五三四則　投子油油

舒州投子山　大同禪師　舒州懷寧人也。俗姓劉，幼歲依洛下保唐滿禪師出家，初習安般觀，次閱華嚴教，發明性海；復謁翠微法席，頓悟宗旨。由是放任周遊，歸旋故土，隱投子山結茅而居。

一日，趙州諗和尚至桐城縣，師亦出山，途中相遇未相識。趙州潛問俗士，知是投子，乃逆而問曰：「莫是投子山主麼？」師曰：「茶鹽錢乞一個。」趙州即先到庵中坐，師後攜一罐油歸庵，趙州曰：「久嚮投子，到來只見個賣油翁。」師曰：「汝只見賣油翁，且不識投子。」曰：「如何是投子？」師曰：「油油！」趙州問：「死中得活時如何？」師曰：「不許夜行，投明須到。」趙州曰：「我早侯白，伊更侯黑。」自爾，師道聞天下，雲水之侶競奔湊焉。

星雲法師舉偈：「念佛無非念自心，自心是佛莫他尋；眼前林樹並池沼，晝夜還能演法音。」開示大眾當「念自心」云：《我們經常念佛、念阿彌陀佛，有人問佛：爲什麼我們要念祂呢？還有念佛念一句阿彌陀佛就好了，爲什麼老是念阿彌陀佛、阿彌陀佛呢？

其實我們念佛，可以說是念自己的心，一句「阿彌陀佛」是把我們心上微塵污穢擦除，所謂「念佛無非念自心，自心是佛莫他尋」，**真正的念佛，即心即佛，即佛即心**；佛在靈山莫遠求，靈山就在我們的心頭。唯心淨土，自性彌陀，原來在我們的心裡、在我們的自性裡，生來就具有諸佛如來的德性。「眼前林樹並池沼」，在西方極樂世界裡面有七寶行樹、……。一切是佛，佛是一切，佛無二無邊，主要就是怎麼樣把無二無邊的自性裡面的佛念出來。**我們不斷的說**（唸）**阿彌陀佛、阿彌陀佛，是要把自己的心，把自己的主人翁叫醒，這才是念佛的意義。**》（台視文化公司《禪詩偈語》頁114~115）

平實云：星雲所言「**念佛是念自己的心**」，言外之意是否為「**實無極樂世界阿彌陀佛存在**」？星雲就此實應加以說明，以正視聽；爾星雲所推廣之印順**人間佛教**，正是否定極樂世界、否定阿彌陀佛者故，印順如是否定之文字，具載於印順之著作《淨土與禪》一書中故（編案：印順法師否定西方極樂世界及東方琉璃世界之文字證據，將於拙著《如何契入念佛法門》初版第八刷起，錄於書末以爲證明）。

復次，准星雲所言：**念佛是念自己的心**。然而星雲如是開示所念自己之心，究竟是意識心？抑或第八識如來藏？星雲於此必須對大衆分明交待，不可含糊籠統也。若言應念第八識如來藏自心，則不應支持印順之藏密應成派中觀邪見，是**無因論**故，本質是**斷見論**故；若言應念印順所主張之**意識細心**，則星雲此一念佛法門即成妄想之法，印順自言意識細心是不可知、不可證者故，不能知證者則異於佛法之可知可證故，意識心不論粗細皆非實相心故，佛說「一切粗細意識皆意法為緣生」故；既是意根與法塵為緣方得生出之法，即非自在之本有心，即非常住心，即非實相心，爾星雲教諸徒眾念之何用？亦復違背本家臨濟正宗之意旨故。

所念者究竟是何心？茲事體大，不可淆訛，有請星雲就此**念自心**之義，對眾說分明，莫再顧左右而言他（星雲針對此一問疑，曾妄言自己念阿彌陀佛念到一心不亂，而不回答自己是否承認確有極樂世界阿彌陀佛）。佛光山上下四眾，亦應就此懇請星雲大師定位清楚：**究竟是念第八識如來藏自心**？或是應念**印順人間佛教**邪思所說之意識細**心**？否則一生追隨星雲，胡裡胡塗念佛，卻不知究竟是念個什麼佛？浪擲錢財於佛光山尚是小事，一生空過而走入歧途，助成印順及星雲之破佛正法共業，來世受諸長劫尤重純苦果報，方是大事；爾等佛光山廣大清信士，皆是有智之人，於此千萬不可不作理會也。

星雲法師既對大衆開示言：「**我們不斷的說**（唸）**阿彌陀佛、阿彌陀佛，是要把自己的心，把自己的主人翁叫醒，這才是念佛的意義。**」今者平實且要問爾星雲：「您既曾自稱念佛念到一心不亂，可曾將自己的主人翁叫醒？」有請星雲一答！若不曾將自己之主人翁「叫醒」，怎知念佛之修證境界與法門？怎能教人以實相念佛之法？豈非正是「一盲引衆盲、相將入火坑」之人？

然而星雲若言曾將自己之主人翁叫醒，則是大妄語者！亦是籠罩大衆者！何以故？謂各人之主人翁，雖然一向不曾墮在六塵中，然卻從來明明歷歷、了了分明地鑑機照用，從來不曾昏昧或睡著，時時刻刻不斷地運行不輟，何須爾星雲喚醒之？正當爾星雲眠熟無夢，昏昧不知時，亦復如是離於六塵而靈知分明地運行不輟，此乃一切親證「主人翁」之人所現前觀見者，非唯平實一人籠罩之說也。唯有意識常常昏寐不覺，方須喚醒之，實相心從來明明歷歷於六塵之外，不曾剎那昏寐過，何須爾星雲念佛去喚醒之？

是故，由爾星雲「**叫醒自己之主人翁**」一語中，便知爾星雲之所墮也！便知爾星雲根本不曾親證真正之主人翁也！　不知不證之人，而公開對衆教示**念自心佛**之理，正是盲者引盲者，相將步向歧路，有何意義？　由星雲此一段「法語」中，便知星雲其實根本不懂「唯心淨土、自性彌陀」真意，是故悉教大衆離真實心而求佛法，同墮意識心中，卻成個常見外道！

星雲法師就此公案，如是拈提云：《投子山勝因禪院的開山投子大同，圓寂前曾說：「吾塔若紅時，可以再來。」一百餘年後，信徒修塔，果然發現瑪瑙色的舍利塔，恰巧義青禪師來掛單，大家於是稱他爲「開山再來」。義青並作有開山塔頌：「白雲鎖不住，青峰以何收？月色籠寒塔，松聲半夜秋。」投子義青其實就是大同禪師的再來人。舒州太守楊傑曾讚大同禪師說：「一隻履，兩片皮，金烏啼處木鴉飛，半夜賣油翁發笑，白頭生得黑頭兒。」如何是投子？油！油！柴米油鹽日常生活的親切處，就是投子禪師的法脈源流！》（佛光《石頭路滑》頁39）

以上是星雲法師對此公案之全部拈提，真可謂簡略至極：拈了等於沒拈！於投子油油之真實意，未曾道著一句！盡於無關緊要之處作文章！如何可是真悟之人？可憐佛光山迷信大師名聲之部份信徒，卻仍然與余爭執：「人家星雲大師也是證悟之聖人，你平實居士怎可說他沒有悟？」正是：迷人盡被迷人誤。如是之人，縱入我法中，助其悟已，仍將難斷大師名聲之執著也！縱使真得悟入，復有何等功德受用？復有何等般若智慧能顯？若人問著菩提般若，必將吱吱唔唔難以說向他人也！如是之人不久仍將退失於佛菩提也！凡此皆是新學菩薩，欲入佛菩提道中以求不退者，猶在遙遠也！

一切有心修習佛法者，當先行建立正知正見，莫以星雲、印順所弘之藏密黃教應成派中觀之**無因論**、**斷滅見**，作為佛法真旨。應當多聞真善知識所說言句、所造諸書，方能漸次發起擇法覺分，漸能分辨佛門中諸師之法正抑或法邪。具足正知見已，當舉投子油油公案，以示入處：

舒州投子山 大同禪師，乃是舒州懷寧人氏。俗姓劉，幼年依止洛下保唐滿禪師出家，初習小乘安般數息之觀行法門，次又請閱華嚴經等法教，發明性海之後，尚有猶疑，未敢肯認；復謁翠微無學禪師之法席，方得肯認，頓悟宗旨。由是放任周遊，歸旋故土，隱於投子山中，自己結造茅屋而居。

一日，趙州從諗禪師行腳來至桐城縣，投子禪師亦正巧出山，二人於路途中相遇而未相識。趙州心疑所見之僧即是投子禪師，乃私下問於俗士，方知確是投子禪師，乃即逆迴，覓得投子禪師而問之曰：「**莫非即是投子山主麼？**」投子禪師聞道是來見自己底，便伸手曰：「**給我一個茶鹽錢吧。**」趙州當時給了茶鹽錢，即返身先到庵中坐待。

投子禪師隨後攜著一罐油歸庵，趙州見了便道：「早就聞得投子禪師大名，心嚮往之；不料到來這裡，卻只見到個賣油翁。」投子禪師卻道：「你只看見了個賣油翁，要且還不曾認識投子禪師。」趙州見投子如是道，便故意問曰：「如何是投子？」投子禪師答曰：「油油！」趙州復問：「死了覺知心、斷了我見以後，又從死過去中活過來時，那是什麼境界？」投子禪師答曰：「不許再於夜裡行走了，既然歸投於光明，意欲遠離無明，那就要眞的到達了才可以。」趙州卻道曰：「我早就讚歎所有人能到得白地，想不到伊更讚歎處在黑地。」自此公案傳開以後，投子禪師之法道，便傳聞於天下，雲水僧之輩，便都競相奔來投子山湊和了。

這個公案，自古以來，淆訛滋甚，縱使眞悟之人，亦無人膽敢輕易拈之；唯有先師克勤圓悟禪師拈之，此後更無人敢作。至於未悟言悟之人，則不知此個公案利害所在，智比芝麻，膽大於天，便敢輕率糊塗拈向天下，後來都成野狐證據，個個沒遮掩處！並無一人評論之語能得流傳後世。

趙州與投子二人，皆是一時之選，難有能上之者；若論二人初見如是公案，正可謂：**互有擅場**（兩處場子互有勝處），**平分秋色**。趙州先歸投子庵中坐待，及至投子歸庵，趙州云：「久嚮投子，到來只見個賣油翁。」趙州這一問，早是機遲，所以投子答云：「汝只見賣油翁，且不曾識得投子。」且道：何處是趙州機遲？便教投子見責？　爾星雲既是禪宗大師，還知此中淆訛所在麼？　平實若不為爾說破，料爾三十劫後亦復難了此一句語也！

趙州逆旅而問投子，投子豈真缺那油鹽錢耶？趙州當時不察，只道投子真個須伊油鹽錢，便遞過油鹽錢，先回庵中坐待，卻不知早已著賊了。待得投子歸到庵中，趙州更道投子是個賣油翁，是故投子責其未見真投子。趙州機敏，隨後便問：「**如何是投子？**」投子便直示曰：「**油油！**」趙州方曉投子言其機遲之事所在。　要知此中事，須先知得禪門啐啄同時之意，方知伊二人葫蘆裡賣什麼藥也！　如是拈提已，料爾星雲大師必定更增迷惑，非如我會中明心之人讀已，能得烏雲散盡也！

然而趙州悟後閱人無數，今乃悟後三四十年方始行腳天下，要辨諸方知識緇之與素，豈是省油底燈？乃設問曰：「**死中得活時如何？**」正是以子之矛，攻子之盾也！投子先算計了趙州，今時大意，一時不察，便回道：「**不許夜行，投明須到。**」亦是著了趙州之賊，是故趙州便道：「**我早侯白，伊更侯黑。**」扳回一城，平分秋色。

克勤先師於此一公案，別有看法，則是為諸未悟與錯悟之人設想，故作如是評論：「看趙州問：『大死底人卻活時如何？』他便道：『不許夜行，投明須到。』直下如擊石火，似閃電光，還他向上人始得。大死底人，都無佛法道理、玄妙得失、是非長短。　到這裡，只是恁麼休去；古人謂之『平地上死人無數，過得荊棘林是好手。』也須是透過那邊始得。　雖然如是，如今人，到這般田地，早是難得。或若有依倚、有解會，則沒交涉，吉和尚謂之『見不淨潔』。」爾星雲還能會先師意旨否？若也會得，且便恁麼休去！若仍不會，下顧茅廬而問平實者，平實亦教大師恁麼休去！更無餘事。

那趙州與投子話家裡事，言語來往甚是活絡，便留下且住幾日。投子一日為趙州置茶筵相待，自過蒸餅與趙州，趙州卻不理會伊。投子見狀，早知趙州欲撒塵沙，便令座下行者過餅與趙州，趙州卻因此禮那未悟之行者三拜。平實勸爾星雲大師：且向這裡著隻眼看，究竟趙州老人意下如何？　若也會得，平實從此不再拈提大師！不待大師之公開道歉而後止！　大衆且看伊古人，時時處處為人設想，何曾辜負一人？平實亦然，於諸學人，從來不曾絲毫辜負，自是學人當面錯過。爾星雲大師何不於此切？還記掛著廣募錢財、諸洲廣建輝煌佛寺作麼？頌曰：

到處不曾藏，自心何須喚？
無始劫來曾未寐，相隨遊柳岸。
更道念自心，將諸學人謾；
茶鹽密意若得占，暗賊將為伴。（調寄卜算子）

第五三五則　投子孤負

舒州投子山　大同禪師　僧問：「牛頭未見四祖時如何？」師曰：「與人爲師。」又問：「見後如何？」師曰：「不與人爲師。」

問：「諸佛出世，唯以一大事因緣。如何是一大事因緣？」師曰：「尹司空爲老僧開堂。」

問：「和尚未見先師如何？」師曰：「通身不奈何。」曰：「見先師後如何？」師曰：「通身撲不碎。」曰：「還從師得也無？」師曰：「終不相孤負。」曰：「恁麼即從師得也！」師曰：「自著眼趁取。」曰：「恁麼即孤負先師也。」師曰：「非但孤負先師，亦乃孤負老僧。」

星雲法師云：《…演藝明星中的大牌，也有人說那是名牌；有信用的商家，也成爲名牌；學校辦得好，成爲名牌的學校；一所幼稚園辦得成功，也是名牌；乃至名牌的雜誌、名牌的茶館、名牌的飯站、**名牌的寺院**、名牌的花園、名牌的工廠等等，不一而足。世間的人事，是不是名牌，大衆很容易評鑑；但是對於一些消費品，是不是眞的名牌，就很難鑑定了。把物品做成名牌容易，把道德做成名牌，把學問做成名牌，

把自己做成名牌，就不是容易的事了。

既要名牌，就一定要高難度的名牌；名牌是修練而成的，名牌不是買來的東西。**名牌的東西，品質也不見得就真的高人一等，然而能成為名牌，必然也有它引人之處。**不過，流行的東西不名牌不重要，最好是自己做個名牌吧！》（香海文化事業公司《迷悟之間》第四輯，頁 218~219）

平實云：星雲法師一生劬勞、奔波各洲，目的即是將自己塑造為宗教上之名牌，將佛光山塑造為世界廣聞之名牌，如今已經成功。慈濟亦復踵隨其後，開始向**世界名牌**之目標進發，開始作**國際化**之事與業，欲獲取德蕾莎修女在世界上所得之同等名望；是故近年台灣經濟雖然困窘，產生大量貧民難以維生現象之際，慈濟仍繼續向世界名牌之國際化目標前進。由是緣故，台灣之許多壯年青年，近年來因景氣不佳而失業，難以維生而自殺之案例不少，以證嚴慈濟廣大之人脈與組織，豈有不知者？而竟未能救濟之，任令自殺以了寶貴之生命，仍繼續向國際化邁進——注重他國之救貧等事，此亦是欲求成就世界名牌之心態所致也。

「把物品做成名牌容易，把道德做成名牌，把學問做成名牌，**把自己做成名牌，**

就不是容易的事了。」然而星雲數十年來努力經營，將自己做成了名牌，亦將佛光山做成了名牌之後，果然如星雲自己所說者：「**名牌的東西，品質也不見得就真的高人一等；然而能成為名牌，必然也有它引人之處。**」是故，佛光山固然已成名牌，然而其內涵與品質，果真高人一等？答案絕非肯定，卻是否定者。然而佛光山之星雲等人，對部份初機學佛者而言：「**佛光山能成為名牌，必然也有它引人之處。**」

如今平實將逐年拈提星雲法師個人之「修證」內涵，供養佛教界一切學人。即如此輯中所拈提者，學人讀已，自知佛光山名牌之品質。然而佛光山名牌之品質雖然低劣，卻有引人之處：**本山道場廣大，金碧輝煌；分院遍布全球各大洲，環境清幽復又皆極輝煌華麗**（詳見人間佛教電視台報導佛光山之日本道場：本栖寺實景。佛光山於世界各國所建寺院，大概如是）；**星雲其人夤緣政治勢力，又自設電視台而廣宣傳，復擅於社會人際關係之營謀**，是故名聲廣大。由有如是諸多因緣，是故仍有引人之處，能吸引不知內情之**初機**學人，對此名牌產生迷信，故於了知內情者漸次離去之時，仍有新人前仆後繼，不斷投身於佛光山之護持行列中。

名牌自己，若對自己深具信心者，則應只作推銷自己名牌之事即可，不必貶抑非名牌之平實、不須貶抑非名牌之正覺同修會；然而佛光山名牌，卻恐懼非名牌之正覺同修會品質超勝，便作無根誹謗之語，如是破壞非名牌之信譽。今時平實被星雲法師之無根誹謗所逼，不得不舉示佛光山名牌之品質，證明平實之言絕無絲毫造假之說，皆是如實而說；今由諸大師與諸學人共同檢核，名牌之事實真相，便致大白也！

名牌之營造，實不可取；星雲卻教人應將自己打造成名牌，全屬世俗事相之法，與佛法之解脫道證量無涉，亦與佛法之佛菩提智無涉，何須以一生數十年寶貴之修行時光，用來刻意打造虛幻不實之佛教界名牌與國際名聲？如斯而行，卻與佛法之修證，完全背道而馳；如是名牌者，顯示佛教界之一項事實：**越是名牌，品質越是低下**。越是名牌，越是不肯安份修行；將本應用來修行之時間與錢財，用來打造名牌者，則是越發遠離佛法修證者，則是佛法修證品質越發低下者；反而遠不如安份守己、老實修行而非名牌之諸多小法師、小道場也。一切學人於此真相，應須留心，以智辨別。是故，佛法般若之修證首要，乃是求證禪宗開悟明心之境界，由是緣故，便舉投子孤負公案，共諸大師學人說禪：

舒州投子山　大同禪師，因一僧問：「牛頭法融禪師未見到四祖的時候，是什麼境界呢？」投子禪師答曰：「當別人的師父。」那僧又問：「見到四祖以後又是什麼境界呢？」投子禪師答曰：「從此就不敢再當別人的師父了。」

牛頭法融禪師見四祖前，乃是以定為禪，專在意識心上用功，是故顯現許多定境，招來鳥獸銜花供養，四方聞名，因此多諸學人拜以為師；牛頭法融卻不能了知自己正墮於意識心中。後來四祖聞其名聲，乃往見之，為其說法，方知此乃意識心修行所成之定境，不能了得生死，只成個世間聖人，於了生死一事，於法界體性之實相修證上，終非正法，乃盡捨之，不復顯現定心境界；以為一切境界皆空盡，便是四祖所說之般若境界，如是之故，鳥獸悉皆不曾再見其復現定境神異境界，乃不復銜花供養。

然而牛頭禪師如是境界，卻又墮於一切法空之空無見解中，同於今時印順、星雲、心定、昭慧、傳道……等人，皆以緣起性空、一切法空之斷見論，以如是頑空觀念之證解，作為般若之證量。由於認定一切法空即是般若解脫，故認為一法不立即是佛法，一切法皆空即是般若，從此不肯再讓人拜以為師（編案：牛頭法融禪師見四祖等事，詳見公案拈提第一輯《宗門正眼》第99則「牛頭怖佛」公案）。

且道：牛頭見四祖前之與人爲師，及見四祖後之不與人爲師，投子如是二答之語，意在什麼處？豈是專言與人或不與人為師者？莫錯會！錯會者，小心投子晚間入夢來賜爾三十棒；夢中正挨棒時，莫怪平實未曾先言。

復有僧來問：「**諸佛出世，只因爲一件大事因緣而來。如何是那一件大事因緣？**」諸佛出世之因緣，詳見《法華經》所說，謂「開、示、悟、入」**佛之所知所見**也。經中具說佛之所知所見者，乃是真如心也；佛地之真如心，即是因地之第八識如來藏心修除二障習氣種子後所成者也。是故諸佛示現在人間時，悉皆欲令大衆親證此第八識心。投子禪師聞此僧問這一件大事因緣，便開示曰：「**尹司空**（古時官位之名銜）**爲老僧開設法堂。**」

只如諸佛出世之因緣，乃是為令衆生證得法界體性之真實相；投子禪師竟說「尹司空為伊開設法堂」，即是諸佛出世之因緣。且道：投子禪師說者，究竟是不是？若是者，是在什麼處？若不是者，因什麼道理說伊不是？爾星雲大師既是名牌道場、名牌大師，可還道得麼？試道看！若是真能會得者，平實今後不再拈提大師！料爾星雲大師亦將不敢再無根謗余也！親證如來藏者，已親證知一切種子皆在自心如來藏中記存故，由此證實因果之不虛故！

有僧上問：「和尚您未見翠微無學先師時，是什麼境界？」投子禪師答曰：「通身都不奈何。」那僧不解投子之機鋒，又問曰：「那麼後來見了先師以後又怎麼樣呢？」投子禪師答曰：「通身都撲不碎。」那僧卻不懂得直下薦取，又問曰：「有沒有從您的師父那裡得到什麼？」投子禪師更答曰：「終究不孤負他老人家。」那僧完全不曾領解投子禪師言外之意，更又問曰：「若是這樣的話，就是從先師那裡得到法了！」投子禪師見伊根本不知言語上之機鋒，乃進一步指示曰：「你可得自己用眼睛去看取。」那僧懵懂，又問曰：「若是這樣的話，那您當時可就是孤負先師了。」投子禪師見伊問得越發遠了，便訶責那僧：「你非但孤負了先師，也眞的是孤負老僧了。」

學人學禪時，自心如來其實隨時分明現前，然而使盡吃奶力氣參究之後，卻又個個皆道不知，正是通身不奈何。及至悟得，方知通身撲不破，假饒諸天天主合其神力為一大力，亦不能撲破之。此事雖然要因師悟，卻是自己原來本具之境界，非從修禪而得，非不修禪而得。一切學人皆當自己著眼薦取，莫要辜負平實諸多老婆言語。　且道：通身不奈何底，在什麼處？爾星雲法師既是臨濟法脈傳承者，對於座下學人，應當有以教導，且道：在什麼處？　爾若欲會，來問平實者，平實但答：「通身撲不碎！」一切學人若有所問，平實悉作此語，更無二語，未審星雲大師還知平實意在何處麼？若能真實知得，便見投子禪師如在眼前！若不會者，且以白土燒個**名**字**牌**號送來，平實甫接得，當場望地上撲碎，且要教爾會去！頌曰：

通身是飯餓死人，頭頂沒水渴死漢；
未見先師不奈何，見後何曾相違犯？
造名牌，燒名瓷，通身分明眼自暗；
燒成名牌且摜碎，空手相見亦璀璨。（調寄鷓鴣天）

第五三六則　洞山無著

筠州洞山良价禪師　師問太長老曰：「有一物，上拄天、下拄地，黑如漆，常在動用中，過在什麼處？」太長老曰：「過在動用。」師乃咄云：「出去！」

師有時垂語云：「直道本來無一物，猶未消得他鉢袋子。」僧便問：「什麼人合得？」師曰：「不入門者。」僧曰：「只如不入門者，還得也無？」師曰：「雖然如此，不得不與他。」師又曰：「直道本來無一物，猶未消得他衣鉢。遮裡合下得一轉語。且道：下得什麼語？」有一上座，下語九十六轉，不愜師意，末後一轉，始可師意。師曰：「闍梨何不早恁麼道？」

後有一僧聞，請（上座）舉；如是三年執侍巾瓶，（上座）終不爲舉。上座後因有疾，其僧曰：「某甲三年請舉前話，不蒙慈悲；善取不得，惡取。」遂持刀向之曰：「若不爲某甲舉，即便殺上座也。」上座悚然曰：「闍梨且待，我爲汝舉。」乃曰：「直饒將來，亦無處著。」其僧禮謝。

星雲法師之《迷悟之間》書中序文云：「⋯在各方的反應中，例如人間報社（佛光山所創辦之「人間福報」報社）說：很多讀者就是爲了要閱讀《迷悟之間》而訂報；

也有讀者說：他看了《迷悟之間》以後，增加寫作興趣，作文能力大增，因此考取大學；有的讀者則把《迷悟之間》剪貼成冊，作爲床頭書。也有人說：自己本來有很多惡習，自從看了《迷悟之間》以後，從此不抽煙、不喝酒、不吃檳榔，也不打牌了。有的家中原本婆媳不和、家人不睦，看了《迷悟之間》以後，家庭洋溢歡笑，一片溫馨和諧。甚至青年學人寫週記，用《迷悟之間》作爲題材，結果得到學校老師的讚歎、欣賞。這些來自各方的反應，愈加讓我對撰寫《迷悟之間》感到有一種無可推卸的責任，也正因爲這份責無旁貸的使命感，推動著我每天在忙碌的弘法行程中，總是不忘要抽空與讀者結個文字緣。》（香海文化事業公司《迷悟之間》序文）

平實云：星雲法師在世間法上之用心，一向皆極為成功；寫作《迷悟之間》一書亦復如是，在世間法上極為成功。此乃吾人所應讚歎者，對於世人之移風易俗，有其極大之功德；對於初學佛法諸人，亦有極大之功德，能令初機學人之世俗功利貪瞋等心性有所轉變，乃至教化世人爲人處世之道，增進世間法上之福祉、家庭和樂……等，可謂功莫大焉。然而《迷悟之間》一書，始自第一輯，閱至第四輯，所說者皆是世間法，實與佛法三乘菩提修證之悟無關，是故星雲法師於序文中自言：

《所謂『迷悟之間』，主要的就是吾人**在日常行事之中**，總有一些「迷」與「悟」的牽扯，有時候當局者迷、旁觀者清，所以幾句小語，偶而給予點破，增加取捨，也會給自己一番的深思。》此即星雲法師《迷悟之間》一書之主要精神所在也：**在日常行事中之迷與悟，非是佛法上之迷與悟**。然而星雲法師隨後又將如是世俗法上之種種事相之觀察與應對等事理，加以附會為佛法中**開悟、證悟之事理**，則有大過也！彼作是說：

《其實，迷悟只在一念之間！一念迷，愁雲慘霧；**一念悟，慧日高懸**。正如經云：「煩惱即菩提，菩提即煩惱。」鳳梨、葡萄的酸澀，經由陽光的照射、和風的吹拂，酸澀就可以成爲甜蜜的滋味。所以，能把迷的酸澀，經過一些自我的省思、觀照，當下就是悟的甜蜜了。》（香海文化事業公司《迷悟之間》序文）

若依其書中所言，自己定位為世俗法上、人天善法上之人間善行，則非但無過，抑且有大功德，能令世人獲得世間法上之和樂幸福故；但星雲法師文末此段文字之牽強附會為**佛法上之迷悟**，則有大過，此非佛法之證悟意涵故，與佛法上之證悟實義混淆而言故；如是，則將佛法之二乘菩提之悟，將大乘菩提之般若證悟，與**世俗法上之醒悟**混為一譚，說為無別，則成誤導衆生；其結果將是導致佛光山之信徒以為：世俗法上之修善懲惡即是佛法，以爲世俗道理之認清眞相即是佛法上之證悟，則有大過；必令深妙之佛教法義淺化故，必令出世間之佛法隨之趣向世俗法中流轉故，必令佛法之三乘菩提真義湮滅故。

是故，彼《迷悟之間》一書，序文中對於「悟」之定義，以及書名之刊定，皆有過失，必皆造成世人對佛法之誤會故。是故彼書在世間法上之功德，雖極可觀，然不能抵其佛法上誤導衆生之過，不能抵消其導致衆生對佛法證悟定義產生誤會之大過失也。

星雲法師造就如是過失之根本原因，皆是由於對佛法三乘菩提之真義不能理解，信受印順法師人間佛教邪思，依印順人間佛教之藏密應成派中觀邪見而行所致。是故，真學佛法者，當知二乘解脱道之正理，隨後亦當解知佛菩提道異於解脱道之正理所在；然後進修禪宗法門，方得真實證悟般若；若不如是，終將如同星雲法師一般，墮在世間法上，以為不貪著我所時，即是斷我見，即是證悟般若，即是解脱道之證悟，若如是，誤會佛法可謂大矣！

解脱道之修證，要在斷我見與我執，斷除我所之貪著時，仍是凡夫，未入聲聞解脱果位中；此即是大乘法中所說斷見惑與思惑之謂也。是故見惑與思惑之內容，一切佛門學人皆應了知之；以此見思惑內涵之如實之了知，便可遠離諸方大師在解脫道上之邪見與誤導也！

至於佛菩提之修證，要在親證如來藏，親證之時即是大乘法中之眞見道；證得如來藏後，便自然漸次發起般若之智慧；然後進修大乘方廣諸唯識經，配合所應修及應斷者，便起初地無生法忍，如是親證道種智，能辨一切諸方大師，一切人所不能訶，如是方屬真正之大乘佛法也。是故，尋求禪宗之證悟，乃是修學大乘佛法最重要之事，亦是最急之事。然而求悟之前，當先斷除我見；斷除我見之前，當先了知我所與我之分際，然後方能免為大師所誤導；故說應先了知見惑與思惑之內涵。見思惑之內涵既已了知，則當求證禪宗證悟之智慧境界，故舉洞山無著公案，共諸佛門學人說禪：

筠州洞山良价禪師一日問太長老曰：「有一物，上拄天、下拄地，黑如漆，常在動用中，過在什麼處？」太長老曰：「過在能動、能作用。」洞山禪師乃喝斥曰：「出去！」只如此一公案中，太長老答云：「過在動用。」洞山為何便大聲喝斥太長老？如是不顧其身分之崇高，竟是何意？

每見大師與學人作如是言：「正當我一念不生時，此覺知心仍然能隨心所欲、能動能用。這能動能用底覺知心，便是我底眞如佛性，便是佛所證之眞如佛性。」然而彼等諸人卻不曾解知：動者本是因於色蘊之存在，風大所轉，故有動用，行蘊所攝。既是行蘊所攝，則知行蘊乃是變易無常之法，是衆緣所生之法，有何可執？是故，太長老此答，於一般學人而言，本無邪謬，乃是正知見，一切未悟及錯悟之大師與學人，悉皆應領受之，不可墮於行蘊中，否則即成野狐禪子。若有人因此為人印證為悟者，無量世中墮於野狐之身，難可得離；唯除後時值遇大善知識，為其轉之。

然於眞悟之人而言，悟後仍作是語者，則有大過，是故，洞山禪師對其太長老加以喝斥，不留情面；學人不可因此便言洞山為傲慢、為「不尊師重道」也，此斥能令其太長老增進般若智慧故；若是世諦流布，亦能增益後世已悟之人故——假使後世眞悟者能參究親知其中緣由。且道：洞山禪師之太長老云「過在動用」，有何過失？便致晚輩洞山之喝斥？若有眞悟之人問著，平實但向伊道：「假饒動之不止，亦無過失。更道動有何過！」如是等人，洞山禪師常有訶斥：「伊只解恁麼去，不解恁麼來。」

洞山禪師有時垂語開示諸弟子：「直道本來無一物，猶未消得他鉢袋子。」

此言六祖當時尚在東山當行者時，見神秀禪師題偈：「身是菩提樹，心是明鏡台；時時勤拂拭，勿使惹塵埃。」六祖當時便口唸一偈，請張別駕代書於壁：「菩提本非樹，明鏡亦非台；本來無一物，何處惹塵埃？」當時寺中僧衆以為題此偈者必是已悟，隨即傳誦之。後來五祖聞道有此一偈，早知必是盧行者所作，防其遭害，乃以鞋擦去，並云：「此亦非悟。」盧行者身命便得暫保。六祖壇經中具載此事，然而未悟之人根本不知此偈心境實猶未悟，只是墮於緣起性空之頑空中，何曾證得自心如來？是故未悟之人每歎六祖此時已悟，皆是誤會者也。

唯有真悟之人，方能聞之便知六祖作偈當時其實未悟，是故洞山方有此語：「就算是能夠說得出**本來無一物**這句話，也還是消受不了裝佛缽之布袋子，何況能受祖衣與佛缽？」當時便有一僧出問：「那是什麼人才應該得佛缽與祖衣？」洞山禪師答曰：「不入門的人才能得。」洞山之意乃謂：能證知有一從來不入佛門、不入般若門者，方能得之。那僧不解洞山之意，又問曰：「如果眞的是不入門的人，還能夠得到佛缽祖衣嗎？」卻是誤以為不悟入般若、不證得佛旨者可得。洞山禪師有心為伊，乃答曰：「雖然如此，不得不與他。」這話卻又向偏中來，與雲門禪師之屎橛、露柱、胡餅、花藥欄一般，同是啐啄同時之用；那僧根本不是啐啄同時之機，焉能會得？

洞山禪師見大衆並無一人能會，乃又開示曰：「直道本來無一物，猶未消得他衣鉢。眞悟之人，在這裡應該能夠下得一句轉語才行。且道：應該下得什麼轉語？」後來有一上座，下語凡有九十六轉，都不能契合洞山禪師之意，直到最末後一句轉語，始得洞山禪師允可。洞山禪師當時訶責那僧曰：「你爲什麼不早早這麼說出來？」

後有一位已悟之僧，聞說上座所下轉語，已得洞山禪師印可，便來請求此位上座舉說那句轉語；如是三年執淨瓶水及布巾奉侍上座，以求開示，然彼上座終究不肯為那僧舉說。彼上座後時因有重疾，那僧乃藉機告曰：「我三年來執侍巾瓶，請求上座您舉示以前在師父那裡所舉底轉語，卻是不蒙上座您慈悲開示；既然善心求取不得，如今我便惡心求取。」遂持刀指向上座曰：「如果您還是不肯爲我舉說，現在就殺了您。」上座見那僧求法心切，乃至證悟極深之人亦欲殺之，心中悚然警覺，乃告之曰：「你且稍等一等，我爲你舉說吧。」乃開示曰：「當時我在師父那裡的最後一句轉語是：就算是將如來藏執持過來給您，您也是無處可安放。」那僧聽了，當場對上座禮拜道謝。

看伊古人，雖已證悟，為求更深入之般若智慧，雖然乃至唯有一句轉語，亦復如是虔心以求，三年執侍巾瓶。那上座慳吝於法，三年之後仍不肯為那僧舉示，無怪乎那僧藉病惡取之。如今還有如是僧麼？莫道三年執侍巾瓶侍奉在側，乃至三天亦難可得也！是故，各人之悟，疾遲有差，非無因也！　只如那僧道：「直饒將來，亦無處著。」與初悟之智，有何差別？便教洞山禪師印可之？

一切真悟之人欲知麼？且覓平實問來！平實甫聞問，便問爾：「爾悟個什麼？」且要爾宣述所悟；正當爾口說手呈之時，不待爾言畢，平實且教爾：「放下著！」會麼？一切欲證無餘涅槃之禪宗真悟者，悉皆不得外此而求。

爾若當時放下所悟般若，放下所悟真如心之執著，平實卻又當頭一棒，喝道：「爾今解得恁麼去！何不解得恁麼來？爾還能放下個什麼？」　頌曰：

本來無一物，缽袋難消，莫道佛缽祖衣。

過在動用語遭斥，喝令出去為伊！

古德此事時人悉怯聞，迷濛茫然，難知所趣；

饒爾悟，聞亦頭低。

將來亦無處著，意深人難會，聞者眉鎖，難見洞山心跡；
說文解字，無非戲欺！
四方大師，縱入門，難得祖衣；
欲知不入門，出門向晚，搖漿月溪！（調寄夜飛鵲）

第五三七則　洞山語話

筠州洞山良价禪師　僧問：「承古有言：『相逢不擎出，舉意便知有』時如何？」師乃合掌頂戴。

師問德山侍者：「從何方來？」曰：「德山來。」師曰：「來作什麼？」曰：「孝順和尚來。」師曰：「世間什麼物最孝順？」侍者無對。師有時云：「體得佛向上事，方有些子語話分。」僧便問：「如何是語話？」師曰：「語話時，闍梨不聞。」曰：「和尚還聞否？」師曰：「待我不語話時即聞。」

證嚴法師解說初地菩薩之證量云：《學佛，一定要經過「菩薩十地」這十個階段。「地」是基礎的意思，第一個基礎階段就是「歡喜地」。要做一位歡喜地菩薩，須具備什麼條件呢？首先要**培養歡喜心，也就是愛心、慈悲心**；有了慈悲心，就願意施捨。不管出力或是物質的布施，抑或以自己所 **體悟** 的道理去改變他人，都要從歡喜心和愛心開始，然後才能「捨得」，包括捨出金錢、物質與時間。如慈濟四大志業能夠成就，就是因為有許多的護持者能生歡喜心，才有今天的規模。不過，**當然不是保持三、五日的歡喜付出，就算是歡喜地菩薩；而是要經過長時間來考驗。不只**

是這一世，還有無數的來生來世，都要常常「培養」這分真誠的歡喜心。……。所以說，修行就是這麼簡單的事：只要在日常生活中，時時培養殷勤的心和歡喜心；有了歡喜心就沒有煩惱，有了殷勤之心就不會懈怠，並且腳踏實地精進，就能恆持道心，進入菩薩的初地，也就是「**歡喜地**」。》（慈濟文化出版社《心靈十境》頁2、5）

平實云：此輯公案拈提寫至此則，正逢當日（2003/1/18）星雲法師之「佛經講座—六祖壇經（第一輯）、菜根譚（第十四輯）」，於人間電視台上播出，現場有千餘人、數百人聽講；星雲法師於此二「佛經講座」上曾分別公開宣示云：「**我這一生沒有開悟**。」「**當然，我也沒有開悟，我也沒有成道**。」平實於人間電視台播放之節目中親聞此言。未悉此二講座為何年何月所講者，卻至今日方始播出；星雲法師此時播出此言，是否可解讀為「有意消除上人相，不再示現上人法」？仍待餘事觀察之，不便立作定論。　然平實基於「與人為善」之立場，願從下一輯起，暫停拈提星雲法師，藉此以示余之善意，然後觀其是否如實改變、回歸臨濟正法：

一者，佛光山是否公開宣稱遠離印順**人間佛教**之邪思？是否實質上亦摒棄印順所有之人間佛教邪思謬論？是否遠離印順師徒而不再聲援支持護助？二者，是否公開宣稱回歸臨濟禪宗修證內容之如來藏？實質摒棄印順否定如來藏之邪見？實質否定印順所主張之意識細心常住不滅？　三者，對徒眾公開承認：「以前無根誣謗平實居士爲『邪魔外道、法義有毒、將下地獄』等言語，確爲自己之妄說，後不復作。」並落實於此後之言語中，令以前曾聞誹謗之語者悉皆改其所聞。　審能如是，並且永不復犯者，平實將不復拈提星雲法師之法義非正所在，從此永置。後若見彼所言確有善處者，亦得拈為實例，舉示於書中，讚為正法，以利學人，用示護持；唯除復作無根謗法及謗平實等事。

是故由此則起，改寫證嚴法師之法義邪謬處；證嚴法師曾與星雲法師，於同一週內開始異口同聲無根誹謗平實為「邪魔」、為「外道」、為「法義有毒」，並言「隨從平實學法者，將來必下地獄」。由是緣故，當拈提其法義邪謬所在，欲令慈濟功德會中三眾佛弟子悉知，以免諸多佛弟子在慈濟修集「功德」之結果，卻成為破法者之幫兇──成就了「幫助證嚴法師破壞正法弘傳」之惡業，是故此則公案拈提開始，改以證嚴法師之邪謬法義而拈提之。

然而星雲法師講座中所言者，互有功過：「開悟並不是那麼簡單的，祖師往往都是十幾年、二三十年的參學才能開悟。現在有些人卻想在短短的時間內就開悟，這種速食麵的心態是不對的（依次日之記憶轉述其大意）。」有功者謂：學人每存速食麵心態，冀求一見平實便得證悟，而不探究自己證悟之因緣是否具足？所謂正知見是否已立、參禪功夫之有無、性障之深淺、福德之厚薄、慧力之高低等。不作如是自惟，便欲平實藉一面之緣而助其證悟，故說彼諸學人實有過失。今者星雲法師作如是言，藉以警覺如是緣未具足者，正是功德一件。

有過者謂：若人有智，親到正覺同修會中護持三寶、護持正法，以此培植深厚福德，復又參加禪淨雙修班之長期共修，建立開悟所應具備之正知見，依止諸親教師而用心廣學諸法、藉以提升慧力，殷勤消除性障，亦同時修學參禪時應具備之功夫，及破參之方向與法門。如是次第作已，具足眾緣時，亦得短至三、五年內便得開悟明心，能以三乘諸經驗證無訛。此等諸緣若猶未熟，則期之以十年、二十年，亦有緣熟得悟之時。而星雲法師未言及此，唯言悟之困難，是故有過。然於此後三年之中，若無其餘他事，余終不再拈提星雲法師法義上之過謬。

證嚴法師者，乃是不學無術之人：根本未曾知解佛菩提之般若智慧，乃至參禪破參所須之功夫與知見俱無，未得一念不生或淨念相繼之功夫，未曾破參明心，未證自心如來藏，尚且未入菩薩七住位中，竟敢妄言十地菩薩之證量，以自己之境界而說十地菩薩之證量，藉以暗示大衆：**自身實已是初地以上**之菩薩。復又未曾知解二乘菩提，根本未斷我見，尚且未入聲聞初果，不具六住菩薩斷我見之智慧與功德，而言能知能解佛菩提道之十地境界者，未之有也！故其《心靈十境》書中所言十地境界者，乃是癡人說夢之言，唯得言為**夢話**爾！此後十數則中，將漸次舉之破斥：

證嚴法師云：「『**地**』**是基礎的意思**」，下地固是上地之基礎，不許躐等，然而種智中之**地**義實非如此；證嚴不知，依己情想，妄自作解，用以闡釋佛法名相，則唯顯其無知，於自於他悉皆無益。地者，謂境界相；十地者乃是十地菩薩修證無生法忍之境界相，乃是 世尊設教，將學人證悟明心而修學唯識種智，進入初地通達位，成為初地之入地心時，進修無生法忍智慧而至佛地之十種境界相；由此十種境界相之認知，而令佛子得以了知自己之修證位階──境地，以及隨後應進修之目標及法門，故名為地。非唯單謂基礎也！

入住初地所須之證量，若真猶如證嚴所說者，則天主教之德蕾莎修女，早已是初地菩薩也！若非多生多世修慈、仁民愛物者，於數十年前之落後非洲貧苦地區，以德蕾莎生活富裕之身分，絕無可能自願常住於彼，照顧當時世人以為會傳染之痲瘋病患者。由證嚴所言初地菩薩之標準而言之，則德蕾莎修女，應非唯是天主教之世間聖人，亦應是佛教「世間、出世間」之初地聖人也！證嚴所說之初地菩薩者，唯須多世修集**培養**慈悲心、歡喜心即可故；依證嚴所說，若於此世間法上之歡喜心永得不退者，即是初地菩薩故。然而事實上，佛菩提道絕非如此！

復次，證嚴所說者，乃是倒果為因，此謂：初地名為**極喜地**，然而初地菩薩之心得極喜者，乃因性障早已永伏如阿羅漢；復因實證無生法忍果，確實了知法界因、具有道種智，通達於世出世間之般若智慧，能知天下一切大師之所墮，由是緣故心生極喜，乃能親自荷擔如來家業；是故極喜之心者，乃是以無生法忍為因而生者，乃是無生法忍果所顯現之境界相。證嚴卻不如是，將果地之境界相，取來作為修學之法門；不依入地所應修學之法門內涵而證，卻將入地後之果位境界表相作為法門，正是**倒果爲因**者。如是而修，永劫不能證得初地心，尚且未能實證七住菩薩之般若智慧故，何況能成就初地心？由是正理，可見證嚴法師對大乘佛法之知見，極度欠缺，復又自以為知，嚴重扭曲而誤導眾生，可謂「根本不懂佛法之人」也！

復次，經中佛語具載，欲得初地之入地心者，須具四緣：一者無生法忍（八識心王之一一心皆確實親證、八識心王之五法、三自性、七種性自性、七種第一義，此等已確實親證者，即是親證人無我與法無我之初地無生法忍），二者性障永伏如阿羅漢（消除私心、慢心、瞋心），三者增上意樂（已發起菩薩性，絕不與諸方大師和稀泥；並於佛前勇發十無盡願，而且永不退失此願，極盡己力而行），四者具足入地所須之福德。此四條件，若缺其一，即非初地之入地心菩薩；饒爾證嚴法師每日、每月、每年、每劫乃至無量劫中，皆能心生歡喜而行廣利衆生之事與業，仍是凡夫外道，只能成得世間宗教中之聖人，尚且永遠不能為佛教中之三賢位賢人，何況能成初地聖人？其說不通！由上來所舉證嚴法師所言初地菩薩之證境以觀，即知證嚴法師根本不懂佛法，尚且未能真入二住位中，何況能入初地？而竟敢於書中示人以初地乃至十地之境界！可謂身雖嬌小，然而其膽壯過於天矣！

平實說真實言：欲證得上開初地菩薩之境界者，必須依「佛菩提道」之次第而進修之，不可躐等而行。謂須親於大乘佛法聞熏聞修，建立正知見，並修習十善業道，具足十信位功德；然後始入初住位中廣修布施，成就初住滿心功德；次入二住位中勤學戒法，嚴持戒法，成就二住位功德；復入三住位中修習忍法，能忍衆生惡心惡行（非謂破壞佛教正法之惡行），能忍聞所未聞深妙正法，不致生起誹謗之心，方得成就三住位功德；次入四住位中聞熏正精進之法義，遠離邪精進，成就四住位功德；復入五住位中進修基本之禪定功夫（譬如未到地定、無相念佛、看話頭功夫），成就五住位之功德；然後入六住位中，熏修解脫道真義而作觀行，以斷我見，進修般若實義，聞熏如來藏體性等正知見，聞熏參禪之方向與方法，如是具足六住位之功德已，方能證悟明心——親證如來藏。

親證如來藏之後，加以體驗，並以三乘諸經加以比對觀照無誤，心無恐懼而能安忍——確認如來藏真是自己蘊處界等萬法之根源，方能成為第七住位之位不退菩薩。於如來藏能確實安忍之後，般若智慧便從此漸次出生，漸次轉進上位境界。若能眼見佛性，便入十住位中，世界如幻觀立時具足成就，圓滿十住菩薩之功德。如是再進修十行位中所應修習之法無我，成就「七識猶如陽焰」之現觀，亦具足菩薩性——心性勇猛而能不與諸方大師共和稀泥——滿足第十行位之功德。復又進修一切種智法無我智慧，努力救護一切眾生離眾生相，如是次第進修十迴向位應具之功德；從此以去，漸漸能於定中或夢中親見往世諸事，非因修習宿命通而知；乃至常能如是親見往世、往劫諸事，由是緣故，十迴向位法無我之修證圓成時，「菩薩道如夢」之現觀，便亦隨之成就，即成十迴向滿心位菩薩。

以如是十迴向位之功德，加以進修上述初地無生法忍之智慧，發十無盡願……等四種條件之具足，方成般若慧之通達位菩薩；由身入通達位中故，發起極喜之心，始圓成相見道位，成為初地之入地心。始從禪宗明心開悟之七住位起，末至初地入地心之通達位止，歷經將近一大阿僧祇劫；是故初地之歡喜心，乃是因如是條件之具足而發起；非可由下地凡夫之起歡喜作意而出生，非可由刻意保持歡喜之心以利衆生而得成就；是故初地之極喜心，非如證嚴所說之可用長期「**培養**」而得發起者。如是初地所親證之內涵，證嚴法師完全不知，乃竟倒果為因，以心中起意歡喜而利衆生（不須親證如來藏、無生法忍……等法義，誤以為長時以此凡夫知見之歡喜心而利衆生），保持歡喜心不退，便可成就初地證量而入初地，誤會大矣！

由證嚴法師如上所述初地證量之嚴重錯誤過失，與知見之粗淺，可知證嚴之不知、不懂佛法，已至極為嚴重之地步也！如是不知、不懂佛法中最粗淺之二乘菩提解脱道之證嚴法師，不知、不懂大乘菩提般若之證嚴法師，以未斷我見之凡夫身，竟敢公開解説初地乃至十地之證量，將初地證量加以曲解、加以淺化而説，令人誤以為彼已證初地，膽子未免太大！過失未免太重！如是方便大妄語之外，又將原本甚深微妙之大乘佛法，加以世俗化、淺化、凡夫化，異日到得臘月三十時，欲如何面對此業？故説慈濟將佛教淺化、世俗化，曲解佛法真實義，已至極為嚴重之地步，令人不得不正視之！

非唯如是，復因其餘緣故，更作無根誹謗正覺同修會正法之事行，妄謂平實為邪魔外道，妄謂平實所弘之法有毒，妄謂人曰：「隨蕭平實學法者，將來捨報時必下地獄。」由是以觀，證嚴其人對於正法、邪法之分際，尚且未能稍知，是故聞平實所説之彼所未聞法時，心生不忍，加以無根誹謗，則顯然不具三住位菩薩之修忍功德，尚未入三住位中，於所未聞之甚深微妙正法不能安忍故；又復不能持戒精嚴，起心妄謗平實正法，而今平實之正法卻普被教界以三乘經典加以檢驗，證實確為 世尊之正法；證嚴法師既不能持十重戒中之「不謗法戒」，顯見未曾修足二住位之戒行，未曾證得二住位之持戒不犯功德，未曾入於二住位中。雖能盡此一生廣勸衆生而作布施，充其量，不過初住位爾，我見未斷故，二住位之持戒一法仍未曾修證圓滿故。

以如是未斷我見之凡夫身，僅得初住功德之凡夫身，而藉徒衆廣大之勢力，為求維護名聞聲望眷屬與社會上及佛教界之影響力，便敢無根謗法、謗人。由是緣故，必須加以拈提，辨正其法義之正訛所在，令衆週知。如是法義辨正之作為，功德有三：一者，可令慈濟功德會之會員等人，不再盲目崇拜證嚴其人，將來緣熟之時，即可有緣親入正法之門； 二者，可令慈濟功德會之學人，在可見之未來，回歸佛教三乘菩提正法，不致再盲目追隨證嚴法師走入大妄語之地獄業中； 三者，慈濟等會員由於了知法義之正訛故，因此亦可不再隨證嚴法師無根誹謗正法，免除誤犯十重戒謗法地獄業之可能。以是緣故，平實今日應須拈提其落處之虛妄所在，令慈濟大衆悉皆了知。舉已，便以洞山語話公案，共慈濟會員中久學佛法之人說禪，或有悟緣亦未可知：

筠州洞山良价禪師因一僧問：「承蒙古來大德曾有如是之言：『家裡人相逢的時候不必擎出來，只是稍微舉示意思之時，便知道對方是眞實證悟眞心』的時候，究竟是如何呢？」洞山禪師聞言，乃雙手合掌，復又頂戴於頭上。

禪宗這些個祖師真是奇怪，行為舉止盡似瘋子、乩童；無怪乎印順、昭慧等人要說中國禪宗祖師證悟之公案是「無頭公案」，總是令未悟及錯悟之人沒個頭緒可尋故。只如洞山合掌頂戴，是當面擎出？不是當面擎出？是知有？抑是不知有？爾證嚴法師還道得麼？試道看！如是四問，一切七住菩薩皆知，不必初地方知；如今證嚴法師既以地上菩薩之果證，暗示於衆生，敢出書說得地上菩薩之證量，應早已了知如是般若之總相智慧也！亦應有智有力，能輕鬆答得平實如是等問，如今有請證嚴大菩薩試道一句看！天下人要知地上菩薩之智慧也！慈濟衆多會員大衆，亦欲略知爾證嚴大菩薩之無生法忍智慧何在也！

一日，洞山禪師勘問來訪之德山禪師侍者：「從何方來？」侍者回答曰：「從德山來。」洞山禪師又問曰：「你來我這裡要作什麼？」侍者答曰：「我是爲了孝順和尚您，所以到來這裡。」洞山禪師有心幫助，乃又問曰：「那我問你：世間什麼物最孝順？」德山之侍者未曾會得，故無所對。

只如孝順一法，乃是世間中事，洞山禪師云何卻取來問德山之侍者？孝順與不孝順，俱是世間法，儒家常所言之，列於三綱五常之中；亦是中國人所最重視之人倫要法。然而禪宗既是解脫生死之出世間法，復是出世間之般若大法，云何洞山禪師卻取此孝順一法，以問德山之侍者？卻是何意？　如今證嚴既是大菩薩，對此不可言不知也！且道：世間什麼物最孝順？　料爾大菩薩答不得，平實且向爾道：一切世間中，皆是如來藏最孝順。　平實如是明言已，爾證嚴大菩薩依舊未能會取洞山禪師之意也！　然我會中諸已悟之人，不必平實如是明講，便已能知洞山禪師之意也！如今爾證嚴大菩薩、大聖人，還會麼？

洞山禪師有時對衆開示云：「體會到了佛法向上一路之大事，方能有一些説話的資格。」當時有一僧便出問：「那麼如何是説話？」洞山禪師答曰：「正當在説話的時候，上座你是聽不到的。」那僧不解洞山禪師意在何處，便又問曰：「那和尚您聽不聽得到？」洞山禪師答覆曰：「等我不説話時就聽到了。」

只如洞山禪師道：「語話時，上座不能聞得。」為什麼如是？　既是語話，當知應於語話時聞，為何卻是不説話時方能聞得？　那洞山禪師老婆為伊，可憐那僧依舊不會；有朝一日，證嚴「大」菩薩百思不得其解，或者來問平實時，平實但向證嚴「大」菩薩言：「我正説話時亦能聞得，洞山禪師正説話時亦能聞得。」洞山禪師只是慈悲老婆為伊，故意説個正説話時不聞之語，平實卻反其言。　這其中關節所在，多所淆訛；平實拈來，必令證嚴（幾地？）大菩薩更增淆訛也！然於我會中已悟之菩薩言之，殊無問題可言：本來如是分明，何須更言？頌曰：

培養歡喜心，劫盡難破無明殼；
萬衆合掌頂戴，會得猶似可。
最孝順者是真子，隨逐曾未捨；
會得洞山語話，方知般若德。（調寄好事近）

第五三八則　洞山鳥道

筠州洞山良价禪師　僧問：「師尋常教學人行鳥道，未審如何是鳥道？」師曰：「不逢一人。」僧曰：「如何行？」師曰：「直須足下無絲去。」僧曰：「只如行鳥道，莫便是本來面目否？」師曰：「闍梨因什麼顛倒？」僧曰：「什麼處是學人顛倒？」師曰：「若不顛倒，因什麼認奴作郎？」僧曰：「如何是本來面目？」師曰：「不行鳥道。」

僧來舉：「問茱萸：『如何是沙門行？』茱萸曰：『行即不無，人覺即乖。』」師令僧去進語曰：「未審是什麼行？」茱萸曰：「佛行！佛行！」僧迴舉似師，師曰：「幽州猶似可，最苦是新羅。」（東禪齊拈云：「此語還有疑訛也無？若有，且道：什麼處不得？若無，他又道：最苦是新羅。還點檢得出麼？他道『行即不無，人覺即乖』，師令再問是什麼行？又道佛行；那僧是會了問？不會而問？請斷看！」）僧卻歸問師：「如何是沙門行？」師曰：「頭長三尺，頸長二寸。」

證嚴法師解說初地菩薩之證量云：《我常說：「心、佛、眾生，三無差別。」學佛，就是要**轉凡夫心為佛性**，要把凡夫的煩惱除去，必須經過洪爐的鍛鍊，才鍾鍊出雜質而成鋼，再製成精良的用具。……（以上與佛法無關之文字，略而不錄）。就如上文提到的鬧鐘，它無心、我有心；無心的境界很自在，不管是不是休息的時間，只要設定的時間一到，它就開始殷勤地念佛。若覺得不需要時，把按鈕按一下，它就會靜下來，不會抱怨主人讓它念得那麼久，也不會埋怨：「你不要我，便把我按掉。」……（以上與佛法無關之文字，略而不錄）。我們若能把「有染心」轉變成「無染心」，**把凡夫心轉成佛心**，就能時時殷勤、歡喜。歡喜心就是清淨心，沒有人我是非，沒有「我所愛的人」，也沒有「我所怨的人」；沒有了愛與怨，就能時時保有清淨的歡喜心。**歡喜心要盡形壽、盡未來際持續地培養，才能達到菩薩的「初地」**。這說來簡單，但是經過分析之後，實在也不容易，難在於需要有耐心和恆常心，**有了它，就能轉心念而逐漸顯露佛性**。……（以上與佛法無關之文字，略而不錄）。我們要行菩薩道，**一定要保持歡喜和殷勤，這是進入菩薩地的初階，也就是第一歡喜地**。因爲歡喜地就是幸福，快樂就是菩薩；**面對一切境界，都能歡喜快樂、不計較人我是非，就是菩薩的初地**。》（慈濟文化出版社《心靈十境》頁11~18）

平實云：由證嚴法師如是一段語中，即知證嚴根本不懂佛法也。當知佛性本自分明現前運作，只是定力、慧力、福德不足之人，不能眼見爾；一切親自眼見佛性之人，隨地隨地皆可眼見自他一切有情之佛性，包括未悟凡夫以及畜生之佛性；乃至一切有情眠熟之時，所有眼見佛性之人，亦皆分明眼見眠熟者之佛性現行不輟，何曾剎那隱藏？云何爾證嚴卻向信衆妄道：「現在沒有佛性，只有凡夫心，所以要**轉凡夫心為佛性**」？由此可知爾證嚴法師連十住初心位菩薩之見性功德尚且不曾證得，何況十住滿心位所得世界如幻觀之證量？焉敢示人以地上菩薩之上人相？而以自意妄想來解說諸地菩薩之證量？膽子忒大了些！

復次，佛法中所說佛心，一向皆指第八識如來藏；而此如來藏心，自無始劫以來，即不斷運行於十八界法之一一法中，遍十八界、遍十二處、遍七轉識，真可謂遍處不曾藏也！既是本來已自存在之心，何須爾證嚴將凡夫妄心之意識覺知心，轉變成真實之佛心？爾所言之「有染心轉變成無染心」，認為即是佛心者，乃是不解佛法者之言，此謂：有染之覺知心，不論如何修行清淨，永遠都不是佛心；乃至修到佛地時之覺知心，已經完全清淨無染，非唯已斷分段生死煩惱之現行，亦斷分段生死煩惱之種子隨眠，亦斷盡所知障之一切隨眠，此二皆非二乘大阿羅漢所能知之、所能證之；然而如是佛地之覺知心，依舊不是佛心也。諸佛以第八識真如為佛心也！非以清淨後之覺知心為佛心也！由此已可證明證嚴根本就未曾開悟明心，對於佛心尚且作此嚴重誤會，猶以為覺知心—意識—清淨之後即可變為佛心，則是仍墮意識心境者，根本就未曾斷卻我見，於二乘菩提之解脫道而言，尚在凡夫位；於大乘菩提之般若智慧而言，證嚴顯然尚未證得如來藏，是故不知如來藏本在，不須以妄心意識轉變而成，是故證嚴尚非七住位菩薩，猶未曾證實相般若之總相智，何況能知別相智與一切種智？於三乘法中，皆屬凡夫，何能言為地上菩薩？竟敢示人以地上菩薩之境界，繕造成書而廣流通，以邀令名！殊不可取！

以如是凡夫之意識我見，而言生起歡喜心，長時間不斷布施衆生、利益有情，即可成為初地菩薩，而不須親證般若之總相智、別相智、道種智；如是初地菩薩境界，乃是證嚴個人之一大發明，較 佛所說更為容易。若證嚴所說正確者，一切佛子皆應親往禮拜供養，致以最高之禮敬！ 然而推究諸經所說者，終非如是，證嚴所說者，唯是自己之臆想、妄想所得者，與佛道諸地境界之修證，完全無關，只成戲論之譚，絕非佛法也！ 慈濟功德會之有智學人，當依經教而求證平實之言、求證證嚴之言，究竟何者為是？何者為非？ 世法可以隨緣乃至隨便，但佛法之修證，絕對不可絲毫隨緣、不可絲毫隨便，所謂「差之毫釐，失之千里」，是之謂也，不可不慎！

若是誤信證嚴之言，然而心中不曾擅以諸地之果位自居，則無大過，唯是知見之不足與錯誤爾。若人誤信證嚴之言，心中擅以諸地果位自居，復語於人者，則成大過，捨壽時必下地獄，已犯大妄語戒故；正是禍生腋下，救之不及，果報嚴重，一切慈濟人，於此不可不慎也！由是緣故，因證嚴法師之無根誹謗正覺同修會正法故，平實今日舉其錯誤，令衆週知，以免慈濟大衆隨之誤犯。舉證已畢，便以洞山鳥道公案，共諸慈濟人說禪，示以般若智慧證悟之入處：

有僧來問洞山禪師：「師父常常教學人要行鳥道，不知應該如何行才是行鳥道？」洞山禪師答曰：「不可以遇見任何一個人。」那僧又問曰：「那麼應當如何行之？」洞山禪師開示曰：「可得要足底下無絲才可以。」那僧不解，又問曰：「如果是正在行鳥道的時候，莫非便是本來面目？」洞山禪師反問道：「上座！你爲了什麼緣故，這樣顚倒？」那僧問曰：「我有什麼地方是顚倒？」洞山禪師反問道：「你如果心不顚倒，又是爲了什麼而認奴作郎？」那僧到此，仍然不能了知洞山之意，乃直接問曰：「那究竟如何才是本來面目？」洞山禪師答曰：「不行鳥道。」

只如行鳥道，究竟是什麼意？直得恁麼難解？　那僧問「行鳥道」，洞山禪師卻道「直須足下無絲去！」　爾證嚴「上人」且觀：花蓮精舍與曠野中，如許多鳥兒鎮日飛來飛去，可有絲留空中？　然而洞山禪師此語不是好話，衆多錯悟阿師盡被誤導了去！儘墮伊語脈中，便解作：「作一切事情時，不要有期待之心；作完事以後，也不要有牽掛。」盡是野狐之言！自向天下曝露狐尾也！　若是個伶俐精奇底禪和，會得啐啄同時底，聞言之下卻得會去，只是難覓此人！盡墮洞山語脈中，作諸情解去也！

衆生愚癡，進得禪門中，每每認奴作郎，不在禪師真意上用心，卻專在禪師語脈上用心，悉屬認奴作郎者。　爾證嚴「上人」若不欲認奴作郎者，莫尋諸鳥足下絲，但只觀鳥依空而飛便得；若依洞山禪師之言去尋飛鳥足下絲，便成認奴作郎之愚人也！　如今平實和盤托出，爾證嚴「上人」還會麼？　若會不得，在佛門中焉得是上人？只是未入二三…住、未入第七住之凡夫爾，於佛門中正是「下人」，焉得任令衆人高稱為「上人」？竟不自謙而制止之，竟敢以書高攀十地證量，暗示於廣大徒衆！膽子未免忒大了些。

只如那僧不解洞山禪師意，後來索性直接問道：「如何是本來面目？」那洞山禪師為何不道「行鳥道」？卻反道「不行鳥道」？　爾證嚴「上人」既以《心靈十境》一書，暗示自己是地上菩薩，當無不知自心如來藏所在者，自心如來藏乃是一切第七住菩薩所必證者故；證此自心已，方得漸修而入初地故；十地一切菩薩皆依此心而修無生法忍故，證得無生法忍者方是地上菩薩故。且道：行鳥道與不行鳥道，究竟同抑不同？因什麼緣故洞山禪師前後所言自相顛倒？爾證嚴若不會者，即是初學佛法之凡夫，未曾入於佛法大門，不曾上於座下諸人，云何卻任令諸人喚作「上人」？復又印於書中，豈無故示聖者證量之意？

若是故示聖者證量，或任令座下諸人公開稱為「上人」，然而實猶凡夫者，即墮大妄語戒中；犯此大妄語戒者，乃是戒不清淨者，捨壽後必墮地獄，遠不如爾座下諸人作個凡夫好！來世尚可保住人身而不墮三途故。為一世之名聞與影響力，犯此大妄語之罪，招來後世無量劫之尤重純苦重報，豈是有智之人？無智之人而率領廣大徒眾「修證」佛法，正是以盲引盲之蠢事，非是有智之人所應為者也！　未審爾證嚴「上人」然余耶？不然余言耶？

有僧上來參見，舉示當代公案曰：「我曾參問茱萸禪師：『如何是沙門行？』茱萸禪師答曰：『若論沙門行，其實也不可說是沒有，只是：行沙門行的那個人，如果有覺知的話，那就錯了。』」洞山禪師聞那僧舉已，卻未曾開示，只教那僧又去茱萸禪師處進道一語：「未審沙門行究竟是什麼行？」茱萸禪師答曰：「是佛行！是佛行！」那僧聞語，依舊不解茱萸禪師真意，迢迢而回，復來舉似洞山禪師，洞山禪師便為那僧拋曲曰：「如果只是從茱萸禪師所住持的幽州來往我這裡，仍舊悟不得，倒也罷了；最苦的是遠從新羅（韓國）來往我這裡的人啊！」

後來東禪齊禪師聞道此一公案，便拈向天下老宿，問云：「洞山這一句話中，究竟有沒有疑訛呢？若是有疑訛，且道：那僧是什麼處不得洞山之意？若道洞山這話沒有疑訛之處，他洞山明明卻道：最苦是新羅。還有哪位大善知識點檢得出麼？」如今平實省卻拈提，只是將東禪齊之拈問，提向天下諸多大禪師：爾等還會麼？　又提向證嚴「上人」：爾還會麼？　試斷看！

東禪齊又拈問云：「那茱萸禪師道：『行即不無，人覺即乖。』洞山禪師聞舉，便令那僧再去問茱萸『是什麼行？』茱萸又回道『是佛行』，請問：那僧是會了以後才去問茱萸？或是仍然不會而去問茱萸？請斷看！」如今且要籲請證嚴**上人**斷一斷此中淆訛，還請答伊東禪之問。一切地上菩薩，無有不知此中淆訛者，無有不知東禪、洞山、茱萸、平實之意者，有請證嚴**上人**斷斷看！

那僧後來又回到洞山，再來問洞山禪師：「如何是沙門行？」洞山禪師答曰：「頭長三尺，頸長二寸。」此個答語，便似前舉應行鳥道、不行鳥道之語，直是壁立千仞，管教爾證嚴「上人」再參三十劫去，依舊沒個會處！　莫道爾證嚴「上人」，乃至爾師印順「導」師，三十劫後依舊難知也！那洞山禪師開示沙門行之真意，只是「頭長三尺，頸長二寸。」究竟是什麼意？有請證嚴「上人」一道！一切「上人」皆知此意，平實以及正覺同修會中，悟後未敢自稱上人者，皆亦知之；今爾證嚴法師既是「上人」，乃是地上菩薩，於此七住菩薩即可證知之理，不可言不知也！不可默然不答也！試道看！　頌曰：

鳥道難行，直須無絲，任是何人悉不逢；
欲識自心將奴郎，共步相會葡萄棚。（《金瓶梅》載：西門慶喜與潘金蓮交歡於葡萄棚下。此處借喻爲真心與妄心和合同行。）

你儂我儂，我中有你，會者只道情更濃；
洞山茱萸莫往返，無始劫來早相逢。（調寄踏莎行）

平實且續道一句：金山猶似可，最苦是花蓮。（法鼓山道場建於金山鄉，慈濟立足於花蓮）

第五三九則　洞山衣下

筠州洞山良价禪師　師問僧：「世間何物最苦？」僧曰：「地獄最苦。」師曰：「不然。」曰：「師意如何？」師曰：「在此衣線下，不明大事，是名最苦。」師示疾，令沙彌去雲居傳語。……師又曰：「離此殼漏子，向什麼處與吾相見？」眾無對。唐咸通十年三月，命剃髮、披衣，令擊鐘，儼然坐化。時大眾號慟移晷，師忽開目而起曰：「夫出家之人，心不附物，是眞修行。勞生息死，於悲何有？」乃召主事僧，令辦愚癡齋一中，蓋責其戀情也。眾猶戀慕不已，延至七日，食具方備，師亦隨齋。畢曰：「僧家勿事。大率臨行之際，喧動如斯。」至八日，浴訖端坐長往。壽六十有三，臘四十二，敕謚悟本大師，塔曰慧覺。

證嚴法師解說二地菩薩之證量云：《「離垢地」就是很清淨的境界。何謂「垢」？也就是垢穢——對人我有分別心，自以爲了不起，總是認爲：我的學歷比你高，什麼都比你強，愈比愈覺得自己高高在上；像這樣，心就會常常有垢穢染著。**心地若能淨化，去除這些雜念，才能進入「離垢地」**。也就是心田中完全是純淨的好種子，不要摻雜一些不好的東西。……（以上與佛法無關之文字，略而不錄）。所謂「煩惱即菩提」，雖然菩薩也有煩惱，卻是發了菩提心的煩惱——先天下之憂而憂，後天下之樂而樂；只要痛苦的人能得救，他就很歡喜，這叫做清淨、沒有煩惱的歡喜，**像這種沒有染污、沒有人我是非，而且恆久的歡喜，才能稱為「無垢地菩薩」**。菩薩心不只是發心、熱心，菩提心易發，恆常心難持。我們要把易發的菩提心化爲恆常心，不只在今生此世，還要盡形壽和盡未來，都要抱持這分心。所以學佛要先看透世間之理。大乾坤有四大不調，小乾坤也是剎那無常，有什麼好計較的呢？**我們只需好好地清淨心地，不要讓它蒙上垢穢污染，並時時抱著歡喜心和清淨心，這樣就是進入第二階段的「無垢地菩薩」了。**》（慈濟文化出版社《心靈十境》頁 24、28~29）

平實云：證嚴法師誤會佛法，已至匪夷所思之地步。若真猶如其言者，則大乘佛法之賢聖修證，非唯可通二乘聖者，亦應可通外道行善之人也。若真如此，天主教之德蕾莎修女，非唯可是初地菩薩，當亦是二地菩薩也！審如是，則三乘經典，下自四阿含，上至大乘方廣諸唯識經，皆應改寫也。維摩詰經亦應付與回祿，皆違證嚴所說故。

二地之名為無垢地者，非唯心地清淨也，要在無生法忍果所導致之無垢心行也。無垢者謂：初地滿心證得猶如鏡像之現觀已，現觀自己及一切眾生之覺知心等六識，乃至意根亦復如是，自無始劫來，不曾與外六塵相觸；唯有如來藏方能觸外五塵，依其業力及七種第一義、七種性自性故，轉變外五塵為帶質境之內相分，而顯現於勝義根中，意根觸知如來藏所變現之內相分五塵上之法塵，乃引生意識等六識心，方能了知六塵相。

是故證實衆生所觸知之六塵萬法，皆是自心如來藏所變現者，未曾觸知外六塵也；復因早已證知「能取六塵之意根與六識心亦是自心如來藏所生」，如是雙觀「能取心與所取境皆是自心所變」，是故滿證初地無生法忍果，了知一切境界、一切萬法之取捨者，皆是自心如來藏顯現能取心，轉取自心如來藏所變現之內相分境，本是自心取自心，從來無所得；由如是親證故，於一切六塵境界，皆無所執，故得心地清淨而入二地初心。若未能親證猶如鏡像之現觀者，即不能入二地，不能成為二地之入地心也！

如是二地心之修證，要因猶如鏡像之現觀，方能得入，尚非初地住地心所能知之。然而初地心之修證，要因七住位之親證如來藏，方能次第漸修而至；若未親證如來藏者，窮其思惟研究之能事如印順、昭慧、傳道……等人，亦復永不能至，何況證嚴法師不窮經教、不研佛旨、不事參禪者，能得知之？而竟臆想情解，自謂為知，但以世間歡喜心及世間清淨心之具備，便謂已入二地心中。達者聞之，能不噴飯？

所謂清淨心者，非以證嚴所說者為是；二地之清淨心者，要斷我見，要永伏性障如阿羅漢，要起增上意樂而持十無盡願，要親證初地滿心位之無生法忍果——猶如鏡像現觀——親證人無我與法無我，要廣作真實無上正法之布施——以一切法皆是自心如來藏所現等妙理而為衆生廣為宣說，如是圓成初地布施波羅蜜多，方得入於二地心位。

今觀證嚴未能永伏性障如阿羅漢，以不能安忍於平實之深妙法故，妄謗平實為邪魔、為外道、為法義有毒，云何可謂為心地清淨者？　次觀證嚴未斷我見，何況能斷我執？如是見思二惑煩惱障心，而言心地清淨者，未是實言也！　三觀證嚴猶未能知十無盡願之增上意樂，以自意揣測而稱「上人」，真乃大妄語也！四觀證嚴其人，未曾證得如來藏，尚非七住菩薩，何況能知能證猶如鏡像現觀？如是而言地上果證者，大妄語也！　五觀證嚴其人，未能將初地滿心位之猶如鏡像現觀——一切法皆是自心所現——之真實理略事法施與座下弟子，何曾滿證初地法施功德？而言二地之證量，真乃大妄語也！　平實如是證明已，爾證嚴悉皆不能稍作反駁，何況能證二地心？爾證嚴豈真是不畏大妄語戒之果報者乎？是故，若非親證者，莫故作已證而籠罩他人。即使籠罩得了座下新學弟子，亦籠罩不了外人；籠罩得了世俗人，亦籠罩不了真修實證之人；即使今時未有已具慧眼法眼之菩薩，致令爾能籠罩大衆於一時，亦無法長時間永遠籠罩一切人，後時必有菩薩發起慧眼、法眼而破斥之也。如是籠罩他人之行為，於慈濟功德會中行之，尚且不可；何況梓於書中而廣印行？寧不畏人異日舉之？敗闕盡露？故說證嚴乃是無智之人也！　舉說其法義之邪謬已，當示般若之入處，便舉洞山衣下公案，共諸慈濟大衆說禪：

洞山禪師一日問某僧曰：「世間何物最苦？」那僧答曰：「在地獄中最苦。」洞山禪師曰：「地獄中還不是最苦的。」那僧又問曰：「那麼師父您的看法如何呢？」洞山禪師答曰：「住在這件僧衣之下，卻又不能明白生死大事，這才能說是最苦的事。」洞山禪師此語，真乃道盡一切出家人之痛處也！所以者何？出家者本是為了生死方才出家，本意乃是為出三界之家，是故出離世俗之家，修學佛法，欲求出離三界生死，乃至發大心欲求成佛、盡未來際而度一切衆生；是故洞山禪師此語，實已道盡出家人當年剃髮出家之本懷也。

然而今時觀之：出家日久，卻是道業遲遲未辦，解脱生死無期者，比比皆是；各大道場座下弟子如是，各大道場之堂頭和尚亦復如是，無有一人能外於此，迄無一人能了生死。了生死尚且不能，何況已了生死之阿羅漢所不能知之般若總相智、別相智、一切種智，更云何能知？是故，慈濟功德會中之出家法師們，皆當謹記洞山禪師如是之語：「不明衣線下事，是名最苦。」只如衣線下事，當如何明？以解脱道而言，即是先斷我見也！即是後斷我執也！

以成佛之道而言，即是先證禪宗之開悟明心境界，因此而發起般若之總相智也；復須進求別相智、一切種智，如是次第進修入地，地地增上，終成佛道。如是佛法二主要道，證嚴法師既未之知、亦未之證，我見尚且未除、我執尚且未斷，仍在凡夫位中，未是親證二乘菩提者，尚非聲聞初果，何況能是二乘法中之聖人？

成佛之道首要者，端在先證自心如來藏，然證嚴迄未信受「確有如來藏」，仍崇信印順否定如來藏之邪説，極力弘傳印順人間佛教之邪説，即是未曾證悟般若總相智之凡夫也；以如是凡夫之身、凡夫邪見，而言已成、能成地上菩薩功德者，未之有也！　今日平實拈提而示天下人，則令證嚴身披袈裟以見世人時，日甚一日更覺其苦也！爾證嚴何不早求三乘菩提見道？以免此苦？

洞山禪師示疾，即將順世，令沙彌去雲居山傳語。……又對大衆開示曰：「待我捨離了這個有漏的殼子，你們要向什麼地方與我相見呢？」大衆都無人應對。至唐朝咸通十年三月，命人為之剃髮，披起祖衣，又令人擊鐘，端嚴地坐著捨身。當時大衆悲號哀慟地移來日晷（晷：讀音軌。以日影分判時辰之計時儀器），洞山禪師卻忽然張開眼睛而起身說道：「一切出家之人，心中都不應該與色身、物質相依附，這樣才是眞正的修行。生在世間，活著時都是很勞累的，只有到了死後才能休息。我如今捨報，有什麼可以哀悲的呢？」洞山禪師見僧衆不捨哀悲，乃召喚主事僧人，飭令籌辦愚癡齋，願再受衆僧供養一次午齋，作為衆僧戀執洞山禪師之責罰。

然而大衆仍然戀慕不已，不肯便辦，只以簡單之飯食供奉洞山禪師，不肯便將愚癡齋供養，藉口拖延至第七日，愚癡齋中所應供養之飲食等物方才具備，洞山禪師便隨齋受供。齋畢又開示曰：「出家人所住之寺院中，對於生死本應是平常事，不應該有這麼多的事情。可是你們大部份的人，在我臨行之際，卻喧鬧浮動到這個樣子。」齋後翌日，沐浴訖，端坐而往，不復回轉。壽六十有三，出家僧臘有四十二年，朝庭聞之，敕諡悟本大師，建塔曰慧覺。

誠如洞山禪師所言：「在此衣線下，不明大事，是名最苦。」如今且要問爾證嚴「上人」：爾還曾明得此衣線下事否？ 爾證嚴大師不能回答，平實為爾答了：「未明！未知！未證！」既爾，何不早求見道？ 縱使大乘菩提見道甚難，然而二乘菩提之見道，絕非難事，何不且依四阿含諸經意旨，先斷我見？次作現觀：三界九地一切境界悉皆虛妄，三界九地境界中之一切覺知心，皆是虛妄法，根本無我可得。如是現觀已，我執得斷，解脫十智中之盡智與無生智現前，便於此世立成四果；雖猶未明般若真旨，差堪告慰信眾，勉強稱得「上人」也！

爾證嚴法師縱然有幸親證如是四果聖境，然於平實眼前，仍無語話分；乃至於我會中初悟之人眼前，亦無語話分，仍未證解般若而起實相智慧故，未知法界體性故，於法界之實相仍無所知故。是故慈濟會中之比丘尼、一切會員、委員……等人，若是有智之人，當速求證三乘菩提之見道，莫錯信證嚴「上人」之常見與斷見，莫誤信其世俗化後之「佛法」。若能篤信平實語者，還請迴心歸家，專心殷勤侍奉堂上二老；得閑時，且安適陪坐於二老跟前，取閱平實諸書建立正見，莫再隨順慈濟之所行專利眾生諸事，卻忽略家中堂上二佛；如是詳細勸讀平實之書，長年累月孝順堂上二佛，行之不已，忽一日，於堂上二老身上會得平實意，則不辜負汝等一世「努力奉獻、慈濟衆生、孝順二老」所修之福德也！頌曰：

世間最苦非地獄，衣線下事難自欺；
慈濟衆生勤奉獻，長年奔忙倒著屣。
福已植，習已修，當探佛祖法所依；
更請歸家侍二老，會得始解披僧衣。（調寄鷓鴣天）

第五四〇則　神山生死

潭州神山僧密禪師　一日與洞山鋤茶園，洞山擲下钁頭曰：「我今日困，一點氣力也無。」師曰：「若無氣力，爭解恁麼道得？」洞山曰：「汝將謂有氣力底是也？」

裴大夫問僧：「供養佛，還喫否？」僧曰：「如大夫祭家神。」大夫舉似雲巖，雲巖代曰：「有幾般飯食，但一時下來！」雲巖卻問師：「一時下來後，作麼生？」師曰：「合後缽盂。」巖肯之。

問：「一地不見二地如何？」師曰：「汝莫錯否？汝是何地？」

有行者問：「生死事，乞師一言。」師曰：「汝何時生死去來？」曰：「某甲不會，請師說。」師曰：「不會！須死一場去。」

證嚴法師解說三地菩薩之證量云：《如果討厭某個人，就等於種了一顆「怨嫌」的種子；對一個人產生恨意，就多了一株恨的禍根，將來就會產生障礙，所以要去除這種心態。時常培養歡喜心、結歡喜緣，得「歡喜地」。**第二是「離垢地」，即心地常常保持純淨、沒有雜念。**……（以上與佛法無關之文字，略而不錄）第三階段是

「發光地」。一面鏡子若是蒙上一層污垢，就無法清楚地映照出人的面貌或景物。我們的心就像鏡子一樣，心若被污染了，清淨的智慧就無法顯現其良能效用。**學佛，就是希望我們的心地能發光（智慧光能）；而且不僅能自照，還要照亮他人。**………（以上與佛法無關之文字，略而不錄）凡夫本就具有佛性，只是被無盡的欲望所遮蔽，因此無法發光；若要使它發光，唯有修學堅忍美德，才能斷除迷惑。因爲我們往往無法忍受境界的誘惑，所以容易生起迷惑。………（以上與佛法無關之文字，略而不錄）

再來是「生忍」，「生」就是生活。爲了生活，我們必須忍苦耐勞。又如我們所幫助的阿公、阿婆、孤兒寡婦，或是貧病交迫的人，抑或遭受天災人禍的苦難眾生，都是在生活中受盡苦難，雖是無奈，也得堪忍！………（以上與佛法無關之文字，略而不錄）他們（富人）夏天有冷氣，冬天有暖氣，但是，是否過得比窮人快樂呢？不盡然，因爲人心總有追求不盡的欲望。有句話說「人心不足蛇吞象」，大象那麼大，小小蛇卻想把牠吞下去。這就像凡夫心，貪欲無窮，欠缺了一分「忍欲」之心。………（以上講說佛陀之故事，略而不錄）由於佛陀與阿難已經超越了凡夫地，了悟世間的金銀寶藏就像毒蛇；因此能夠解脫自在。而凡夫就會把這些東西當成寶貝，所以很容易被這些毒素所侵。這也是缺乏「忍」的功夫。**眾生爲了財物利欲互相侵害，學佛者需忍人**

所不能忍；這就是生忍。

我們若有一分堅忍的心志，不只能得「法忍」，為法忘軀，也不畏辛勞，必能克服萬難殷勤精進。……（以上與佛法無關之文字，略而不錄）**所以，要使我們的心地發光、智慧光明顯現，就要懂得堅忍的道理。才能進入菩薩的第三階段，也就是「發光地菩薩」**。》（慈濟文化出版社《心靈十境》頁36~44）

平實云：如上證嚴法師之開示文字中，顯示證嚴法師所謂二地之證量者，乃是由於「心地純淨而**無雜念**」，故名無垢，即名離垢地。如是二地之修證，真容易修，不必證得如來藏，不必發起般若智慧，不必證得無生法忍，只須心地不起惡念，常生慈悲心而無雜念，能如是常年行之不斷者，便是二地聖人了也！佛法變得如是容易修，真是證嚴法師對慈濟人之一大貢獻也！亦是對全體學佛人之一大貢獻也！然而如是說法，是否符合三乘諸經？慈濟之所有委員會員等人，若是有心修學佛法者，皆應探究之，不可囫圇吞棗，亦不應不加分辨：可食之物抑或非可食之物也！　否則爾等慈濟會員為學佛法而常年為衆生付出財力、心力與勞力，有何意義？　若加入慈濟之目的，只是僅求信仰而非修學佛法者，則不在此限！

復次，證嚴法師云：《**再來是「生忍」，「生」就是生活。**》實有大過，誤會佛法極為嚴重故。生忍一辭者，於二乘法中，意指五陰緣起性空，無常虛妄，是故絕無一我實有，實證蘊處界無我；能如是現觀復能安忍者，後世即不復出生三界中，此人未捨報之前，即名親證二乘菩提之無生忍者，簡稱生忍。若言忍辱行之生忍者，則是依蘊處界法虛妄之現觀，而能安忍於自己五陰衆生之苦，而能安忍於其餘衆生所加諸自己之苦，名為生忍。非如證嚴所說之理也！

至於證嚴「上人」所言之第三地境界，竟只是「**希望心地能發光（智慧光能）；而且不僅能自照，還要照亮他人**」，如是心地發光者，外道諸修行人，只須證得初禪時，便能發光，亦能照亮他人，應亦是三地聖人了也！若言其光非極廣大，所照衆生有限，則二禪境界之無量光天境界，應符證嚴「上人」之要求，其光能照無量世界故。然而證嚴所說之理，究竟是耶？非耶？有智之人何妨共論之？如是不須修證般若智慧，亦不須斷除覺知心我見常見，不修二乘菩提法，不修大乘菩提法，只須心中常保慈悲，不起雜念，常保清淨無念，並能忍受衆生之汙濁，便能使心地發光；心地若發起光明時，便是三地之大菩薩了也！只是此種佛法，平實從未曾聞，亦不見三乘諸經中有如是簡捷而且世俗化之證聖法門，或係平實少聞寡修之故，亦未可知，有請證嚴「上人」對此再作宣示，普令佛門大衆悉得了知如是方便簡易法門，個個此世悉得證聖，方符證嚴「上人」之大慈大悲心也！ 有請！有請！

證嚴「上人」又開示言：「**我們若有一分堅忍的心志，不只能得『法忍』，……**」不須斷我見，不須除我執習氣種子，不須親證如來藏，不須修學八識心王之一切種智等正理，只須具有堅忍之心志，於世間法上長久利益衆生而堅忍不退者，便能發起法忍、證得法忍，亦是平實所未曾聞之「妙法」也！平實所知之法忍者，乃謂無生法忍；乃是依禪宗之禪而悟如來藏，方得發起般若總相智，復依般若經進修而親證別相智，再進修《楞伽經、解深密經》所言之一切種智，方得生起法忍而得入地。證嚴「上人」卻不須依 佛所說如是內涵，只須於世間法上辛苦利益衆生而能堅忍，便能證得法忍，真是佛門中之一大發明也。

台灣之中國佛教會下若有設置專利局者，應發給證嚴「上人」一紙專利證書，令一切學大乘法者悉應親近隨學，以彰證嚴如是新發明之大功德也！ 然而如是發明，是否真能令人發起法忍？觀乎證嚴其人數十年來，於世間法中不斷堅忍心志而利衆生，「**心地發光、智慧光明顯現**」之後，卻於般若正理一無所知，卻於地上菩薩所修證之道種智一無所知；由此一斑，可知全豹也！由是緣故，說證嚴「上人」非真「上人」乃是「下人」也！所知之佛法，猶下於今時諸多學禪求悟之人故。　因此緣故，當為佛門學人舉示般若之入處，便舉神山生死公案，共諸大師學人而說般若：

神山僧密禪師一日因普請，與師兄洞山良价禪師同鋤茶園，洞山禪師鋤之不久，便擲下尖嘴鋤曰：「我今日身子困頓，一點兒氣力也無。」神山禪師反問曰：「如果是眞的沒氣力，又怎麼懂得這樣講出來？」洞山禪師卻反問曰：「你認爲有氣力底就是眞心嗎？」**如今禪門浩浩，悉將自己有氣力、能動轉的覺知心，認作真實心，悉墮我見身見之中，卻是個個合該洞山禪師一頓臭罵！**彼時神山禪師未能明解，不知那能動轉的覺知心仍是色蘊行蘊所攝之生滅法，正是我見不斷之凡夫，是故便遭洞山一頓斥責。

黃檗禪師之在家弟子裴休大夫，乃是證悟之人，為欲激起某僧之疑情，故意問一僧曰：「供養佛時，佛還吃這些飲食嗎？」那僧答曰：「猶如裴大夫您在祭祀家中供奉之神祇一般。」裴大夫見那僧不懂裝懂，知是無緣之人，便不作解釋與提示。後來裴大夫將此對答舉說與雲巖禪師，雲巖聞後，代那僧答曰：「不論有多少種飯食，都只要一時供來就可以了！」雲巖禪師答後，卻又轉問神山禪師：「那些飯食一時都供來以後，又是怎麼回事？」神山禪師答曰：「就像是合起來之後的缽盂。」雲巖禪師肯之。

只如雲巖禪師道：「有幾般飯食，但一時下來！」竟是何意？因何裴大夫不曾質疑？心中自肯之？證嚴法師既是「上人」，受「上人」之稱，示「上人」之境而受歸依，如今又說「上人」法，示衆以諸地之證量，可還知得禪宗初悟之般若智否？　如是禪宗公案，真悟之人但聞雲巖答語，便知雲巖究竟悟抑未悟，不須多所分辨思惟，然唯大乘七住位爾，猶未入聖也；而今證嚴「上人」更應如是不由思惟而知，不可道不會也！　且道：雲巖意在何處？便教平實肯之？便教當時之裴休大夫肯之？還道得麼？

有僧上問：「初地不見二地事，是什麼境界？」神山禪師反問曰：「你有沒弄錯了？你是哪一地啊？」如今平實且藉神山之語，轉問證嚴「上人」：「汝莫錯否？汝是何地？」還道得諸地修證內涵否？

復有在家行者來問：「生死大事，乞求師父為我指導一句。」神山禪師反問曰：「你什麼時候曾經生死過來？」那僧老實答曰：「我不會，請師父為我明說。」

神山禪師指示曰：「你如果還不會的話！那可得死一場去才行。」佛門學禪之人，不能悟入者，皆在死不掉我見。如今台海兩岸，及與南洋各大道場，一切大師悉皆如是，同皆是「不肯死」者，同皆指示座下弟子與諸學人：「必須時時分明地保持無念之覺觀，時時住在正念之中。」便向大眾道：「當你一切時中皆無妄念，如是吃飯穿衣睡覺時，便是常住於開悟境界中，便是證得聖境了。」皆是墮於覺知心境界中者，皆是不斷我見之人也！

二乘菩提之解脫道，皆是教人以正念現觀覺知心自我之虛妄，教人以正念現觀意根自我之虛妄，教人如是運用正念而觀。殊不知正念只是工具，非是求證之標的，應以如是正念而現觀自我虛妄，求證蘊處界我空，證實眾生我確實無我，如此方是求證之標的，正念只是求證如是標的之工具，不可將為所修之標的也。然而如是修者，亦唯是二乘菩提解脫之道，非是般若之正修行也！般若之正修行者，以親證如來藏而現前親見其中道性、涅槃，如是修者方是般若之正觀也。

今時南北傳諸大道場之大師等，悉皆同聲一氣，認為只是正念分明，不墮語言文字妄想之中，不起邪思妄念，便是覺悟，而將二乘菩提與大乘菩提混為一譚、合而為一。如是二乘菩提與大乘菩提合歸一流，同以意識之境界作為修證解脫道及佛菩提道之標的，更以錯誤之解脫道而解釋大乘佛菩提道；然而眾生乃至佛門法師居士等人，竟難有智知之，率領大衆同皆以此正念之保持，作為佛法正修，卻將原應親證之標的棄置，真是末法學人之悲哀也！

如今諸方學人若欲求悟般若者，若欲親證二乘菩提之解脫果者，且聽神山禪師之勸，亦聽平實之勸：「且先死一場去！死得覺知心已，方有悟緣也！」如是死一場後，絕後再蘇時，方知平實不曾欺瞞爾等大師也！頌曰：

茶園點點綠，鋤草曾未遜；

為見神山不解禪，才饗便言困。

結夏上佛供，但奉不須論；

欲會禪門千仞意，揮鋤莫煩悶。（調寄卜算子）

第五四一則　夾山無法

澧州夾山善會禪師　師上堂示眾曰：「夫有祖以來，時人錯會，相承至今，以佛祖句爲人師範；如此卻成狂人、無智人去。他只指示汝：『無法本是道，道無一法。』無佛可成，無道可得，無法可捨，故云：『目前無法，意在目前。』他不是目前法。若向佛祖邊學，此人未有眼目，皆屬所依之法，不得自在。本只爲生死茫茫、識性無自由分，千里萬里求善知識。須有正眼，永脫虛謬之見，定取目前生死爲復實有？爲復實無？若有人定得，許汝出頭。上根之人言下明道，中下根器波波浪走；何不向生死中定？當取何處？更疑佛疑祖替汝生死，有智人笑汝。」偈曰：

勞持生死法，唯向佛邊求；目前迷正理，撥火覓浮漚。

僧問：「從上立祖意教意，和尚此間爲什麼言無？」師曰：「三年不食飯，目前無饑人。」曰：「既無饑人，某甲爲什麼不悟？」師曰：「只爲悟，迷卻闍梨。」師又說頌曰：

明明無悟法，悟法卻迷人；長舒兩腳睡，無僞亦無眞。

證嚴法師解說四地菩薩之證量云：《第三地之後，接著踏上第四階——「焰慧地」。「焰」是光明四射的意思，不只是智慧光明返照自身，還要將光芒向外發散照亮。若能登上「焰慧地」，就能到達明淨的彼岸。……（以上與佛法無關之文字，略而不錄）有的人又因信念的偏差，認爲：念佛既要念得一心不亂，所以世俗事都不要涉入，這樣才能解脫。但是，他卻忽略「善根」與「福德」要平行，而慈濟的菩薩道正是「福慧雙修」的法門。有些人說：「**你們光是做慈濟，就像小鳥用一隻翅膀在飛！**」我說：「如果小鳥用一隻翅膀就能飛，那隻鳥就是神鳥！這已經超越凡間的境界，不是普通的鳥。」

其實，做慈濟的志業，也是修行的法門之一；是「福慧雙修」的菩薩行。看看慈濟的委員，雖然天天做得很辛苦，心中卻充滿喜悅。**我們若能對所做的一切都不求回報，心中就沒有污染，只有清淨的善根，這就是「無垢」。既然能歡喜又心無污染，智慧也就能具足；**再加上精進不懈，以恆常心、一心一意對治三心二意，自然能時時散發出智慧無染的大愛。**我常說，業來的時候要「歡喜受」，委員們知道「如是因、如是果」的道理，所以每天心無掛礙，精進地做利益社會的工作，所發揮的就是「焰慧」的功能；**這已是同時在培養善根、福德，爲何說慈濟人像用

一隻翅膀在飛的小鳥呢？》（慈濟文化出版社《心靈十境》頁52、53、58~60）

平實云：證嚴「上人」若於他人之評斷，能歡喜信受自加檢點者，便不致有如是一段胡言亂語之益顯敗闕也！皆因忍辱正行未修，不肯安忍默然，對他人所言「**慈濟修福而不修慧**」之言不能即境修忍，故作如是一段言語，益發顯其無知，益發曝露其師心自用而不受諫之剛強心態也！如前數則舉證嚴「上人」對於初二三地證量之開示，已如實顯示其**從來不曾修慧**之本質；然卻自以為已知、已修慧學，更作如是言語而自辯解。

如證嚴所言：「第三地之後，接著踏上第四階——『焰慧地』。『焰』是光明四射的意思，不只是智慧光明返照自身，還要將光芒向外發散照亮。若能登上『焰慧地』，就能到達明淨的彼岸。」然而焰慧地之智慧照耀，卻非證嚴其人所能猜測臆想而知也！莫道證嚴其人，乃至其師印順法師，亦復莫能猜測臆想也！是故所說法義錯謬連篇，平實已於十餘本書中破斥之，並一一寄贈之，至今未曾見其有所回應，亦未曾見其有所修正，反作困獸之鬥：由昭慧、傳道、性廣……諸師，於二〇〇二年起，花費鉅資，於有線電視台上，為印順邪法廣作宣傳解說等掙扎之舉，猶不肯腳踏實地自行檢討。如是，印順……等人精研佛學數十年者尚不能知、不能證，何況不學無術之證嚴法師，云何有慧有力能知能證？是故坊間評論慈濟功德會之會員及「上人」皆是「**修福不修慧**」者，乃是誠實言，未曾一言一語誣蔑於慈濟之證嚴及諸會員也！

證嚴以為：以歡喜心而行世間財之布施，而為衆生解說世俗化之表相佛法，如是利益衆生之時，若能「知悉」因果之道理，心無掛礙地精進利樂有情之世間利益，即是四地菩薩之焰慧功能。誤會四地菩薩之證境以至於斯，如是誤會至鉅！所以者何？謂四地所證者，乃是無生法忍之智慧；然無生法忍乃是依自心如來藏所含藏之一切種子之修證而言之，要依三地滿心所證之猶如谷響現觀，令般若智慧無邊無際，所說諸法，一切大師皆不能加以訶責；具有如是智慧者，方得進入四地中，方有焰慧之功德，其慧猶如烈焰，令凡夫大師不能目視。故焰慧者，迥異證嚴所說；乃謂其慧深利微妙，能利樂上萬三千大千世界之有情衆生，為其宣說如來藏一切種智妙法。非如證嚴所說之專在此一世界中，為世俗人之世俗利益上布施而無妄想雜念者，亦非專在印順所說之藏密應成派中觀邪見上而為衆生宣說者，亦非專在證嚴所說之世俗表相佛法之粗淺「常見見」上而說者。

如今證嚴竟以世俗法上之利益衆生，竟以表相佛法無雜念妄想之「常見見」而為衆生宣說，作為第四地菩薩之焰慧，誤會佛法以至於斯，真可謂末法大師之具體事例也。如是凡夫俗人，而可謂為懂得佛法者，一切國文老師讀得三本經論後，亦得謂為聖賢也！則外道若學習數年因果道理，終身以歡喜心而專心利益衆生者，便亦得以成為佛門第四地之菩薩也！則天主教之德蕾莎修女應可當之無愧也！如是證嚴不懂佛法三乘見道粗淺之見地者，竟敢私下妄評平實之法義為有毒，竟敢妄評平實行正行、弘正法者為邪魔、為外道。如今且要問爾證嚴「上人」？汝以何法而上於諸人？汝以何法而說為**上人法**？頗道得麼？

是故，慈濟諸人乃是修福而不修慧者，此乃事實；證嚴縱使廣作分說，竟日以辯，仍然未能絲毫改變如是事實也！爾證嚴未曾證得三乘菩提中任何一乘之見道功德故！爾證嚴法師既然未斷我見，則是未證聲聞見道功德者，即是聲聞法中之凡夫；未斷我見，不解緣覺法之妙義，不曾於緣覺法見道，名為緣覺法中之凡夫，即是二乘菩提中之凡夫；未知意根自性，亦不肯信有如來藏，尚未親證如來藏，則是未證大乘般若正義者，則是大乘法中之凡夫；既是三乘佛法中之凡夫，有何慧證？而敢自言曾修、曾證慧學？而敢自言「福慧雙修」？

汝證嚴「上人」所修諸慧學所示現於書中者，同於佛門諸多未悟之凡夫，並無差異，迄無絲毫般若慧學之證量可言，焉得謂為「福慧雙修」者？三乘菩提之慧學，未曾修證其一故。

是故一切慈濟會員、委員……等人，當入真實佛法中修學，以證三乘菩提中之一種見道功德乃至具三，方得謂之為已修、已證慧學者。莫遭證嚴法師所瞞，以致勞神累形一世，致力於慈濟志業之後，誤以為果真已經修證慧學，庶免來世成為「修福不修慧」之大象：身上雖披瓔珞，食物充足，有人照料，然而卻墮畜生道中。此豈爾等慈濟人所欲樂者乎？是故有智之慈濟人，於久修福德之後，當求三乘菩提之見道，當以此世精進利樂有情之功德，迴向三乘菩提之見道；縱使不能親證大乘菩提之見道，若得較劣之二乘菩提見道，亦可差堪告慰此世一、二十年來之辛苦慈濟衆生也！由是緣故，便舉夾山無法公案，而共證嚴法師及諸慈濟人説禪去也：

澧州夾山善會禪師上堂示衆曰：「自從中土有禪宗祖師以來，每一代的學人大多是錯誤的體會祖師意；歷代互相傳承至今，大多是以 佛與祖師所説之語句，用來爲人開示，以此等佛、祖語句作爲自已成爲人師之軌範；像這個樣子，卻成為狂人、無智人了。佛與祖師只是指示你們：『蘊處界本來無一法實有，這就是道；眞實正道中，只有一眞法界之如來藏，別無一法實存。』從一眞法界的第八識眞如心的立場來看，其實根本就無佛可成，也無法道可得，更無一法可捨，所以說：『從實際理地來看，眼前並無一法存在；然而眞實的一眞法界的旨意，卻又只在眼前。』這個一眞法界的自心如來藏，卻不是大眾目前所見到的各種法。

如果只懂得向 佛、向祖師那邊去修學，而不懂得向自己這邊求證的話，這個人是還沒有開眼的人，所見到的一切法皆屬所依之法，那就不能證得本來自己就在的解脫境界。本來只是因為前途生死茫茫，自己的能識六塵之性亦無自由的境界，所以才要奔波千里萬里，遠求善知識。所以各人都須有正眼，永遠脫離凡夫虛謬之見解，必須有智慧來決定目前所見的生死輪迴現象，究竟是眞實有呢？或者是眞實無呢？如果有人能確實的決定得很正確，我就允許你可以出頭弘法，去當別人的師父。

如果是上等根器的人，他在我這幾句話下就可明得眞正的道；如果是中根與下根器的人，聽了之後還是不能會得我的意思，就只有像波浪一般的到處行走、漂流於各大道場之間了。你們爲什麼不肯向生死大事之中去決定佛法要義？這件事應當在什麼處認取呢？如果還是在那邊懷疑 佛、懷疑祖師可以替代你的生死，有智慧的人都會笑你的。」開示完，又說了一首偈曰：

勞累的執持生死有爲的種種法，都是只知道向 佛那邊去尋求；

自己眼前的正理都迷昧而不了知，卻在爐中撥火而想尋覓水面上的水泡。

有一僧聽聞開示後，便問云：「自古以來禪宗建立了祖師意與教典中的意旨，和尚您這裡爲什麼卻說沒有祖師意？」夾山禪師答曰：「三年都不吃飯，眼前也沒有饑餓的人。」那僧不解夾山之意，又問曰：「既然沒有饑餓的人，我爲什麼聽了卻不能悟入？」夾山禪師答曰：「只因爲有這個悟，所以迷掉了你。」

夾山禪師又說頌曰：

明明就沒有開悟這個法，然而開悟這個法卻很迷人；

只要伸長了兩腳只管睡覺去，這裡面既沒虛僞，也沒有眞實可說。

末法之今時人，學禪學道者極多，為何皆不能悟入？皆因誤認禪法即是禪故。是故往往有諸大師，將禪法說得玄妙無比，令人唯能想像意會，而諸隨學者卻都不能實證；殊不知禪法本是虛妄施設之法，只作為助人證悟之用，悟已即無用處，亦是虛妄施設之法；猶如過河之舟楫，未過河時及正過河時必須用之，及至度河之後，便即捨棄，不復揹負之。然而如是等大師與學人，卻將禪法緊抱不捨，將禪法之修學執持不捨，認作禪之證得；正是夾山禪師所責之「明明無悟法，悟法卻迷人」者。

依自心真如而言，本來無一法可得；依自心真如及其所出生之七識心，八識和合運作，故有種種法；若入無餘涅槃時，十八界法悉皆滅盡，還有何法可言？是故《心經》言：「無眼耳鼻舌身意、無色聲香味觸法……乃至無無明，亦無『無明盡』，無苦集滅道，無智亦無得。」謂此意也！由是緣故，轉依自心真如時，還有何法在目前耶？若離目前諸法，則無一切法，尚無能覺能知之我，何況能有真如可知可證？親證此理者，即是解道、知道之人，故言「無法本是道，道無一法。」

然而欲會般若者，卻須在目前會取，自心真如從來未離吾人五陰十八界故。若人解得此意，正好向自家腳跟下參詳；若人真知此意，便知夾山禪師所言「目前無法，意在目前」之意也。若依印順、昭慧、性廣……等人所言一切法空、緣起性空之說，而否定自心真如者，即是墮於頑空之人也，是名大乘惡取空者，不可救藥！是故，慈濟諸人！上至堂頭和尚，下至一切會員，皆當了知此理；若不爾者，窮此一生，難有見道因緣也！永成修福不修慧之愚人也！

只如夾山禪師開示道：「無法本是道，道無一法。」則無一法可知可證，云何卻又教人須得從自腳跟下悟去？究竟要悟個什麼？　二如夾山禪師為那僧開示道：「三年不食飯，目前無饑人。」是有為那僧處？是無為那僧處？　或有個禪和子帶得眼來，當下便得會去。爾證嚴既是「上人」，「上人」者絕非未入地之賢位菩薩稱號，且道：以汝凡眼如何聞此妙法？　未入地之明心菩薩，皆能知悉此意，爾證嚴既是地上菩薩「上人」，還能道得否？試道看！　爾慈濟功德會中數百萬慈濟人頗欲知之，有請公開道一句，令諸弟子大衆皆知爾證嚴非是未悟之人、非是未證般若之人也！如今還道得麼？　若道不得，卻是被悟所迷之凡夫，有何「上於衆人」之「上人」證量可言？　頌曰：

目前雖無法，真意在目前；
相邀去來為衆生，歡喜意綿綿。
忽聞佛菩提，懵懂莫能詮；
愚盲卻作焰慧言，偏斜更懸遠。（調寄卜算子）

第五四二則　夾山奇特

澧州夾山善會禪師　師一日喫茶了，自烹一碗過與侍者，侍者擬接，師乃縮手曰：「是什麼？」侍者無對。

四川首座遊方至白馬，舉華嚴教語問曰：「一塵含法界無邊時，如何？」白馬曰：「如鳥二翼，如車二輪。」首座曰：「將謂禪門別有奇特事，元來不出教乘。」乃迴本地。尋嚮夾山盛化，遣小師持前語而問師，師曰：「雕沙無鏤玉之譚，結草乖道人之思。」小師迴，舉似首座，首座乃讚：「將謂禪門與教意不殊，元來有奇特之事。」

證嚴法師解說四地菩薩之證量云：《**所謂「修而無修」，就是不必執著「我要怎麼修？」**就像駕車技巧純熟的人，當前方有來車時，會很自然地閃過，而不會把方向盤抓得緊緊的。飛機駕駛員也是一樣，若技術很熟練，飛行時只要起動按鈕、順著儀器操作，他在高空上照樣能夠談笑風生，非常安然自在。我們修行，就要和那些駕駛員一樣，要不斷地向前精進，但是一點也不緊張和多慮。**若能修到什麼都不掛意，就是「修而無修、忍而無忍」的境界，自然能「心無罣礙，無罣礙故無有恐怖」，**

這就是斷「修惑」。智慧的本性自然熾盛、光芒四射，這就稱為「焰慧地菩薩」。》

（慈濟文化出版社《心靈十境》頁61~62）

平實云：修而無修者，非爾證嚴所能知之也！不知之人，更作如是引導衆盲之語，有違僧寶本分也！欲至「駕車技巧純熟」之境界，必須先修習駕車之技術方法，及與應具備之功夫，方能證得本來自己已在之真如、眼見本來自己已在之佛性。如是證得真如，眼見佛性已，證實真如佛性本自存在，不待修而後得，復須熟練之，方能純熟也！修習般若法義者亦復如是，必須先修習如何見道之方可名為「修而無修」也！如今證嚴法師所言：「**不必執著我要怎麼修**（佛法）」，便希望能證得佛法，便如不修習駕車技術之人，於駕車技術焉得純熟？焉得隨心應手？

般若之法亦復如是，必須先修學親證之法，純熟已，則能證得真如而發起般若智慧，方知真如佛性本有，不從修得；此後但只修除自己所餘之虛妄想，如是修之，卻不對真如佛性加以修行；如是而修，卻能令真如──阿賴耶識心──所含藏之七識心染汙種子加以修除，然而真如──阿賴耶識心──仍是無修之心，仍非是所修之心；確實證知此理而得現觀者，方是真知**不修而修、修而無修**者；

證嚴法師何可於未知、未證之前，便教人「**不必執著『我要怎麼修？』**」猶如未過河而又無舟之人，教導隨從諸人曰：「不必執著自己有沒有舟船，也不必執著自己要怎樣過河，只要直接過河就可以了。」正是一盲引衆盲之具體事證也！

復次，證嚴誤會《心經》意旨而開示云：《**若能修到什麼都不掛意，就是「修而無修、忍而無忍」的境界，自然能「心無罣礙，無罣礙故無有恐怖」，這就是斷「修惑」**。》如是之言其實有過，謂修惑有五：聲聞見道所斷見惑、菩薩見道所斷見惑、修道所斷思惑之現行、思惑之種子習氣、修道所斷所知障惑。今爾證嚴所言修惑，謂何者耶？若謂見道所斷見惑，現見爾證嚴至今未斷我見，猶墮印順所墮之意識心中；若謂思惑及思惑之習氣種子，則爾證嚴尚未能知，何況能斷？未斷見惑之人皆不能斷思惑故。

若謂所知障之惑，爾證嚴既未親證如來藏，何能斷之？　如是未知、未斷之人，而開示於廣大信衆，言斷修惑，即是無義之言也！自疾不能治，何能治他疾？《維摩詰經》具言，爾證嚴法師復當如何疏解此理？　如是未曾見道之人，而言「**智慧的本性自然熾盛、光芒四射，這就稱為『焰慧地菩薩』**。」即成空口徒言也，復有何義？

是故慈濟人應當有智有慧加以簡別，應當夜夜將利樂慈濟眾生之一切福德，迴向見道，莫如證嚴法師未曾見道之人，以凡夫身而妄言自己已經修除「修所斷惑」，否則即成大妄語人，此乃十大重戒之嚴重毀犯，萬勿效法之。以前未聞平實所舉，不知其過嚴重，是故誤犯者，猶有可憫之處；今者聞平實明言已，仍繼續犯之，則無可憫之處，不可取也！法義之乖謬既已舉示，便舉夾山奇特公案，而共證嚴法師及諸有志親證般若之慈濟人，述說般若禪：

澧州夾山善會禪師，一日喫茶了，又親自烹煮了一碗，遞過去給侍者，那侍者見夾山禪師賜茶，伸手擬接，不料夾山禪師卻將遞茶之手縮回，又問侍者曰：「是什麼？」侍者不解夾山禪師之意所在，無能應對。

只如，夾山禪師自顧自烹茶了，卻自飲之，意在何處？　自行喫茶了，卻又自烹一碗過與侍者；那侍者不知禪師手中茶不容易喝得，輕易伸出手來，便擬接過；不料夾山禪師卻縮手端回，更問是什麼？　這些子禪宗祖師，個個都如平實一般瘋瘋癲癲，既然將茶遞過，當然是茶，還問「是什麼？」莫非不是茶麼？　有一般瞎眼阿師往往道：「一切法皆是緣起性空，無一法可得，所以不可說是茶也。然若道非茶，則又墮於語言文字觀念中，所以也不可以說非茶。

也不可以說是『非茶非非茶』，因爲這已經是兩邊都具足了。必須兩邊都遮都遣，才不會落於斷滅空，也不會落於常見有中，所以應當這樣說：所謂茶者即非是茶，是名爲茶。」平實甫聞如是語已，當頭一棒打伊頭腫，棒後更拈棒問曰：「若道是棒即觸，不道是棒又背，且道：是什麼？」　此中淆訛，爾證嚴「上人」還解得出麼？試道看！　若解會不得，何妨舉問平實？　平實聞問，便大聲答道：「茶！茶！」　若還不會，平實饒爾再舉問，聞已復又大聲答道：「如意！如意！」爾證嚴「上人」還會麼？

四川首座遊歷參方而至白馬寺，舉華嚴教語，問該寺講禪之堂頭和尚：「一塵之內含藏法界無量無邊時，是什麼境界？」白馬寺和尚答曰：「如鳥二翼，如車二輪。」首座聞已，便曰：「我還以爲說禪門之內另外有什麼奇特之事，原來還是不能超出弘演教法之道場。」乃迴轉而歸四川。　後來不久聽聞大衆傳說夾山有善會禪師化度衆生極有名氣，乃派遣座下一位小師父，仍持以前所問之語，前來請問夾山禪師，夾山禪師答曰：「在述說雕沙的方法之中，不會說到彫刻玉石之方法；我只是結草報恩，與一般修道人所想的不同。」那位小師父迴到四川，舉說如是對答與首座聞之，首座乃讚曰：「我原本以爲禪門宗旨與教門中所說之義理沒有差別，原來還是有這種奇特之事。」

那四川首座，聞道小師所言，不能解會倒也罷了；可那小師往來夾山與四川之間，跋涉辛苦，竟然辜負沿途諸多光景；面見夾山時，但解耳聞，不會眼聞，辜負夾山撒土撒沙，更迴舉與首座。平實則不然，但見那小師迴，聞舉已，便問：「是什麼？」小師若擬開口，便取竹篦劈面打去；打過卻持竹篦問言：「不得道是竹篦，且道：是什麼？」若猶未會，救得有什麼用處？放過也罷！

如今平實拈來，七顛八倒，爾證嚴上人還會否？ 若真個會，平實奉上竹篦，且請「上人」大師道是何物？ 若道得實，平實自打三下；爾證嚴「上人」打平實不得也，管教汝來世手疼終身。 若道得不實，平實卻教爾證嚴手持竹如意，向平實身上打三下，平實更問爾：「是什麼？」還會得平實意麼？若會得，來世手疼終身，仍然值得；若會得，一時便會祖師西來意，般若經一時會通，便見爾師印順之敗闕也！從此卻好揚棄人間佛教之邪思也！ 頌曰：

茶非是茶，如意亦非，光景曚曨；

花蓮山光，水岸連天，遊罷道不逢。

慈濟委員，會員志工，互敬情殷意濃；
聞舉禪，天雷價響，真意猶似聾。
全球行施，有時勞倦，且將般若吟詠；
經句見在，般若曚曨，欲會怎奈無眸！
十年如夢，廣利衆生，經樓唯有空跫；
且寬懷，對景高歌：水調歌頭。（調寄永遇樂）

第五四三則　牛頭任喫

福州牛頭微禪師　師上堂示眾曰：「三世諸佛用一點伎倆不得，天下老師口似匾擔，諸人作麼生？大不容易。除非知有，莫能知之。」僧問：「如何是和尚家風？」師曰：「山畬粟米飯，野菜淡黃虀。」僧曰：「忽遇上客來，又作麼生？」師曰：「喫即從君喫，不喫任東西。」

有僧問：「不問驪龍頷下珠，如何識得家中寶？」師曰：「忙中爭得作閑人？」

證嚴法師解說五地菩薩之禪定證量云：《**何謂「難勝地」？也就是「六波羅蜜」裡的「禪波羅蜜」**。學佛要修習「禪定」，**心能定下來，就能達到禪的境界**。如何讓心定下來呢？要斷除「思惑」，將心中的明鏡「時時勤拂拭，勿使惹塵埃」，而且不是一曝十寒。比如看到東西發黴，……（以上與佛法無關之文字，略而不錄）。

若能時時用心觀照，就能常保平靜，也就沒有利害得失的掛慮，常常處於「定」的境界中。但是，修行不只是學坐禪而已。其實「禪」的眞正定義爲「正定」。正，就是不偏差。……（以上與佛法無關之文字，略而不錄）。

沒有正信，行爲容易有所偏差。**所以，學佛要修得「禪波羅蜜」，修行若是達**

到禪的境界，則擔柴運水無不是禪，舉手投足無一不是禪。過去有一位修行者，請教一位祖師……（以上說禪宗懷讓禪師度馬祖禪師之公案故事，略而不錄）祖師微笑說：「既然磚不能磨成鏡子，那你坐禪又怎能成佛呢？」雖然這只是一則小故事，裡面卻充滿了哲理。學佛不只是坐禪，一味坐禪非但不能解脫，也不能成佛。**真正的學佛，是要修練我們的心，在任何境界下，都要能保持一分定力。時時刻刻都很清淨，對於任何境界都不起煩惱，這才是真功夫。**》（慈濟文化出版社《心靈十境》頁 71~74）

平實云：若依證嚴法師如是開示者，平實理應心生歡喜，合掌頂戴，一悟便是五地菩薩故；審如是，則無相念佛修成時應已是證悟者了，則平實今日之智慧與定力應可言為已經成就究竟佛地功德了也；所以者何？謂平實所弘無相念佛雙運境界，證嚴「上人」至今猶尚未會故；亦謂平實所說者，仍有極多法義是真正明心證悟之人所不能知者故。 然而平實聞此證嚴「上人」之開示時，非唯無喜，更增悲苦：佛法竟然可以如是解說，竟然可以如是臆想化，竟然可以臆想之說而用來籠罩初機學人。

靜坐所得之定，若未發起初禪者，皆猶未入二住位；動中修得未到地定如無相念佛之雙運境界不斷者，仍非七住之證悟，更何況是第五地？證嚴「上人」

竟可言動中保有定力者即是第五地菩薩，與聖教量中所說者迥違；由此可知證嚴其人，根本不懂大乘佛法也，根本不懂菩薩六度正理也！禪宗之真正證悟，不過第七住位，只成位不退爾，距離五地境界，猶在遥遠。

此謂禪宗之破參明心者，雖然現住於「**搐柴運水無不是禪，舉手投足無一不是禪**」之境界中，卻深知如是證悟已，距離五地菩薩法忍智慧境界猶遥，思惟諸地菩薩境界，仍然深不可測。真悟之人若悟得深者，絕無一人敢如證嚴一般自言已成五地菩薩，亦無真悟之人敢自言已成究竟佛（禪宗所言見性成佛者，皆是方便說，乃是相似即佛與分證即佛，皆非究竟即佛也）。如今證嚴以臆想乖思，竟言禪宗之證悟即是五地菩薩境界；復以動中能得一心不亂，作為禪宗證悟之境界，而言五地菩薩即是禪宗之證悟境界，由此可知證嚴根本不知禪宗之所悟境界，乃是未通宗門、復又未通教門之凡夫也！

復次，禪宗所悟者，乃是般若智慧，當六度中之第六；六度中之「禪波羅蜜」者，乃是以禪定為修證內涵；然須以三地之般若智慧而進修四禪八定、四無量心、五神通等，次第進修而至五地心，轉修深妙之三種靜慮，如是方得名為五地所修之「禪波羅蜜」；若非先已證悟四地中之無生法忍般若，未先證悟般若而逕修禪定等法者，則唯得名為世間禪定，不名「禪波羅蜜」，如是禪定之具足證得者，不能到達解脱之彼岸故。今者，禪宗之禪乃是靜慮之法，證悟之標的則是自心如來藏，絕非禪定之修法。然而證嚴竟未之知，誤認禪定之修行定境即是禪宗之禪，復又誤認為：覺知心止於一境，即是禪宗之證悟。

如是誤會禪宗之般若實質為禪定之法，焉是真實證悟之人？未悟之人，即是未入第七住位之凡夫，焉有能力、焉有智慧能為人解釋地上菩薩之證量？竟敢大膽宣講十地菩薩之「行門與證量」，令人誤以為證嚴果真是地上菩薩，難免故示果證、暗示果證之嫌，難免方便大妄語之嫌。

唯有修至初地菩薩之境界者，發起無生法忍智慧者，方能為人解説諸地之內涵與行門及「證量」也！證嚴既未之知，焉可説之？是故，證嚴所説十地之境界，皆是胡人之言，非是真實佛法也！慈濟廣大徒衆不可信以為真，否則便將隨同證嚴墮於方便大妄語業中，後果難思，不可不慎也！

復次，佛法所應斷之煩惱，初期以我見煩惱為主，即是誤認覺知心為常住不壞心之邪見也。此邪見又名我見、身見，五利使中之惡見所攝。而今證嚴卻同於惟覺、聖嚴……等人，將我所之煩惱作為佛法中所言之煩惱，令人斷之；卻不教導徒衆應斷我見煩惱。如是而行，縱使真能斷除我所煩惱，亦將永遠是凡夫，非唯不能取證大乘般若之見道，亦將永遠不能取證聲聞緣覺之見道；如是斷除我所煩惱而不斷我見，於利樂有情之世間利益上用心修行者，永遠皆是凡夫佛子，尚且不入三賢位中，何況能證諸地無生法忍果？未之有也！

是故慈濟行人若欲遠離凡夫位者，應當先斷我見，不認覺知心為真實心，不認作主思量之意根為真實不壞心，當於各種境界中，從自己之十八界而作現前之觀行；如是斷除我見已，成聲聞初果。復又進求禪宗之開悟——現證自心第八識如來藏；若得證悟如來藏，則般若智慧自然漸次生起，便知禪宗之禪，非是禪定之禪，便知證嚴法師所說諸法皆是臆想所得，皆非實證之法；便知證嚴之所墮——未斷我見，既未曾得證聲聞初果，亦未曾進入菩薩六、七住位中，仍是凡夫。如是知、如是見，名為已生般若智之慧眼者。然而欲證如是智慧，欲生如是慧眼者，則須取證自心如來藏，然後方得；是故今舉牛頭任喫公案，共諸慈濟人及證嚴大師說禪，欲冀汝等大衆同斷我見、同得慧眼，十數年後始有機緣修證諸地無生法忍而起法眼也：

牛頭微禪師一日上堂示衆曰：「於實際理地，三世諸佛也沒辦法使一點兒伎倆，天下所有的老師父們也都口似扁擔—開不得口，你們大家又要怎麼說呢？這件事可眞的是不容易。除非親自證得自心眞如，確知祂的存在，其餘的人是無法知道的。」有一僧聞此開示，便問曰：「如何是和尚您的門風？」牛頭微禪師答曰：「開山畬田種出了粟米飯，還有野菜及淡黃色的醃菜。」那僧不解牛頭微禪師之意，又問曰：「忽然遇到上等賓客來的時候，又怎麼辦呢？」牛頭微禪師答曰：「願意喫的話就由著你隨意地喫，不想吃的話，那就任你自行離去，要去東方西方也都隨你。」

只如各人身中寶物—自心真如—諸佛還能製造得出麼？還有誰人使得一點兒伎倆製造得出麼？天下所有真悟之老師（古時禪宗門內，唯有真悟復又聞名天下之禪師方得稱爲老師），固然可以一言道破，令人現前親證自己本有之自心如來，然而真悟老師所說之言早已不是自心如來也！還有誰人能口出自心如來者？ 禪悟之事，自古以來即非易事，焉有可能一切大師皆是證悟之人？然而學人大多不知，只見表相，便奉為證悟聖人；由是緣故，今時顯密諸多宗派，便有漫山遍野之大師各自稱悟，同以聖人之身相言教而示現於人間。及至平實拈提彼等之說各各問著，彼諸「聖人」卻又個個口掛壁上，一言也道不得。如今證嚴「上人」

既敢宣說十地菩薩之「行門與證量」，示現上人相，縱令徒衆稱呼為上人，如今還能答得平實之問否？試道看！

禪門所言般若智慧，甚深極甚深；除非知有如來藏後復又證有如來藏，莫能知之、莫能道之，豈是爾證嚴未知有、未證有者所能道之？　他時後日緣熟，若真知有時，心中竊喜，得得來至平實眼前，仍無語話分，尚有別相智及一切種智非爾證嚴所知也！異日縱使真悟，唯能從余受學爾，何有語話分？彼時爾證嚴之智慧，於諸未悟大師而言，實乃極為深妙之智；然而平實以道種智觀之，仍無與余對話之資，數言之下必定教爾證嚴杜口難言也！　如是，爾今時未悟之證嚴「上人」，何能解得地上菩薩之境界？七住位菩薩之般若總相智，尚猶未曉，何況上賢之般若別相智與諸地道種智之證量？云何能知？乃竟出書解說十地菩薩之「行門與證量」，膽大乃爾！

只如僧問：「如何是和尚家風？」牛頭微禪師答曰：「山畬粟米飯，野菜淡黃虀。」是什麼意？爾證嚴「上人」頗能說得否？若依文字語意而作臆想情解者，平實打汝頭破。且道牛頭此語，什麼處是為那僧處？試斷看！

次如那僧又問：「忽遇上客來，又作麼生？」牛頭不慌不忙答道：「喫即從君喫，不喫任東西。」又是什麼意？牛頭為那僧處何在？　不可總如聖嚴法師道：「禪師最高明的回答就是答非所問」。若作此言，莫怪夢裡平實打汝頭腦七花八裂！且道：牛頭為人在什麼處？　若道不得，根本不通般若總相智，何能解得上賢菩薩之別相智？何能臆測諸地菩薩道種智？　七住菩薩之總相智尚未之知，何況能知諸地「證量與行門」，而竟公開說之、公開梓行天下，寧不畏人閑言？且道：牛頭答語為人在什麼處？　若道不得，平實為爾道了：「答抑不答皆任爾，午齋千萬莫忘了，齋罷後山任悠遊。」還會麼？

復有一僧問曰：「弟子不問驪龍頷下的寶珠，請問師父：如何才能識得弟子自家本有的寶物？」那僧來問自心真如所在，冀望牛頭微禪師加以指點。牛頭當時指示曰：「你且去體會看看：在諸事繁忙之中，如何才能作個閑人？」這牛頭微禪師三寸甚緊，不輕易鬆口，只道得如是一句，要教那僧忙中會取個閑人！如是一句，難盡今時諸方大法師、大居士，證嚴亦在其中，悉皆死於句下，何有一人能測牛頭微禪師密意？

如是一句，一切真悟之人悉皆能知，悉皆現前觀見自心真如成日裡忙和個不停，然而自心真如卻又是世間最閑之人，無人比伊更閑！　爾證嚴到處奔忙以利衆生、以攝弟子，且道：爾忙中之閑人何在？爾證嚴「上人」頗知之否？　如今平實拈出此則公案，爾證嚴既名「上人」，當知是地上聖人，復又敢道地上菩薩之「證量與行門」，如今頗能答得平實此一問否？　若真能答得，平實道汝有來由，許汝出書說禪、開座講禪；但仍不得解說諸地之「證量與行門」，猶非汝所能知故，未具般若之別相智及道種智故。　爾若答不得此一句，般若總相智尚且未知，何況諸賢諸地般若智慧？只是野狐一隻，有什麼禪之證量可言？竟敢出書說禪、說諸地證量與行門！　頌曰：

三世諸佛，一無伎倆，只得拈花；
天下老師，口似扁擔，棒喝示奇葩！
除非知有，莫能知之，任爾枉披袈裟；
盡漂流，三尋無處，今時誰解撒沙？
天涯倦客，叢林參遍，望斷故園籬笆；
燕去人空，草蔓雜生，向榮是仙楂。
諸方尋覓，無人解空，但有言語碎渣；
歸故園，擇菜醃虀，更種地瓜。（調寄永遇樂）

第五四四則　巖頭過師

鄂州巖頭全豁禪師　師一日與雪峰義存、欽山文邃，三人聚話；存驀然指一碗水，邃曰：「水清月現。」存曰：「水清月不現。」師踢卻水碗而去。自此，文邃師於洞山，義存、全豁二士同嗣德山。

師與存同辭德山，德山問：「什麼處去？」師曰：「暫辭和尚下山去。」德山曰：「子他後作麼生？」師曰：「不忘。」曰：「子憑何有此說？」師曰：「豈不聞：智過於師，方堪傳受；智與師齊，減師半德？」德山曰：「如是！如是！當善護持。」二士禮拜而退。存返閩川，居象骨山之雪峰；師往鄂州住於巖頭。後值沙汰，乃於湖邊作渡子，兩岸各掛一板，有人欲過渡則打板一下，師便問：「阿誰？」或有人答曰：「要過那邊去。」師乃舞棹迎之。一日，因一婆抱一孩兒來，對師曰：「呈橈舞棹即不問，且道：婆手中兒甚處得來？」師便打，婆曰：「婆生七子，六個不遇知音，只這一個，也不消得。」便拋向水中。師後庵於洞庭臥龍山，徒侶臻萃。

僧問：「無師還有出身處也無？」師曰：「聲前古毳爛。」

問：「堂堂來時如何？」師曰：「刺破眼。」問：「如何是祖師意？」師曰：「移取盧山來，向汝道。」

師一日上堂，謂諸徒曰：「吾嘗究涅槃經七、八年，睹三兩段文，似衲僧說話。」又曰：「休休！」時有一僧出禮拜，請師舉，師曰：「吾教意如伊字三點，第一向東方下一點，點開諸菩薩眼；第二向西方下一點，點諸菩薩命根；第三向上方下一點，點諸菩薩頂。此是第一段義。」又曰：「吾教意如摩醯首羅劈開面門，豎亞一隻眼，此是第二段義。」又曰：「吾教意猶如塗毒鼓，擊一聲，遠近聞者皆喪，亦云俱死。此是第三段義。」時小嚴上座問：「如何是塗毒鼓？」師以兩手按膝，亞身曰：「韓信臨朝底。」嚴無語。

證嚴法師解說五地菩薩之禪定證量云：《在「眞空」裡有「妙有」的存在。我常說：「種子如毫芒，它很小，卻可長成一棵合抱的大樹。」「因」明明是有的東西，就像種子裡面蘊含著生命一般，可是整棵大樹的形狀並非包藏在種子裡面，這就是「眞空」；一旦種子與土壤、水分、陽光等因緣和合之後，那顆種子就會長成一棵大樹，這就是「妙有」。而「俗諦」就在妙有之中，隨著因緣而「化零爲整」；因爲「有」，就得好好把心修好，避開「有」的障礙。

人並非一生下來就有煩惱，而是受到環境的染著，增長了無明煩惱；也不是每個人都缺少歡喜心，其實歡喜心也是自己培養出來的；**修行就是在培養這一念心，才能常常歡喜自在，不被境界所轉，這樣就是「禪」。**我們對「眞俗二諦」若沒有障礙，不相互衝突，就可以體會到「眞空」的道理。

譬如：修行者既已出家，追求眞理，就應以佛法的眞理引度父母，使他們蒙受法益得安樂，這是出世的大孝；**在家人則是給予物質的回報，這就是「俗諦」**；世俗的孝道。兼顧這兩種孝道是我一直提倡的，**這樣眞諦、俗諦就不會相互衝突，可以成就眞俗二智。若能推而廣之，在菩薩道上做到「難行能行，難忍能忍，修而無修」，到達自在解脫之時，就能達到「難勝地」的境界。**》（慈濟文化出版社《心靈十境》頁75~77）

平實云：證嚴法師誤會佛法如是嚴重、離譜，令人難以想像。此即是印順否定深妙如來藏法義，將佛法界定於意識心之境界中，導致佛法世俗化、佛教世俗化後，所必然發生之結果。

證嚴法師云：「**人並非一生下來就有煩惱，而是受到環境的染著，增長了無明煩惱**」，若然，則嬰兒甫生已，便令遠離世間煩惱而住，則此嬰兒應非是有煩惱者；果真如是，則外道修苦行者，更應是無煩惱者；苦尚且甘受，何況心中有諸貪瞋煩惱？然而如是外道，終究無能出離三界生死。

佛法中所言煩惱，必須定義清楚。佛法中最粗淺之煩惱，乃是解脫道修證上所應斷之煩惱，謂我見與我執也。我見者謂：執取能見聞知覺之自體性為常住不壞法，以之為萬法之主體心，是名我見。我執謂：執取見聞嗅嚐觸知等自性，於欲界中所觸之境界，以如是知覺性為不壞之我；執著見聞觸知等自性於色界中所觸境界，執著如是知覺性為常住不壞我；執著了知定境之自性，於無色界中所住之定境相，以無色界中之了知性為常住不壞法，俱名我執。今觀證嚴其人，一向皆在世間六塵等我所煩惱上以言煩惱之斷除；既未向內斷我見，更未斷我執，而言斷煩惱，而言有無煩惱者，悉屬誤會佛法煩惱正義者。

我所等六塵煩惱，雖因後天熏習而增長，然而往世所熏種子，早已深植心中，縱令初生嬰兒不處六塵境界而未生執，如是往世所熏種子依舊存在不斷，焉可說之為出生後之熏習方有者？證嚴之說不通也！　復次，我見與我執之煩惱，一切凡夫位之衆生，不論何人，皆是生來本具，自無始劫來，未曾刹那斷過；處母胎中、初生之時、往世死時、悶絕位中、中陰階段、無想定中……一切時中，悉皆本有，從來未曾斷過。唯除往世曾修大乘菩提、二乘菩提，曾經修斷之後發願再來人間者。

是故，我見我執煩惱，乃是一切凡夫眾生所本有者，非是出生後熏習方有者。證嚴既是「上人」，應有無生法忍慧，焉得墮此賢位菩薩已不可能犯之虛妄見解？焉可說此賢位菩薩已不可能說之虛妄言語？由此可知證嚴根本不懂煩惱之正義與內涵。不懂煩惱之內涵者，焉有可能斷除煩惱？故說證嚴其人，其實未曾修斷煩惱，我見我執俱在，於二乘菩提中，說之為凡夫。復又未曾證得如來藏，一向皆在真實心外而求佛法，在大乘佛法中，說之為心外求法之佛門外道。證嚴若不然余言者，應提出辯解，以令大眾週知，不可默然無言也！

復次，證嚴認為：只要培養歡喜心，不被外境所轉而退失歡喜心，即是禪。故作是說：「**修行就是在培養這一念心，才能常常歡喜自在，不被境界所轉，這樣就是『禪』**」，與天竺傳至中土之禪宗迥異。禪宗之禪，所說者乃是證悟第八識如來藏，現觀如來藏於一切時中之運作不輟，現觀如來藏之直接或間接出生萬法，方名為禪。而證嚴卻以意識住於常生歡喜之情境中而不退歡喜心，認作是禪宗之禪，誤會極為嚴重，已至匪夷所思之地步，根本未曾稍知禪意，尚處凡夫之位，竟敢冒膺聖位，縱令徒衆稱為「上人」而不制止；今者更來胡亂解釋禪宗，混亂禪宗之法要，非唯誤導禪宗學人，更誤導慈濟廣大會員與社會大衆，罪不在小！

證嚴又誤會真俗二諦正理，亂說一氣：「我們對『眞俗二諦』若沒有障礙，不相互衝突，就可以體會到『眞空』的道理。譬如：修行者既已出家，追求眞理，就應以佛法的眞理引度父母，使他們蒙受法益得安樂，這是出世的大孝；**在家人則是給予物質的回報，這就是『俗諦』。**」如是，以證嚴所說之出家人在意識思惟上所了知之空，用來接引俗家父母，作為佛法真諦，完全違背第一義諦般若；復以「在家人聞法之後而對出家人作物質上之回報」，謂為世俗諦，完全違背二乘菩提之世俗諦；三乘佛法被證嚴錯說至如是嚴重之地步，同於藏密上師喇嘛之以自意而妄加解釋顯教諸經意旨，迴然無別；慈濟廣大會衆，悉被證嚴法師誤導至此邪謬粗淺之知見中，吾人豈能無悲、無哀？

當知俗諦者，乃是斷除我見與我執。即是二乘菩提法中，以四聖諦、八正道、十二因緣法，運用七覺支、四念處觀而作觀行，因之斷除我見與我執，名為俗諦；所觀皆是三界中之五蘊、十二處、十八界等世俗法故，二乘菩提之觀行乃是世間俗法之極成故，由是故名俗諦。真諦則是以親證世間出世間一切法之根源—第八識如來藏—作為真諦，如來藏是一切法界體性之真實相故，一切法界皆依如來藏方得存在故，如來藏是一切法界生滅之根源故，含攝世間及出世間萬法，故說親證如來藏者即能現觀一切法界之真相，故說大乘菩提之法名為真諦，即是第一義諦也。

證嚴卻不以親證法界實相根源之如來藏而發起般若智慧作為真諦，卻以觀察因果種子之有無，卻以世間諸法緣起性空而說之為空性，以此而為在家人說法，目之為真諦；誤以為出家人如是觀察而了知因果不虛者，即是真諦，與佛法中所言之親證如來藏而發起般若之根本智、種智等真諦迥然不同。證嚴又不以現觀世俗法中之蘊我、處我、界我之虛妄，而親證無我之理，作為世俗諦，不以斷除我見與我執作為世俗諦，卻以在家人聞其所說錯誤之真諦以後，回報物質以供養出家人，作為俗諦。證嚴誤會佛法乃至於斯，焉有「上人」之實質？而縱令廣大徒眾稱之為「上人」，今又出頭亂說菩薩十地之「證量與行門」，如今平實據理依教而言，爾證嚴閱之，得無臉紅之窘乎？

證嚴復將如是錯誤之見解，意欲「**推而廣之**」，勸勉徒眾：「**若能在菩薩道上**

做到『難行能行，難忍能忍，修而無修』」者，謂若如是修行而「**到達自在解脫之時，就能達到『難勝地』的境界**」，卻與佛旨完全相悖。如是修行者，永無解脫之時也！我見與我執俱皆現存故，未曾斷得絲毫故。我見與我執絲毫未斷者，而言解脫，則諸凡夫未學佛法之人，亦應皆是解脫之人也！如是，我見與我執絲毫未斷之凡夫，竟言能到達「**難行能行，難忍能忍，修而無修**」之諸地菩薩境界者，真乃佛門中最大之妄語也！

何以故？此謂「修而無修」者，乃是大乘菩提所證境界，二乘俱解脫之不迴心大聖人，尚且未能知之、證之，爾未斷我見之證嚴凡夫何能知之、證之？而以臆想情解作是開示，大膽流通於天下。如是未悟言悟、未證謂證，廣言十地之證量與行門，本質卻只是凡夫之臆想情解所得，定慧俱缺，有何可恃？平實往常悉皆隱忍，不言爾證嚴法義上之嚴重過失，爾證嚴竟不知恩義，妄謗平實為邪魔、為外道、為法義有毒；竟敢以未斷我見、未悟般若之凡夫身，憑藉徒眾廣大，妄謗平實親證之後所弘正法？真可謂井蛙不知世界廣闊，乃是以管窺天之輩也！

今日平實作此回應，檢爾證嚴所說之法，返問於爾證嚴，料爾證嚴無力回應辯解也！爾尚不解聲聞菩提，未斷我見故；復無般若正智，無能答余所問諸理故；爾若真有般若正智者，唯能認同余說故。故說爾證嚴不能安忍所未曾聞之平實妙法，不能嚴持比丘尼戒及菩薩戒中之重戒，妄謗正法及正法人，今時招來拈提，正是求榮反辱之舉，無益自他，乃是愚人凡夫之所行也。

證嚴法師又如是云：《就佛教來講，「**理論**」屬「**真諦**」，「**人事**」則屬「**俗諦**」。「真諦」的**道理**是「心無染著、具足智慧善根」；而「**俗諦**」則是要**人圓事圓**，發揮慈悲的功能去利益人群。因此，我們應該要真俗並行。》（慈濟文化出版社《心靈十境》頁131）

如是等語，分明顯示證嚴其人之不懂佛法，竟將理論定位為真諦，將人事定位為俗諦；嚴重違反 世尊所說真俗二諦正理，而慈濟功德會之廣大會員與委員，竟無一人能知其謬，竟無一人敢作諍言，竟無一人勸諫證嚴法師：應當深研諸經，並作修正改版。坐令證嚴法師繼續貽笑方家，繼續貽笑於佛教界，乃至貽笑於後人。

一般未悟充悟之大法師，一般未悟示悟而不敢縱使徒弟稱為上人之大法師，都不可能違犯之法義大誤解之過失，竟在示人以地上菩薩證量之證嚴「**上人**」身上出現，可證其人真乃**不學無術**之徒也。如是證嚴法師，以世俗知見而取代佛教正法義理者，本質乃是破壞佛教正法者，與藏密諸師將外道見來解釋佛法義理而破壞佛教者，本質並無不同。

若是純以世俗有為法上之善行而言，證嚴確實可為世間聖人，與天主教之德蕾莎修女類似，然於佛道而言，尚且不能成為聲聞道上之初果人，何況能成為第七住位菩薩？更何況七住位經過無數劫進修後方能證得之初地果證？慈濟廣大之會員與志工、委員，若是單為修集人天善法者，尚不應護持其抵制正法之行為，以免與其共同成就破壞佛教正法之共業；何況眞學佛法之慈濟人，云何繼續隨之淪墮？逆耳忠言已說，便舉巖頭過師公案，示以悟道入處，共彼證嚴法師及諸慈濟學人說禪：

鄂州巖頭全豁禪師，一日與雪峰義存、欽山文邃，三人聚話；雪峰禪師忽然指著一碗水，欽山禪師見狀便曰：「水清月現。」雪峰禪師卻曰：「水清月不現。」巖頭禪師聽了，踢掉水碗便自行離去。從此以後，欽山文邃事師於洞山，雪峰義存與巖頭全豁二人則一同承事於德山。

後來巖頭禪師與雪峰義存禪師同時向德山告辭，德山問曰：「你們辭別了我以後，要到什麼處去？」巖頭禪師答曰：「暫時禮辭和尚下山去。」德山又問曰：

「你以後想作什麼呢？」巖頭禪師答曰：「終不敢忘了師父。」德山問曰：「你是根據什麼而有這個說法？」巖頭禪師答曰：「師父難道沒有聽過這句話？智慧超過了師父，才堪能接受師父的傳受；如果智慧只是與師父相齊，卻還要師父傳授才能悟入的話，功德受用就只能有師父的一半了。」德山答曰：「正是這樣！正是這樣！你們應當如此善自護持。」

看伊巖頭乃是自參自悟，又是過牢關之人；後來又幫助其師德山解悟牢關，然而終究不敢自負，告辭之時，自道：「智過於師，方堪傳受；智與師齊，減師半德」，然而末法之時，每有行人因余得悟，便因粗淺之悟而生大我慢，便敢輕余，便取月溪之邪見來破余法，自謂其法更勝於余；後來亦有委與教職之後，便生大我慢，私下妄評余法，欲與余爭上者；如是等人，較巖頭全豁禪師之智慧與心性，相差不啻天壤。

古人如是風範，正是今時大衆所應效學者；若不如是，縱使不因平實之書、之開示、之引導而得自參自悟，然而悟後仍須再入平實門下受學種智者，功德仍唯具半，何況彼等早期因余明說而知密意者，有何可慢之處？是故一切人，當以如是古人風範自勵。巖頭與雪峰二士禮拜德山而退。雪峰返歸閩川，居象骨山之雪峰開山度衆；巖頭禪師則往鄂州巖頭住山弘法。

後來值遇三武毀佛等事，罷廢僧制，不得示現出家相，巖頭禪師乃於湖邊權作擺渡之人，非唯以此糊口，更乃伺機接引學人；便於湖兩岸各掛一板，若有人欲過渡時，則打板一下，巖頭禪師聞得打板，便故意問打板者：「你是阿誰？」如果有人答曰：「要過湖到那邊去。」巖頭禪師聞言，乃誇張地舞起槳來，將渡船相迎。

此事漸漸傳開之後，一日有一婆子抱著一孩兒來見，對巖頭禪師道：「你這樣舞弄船槳示現的事，我就不問你了，你倒說說看：我婆子手中這個兒子，是從什麼處得來的？」巖頭禪師見伊作家相見，聞言便打，那婆子卻道：「我婆子總共生了七個兒子，以前那六個不曾遇到知音，如今這一個，也就不那麼計較了。」說罷便將兒子拋向水中。這婆子倒也具眼，知得巖頭落處，欲要利益親子，便將兒子拋向水中，捨與巖頭為徒。如是俊婆，今時早是無處可尋；只見世俗情執、愚癡知見之人，每將平實機鋒認作精神異常，謂為乩童之起乩，如何有緣得見如是俊婆？

巖頭禪師後來庵於洞庭臥龍山，徒侶臻萃。一日，有一僧上問：「無師自通者，有沒有出身之處？」巖頭禪師答曰：「在你出聲之前就已經存在了，從無始以前直到如今，古時的纖細鳥毛都已經爛掉了。」只如那僧問巖頭證悟之道，巖頭卻只道「聲前古毳爛」，此語究竟是有為那僧處？是無為那僧處？爾證嚴既已知禪、證禪，是故出頭講禪，且斷看！究竟是有為那僧處？是無為那僧處？若有，當言有在何處？因什麼是為那僧？　若無，當言為何是無？　還道得麼？

復有一僧上問：「祖師常言眞如巍巍堂堂，分明現前；如是堂堂而來時，究竟是什麼境界呢？」巖頭禪師答曰：「刺破你的眼睛。」如是一句，既答彼僧，亦示入處，且道：入處何在？爾證嚴「上人」還答得麼？若答不得，只是未開眼底阿師，有負**上人**之稱。

又一僧隨後上問：「如何是祖師西來所傳之眞實意旨？」巖頭禪師答曰：「你且將廬山移過來，我就向你明說。」巖頭如是轉語，意在何處？爾證嚴「上人」還答得麼？　料爾答不得，平實且私下教爾：「當時只將汝缽盂擎上，但道廬山已移訖；言訖便行，更無餘事。若更停留等待巖頭言語，小心痛棒！」爾證嚴「上人」還會此中密旨麼？

巖頭禪師一日上堂，對諸徒衆開示曰：「我曾經體究涅槃經七、八年，讀到三兩段經文中，很像是眞悟的人所説底話。」言畢又曰：「算了！算了！不説了！」當時便有一僧出列禮拜，請求巖頭禪師舉出來開示，巖頭禪師便開示曰：「我所説的言教意旨，也是像《大般涅槃經》所説的伊字三點一般：我向東方點一小點，點開了諸菩薩的慧眼；第二卻向西方又點一點，點出諸菩薩的命根；第三卻向上方點一點，點出諸菩薩的不見頂。這就是第一段的經義（欲知伊字三點，詳見《大般涅槃經》，可向正覺同修會索取，詳見書後贈書目錄）。」

然後又開示曰：「我的言教中之意旨，就像是摩醯首羅天劈開額頭，豎起另外的一隻眼，這就是第二段的經義。」又開示曰：「我的教意就好像是一面塗了正法毒藥的鼓一般，只要擊一聲，不論遠近，聽到這鼓聲的人，全部都要喪身失命，這個又稱爲我見同時一起死掉。這就是第三段經義。」當時小巖上座便問道：「那麼如何是師父您的塗毒鼓？」巖頭禪師便以兩手按著膝蓋，將身子低下來道：「就是韓信早晨入宮臨朝底。」小巖上座不解巖頭禪師意旨，無語應對。

只如巖頭禪師道是東方點出菩薩眼，西方點出菩薩命根子，上方點出不見頂；如今平實且要問爾證嚴「上人」：「爾證嚴既是上人，必具上人法，且道：東方那一點，西方那一點，上方那一點，究竟點出個什麼意旨？」爾若道是慧眼、命根、無見頂相，平實且放爾一頓痛棒；若是來見，卻莫與我進退擎拳，莫便休去，莫以言語答我，且道：巖頭這三點，點出了什麼佛法意旨？若也答得，平實道汝有來由，卻好向佛前作實相懺去，好生懺悔往昔無根誹謗平實及無根誹謗正法大過去！頌曰：

水清月現意無訛，古今曾未隔；

上人欲曉妙般若，過婆懷中兒，認取古德。

東西南北悉點出，曲高誰能和？

欲識巖頭頂門眼，且歸花蓮——池塘好餵鵝。（調寄虞美人）

第五四五則　巖頭無光

鄂州巖頭全豁禪師　師與羅山卜塔基，羅山中路忽曰：「和尚！」師迴顧曰：「作麼？」羅山舉手曰：「遮裡好片地。」師咄曰：「瓜州賣瓜漢！」又行數里，徘徊間，羅山禮拜曰：「和尚豈不是三十年在洞山，而不肯洞山？」師曰：「是！」羅山又曰：「和尚豈不是法嗣德山，又不肯德山？」師曰：「是！」羅山曰：「不肯德山即不問，只如洞山有何所闕？」師良久曰：「洞山好個佛，只是無光。」瑞巖問：「如何是毗盧師？」師曰：「道什麼？」瑞巖再問之，師曰：「汝年十七八未？」

問：「塵中如何辨主？」師曰：「銅鈔鑼裡滿盛油。」

問：「如何是巖中的的意？」師曰：「謝指示。」

僧問：「請和尚答話。」師曰：「珍重！」

問：「如何是道？」師曰：「破草鞋與抛向湖裡著！」……爾後人或問佛、問法、問道、問禪者，師皆作噓聲。

證巖法師解說六地菩薩之「慧波羅蜜」證量云：《菩薩的第六地是「現前地」。

例如：一面擦得十分潔淨的鏡子，不管它所照的外境是多麼污濁，只要境、物移開後，這面鏡子依然十分潔淨；**就像世間的喜、怒、哀、樂已經影響不了修行人的心，所以面對周圍的環境時，即能了然分明，這就稱為淨性「現前地」**。如何才能達到「現前地」的境界呢？這就要先成就「慧波羅蜜」，亦即「大圓鏡智」；**要修到心如明鏡的境界，就要斷「見思惑」——見解和思想上的疑惑**。在修行道上，難免會有執著，比如：執著自己已修到某種程度，自認是個心地清淨的人，因而與人隔離，認為對方是個受污染的人，多數人都會起分別心。其實，**這樣的分別心不能有，應當「境來照境、離境則清淨」，這才是真正現前地的菩薩。……**。因此，**過去的事，不要讓它的影子留置在心中；才能時時清朗、沒有人我是非的牽絆，這就稱為「現前地」。……若是修到心鏡能清楚映照生活萬象而不起心動念，就能日日歡喜、心地清淨，使智慧發光，並且把光芒照耀他人，進而達到「難為能為」的境界，也就是「現前地」菩薩的境界。……**》（慈濟文化出版社《心靈十境》頁88~91）

平實云：證嚴法師如是完全違背三乘經典之謬說，竟能令慈濟廣大委員、會員等人信受，廣印至十餘刷，也是末法時期又一怪事也！

如其所言：斷見思惑者即成六地菩薩，不論其是否已證大乘八識心王一切種智之無生法忍；若是，則二乘羅漢亦是六地菩薩，則二乘阿羅漢亦應能知般若，云何定性聲聞卻皆不解般若經旨？卻皆不知實相？云何迴入大乘時只成個六住菩薩？不得入地？ 此中道理，有勞證嚴「上人」一答，天下學人要知！爾座下數十萬、數百萬弟子亦要知之！ 准爾證嚴「上人」所言：「**就像世間的喜、怒、哀、樂已經影響不了修行人的心，所以面對周圍的環境時，即能了然分明，這就稱為淨性『現前地』**」，則應一切阿羅漢皆是六地菩薩故。是耶？非耶？有勞「上人」再於後印新書中對眾說分明。

爾「上人」若言是者，則第二轉法輪諸般若系經典應當重寫，第三轉法輪諸方廣唯識經典亦復如是，悉當重寫，與爾「上人」所說迥異故；若言非者，應當回收《心靈十境、心靈之窗、談古說今、齋後語……》等誤導眾生諸書，別待悟後重新寫過，另行印製流通。究竟汝所說者是耶？非耶？有請「上人」一答！既是「上人」，不應不知也！

復次，眾所週知：大圓鏡智乃是究竟佛地方得生起之智慧。而今汝證嚴「上人」竟言六地中即得生起，未審「上人」依何經教而作是言？或依自身證量而作是言？有請「上人」說明之，以令大眾週知！ 若如爾證嚴所言：「**如何才能**

達到「現前地」的境界呢？這就要先成就「慧波羅蜜」，亦即「大圓鏡智」；**要修到心如明鏡的境界，就要斷「見思惑」——見解和思想上的疑惑。**」謂如是心如明鏡者即是大圓鏡智，則一切阿羅漢應皆是 佛，見思惑悉已永斷故，則應 佛世時已有一千二百五十一佛同時在世，非是唯有 釋迦一人成佛。是耶？非耶？有請「上人」來年以文字印於書中公開答我！

如爾證嚴「上人」所說者，乃是爾之創見，於三乘諸經中， 佛皆未嘗有此說法。爾之導師印順於等身之著作中，亦未嘗有此一說；未審爾證嚴之證量是否超越爾師印順，故有此一創見？

復次，見思惑，有其固定意涵，非汝證嚴所謂**見解和思想上的疑惑**，乃是**我見**與**我執**也。爾證嚴於此粗淺之**見思惑**意涵猶未能解，云何能知六地之證量？而為他人宣說？

復次，觀爾證嚴「上人」所謂六地之證量境界：「其實，**這樣的分別心不能有，應當『境來照境、離境則清淨』，這才是真正現前地的菩薩。……**因此，**過去的事，不要讓它的影子留置在心中；才能時時清朗、沒有人我是非的牽絆，這就稱為『現前地』。……若是修到心鏡能清楚映照生活萬象而不起心動念，就能日日歡喜、心地清**

淨，使智慧發光，並且把光芒照耀他人，進而達到『難為能為』的境界，也就是『現前地』菩薩的境界。」

如是之言，卻同於世間修定之外道所證未到地定分明無別，同於今時台灣及南洋之南傳佛法諸多大師所墮之念念覺照分明境界，悉皆隨順於不貪六塵覺觀之境界，只成個未斷我見之凡夫爾，何能斷得一絲一毫見惑與思惑？而言六地菩薩之無生法忍果？有智之人，其誰信之？

是故平實好意勸爾證嚴：當速揚棄印順所墮藏密應成派中觀之邪見，當承認如來藏修證之法義方是真實正法；若不爾者，此後之邪見仍將繼續荼毒爾心，仍將繼續一一留存證據於未來發行之諸書中，送與天下人作把柄。平實好言，汝其聽之。破邪之言已作，當示般若入處，便舉巖頭無光公案，共爾證嚴「上人」說禪去也：

鄂州巖頭全豁禪師，一日與弟子羅山道閑卜勘籌建寶塔之基地，羅山禪師於中途忽然喚曰：「和尚！」巖頭禪師迴顧羅山，問曰：「作什麼？」羅山舉起手來，說道：「這裡好一片地。」巖頭禪師知羅山之意，便咄之曰：「你這個瓜州賣瓜底漢子！」又行數里，正徘徊間，羅山卻忽然禮拜巖頭禪師曰：「和尚豈不是三十年住在洞山，而不肯洞山？」巖頭禪師答曰：「是！」羅山又問曰：「和尚豈不是法嗣德山，卻又不肯德山？」巖頭禪師答曰：「是！」羅山又問曰：「和尚您不肯德山的事，弟子就不問了，只如洞山禪師有什麼缺失？您便不肯他？」巖頭禪師良久之後答曰：「洞山禪師好一個佛，只是不放光。」

洞山門下，慧不深利，向來秉持雲巖之風，注重解脫之修證，較不注重慧學；亦少助人之機鋒，故巖頭嫌其門風，不肯嗣於洞山。德山雖然廣有諸般手段，機鋒凌厲，能利學人，卻終究未能過得牢關，是故巖頭亦有微詞。如是真實證道之人，尚且難免巖頭微詞，如今爾證嚴「上人」豈唯無光？根本就不知佛道，尚且未能知曉七住菩薩之般若慧，焉得證知諸地無生法忍增上慧學？何得以未曾明心、未斷我見之凡夫知見，而說諸地菩薩之證量？更自行發明**六地菩薩之大圓鏡智**，故違　佛說！如是無知、無證之人，竟來無根誹謗平實為邪魔外道，今時平實舉之，敗闕天下聞，有智人不免笑汝，「上人」之名即成虛言也！

瑞巖師彥請問云：「如何是毗盧遮那佛之師？」巖頭禪師答曰：「說什麼？」瑞巖再問之，巖頭禪師答曰：「你的年紀有十七八歲了沒？」這瑞巖師彥出家之後，被瞎眼阿師所誤，以為修禪即是要清楚明白而能作主，即是明明歷歷而不昏昧，卻同證嚴法師所説一般；彼時未曾值遇巖頭，未開知見，曾端坐於懸崖上，每日自喚：「惺惺著！」又自答曰：「諾！」如是努力保持清醒明白，心如明鏡，不落昏沉與妄想煩惱中，禪門中傳為笑譚，名之為「主人公禪」。卻同證嚴法師一般無二。後來遇見巖頭禪師，故有此段請問公案。

只如瑞巖問自心真如，巖頭云何反問「道什麼」？這一句語中，不可謂為無義也！只是此中密意難會，爾證嚴「上人」不具上人智，唯有下下智，料爾不知，且置不問。那瑞巖不解巖頭所示密意，復又重問，巖頭卻只問道：「汝年十七八未？」且道：這一句語與前答是同是異？　待爾會得密旨，方知平實問這一句語不是好意。然雖如是，平實這一句語，與巖頭之語，卻是異曲同工，同皆指向彼月。只如這指月之指如是混淆，爾證嚴「上人」以「下人」之智，欲待如何證會？

復有一僧問云：「在六塵之中，要如何分辨出眞正之主人翁？」巖頭禪師答曰：「銅鈔鑼裡滿盛油。」　復有一僧問云：「如何是我們這瑞巖中的眞實意？」巖頭答曰：「謝謝你的指示。」那僧不解巖頭禪師意在何處，誤以為巖頭答非所問，乃又提示曰：「請和尚回答弟子的問話。」巖頭禪師卻答曰：「珍重！」如是數句，卻與前來所舉之開示一般，皆是啐啄同時之語，苟非真正利根、絕頂聰明又復久參禪宗之人，悉皆難了；料爾證嚴法師下人之智，絕無可能知之，便不問爾知不知，汝非真正「上人」故！

亦有僧問：「如何是道？」巖頭禪師答曰：「把那破草鞋為我拋向湖裡著！」：如是言語機鋒以度衆生。爾後有人或問佛、或問法、或問道、或問禪時，巖頭禪師皆作噓聲。如是，禪宗祖師每見人來，未開口前早已見伊喉嚨深淺，豈是爾證嚴：等未曾證得般若之人所能臆想者？竟敢以未悟之身而妄言聖境，竟敢以凡夫邪見而妄謗證法賢聖及其正法，以一世之名聞與眷屬恭敬，換取未來無量世之謗法地獄重罪所得長劫尤重純苦，真乃愚癡人也！智者聞之，豈有不感嘆者？頌曰：

見惑未解，能斷思惑；有智人，此語叵說。

諸地忍法，源於藏心；愚人無智，將諸法，心離剝。

死得我見，重重觀行；入叢林，方解把捉！

死得我已，當卜壽塋；但入佛殿，分金訖，好埋卻。（調寄行香子）

第五四六則　雪峰神光

福州雪峰義存禪師　問：「有人問：三身中哪個身不墮諸數？古人云：吾常於此切。意旨如何？」師曰：「老漢九轉上洞山。」僧擬再問，師曰：「拽出此僧著！」

僧問：「寂然無依時如何？」師曰：「猶是病。」曰：「轉後如何？」師曰：「船子下揚州。」

問：「承古有言……」師便作臥勢，良久起曰：「問什麼？」僧再舉，師曰：「虛生浪死漢！」

問：「古人道：『路逢達道人，不將語默對』，未審將什麼對？」師曰：「喫茶去！」

師問僧：「什麼處來？」對曰：「神光來。」師曰：「晝喚作日光，夜喚作火光，作麼生是神光？」僧無對，師自代曰：「日光！火光！」

證嚴法師解說七地菩薩之「方便波羅蜜」證量云：《**第七「遠行地」**，則是**成就「方便波羅蜜」，就是心和境接觸時能觀照得很清楚，但又「卽境不染**

心」。……學習佛法、成就佛道，必定還要體會「方便法」，且要「施用方便」自如無礙；方便法是教化衆生成就道業的一種工具。這裡說成就「方便波羅蜜」，波羅蜜是「到彼岸」的意思。比如我們若想從此岸到彼岸去，必須使用交通工具——船，才能如願；船就是渡到彼岸的工具。**我們要渡過煩惱河，不但要自度、還要度人，所以，我們要成就方便的智慧，也就是「方便波羅蜜」**，要發大悲心，廣度衆生。……（以上與佛法無關之文字，略而不錄）因此，要成就「方便波羅蜜」，必須發大慈悲心；立大悲願，這就要先斷煩惱障礙。什麼煩惱會障礙我們付出呢？那就是執著於自修自了，在修行中有人會產生這種迷惑。譬如有的人會執著於修「聲聞乘」，有的人則執著於「緣覺乘」，這二乘都是小乘。有的人認為修行要常常聽經，才能開智慧、成就道業；或是必須找一個很清淨的地方念佛，才像是在修行。若是這樣，就是執著在聲聞小乘行。》（慈濟文化出版社《心靈十境》頁 98~101）

平實云：證嚴法師既不認同聲聞緣覺之解脫道修法，亦不教導信徒求斷真正之我見與我執，專在斷我所上用心，根本不可能使其徒衆證得二乘菩提之解脫果。而其所說一切大乘佛法之修行，所說成佛之法道，又皆不須親證如來藏，不須實證法界萬法根源之如來藏，則所說之方便也者，即成世俗法上之方便也，即與大乘佛法之般若智慧無關也！

譬如有人無智，不學二輪腳踏車駕馭平衡之基本技術，卻廣作方便，在三輪腳踏車上作種種方便，自謂如是技術即是雙輪腳踏車之種種駕馭特技；而不能了知：雙輪腳踏車之特技方便，必須依於駕馭雙輪腳踏車平衡技術之上，再行發展方得成爲特技。卻專在三輪車上體會如何在腳踏車上表演特技之理，復自以為是，說向大衆。大衆既皆未曾親見雙輪腳踏車，亦隨之盲從，信彼所說即是雙輪腳踏車特技之方便練法；如是師徒互相吹捧，自謂已經練成雙輪腳踏車之特技。一旦得遇雙輪腳踏車之騎乘者出現，乃至有雙輪腳踏車之特技專家出現時，便皆出乖露醜也！

同理，諸地無生法忍，悉皆要因七住位之親證如來藏，而後次第進修種智，復修其餘基本定力之福德、財施法施之福德、十無盡願之增上意樂、修除異生性而能永伏性障如阿羅漢、初地所須之七種第一義、七種性自性……等無生法忍之般若慧，由如是條件之配合，方得入住初地，成為初地之入地心。

如今證嚴法師卻不修證七住位之明心功德，不修十住位眼見佛性之功德，不修十行位之修除異生性功德，不修十迴向位救護衆生回歸正法等功德，不修無生法忍之道種智；如是不修般若之總相智與別相智，亦不修證入地所須親證之八識心王五法三自性……等道種智諸般若法要，便欲證得第七地之證量，示人以如是妄想之證量法門。便如愚人不思先建一二三樓，即欲建設第四五六樓，並謂人言自己已建成四五六樓；證嚴法師之愚癡，與此人無異。是故，修學佛法之人，必須先知佛菩提之法道，亦須知佛菩提道所含攝之二乘解脫道內涵，然後方知次第進修之理；否則終將難免證嚴法師如是過失，為真正之智者所笑。今者為欲利益證嚴法師及諸慈濟中之學佛人故，便舉雪峰神光公案，共諸有心修證般若之學人大師說禪：

福州雪峰義存禪師，有僧來問：「有人問：法身、報身、化身等三身之中，哪個身不墮數法之中？古人答云：我常在這上面很用心。這個意旨究竟如何？」雪峰禪師答曰：「老漢以前在各道場轉來轉去，九次上洞山禪師處。」那僧擬再問，雪峰禪師便吩咐侍者曰：「把這個僧人拽出去！」

只如那僧問法，雪峰禪師云何不答伊所問？卻道自己「九轉上洞山」，究竟意在何處？爾證嚴法師若欲親證七地菩薩境界者，且先於此參詳著。若也真正會得，只是別教七住位菩薩爾，猶須親修二大阿僧祇劫，方得到達七地心也！

如今且莫記掛七地事，且自下心參詳著！先求真實進入七住位再說！　次如那僧不會，再問，事亦平常；云何雪峰禪師卻教人將那僧拽出去？是摒伊？是為伊？　若是摒伊者，因什麼道理說是摒伊？　若是為伊者，什麼處是為伊？有請證嚴法師斷一斷看！莫辜負爾宣說十地證量法門之風光也！若真能道得，便入七住位中，成為外聖內凡之聖人也，距七地心猶遙！且待二大阿僧祇劫之後！

有一僧上問：「寂然無依時如何？」雪峰禪師答曰：「這還是禪病。」那僧又問曰：「轉了以後又如何呢？」雪峰禪師答曰：「船子德誠度了夾山以後就棄舟直下揚州去了。」

一般人總以為禪宗之禪，即是修令覺知心不著一切法，常住寂然無依境界，便以為已證涅槃；卻不知涅槃離見聞覺知，寂靜極寂靜；一念不生之覺知心，猶與六塵相到，叢鬧不已，何曾寂靜？　乃至非非想定中之寂靜靈知心，尚與定境法塵相到，仍非是完全寂滅者，何曾是涅槃境界？　禪宗所證者，正是涅槃之本際，寂靜極寂靜，不曾與六塵相到相應。　然而古今學人大師，墮於覺知心一念不生之寂然無依境界者（註：其實仍依無妄念之定境法塵而住，非真無依無住），所在多有，古來祖師說為禪病；是故那僧作此一問，雪峰禪師說猶是病。

那僧聞道是病，便問轉後如何？卻不懂當問證悟之法。然而雪峰禪師因自身之悟極為困頓，深能體會求悟者之心苦，慈悲特重，有心為伊，乃為之開示：「船子下揚州。」那僧若欲會取，當禮雪峰禪師三拜，禮罷便依教下揚州去，方有悟處，也不枉雪峰禪師慈悲為伊開示。爾證嚴法師若來問者，平實便教爾下台東去；若真能報平實恩者，舉足未到台東時，早應會得了也！爾若沐浴更衣向北燒香作禮，平實卻便生受此香此禮，一次為限。正當望北上香作禮時，方知平實不汝欺也！

復有僧問：「承古有言……」那僧問語未畢，雪峰禪師便將身躺下作臥勢，良久卻起，乃問僧曰：「問什麼？」那僧不解雪峰禪師作略，辜負雪峰老婆心腸為伊入泥入水，復重舉問，雪峰禪師乃斥曰：「虛生浪死漢！」

復有僧問：「古人道：『行腳時，在路上遇見了通達般若道理的人，不可用語言、也不可以用默然來應對』，不知道應該用什麼來應對？」雪峰禪師只教示伊：「喫茶去！」

雪峰禪師問一僧曰：「去了什麼處來到此間？」那僧答曰：「我從神光那裡來到此間。」雪峰禪師問曰：「在白天就喚作日光，到了夜晚又喚作火光，怎麼樣才是神光呢？」那僧不知應如何回答應對，雪峰禪師見伊不會答，乃自己代答曰：「日光！火光！」

禪宗—般若—意旨，甚深極甚深，一切門外漢悉不能知。何況證嚴法師尚不能知禪宗之悟乃是親證如來藏之法者，何能知之？不知不證之人，而示現已知已證，出頭說禪道悟，便不免真悟之人拈提將去也！此是一切未曾證悟，及錯悟之人強欲出頭說禪時，所必須謹慎思考之問題。是故一般有智法師居士，輕易不敢說禪道悟，更不敢說悟之內容與境界。如今證嚴法師卻仗著**印順否定如來藏之錯誤考證**之言，仗著徒衆廣大，敢出頭說禪道悟，敢無根誹謗平實為邪魔外道、為法義有毒，以為可以強壓平實，以為可以強令平實正法從此一蹶不起；卻不知正法威德之力無邊廣大，非是依靠世法勢力所能強行壓制者。如今平實為作回應故，便拈提爾證嚴法師之落處與敗闕，供養真正**依法而不依人**之有智慈濟學人，便令爾證嚴之邪知邪見無處可藏。

只如那僧道是：從神光來。雪峰禪師便就神光二字作文章，只道晝裡喚作日光，夜裡喚作月光，卻問神光是何物事？那僧不料雪峰有此一問，愣在當場。雪峰禪師見伊不會，便代答曰：「日光！火光！」　只如雪峰代答日光與火光，且道：日光與火光是不是神光？若不是，雪峰為什麼卻如是道？ 若是，明明日光火光非是神光，雪峰為什麼卻如是道？ 爾證嚴法師還知得其中道理麼？平實料爾知不得，且送爾一箋祕方：每日只須八個小時，面對鏡子，口中喃喃自語著：「日光火光是不是神光？」如是經年累月而不間斷地唸去，不得一日間斷；十年後若會不得，平實饒爾三十棒！ 十年間忽然會得，便知其中道理，便通般若諸經，便見印順誤會般若經意之嚴重程度；彼時方知平實今日此問不是好意，亦知平實今日老婆，盡將密意傾洩與爾了也！ 偈曰：

法報化三身，本來離諸數；為諸凡愚故，說有生異滅。
本皆如來藏，種子藉緣現；報化身若捨，法身何處遯？

學人尋法身，遍界不曾藏；欲證如斯境，九轉洞山謁。
語默不許對，喫茶二邊離；日光與火光，神光曾未謝。

欲識般若意，對鏡自問答；一朝得契會，方解弄喜鵲。
歡喜覓平實，不問古人言；見面三擊掌，言語何須借！（生查子三首）

第五四七則　雪峰二途

福州雪峰義存禪師　栖典座問：「古人有言：知有佛向上事，方有語話分。如何是語話？」師把住曰：「道！道！」栖無對，師蹋倒，栖起來汗流。

師問僧：「什麼處來？」僧曰：「近離浙中。」師曰：「船來？陸來？」僧曰：「二途俱不涉！」師曰：「爭得到遮裡？」僧曰：「有什麼隔礙？」師便打。

僧問：「古人道：睹面相呈。」師曰：「是！」僧曰：「如何是睹面相呈？」師曰：「蒼天！蒼天！」

證嚴法師解說七地菩薩之「方便波羅蜜」證量云：《……現在的教育，應該要延續過去人們的那分專心，而不是只執著於文憑；只要專心學習，雖然是「方便」的教育，也會有所成就。教育並不僅限於學校，必須自小就從家庭環境中培養起。**其實，童真時候的那分智慧，才是真正清淨的智慧**。赤子之心就如明亮的秋月，我們常會發現大人沒想到的，都被小朋友們想到了。幾年前，花蓮有一次遭逢颱風，在風災過後，台中一位只有五歲多的小朋友，立刻打電話來問安。當時我正好出去勘災，不在精舍。回來時聽到這件事，心想：難得這位小朋友有這分愛心和關心，所以那天晚上我就回個電話給他。我就問：「郭鎮元，你打電話找師公有什麼事啊！」他回答……（故事，略而不錄）後來三歲的小女孩「草莓」聽了這個小故事，就跟媽媽說：「媽媽！您跟師公說好不好？請師公出門的時候帶一支手電筒。」這也是她的善巧慧思。所以，童心就像月亮一樣，那麼溫柔又能發出光芒。**只要大人平時能以「用慈施悲」的心來教育下一代，便能使孩子在潛移默化中培養善解與純真之愛。這也是「方便」的教育；人人若有這分雖處於污濁、煩惱的環境中，卻能不被薰染、又能發揮清明的智慧，這就稱為「遠行地」菩薩**。所以，要到達「遠行地」菩薩的境界，必定要有成就方便的智慧，也要發大悲心才行。》（慈濟文化出版社《心靈十境》頁105~108）

平實云：證嚴法師如是說法，乃是以世俗法代替佛法，正是將佛教世俗化之具體事證。七地之方便波羅蜜，若似證嚴如是說者，則佛法便是三界中世俗輪轉之生滅法，而非具足世間出世間之勝妙法也。

然而七地所修之方便波羅蜜，乃是初地至六地無生法忍之增益，實質上是針對如來藏中所含藏之無量數種子，加以更深入之驗證；由於深入之了知驗證故，產生許多方便行門，能令七地菩薩修至滿心位時，得以念念入滅盡定，如是念念入滅盡定而不由加行之方便智慧，非俱解脫之大阿羅漢所能知之；亦能於變相變土時，但憑作意而不須加行，便能成功，由此方便波羅蜜之具足故，能入第八地中。如此方是七地所修之方便波羅蜜。證嚴渾然不知，卻將世俗法上之方便，作為七地菩薩無生法忍之方便波羅蜜正修，於佛法中，真可謂為無知、不學無術也！

復次，證嚴法師云：「**其實，童真時候的那分智慧，才是真正清淨的智慧。**赤子之心就如明亮的秋月，我們常會發現大人沒想到的，都被小朋友們想到了。」證嚴法師作如是語，正顯示她對於佛法之無知，知見同於初學佛法一二年之學人無異。初學佛法者，常以為靜坐修定便是禪悟之法，常以為一念不生、降伏五欲等我所之貪著，便是佛法修行，根本不懂佛菩提與二乘菩提，於大乘佛道及二乘解脫道之分際根本不曾稍知。由是粗淺之認知，便以為保持童年時之純真單純狀態，便是佛法之修行。然而如是保持童年純真狀態時，何能有般若智慧得以顯發？處在童年純真狀態時，世間智慧不能顯發，則聞善知識宣說大乘妙法之時，尚不能解義，何況能進修乃至親證？證嚴法師卻不知此理，讚歎童真無智之人，真乃愚矇之人也！由是故說證嚴法師於佛法中，乃是不學無術之人。邪見已表，且舉雪峰二途公案，共諸欲入大乘佛菩提法門之慈濟有智學者說禪，舉示入處：

棲典座一日上來參問福州雪峰義存禪師：「古人有言：知道有佛法向上一路之事的人，才有說話的分量。那麼如何是禪門中的說話？」雪峰禪師聞棲典座如是問，便一把抓住棲典座，逼問曰：「講出來！講出來！」棲典座不知禪門之語話，故不知如何應對，雪峰禪師便一腳將棲典座踏倒，棲典座起來以後遍身是汗。（典座：寺院中職事煮飯燒菜者。）

於大乘佛法中，須得親證禪宗向上一路，方能於證悟者眼前有說話之餘地；若未能悟得如來藏，於真悟者眼前，皆無說話之分，是故自古有如是言。只如棲典座上問：「如何是宗門之語話？」雪峰禪師為何便抓住棲典座逼問？那棲典座不知向上一路密意，便無法應對，兀自以為雪峰是逼問。

其實雪峰一把抓住伊逼問，正是禪門之語話；雪峰抓住伊逼問，乃是正答，只是棲典座不解雪峰之意，沒作手腳處。雪峰見伊不會，卻抬腳將伊踏倒，冀伊典座得入門中；無奈棲典座緣猶未熟，只道雪峰是當衆將伊出醜，是故起來時已是汗流全身，枉費雪峰入泥入水為伊。

爾證嚴法師欲會佛法般若之密意麼？一日且向玉皇上帝借個膽子，來訪喧囂居；平實甫見爾進得門來，不待爾開口，便一腳踏倒大師；大師遭此一踏，不須全身汗流，起來之後亦不可道不知，只管禮拜便了，平實且代勝義三寶受汝此拜。若起來後仍道不知，便辜負爾自己從花蓮遠來之辛苦也！　且道：什麼處是辜負自己處？　若道是風塵僕僕、遠來辛苦，所以是辜負，平實便取兩小包米，令大師抓回花蓮去；若猶不會，平實更送扁擔一隻，大師不可命弟子代勞，且自個兒擔回花蓮去吧！

雪峰禪師問一僧：「從什麼處來此？」禪門老宿，例有此問，利根學人卻不可輕易放過此句。那僧答曰：「最近是離開淛中，方來到此。」這阿師！猶似個悶葫蘆！作這個語話。雪峰禪師乃又問曰：「坐船來？還是從陸路來？」那僧有什麼因緣，便致雪峰如是老婆為伊，自是郎當不少？

那僧聞言，知道雪峰問得如是詳盡者，必有其因，乃以自己所思惟知解底，答伊雪峰曰：「水陸二途俱皆不曾涉得！」意謂法身無形無色，何曾跋涉山水？雪峰見伊似乎懂一點兒禪，便又問曰：「既然水陸二途都不曾涉，又怎麼能到來我這裡？」且要見那僧悟處，方好辨個緇素。那僧答曰：「有什麼隔礙？怎麼可以說不涉水路二途就到不了？」雪峰見伊作如是言，早知是隻野狐了也！待伊話畢，舉杖便打。

那僧合該雪峰痛棒，受得不冤。爾證嚴「上人」還知其中道理麼？若未證知此中密意，乃是不懂般若之俗人，何能講得禪？竟敢公開妄自解說二大阿僧祇劫後方能知曉之七地之證量與行門！未免太膽大！

復有僧上問：「古人曾道：法身眞如其實是在面前分明地呈現。」雪峰禪師答曰：「是！」雪峰禪師如是一句，早是睹面相呈了也！無奈那僧不知，乃又問曰：「如何是睹面相呈？」雪峰禪師見伊不會，索性奉送曰：「蒼天！蒼天！」那僧緣猶未熟，依舊不會，當面錯過。

只如雪峰道：「蒼天！蒼天！」意在什麼處？爾證嚴大師若能於此一句之下會得，平實記爾：一年之內盡通般若系諸經，三年內盡通方廣諸唯識系諸經。若須更待他緣方悟，乃至須待平實之助，方得悟入者，即須悟後親從平實修學，自修不得也！且道：雪峰道蒼天，意在何處？還知麼？頌曰：

宗門向上事，千聖不言傳；
欲得語話分，參禪莫嫌晚。

禪門有例問，水陸第二轉；
二途俱不涉，遠近不須纘。
歸得花蓮時，捲袖將蠟摶；（註）
會得蒼天意，點火取燭燃。（增句生查子）

（註：證嚴法師**早年**不受供養，將會員所捐全部錢財皆用在救濟眾生病苦上；自己親手造蠟燭販售，作爲生活之資，清貧自守。）

第五四八則　雪峰遠近

福州雪峰義存禪師　僧辭，師問：「什麼處去？」僧曰：「禮拜徑山和尚去。」師曰：「徑山若問汝：此間佛法如何？作麼生道？」僧曰：「待問即道。」師以拄杖打。尋舉問道忞：「遮僧過在什麼處？便喫棒？」忞曰：「問得徑山徹困也。」師曰：「徑山在浙中，因什麼問得徹困？」忞曰：「不見道：遠問近對？」師乃休。

東禪齊聞云：「那僧若會雪峰意，爲什麼被打？若不會，又打伊作什麼？且道：過在什麼處？鏡清雖即子父，與他分析，也大似成就其醜拙，還會麼？且如雪峰便休，是肯伊？不肯伊？」

證嚴法師解說八地菩薩之「願波羅蜜」證量云：《佛爲了救度眾生而發心出家修行，並非爲了自己要成佛而修行，當度眾生的因緣都已圓滿、**福慧具足**時，自然能成佛。所以，接下來是第八「不動地」，也是「願波羅蜜」。「不動」就是不受動搖。古德云：「發心容易，恆心難持。」一般人受到感動時，口頭上發願要付出愛心很容易，但是要以恆常的時間身體力行就很難了。……（以上說某慈濟委員打牌習氣之故事，略而不錄）明明當天晚上才剛聽了師父的開示，自己也發願要改掉（打牌的）壞習慣。可是回到家，一通電話就讓自己把持不住；後來看到牌友們生氣的叫罵形態，那時他才真正體悟：這幕景象，就是要讓我真正下決心斷除習氣，我應該要感恩才對。因此，他斷除了賭博的習慣。**第八「不動地」，意思是指：只有發心是不夠的；要在境界來時，不受外境誘惑而能通過考驗才行。若肯下這番功夫，才能堅定意志、擁有「不動」的善念。**

從此，他的人生完全改變了。一個月後，他見到我就說：「師父！我已經戒賭了。現在就算有人到家裡來拉我，也拉不動了。」要真正斷習氣，就要成就「願」波羅蜜，也就是先立願。……（以上與佛法無關及說故事之文字，略而不錄）**若能立下堅定的願，菩薩十地當中，時時刻刻抱持如初的歡喜心。任何境界來了我都很歡喜，任何順、逆之境都不致於動搖我的心；若能如此，立宏誓願、持續不退，就是「願波羅蜜」，也是菩薩第八「不動地」。**》（慈濟文化出版社《心靈十境》頁116~124）

平實云：證嚴法師能知「必須**福慧具足**方能成佛」之道理，亦是難得。然而只恐證嚴所知之**福**與**慧**，皆有虛謬之處：

其一，修**福**者，非唯以諸世間財物施與衆生而得福果，非唯孝順堂上二老，另有三法應知；首為**定福**，若未親證四禪八定，欲得色界初禪天至四禪天之天福，則不可得也；次為**無畏施之福**，令人於大乘勝義諸深妙法皆無所畏，令人於一切六塵中順違境界而得無畏，令諸衆生於己無畏；三為**法施之福**，令人於二乘涅槃能得親證，令人於大乘佛菩提實相境界能得親證。如是三福，真學佛者悉應修之，不可不知也，然而證嚴竟未之知。

其二，修**慧**者，非是證嚴所言之世間俗法智慧，真正慧學乃謂二乘菩提**涅槃**親證之慧，乃謂大乘佛菩提親證**法界體性實相之慧**，乃謂成佛真正法道與次第之智慧，而證嚴法師俱皆不知，非是真知慧學者。如是**慧學**，莫道證嚴不知，乃至其師——名聞寰宇之印順法師——亦不能知也！

以不知故，復又否定增上慧學之一切種智——證知如來藏所含一切種子之智慧——故即外於自己之如來藏真實心而求佛法，則唯有意識心境界可以修習之，乃以意識心相應之世間法，以言諸地無生法忍之內涵，故有上舉證嚴法師之極為粗淺邪謬之七地菩薩證量與行門，用以誤導衆生。慈濟人若不信余言，一味迷信者，且觀爾等——包括證嚴「已證十地」之人在內——，還能解得正覺同修會中初悟者所說之法否？還能知得禪宗初悟之七住菩薩智慧否？還能了知禪宗祖師初悟時之公案否？悉不能知也！由此可知：爾等之「上人」所言者，悉屬自意妄想所得，非是佛法中之真實智慧也！

邪見已舉，學人邪見已除，則知福慧雙修之正理，是故平實當示般若智慧之入處，便舉雪峰遠近公案，共諸大師與學人說禪：

福州雪峰義存禪師，因一僧在座下自以為悟，似欲出去行腳後開山弘法，便上來辭別，雪峰禪師乃問伊：「你要到什麼處去？」那僧答曰：「我要禮拜徑山和尚去。」雪峰禪師問道：「徑山禪師如果跟你問：我們雪峰山這裡的佛法究竟如何？那你要怎麼跟他說呢？」那僧答曰：「等他問我的時候，我就會跟他說。」雪峰禪師聽了，便以拄杖打那僧。

打完了，雪峰禪師隨即又舉示這件事，問弟子鏡清道怤禪師：「這僧的過失在什麼處？便喫我痛棒？」道怤答曰：「他眞是問得徑山禪師徹底的困乏了。」雪峰禪師問曰：「那徑山禪師在淛中，又不在這裡，你根據什麼原因，說他被問得疲乏極了？」道怤答曰：「師父您沒聽人說過嗎：有人遠問，我就近對？」雪峰禪師聽了，便休去。

那僧不會雪峰意，猶自以為悟，更欲參訪諸方，上來辭別時，雪峰這一關便過不得。只如那僧言：「待問即道。」什麼處不愜雪峰意，便遭打？平實若是那僧，聞雪峰問「徑山若問汝：此間佛法如何？作麼生道？」當時揚袂便行，還要答伊作麼？無奈那僧智無三銖、氣高八斗，便敢向雪峰辭別，合討棒吃！後半段公案，後來有東禪齊拈出來考問道忞之弟子，便得流傳於人間；如今不必平實辛勞，且舉東禪之問，用來請問今時天下老宿們便了：「那個僧人如果已經會得雪峰之意，為什麼卻被雪峰打？如果是不會，雪峰打伊又作什麼？你且說說看：那僧人究竟過在什麼處？　鏡清道忿雖然就是你的師父，如今把他這個公案提出來分析，也眞的像是在廣傳他當時的醜拙一般，你還知道這個道理麼？　又如雪峰聞道忿說完，便隨即休去，究竟是肯伊？或是不肯伊？」

如今平實亦要舉問諸方說禪道悟底大和尚們：道忿究竟會不會雪峰意？　若不會，雪峰為什麼卻休去，不曾賜棒？　若會，東禪齊明明又道：舉此公案分析時，大似成就道忿之醜拙。　且道：道忿當時會不會雪峰意？爾諸大師還道得麼？若有大師對衆言曰：「道忿雖然未曾會得雪峰禪師之意，雪峰禪師休去時，其實正是指示入處與道忿。」卻與事實相符！然而平實卻須前往大師道場中，當衆揪住大師逼問：「是什麼？是什麼？」方可不負大師如是正知見也！大師還須具眼親薦，否則便辜負平實了也！

平實如是問已，或有個禪和子，正巧緣熟，聞此一問，待平實問畢休去時，卻好跟入書齋，奉我一杯無生茶了去！　頌曰：

禪門迷醉自謂醒，告辭行腳，更欲禮澍中；

待問方道失機鋒，佛門宗旨意未通。

遠問近對真徹困，休去步步身影豈龍鍾？

子揚父醜真好意，千年流布瞿曇風。（調寄蝶戀花）

第五四九則　雪峰四九

福州雪峰義存禪師　師問僧：「什麼處來？」對曰：「離江西。」師曰：「江西與此間相去多少？」僧曰：「不遙。」師豎起拂子曰：「還隔遮個麼？」僧曰：「若隔遮個，即遙去也。」師便打。

僧問：「學人乍入叢林，乞師指示個入路。」師曰：「寧自碎身如微塵，終不敢瞎卻一僧眼。」

僧問：「四十九年後事即不問，四十九年前事如何？」師以拂子驀口打。

證嚴法師解說九地菩薩之「力波羅蜜」證量云：《接下來是第九「善慧地」。「善慧」，即是慈悲而有智慧。要達到「善慧地」的境界，首先要打穩基礎的功夫，努力成就「力波羅蜜」。我常常說：「發多大的願，就有多大的力。」有願力來配合，心地自然能夠時時清淨、專心一念；擇善堅持於任何遭遇而能清淨，就不生煩惱、不起惡念；不生煩惱就是智慧，不起惡念就是善念。有智慧、慈悲的善念，再加上一股**毅力**去推動，就能把理想變成事實，也能轉理論爲實際，使人事理圓融無缺。

……（此段以世俗法爲佛法之文字，以及說故事之文字，略而不錄）這是一件很容易的事嗎？其實並不容易。光是要踏入陌生人的家門，就要有很大的勇氣；因爲她有這分『**願心**、**毅力**』，於是困難的事也就變得簡單了。總之，學佛並不困難；困難只在於：你能否把聽聞的法，入於心、**立於願**？能否發願心**獻出自己的力量**？就差在這裡而已。所以，學佛可以是如此合情合理又生活化。**日常生活中的一切，都是我們能做的事；若能做到這樣的程度，就稱為『善慧』。有這分愛心，並立下堅定的願，就有辦法突破萬難，達到第九地的菩薩境界，也就是「善慧地」**。》（慈濟文化出版社《心靈十境》頁 130~140）

平實云：去年平實因應證嚴法師之無根誹謗，說證嚴法師根本不懂佛法，將佛法世俗化；便有慈濟之會員因此不服，謂余如是說法並無根據。如今舉示證嚴所說之「佛法」，久學佛法者，閱已即知，復有何言？平實出道弘法以來，言必有據、書必有物、法必有證，然後說之；絕不打高空，絕不籠罩一切新學與久學之人。然而以往每有迷人，不肯稍閱平實論著，唯信其師籠罩之言，依人而不依**法**，便依其師個人私心之見，確信平實為邪魔外道。如今平實舉諸實例以證，令彼依人不依法、迷信名師之人得知事實真相。

證嚴法師與平實，其實往世無怨、近日無仇，何必無根誹謗平實之人及法？

乃竟誤判自己所有世間名聲與廣大徒衆之勢力為有威德，心中有恃無恐，敢造作無根謗法謗人之大惡業，絕非有智之人也！正法之威德力，絕非證嚴憑藉徒衆廣大、團體龐大、資源無量……等勢力所能毀滅者也！

今者現觀證嚴所說九地菩薩之「力波羅蜜」，竟只是世間法上利樂有情之「**發力**」，竟只是世間法利樂有情之「世間**智慧**」，竟只是將此**世間慧**配合**發願**——願行如是在世間有為法上利樂世間之願而不退失——即名**力波羅蜜**。證嚴以如是能行世間善，卻根本未曾觸及第一義諦之**世間有為法生滅慧**，說為九地菩薩之證量與行門，未免太淺化九地之證量也！未免太俗化九地之境界也！未免太貶抑九地菩薩之證量也！證嚴所說如是「佛法」，不須親證如來藏而階七住，便可證得九地果證；不必親歷三賢位之修證而階初地，不必次第進修便可證得九地，真乃古今佛門中之一大發明也！如是發明，現在及過往諸　佛菩薩竟皆不能發明之，皆言要由親證如來藏……等行門而後按部就班次第成就；由此以觀，證嚴法師之「智慧」應當更超　釋迦世尊，更超現在十方諸　佛及過去諸　佛，故能發明如是至簡至易之行門。然而此理是耶？非耶？諸多慈濟有智行者盍各思之？

然而九地菩薩修習四無礙，所謂法無礙、義無礙、詞無礙、樂說無礙。由具此四無礙故，不畏一切大師及老宿聯合抵制之力量，悉能觀其錯謬，一一舉述。具此四無礙故，於一切公開之法義辨正及私下之法義辨正，悉皆無懼，駕臨法城壇場之際，得以樂說無礙。不必待九地，如今平實距離九地猶遙，而已能作如是行，不畏一切大法師之聯合抵制打壓；亦如古時玄奘大師未到九地，唯在三地心，亦能如是遍歷當時印度諸國，一一面見各國國王，要求召開法義辨正無遮大會。

證嚴既與星雲於同一週中，同時開始向人指斥平實為邪魔、為外道、為法義有毒，向人妄謂平實必下地獄；如今又言九地境界如是，不必具四無礙，便有「力」波羅蜜；若然，則爾證嚴理應率衆出而破斥平實，或聯合諸大法師，共同出面召開法義辨正無遮大會以破斥平實，以救當今台海兩岸中國佛教界被平實誤導之大過；若不然，則爾證嚴應當回收所有流通於市面之書，應當回收所有誤說佛法之書，應當公開懺悔私下無根誹謗平實法義之妄語。而今證嚴法師於此等事皆不能為、皆不肯為，只能縮頭私下謗我，有何「大力」之可言？而造書倡言九地之「力之波羅蜜」？莫道九地力波羅蜜，下至七住菩薩之根本無分別智尚無，而言十地證境以示徒衆，以誤衆生，有何實義？

是故，一切善知識出世說法度人之時，應當秉持中國「世間聖人」孔老夫子之教誨：「知之為知之，不知為不知，是知也。」千萬莫要自欺欺人，更勿自欺欺人已，又來扭曲事實，無根誹謗正法及正法人，否則便有今日顏面難堪之事，有智之人哂汝！破邪見已，當示般若入處，便舉雪峰四九公案，以共證嚴大師及諸慈濟人說禪：

福州雪峰義存禪師問一僧曰：「從什麼處來此？」禪門例問，會也麼？那僧對曰：「離江西而來。」雪峰禪師又問曰：「江西離我這裡有多遠？」雪峰禪師豈不知遠近？卻要問伊。那僧亦是久參諸方而來者，聞問便道：「並不遙遠。」雪峰禪師見那僧似乎會禪，聞如是道，卻豎起拂子問曰：「還隔著這個麼？」那僧曾行腳諸方道場來，自以為會禪，便答曰：「如果隔著這個，那可就遙遠了。」雪峰禪師聞言便打。

只如那僧如是答，本來無過，一切有情從來不曾隔著這個，雪峰禪師為什麼卻不肯伊？ 只如這個又是阿哪個？爾證嚴既敢道九地之行門與證境，不可道不知也！此是極為粗淺之七住菩薩初悟時所知者故！ 且道：這個究竟是阿哪個？ 爾若向平實道：「是真如。」平實便放痛棒與爾；若道非真如，亦放痛棒，逃不得也！若道非眞如、非非眞如，更放三十棒，平實且要打趁爾里許地去！過得里許地，且再揪住爾證嚴法師逼問：是阿哪個？　還道得麼？

有僧上問：「學人剛進入禪宗叢林不久，乞求師父指示個入路。」雪峰禪師只是道：「我寧可自己粉身碎骨猶如微塵，終究不敢瞎掉任何一位僧人底眼睛。」那僧乍入叢林，請求指示入處，本是平常事；雪峰禪師既然出世度人，為伊指示些個，亦是禪師家本分事，云何卻不指示那僧？　若道不指示那僧，明明又道：「終不敢瞎卻一僧眼」，則應是不違那僧所問，則應是不違出世度人本願。且道：雪峰曾答那僧語話？不曾答那僧語話？　若道曾答，什麼處是答處？若道不曾答，因什麼道理說個不曾？　爾證嚴大師既是「上人」，能說得九地之行門與證量，試斷一句看！天下人要知！一切慈濟人亦要知也！

復有一僧上問：「佛說法四十九年後，入涅槃之事我就不問了，但是說法四十九年之前的事究竟如何呢？」那僧直問　佛未成就佛道前之本來面目，雪峰禪師聞那僧恁麼問，未曾開示言語，卻便以拂子突然打去。　只如那僧不問涅槃事，只問　世尊以最後身菩薩而示現人間，未成佛時之本心，雪峰禪師因什麼道理不答那僧問，卻突然以拂子打之？意在什麼處？　爾證嚴若能於此會得，不必來我喧囂居，但向花蓮海邊取顆石子，高高地用力丟向海中，便是已經供養平實指示之恩了也！平實便生受爾此供養！　若是未悟充悟，以此道是供養，平實必定感應不得，爾且須整三年中，每日用「心」丟三百顆石子，平實三年之後方能感應得知也！　居時平實之一切公案拈提一閱即通，不必似今日之抱頭苦思也！爾證嚴若能除卻慢心與面子，何妨依平實語，如實行履？三年之後卻有悟處。只是必須先於爾慈濟功德會中，對眾發露及懺悔以前誣謗正法及勝義僧之重罪。　頌曰：

江西福州何曾隔？來去無間，拂子不消得；
雪峰痛棒無生忍，會得般若真大德。
寧自碎身如微塵，未瞎僧眼祖意相唱和；
莫問四十九年事，但向池塘喚雪鵝。（調寄蝶戀花）

第五五〇則　雪峰古佛

福州雪峰義存禪師　師問僧：「近離什麼處？」僧曰：「離溈山。曾問如何是祖師西來意？溈山據坐。」師曰：「汝肯他否？」僧曰：「某甲不肯他。」師曰：「溈山古佛，子速去禮拜懺悔。」玄沙曰：「山頭老漢蹉過溈山也。」

東禪齊聞云：「什麼處是蹉過？的當蹉過？莫便恁麼會也無？若恁麼會，即未會溈山意在。只如雪峰云：『溈山古佛，子速去懺悔。』是證明溈山？是讚歎溈山？此事也難仔細，好見去也不難。」

證嚴法師解說第十地菩薩之「法雲」證量境界云：《………（以上言不及義之世俗戲論，略而不錄）菩薩十地的最後一地是「法雲地」。「法」是「智慧」，「雲」是慈悲、愛護之意。……（以上言不及義之世俗戲論，略而不錄）人的身體，有生老病死的痛苦。但是我們也有不死的「慧命」。**它需要「法雲」的培養**；法語滋潤眾生，就像撥雲見月時，雲會散開；需要及時雨時，雲又會自動聚攏降雨，這樣就能培育大地萬物。

我們每個人的慧命、心地的種子都是「因」，需要的是「緣」。「法雲」就是緣，能夠成就一切。「法」有如智慧的甘露，能滋潤羣生。「雲」象徵慈悲、愛護，能解除衆生的熱惱，這就是慈悲。但是，如何才能登到「法雲地」的境界呢？必須成就「智波羅蜜」。**這裡的「智」是指「大圓鏡智」，它能鑑照天下一切事相，卻又不受其影響。我們若有這分明明歷歷的分別智，心就不會被污染，還能進一步以「方便的智慧」來教導衆生。**

佛陀在人間說法四十九年，歸納起來，就是要我們「行菩薩道」。要像太陽一樣，能使衆生智慧明朗；亦有如慈雲適時覆蓋，使衆生在慈悲、愛護之下，身心安定、悲智雙運，這稱爲「法雲地」。……（以上言不及義之世俗戲論，略而不錄）

人生要時時如一片法雲，既不受任何障礙，又能普施及時雨。**學佛，就是要使心鏡能照見山河大地；但是，山水並不會成爲自己內心的負擔，這就稱爲「大圓鏡智」。能夠到達這樣的程度，就是「十地菩薩」了。**

十地菩薩的意義，已經大略解釋完畢。我們應該從第一地的方法做起，時刻精進不放鬆，直到十地圓滿。不可忽視其中任何一個階段；因爲漏了任何一地，就會懸空，因此要步步踏踏實實、努力精進，才能登上十地圓滿的境界。》（慈濟文化出版社《心靈十境》頁 149~153）

平實云：慈濟證嚴法師作如是語者，乃是以世俗法中之境界，妄說為十地心，與佛法完全不相干也。如今且要問伊：「汝是何地？」復要告知伊：「汝大錯也！」所以者何？謂十地之法雲者，義非如是，乃是因此菩薩於九地中修習四無礙故，至滿心時成就力波羅蜜多，於一切世間、一切境界中，皆能安住無礙、度眾無礙、樂說無礙，一切人天所不能訶，一切人天悉皆歡喜承事。由是緣故轉入第十地中，修習第十地諸法，並以幾近三大阿僧祇劫所集之福德與般若之功德，警覺十方諸佛給與加持，成就極廣大之大寶蓮花王寶殿，及成就法雲地功德，成為授職菩薩，能利樂十方一切九地菩薩，能為十方一切九地以下菩薩宣說妙法，其法音、法義如雲不斷，普覆一切菩薩、一切人天，故名法雲。然而證嚴於此未曾稍知，乃竟以世間法之見解，用以解釋十地境界，即成「以世間法代替佛法」之破法者，成就破法重罪，故有大過。

復次，前來所舉證嚴法師之說，於六地心中曾謂：「現前地之成就，須有大圓鏡智。」如今卻又言十地須有大圓鏡智，自相矛盾，前後相違。不但違背第三轉法輪方廣唯識諸經 佛所開示，亦違自說，證嚴究竟應如何自圓其說耶？

亦如《六祖壇經》曾引經意而開示曰：「雖六七因中轉，五八果上轉，但轉其名，而不轉其體也。」已言佛地方有第八識之轉識成智而起大圓鏡智；亦如八識規矩頌，及諸多方廣唯識經中 佛語所言，悉言大圓鏡智要須成佛之時方始初次現前。然今證嚴法師竟自己發明，言於六地及十地中俱須親證大圓鏡智，顯然是故違 佛說者也。如是等唯識諸頌所示意旨，於一切學佛三年、五年以上之人，皆是耳熟能詳之偈。爾證嚴法師出家學佛年數，豈唯一年、二年耶？若否，則不應作此言也！今作此言者，應係故意以己所說以代真正之佛法也，則是居心叵測者！

如是淺化佛法，如是以世間法代替佛法而耽誤衆生者，皆是證嚴之大過失；非唯耽誤，實是以世間法取代真正之佛法，行為與藏密之上師、法王、喇嘛等人無異，唯有一異：證嚴法師不以藏密之雙身法代替佛教正法，而以世俗法代替佛教正法。如是以世間俗法取代真正之佛法已，則令廣大慈濟會員隨其走入世俗化後之佛教中，則佛教世俗化成就，則佛教真正了義勝妙之如來藏般若智慧，便將漸漸宣告失傳，唯餘印順所傳藏密應成派中觀之佛教哲學、名相佛學爾，則佛法將成為專供學術界之佛教研究學者所研究之對象，而非修習佛法之佛弟子所能親證者。

由於證嚴法師如是作為，必將漸漸導致佛教了義而且勝妙之能出世間而又不違世間之內涵與本質，漸漸消失於人間，漸漸同於外教之膚淺及世間化，故說證嚴如是將佛教世俗化之行為，實有大過。一切真欲修習佛法之慈濟人，於此不可不正視之也，唯除單修人天善法，不欲修習解脫道及佛菩提者。若欲修學佛菩提勝法者，則當參究中國禪宗之公案，便舉雪峰古佛公案，共我佛門大衆舉示般若之入處：

福州雪峰義存禪師因僧來參，便問僧云：「最近離了什麼地方來？」此是禪門例問，老宿同皆有如是問。那僧答曰：「我是離了溈山來到此間。」那僧曾參訪諸方，知他雪峰必有後問，必問參見諸方時之對答，是故索性敞明了說：「我曾經請問溈山禪師：『如何是祖師西來意？』溈山禪師只是據座而坐，並不回答我的問話。」雪峰禪師見那僧自己舉說了，便問曰：「那麼你肯不肯定他呢？」那僧答曰：「我不肯定他。」雪峰禪師卻告訴那僧曰：「溈山禪師乃是古佛，你趕快回去禮拜懺悔。」雪峰一片慈悲心腸，欲要那僧悟入宗門，故作此語。不料他底徒弟玄沙師備禪師聽得此一當時公案，便說道：「我們雪峰山頭上的這個老漢，錯過溈山禪師了也。」

後來東禪齊聞道此個公案，便拈問諸方老宿云：「什麼處是雪峰禪師錯過溈山禪師之處？眞的是蹉過了嗎？　你們莫非就這麼體會去了沒？如果是這麼樣體會的話，那可就不懂溈山禪師據座之意旨了。　只如雪峰開示那僧云：『溈山是古佛，你速去懺悔。』這一句話，是證明溈山的悟境？還是讚歎溈山的悟境？這件事一般人也是不容易弄清楚的，　如果好好地見個分明的話，要再去溈山，其實也不是難事。」

如今東禪齊已代拈了，平實樂得輕鬆，只須拈提一二句便了。　且道：玄沙言雪峰蹉過溈山禪師了，何處是伊雪峰蹉過處？　若人有眼，知得玄沙話墮所在，便見玄沙其實不曾話墮，便見玄沙如在目前。　平實又卻云：何曾蹉過？玄沙只是雞蛋裡挑骨頭罷了。　諸位看官若質問道：「雪峰與那僧對答之時，溈山並不在場，玄沙豈可道雪峰錯過了溈山？」平實聞畢爾言，卻問爾道：「汝喚阿哪個是溈山禪師？」

東禪齊之問，已歷千餘年，如今還有哪位大師道得麼？試道看！　若道不得，來邀平實為爾明說。

平實聞大師道得來意已，便大聲向大師明說：「此、事、也、難、仔、細，好、見，　去、也、不、難。」還會麼？　頌曰：

禪門公案，千七則，道盡歷代風流；

趙州故園，河北人道是禪底故鄉。

柏林禪寺（註一），遍植翠柏，映照千層綠；

古柏一株（註二），看盡多少野狐。

遙想趙州當年，八十猶行腳，辨諸緇素；

芒履拄杖，談笑間，野狐悉皆杜口。

祖園神遊，故舊應責我：胡不知歸？

歸見趙州，一尊且酹古柏。（借詞蘇軾念奴嬌）

（註一：古時趙州觀音院，今時改名柏林禪寺；十數年來由淨慧法師住持，歷年所辦禪七精進共修，皆以離念靈知心作爲真如佛性，同於常見外道無二。）

（註二：趙州禪師昔年手植古柏一株，今時猶在。）

第五五一則　雪峰達摩

福州雪峰義存禪師　師舉拂子示一僧，其僧便出去。後長慶慧稜禪師舉似泉州王延彬，乃曰：「此僧合喚轉，與一頓棒。」彬曰：「和尚是什麼心行？」稜曰：「幾放過！」

師問長慶慧稜：「古人道：前三三，後三三。意作麼生？」稜便出去。鵝湖聞云：「諾！」（「前三三、後三三」公案，詳見《宗門正義》第463則拈提）

師問僧：「什麼處來？」僧曰：「嶺外來。」師曰：「還逢達摩也無？」僧曰：「青天白日。」師曰：「自己作麼生？」僧曰：「更作麼生？」師便打。

證嚴法師開示《禪說人生—體會**證悟**》云：《最真實、最奧妙的法，往往不是用言語可以解說明白的，反而用譬喻更能夠顯理，這叫做**以事顯理**；所以有很多故事看起來很簡單，但卻是非常微妙。因此我們不要輕視簡單的事物，若能有所體會，真正奧妙的道理就在其中。很深的道理，用很簡單的事相來譬喻，這就是菩薩法最微妙的方法教育，因此不論聰明才智的高低都能有所體會，最重要的是身體力行去感受，也就是**佛家所謂的證果**。

譬如幾年前我在台中，有位先生來告訴我：「我很不甘願，被我的兄弟佔了便宜。」我就聽他細述家中兄弟間多年來的糾紛。聽了以後，我就告訴他……（以上言不及義之世俗諍論與戲論，略而不錄）他聽了覺得很有道理，就馬上去告訴他兄弟：「那塊土地隨便你們怎麼處理，我都沒有意見，你們要多少都拿去，剩下的再給我，沒有也沒關係。」**幾年的糾紛，這麼簡單的一番話就解開了**。

這幾年來，他很熱心地投入公益慈善工作，他說：「師父！我真的證實到『汲井水』的道理。」因爲以前他和兄弟計較家產時，一天到晚只會煩惱這些事，別人要告訴他發展生意的機會，他也聽不進去，白白喪失了許多機會。自從放下之後，他專心做生意，這幾年來發展得很好。後來，他也懂得歡喜布施的道理，每次他把錢捐出來時，就說：「師父！我的『井水』又有多餘的了，我覺得我這幾年多出很多。」對！**這不但是他體會到的真理，也是他「證悟」到的結果**。他能真正體會到，否則汲井水的道理，大家聽了也都覺得：師父說得有道理。但是有道理歸有道理，如果沒有親自去提水，就感受不到什麼是「多餘的」。道理明白了，如果還是放不下，就無法體會。**總而言之，真正體會到真理之後，就會很歡喜地去做，這就是「證果」：證到歡喜的果報**，心無煩惱、很自在，**這就是徹底覺悟的歡喜心**。》（2002.8.10.經濟日報）

平實云：證嚴法師所言之**事**與**理**，其實皆是事相上事，從來不曾觸及**理**字。二乘菩提之**理**，乃是於經行中觀察，及坐中之思惟，以四念處觀而作觀行，現觀五蘊、十二處、十八界之一一法中，悉皆緣起無常、無常則苦，苦故無我；觀察緣起無常，其性歸空，空故無我；然而必須信受佛語：無我中非是斷滅，涅槃實有本際不滅。如是觀行而斷我見及我執，亦不墮於斷滅空之邪見中，證得**解脫果**。是故，依無餘涅槃之本際而現觀蘊處界緣起性空，親斷我見與我執，親證「蘊處界無我」之世間事實，捨身後能出離三界中之分段生死輪迴，即是二乘菩提**證果**之真實**理**。

證嚴法師所言之**證果**，都不須斷除我見，不必親證「蘊處界無我」之世間事實，亦不須斷除我執，是故不必親證「能出離三界分段生死輪迴」之證量，只須於世間法上利樂眾生，而體會到布施者資財無盡之真理以後，「**很歡喜地去做，這就是證果：證到歡喜的果報**」；如是**證果**者，乃是慈濟證嚴所發明之**證果**，非是佛法中二乘菩提解脫道之**證果**也！只是凡夫之證果，證得凡夫之「**歡喜的果報**」。是故慈濟會員、委員、志工等人！必須於此加以留意：爾等所依止之證嚴「上人」所傳之**證果**者，乃是世間法上之**證果**，非是佛法中之**證果**也！

大乘法中不以取證無餘涅槃為主修，無餘涅槃之證得，只是大乘佛法修道過程中必須具備之許多內涵之一。大乘菩提以親證如來藏之本來自性清淨涅槃為主修，因此證量而得現觀一切法界體性之真實相，了知十方三世一切世界皆以如來藏為體，方得令十方三世一切世界產生成住壞空之現象而延續不斷，方能執持善惡業報種子而令眾生各自於中流轉生死而受苦樂捨受，因此而得實現因緣果報之理。是故大乘佛菩提道者，以如來藏之本來自性清淨涅槃之實證為**理**；本來自性清淨涅槃則以如來藏為體，乃至證入佛地時所具足之四種涅槃，亦皆以如來藏為體。如是知、如是證者，方是親證大乘**理**之賢聖也。然而證嚴所言之**理**，全部皆是世間法之道理，與佛法大乘菩提門中所說**理**字完全無關，故彼所說**以事顯理**之言，絕無佛法正**理**可言也！

證嚴所說大乘法之理，都不須親證如來藏而發起般若慧，然而事實絕非如是。若依三乘共通之解脫道而言，若不能斷我見，則三縛結永劫不斷，尚不能入證聲聞初果，何況能證聲聞極果？不證聲聞初果之世間理，卻可取來用在二乘菩提中，說之為解脫之理，焉可通耶？證嚴如是以世間法取代二乘菩提之真修正理，若非是破壞佛教正法之人，尚有何人可謂為破壞佛教者？燒掠佛教寺院、殺害表相僧寶之惡業，皆未能比此惡業為重也！

若依不共二乘之大乘佛菩提道而言，必須先證第八識如來藏，方能真知般若正義；般若諸經之法義者，乃是敘述如來藏「無量、無數」之中道性之**理**故。若證如來藏，則經中所言之般若正義，便能自行通達，不須人授，方名真正入**理**之賢聖也！然而菩薩雖證得如來藏而發起般若智慧，親證正**理**，亦不過是大乘五十二階位中之第七住位爾；於凡夫而言，於外道而言，乃是出世間之聖人，然於大乘法中而言，唯是賢位菩薩，尚且難入聖位；何況證嚴之說，既未曾斷我見，與二乘菩提之理從來不曾相應；亦未曾證得自心藏識，與大乘菩提之理更不相應，焉有佛法果位可言？竟敢妄言**證果**！竟敢以世間果報之證得而妄說為佛法中之**證果**！

如是不知不解佛法之人，完全不知證果為何物之凡夫，於三乘菩提悉皆不懂之人，卻一味教導信徒：**只須以歡喜心，持之以恆地奉獻而利益眾生，便可證果：證得歡喜的果報**，令諸徒眾誤以為如是世間法中境界即是佛法中之證果。然而證嚴如是所言之證果，卻與 佛所開示之**解脫果**及**佛菩提果**完全相悖，與經教中所說證果之內容完全不符。證嚴如是偏離佛道，而以世間法取代真正之佛法者，皆因受彼諸多錯悟之教禪大法師所誤導，故亦以覺知心之煩惱妄念不起，復加以自己所誤會之想法，作為**證果**；皆以覺知心對於世間煩惱無所掛礙，不對五塵等我所產生煩惱，於未斷我見我執煩惱之狀況下，便謂之為**證果**。完全背離佛法正道，本質絕非佛法，唯可言為世俗化後之**表相佛教**法道。

慈濟之廣大會員及諸委員志工等，若欲求取解脫果報者，當建立二乘涅槃之正見，當以蘊處界一一皆是無常、緣起、性空等觀行之法而斷我見。若欲求取大乘佛菩提所證般若實相智慧之果報者，將來欲求成就佛道之果報者，當依大乘諸經所示之法，求證本自解脫之第八識自心、求證本自圓滿具足功德之如來藏、求證本來涅槃不生不滅之如來藏；由是親證故，便得發起二乘定性聖者所不能知之般若智慧，親證佛菩提果。然而此慧要因親證如來藏方得，若不證得如來藏者，即無般若智慧之可言也！由是緣故，便舉雪峰達摩公案，共諸**慈濟人**及佛門禪子說禪，禪是證悟般若之最簡最速法門故：

福州雪峰義存禪師因僧上參，便舉拂子示一僧，其僧便出去。後來長慶慧稜禪師將此公案舉說與泉州王延彬居士聞，乃又故意對王延彬道：「此僧合該喚轉回來，給與一頓痛棒。」長慶故意以此公案欲勘王延彬。那王延彬乃是未悟言悟之大居士，何曾曉得長慶之機？乃問曰：「和尚您這麼說，是什麼意思？」長慶慧稜禪師一聞，便知王延彬只是解會底，不出所料──根本未曾證悟，乃責之曰：「差點兒就放過你了！」且道：為何王延彬如是一句，便遭長慶所否定？爾等自道已悟之師！爾證嚴「地上」菩薩！還能道得麼？試斷看！

雪峰禪師一日考問長慶慧稜與鵝湖大義禪師：「古人所說的『前三三，後三三』，是什麼意思呢？」長慶慧稜聽到這一問，便自顧自地走出去，丟下雪峰禪師二人。鵝湖大義禪師當時聞問，便大聲答云：「有！」

只如雪峰考問「前三三，後三三」之意，長慶不答，卻只是出去，究竟長慶答抑未答？若道已答，且道：答在何處？因什麼道理便道伊已答？　若道未答，雪峰卻又無語責伊！　又問鵝湖大義禪師，那鵝湖亦只是大聲應諾，未曾就雪峰所問提出解釋，究竟鵝湖答抑未答？　若言已答，且道答在什麼處？　若道未答，雪峰卻又不曾放棒，且道：鵝湖是曾答？是未答？　或有人來言：鵝湖應諾之時，即是答。平實聞已：卻一把抓住伊逼問：「速道！速道！」爾證嚴還會鵝湖與長慶答在何處麼？還會雪峰心行麼？試斷看！

雪峰禪師問一僧：「什麼處來？」那僧答曰：「從嶺外來此。」雪峰禪師又問曰：「還曾逢遇達摩大師沒有？」那僧是個禪和，早參訪過多少老宿來，便以猜測底意思，裝模作樣答曰：「青天白日。」此是誤以為答非所問便是禪，同於今時之聖嚴法師也！那僧不知禪即是證悟自己本有之真實心，卻在言語應對上作文章；雪峰禪師見伊不會，便又問曰：「那你自己又怎麼樣呢？」

青天白日自是青天白日，干卿底事？復又干禪底事？那僧不懂禪宗意旨乃是要在親證自心如來法身—第八識如來藏。是故聞得雪峰禪師如是問時，不能解義，便問曰：「更作麼生？」一句之下，野狐尾巴沒遮掩處，雪峰禪師聞言便打。可憐那僧白挨了一頓打，仍然未有會處，辜負伊雪峰禪師多少力氣。如今平實拈來，更是老婆，未審爾證嚴法師還會麼？若猶未會，平實更贈一頌：

雪峰拂子軍令下，達摩拽僧便出；
理合喚轉與痛棒，聞者都不知，冰水潑難甦。
前後三三意無殊，應諾出去平鋪；
嶺南嶺外俱達摩，會得此中意，夜宿金剛窟。（調寄臨江仙）

（註：金剛窟乃文殊菩薩住持五台山之般若寺所在。未悟者難與文殊菩薩共語，故無法留住寺中。）

第五五二則　雪峰金屑

福州雪峰義存禪師　師送僧出，行三五步，召曰：「上座！」僧迴首，師曰：「途中善為。」

僧問：「拈槌竪拂，不當宗乘；和尚如何？」師竪起拂子，其僧自把頭出，師乃不顧。法眼禪師聞後代云：「大眾且看此一員戰將。」

師謂鏡清曰：「古來有老宿引官人巡堂云：『此一眾盡是學佛僧』，官人云：『金屑雖貴，又作麼生？』老宿無對。」鏡清代曰：「比來拋磚引玉。」（法眼禪師聞云：「官人何得貴耳而賤目？」）

證嚴法師於《心靈之窗》一書之封面作如是主張：《**守護真心，重建希望**。如何體會「生命共同體」的含義？唯有付出愛心，大地才能重現美的生態。》（慈濟文化出版社《心靈之窗》封面）

平實云：行家一伸手，便知有沒有；由證嚴法師著書封面上一句**守護真心**，已知其未斷我見也！所以者何？謂一切真悟之人，皆知真心從來不須守護，皆永不失；自無始劫來本性清淨，心行永不染汙，不須守護；正當極貪、極瞋、極癡有情之七識心造惡業時，其真心亦復如是常住於本來自性清淨涅槃境界中，從來不曾墮於六塵中，從來不曾被六塵境界所轉，於六塵中從來不動其心；極貪瞋癡之有情如是，今現出家相之證嚴法師亦復如是：正當爾顧慮名聞眷屬而無根誹謗平實為邪魔外道時，七識心正造誹謗勝義賢聖僧之大惡業時，正處於極染境界之心行中時，爾證嚴之第八識心仍然住於本來自性清淨涅槃境界中，何須爾證嚴守護之？由未證真心如來藏，不能現觀體驗，又不肯信受大乘經典而單信印順唯有六識心之邪見故，便不能理解如是法界中之實相，是故一言之下便盡洩爾證嚴之底蘊也！凡是親證真心如來藏者，悉皆不可能作此無知之言，而言守護真心，是故由此守護真心一句，便盡洩爾證嚴之底蘊也！

禪宗門內真悟祖師所言之守護、保任者，乃是因此真心如來藏極難令人信受，尤其是從他人聽來底；特別是未斷我見之人，復又未曾參禪歷練，而由他人明告如來藏所在者，十有九人不能接受如來藏心，便將善知識明告之如來藏心加以否定，回歸於離念靈知之意識心，堅決認定離念靈知心方是真正之如來藏心。自古至今一向有如是人，是故禪師觀察一切未斷我見便輕易悟得之人，恐其不信而致退失，復又回歸意識心，乃加以警示，令其守護所知所見，非是令其守護所悟之如來藏真心莫令消失。

唯有染汙時之覺知心認為染汙心，而將錯將清淨時之覺知心誤認為真心者，方有如是過失：常欲保持能覺能知之意識心住於清淨無染之境界中，誤認為意識清淨時即是變成真心。而不知意識心清淨時仍然只是第六意識心，並不能變為第八識真心。證嚴迷信印順否定第七八識之邪說，故無第八識可證，是故必須將意識心劃分為二：在染汙之時段中為染汙之假心，在清淨時段中變為清淨之真心。如是則有大過，成為變易心：有時轉變為染汙之妄心，有時轉變為清淨之真心，則此真心成為變易法，非是常住不變之法。如是清淨心則成生滅變易法：有時變為清淨之真心，有時變為染汙之妄心，是故必須加以殷勤之保護、守護，由是緣故，證嚴法師訓示慈濟廣大徒衆：必須**守護真心**。

復次，**重建希望**者，究竟欲於真心上**重建**什麼**希望**？此義亦須分辨清楚，否則汝證嚴及座下三衆弟子，悉皆難免墮入邪見歧途中，枉修佛法。真心乃是第八識心，原本即已住於本來自性清淨涅槃之無境界中，從來離見聞覺知，從來是出世間之法，從來是出世間無境界之境界，汝證嚴法師欲為伊**重建**什麼**希望**？祂從無始劫以來本性清淨，從來不曾於三界任何有為法起過任何希望，汝證嚴究竟欲為祂**重建**什麼**希望**？

真心如來藏自無始劫以來，本離見聞覺知，本離一切世間法所得，是故從來不曾有所得，亦復從來不曾有所失，汝證嚴教導徒衆為祂**重建希望**，究竟欲為祂**重建**什麼**希望**？由此一句，亦可知汝證嚴法師真實未曾證悟禪宗之禪。未親證如來藏，未曾證悟禪宗之禪者，即是未入七住位之凡夫，根本未曾證得般若之總相智，云何能知般若之別相智？更何能知初地八識心王一切種子之道種智？不知道種智者，絕無可能了知十地菩薩之行門與境界，乃至絲毫皆不能知，云何能說、能教十地境界與行門？未之有也！

是故，由此一句**重建希望**，便知汝證嚴法師根本尚是凡夫，尚墮於印順所墮之**常見外道見**中，墮於意識心層次中，名為佛門外道；卻以如是外道見之凡夫身，大膽誹謗親證三乘菩提之平實為邪魔外道、為法義有毒，更道平實捨壽後將墮地獄。如今且勸汝證嚴法師：「**回觀汝所說之法義是否符合三乘諸經佛旨？自省汝所誹謗之平實法義，比對三乘諸經之後，重新判斷：究竟應下地獄者是平實？抑或是汝無根誹謗之證嚴法師？**」事關汝證嚴七十大劫（註）之未來無量世果報，且勿輕忽平實此勸！（註：地獄時間爲長劫，有長至一天等於人間一萬大劫者，復是長時連續受苦無間者，其苦復是尤重純苦，不可將爲等閑。）

證嚴法師又云：「**如何體會『生命共同體』的含義？**」一言之下亦現狐尾。當知一切有情之真實心如來藏，皆是各自**唯我獨尊**者，何曾是「生命共同體」？若因共業而同處一世界、同受苦樂報者，唯可言為同一命運，尚不可言為共同體，何況**生命**之「**共同體**」？證嚴法師所說諸語，處處違 佛旨意，句句悖逆三乘諸經，顯示其凡夫本質；肇此因者，皆因自始即信受印順之藏密應成派中觀邪說，自始即否定第八識如來藏心，是故未曾親證自心如來藏所致；此乃崇信印順所弘傳之藏密應成派中觀邪見，而否定第八識如來藏後之結果，必墮意識心境故。

若否定七、八識者，為免涅槃成為斷滅見，即須以意識心作為不壞心故；由是緣故，則永無可能親證如來藏，是故便欲轉變緣起性空之意識妄心為真實不變不壞之心。既不可能親證如來藏，墮於意識心境界，則所說真心必與 佛所言如來藏之「**本來自性清淨**」體性處處相違，故其所說諸法，皆必須以意識之體性而說實相，則成常見外道法。一切人若步印順之後塵，否定第七、八識者，凡說佛法時，悉皆不能自外於如是窘境，無人能跳出此一進退兩難之境。

若否定第八識如來藏者，皆必同墮如是邪謬知見中，皆必與 佛所見所證處處相違，是故有智之人當信三乘諸經　佛語所說之如來藏妙義，皆當殷勤求證如來藏；證得如來藏者，非唯當下即成七住位菩薩，亦復同時成為解脫道上之聲聞初果人，而其般若智慧卻非聲聞初果人所能臆想揣測；一切聲聞初果人於此別教七住位——亦是通教與聲聞法中之初果菩薩——之面前，悉無語話分。此菩薩悟後亦可漸次進修大乘佛菩提智，非諸俱解脫之聲聞大阿羅漢所能臆測，有如是衆多勝妙之處，故勸一切大乘學人與諸大法師，悉應殷勤求證如來藏，莫隨印順、昭慧、傳道、性廣、證嚴……等人墮於意識心境中。由是緣故，便舉雪峰金屑公案，共諸大師與學人說禪：

福州雪峰義存禪師，因一僧來參之後辭別，乃送僧出；彼僧出得山門，方行三五步，雪峰禪師忽召喚曰：「上座！」那僧迴首，雪峰禪師吩咐曰：「途中凡事小心。」　只如那僧出了山門，行得三五步，雪峰禪師喚伊卻是何故？莫非真為吩咐途中善爲一句麼？此中且莫草草！　那僧不會雪峰意，轉身猶自未會，雪峰老婆，更吩咐道：「途中善爲。」直是和盤托出，那僧愚矇，兀自辜負雪峰一番為伊。

復有僧問：「禪師們常常拈槌或是豎起拂子，這卻與宗乘密意不相當；和尚您這裡又是怎麼樣呢?」拈搥豎拂,乃是色蘊行陰,與佛法有什麼相干?然而雪峰聞那僧恁問,卻自豎起拂子來,那僧卻又自己抱頭而出;雪峰禪師見狀,未曾理會伊,不曾賜棒,亦不曾喝斥。後來法眼禪師聞此公案,便對衆開示云:「大衆且看這一員戰將。」只如拈槌豎拂既是生滅有為之法,是故那僧不許;及至問著雪峰時,雪峰亦只是豎拂;那僧卻又不加理會,只是自己把頭便出,這兩人卻為何如是不循常理?如是似瘋若癲?法眼大禪師因甚便教大衆觀那僧?又道是禪門一員戰將?　諸方大師與學人,且於此參詳探究,莫作容易想。

雪峰禪師一日謂鏡清道怤曰:「古來有一老宿,引領一位官人巡堂時云:『我這裡全部大衆,都是學佛僧』,那官人卻道:『金屑雖貴,在眼成翳,有什麼用呢?』那老禪師聞言,無語可對。」是故學禪之人,學禪須下真工夫,要具基本功夫方可,更須具備正確知見;否則,竟日打坐參禪,卻是一向墮在話尾中,從來不離意識心行,成日裡只懂得追求一念不生、澄澄湛湛境界,始終不離意識所墮之三界境界,何能發起世出世間之般若智慧?何能求得解脫三界生死之智慧?猶如金屑雖然貴重,若在眼中卻成障翳,終成大患;禪法亦然,縱使正確,雖然寶貴,執之亦成大患;要須確能令人親證如來藏,發起般若智慧及解脫智慧，方有寶貴之處也！是故一切大師與學人，當求親證如來藏之道，否則鎮日靜坐，澄澄湛湛，皆是黑山鬼窟中坐，於般若之修證言之，亦復無用也。

鏡清聞雪峰舉此公案時，代那老宿答彼官人曰：「我剛才只是抛磚引玉罷了。」此句意謂：藉彼諸僧之靜坐參禪等磚，引出那已悟官人之玉。然而那老宿根本未曾證悟，何能知得鏡清如是轉句？後來法眼禪師聞得此一公案，又代答云：「官人你，怎麼可以貴耳而賤目？」如是一句卻較鏡清三棒，非唯答彼官人，抑且占了先機；那官人當時，在此一句之下，唯有向老宿胸前印上一掌之分，否則便唯能高呼蒼天蒼天；必須作家相見，不能出此也。只如鏡清道「抛磚引玉」，法眼道「貴耳賤目」，意在何處？諸方大師學人，還有知者麼？試道一句！須教平實於爾一句之下杜口，方能顯得爾真是家裡人也。試道看！頌曰：

途中善為三五步，不思量，自難會，千里無人平實話淒涼；
孤家拈提已六輯，老宿都不應，聞已俱裝佯。
雖恨此禪非我知，無奈難忘利養；
出家所為何事是？夜裡當捫心，何廣聚餘糧？（調寄臨江仙）

第五五三則　雪峰古鏡

福州雪峰義存禪師　普請往寺莊，路逢獼猴，師曰：「遮畜生！一人背一面古鏡，摘山僧稻禾。」僧曰：「曠劫無名，為什麼彰為古鏡？」師曰：「瑕生也。」僧曰：「有什麼死急？話頭也不識。」師曰：「老僧罪過。」師謂眾曰：「我若東道、西道，汝則尋言逐句；我若羚羊掛角，汝向什麼處捫摸？」

證嚴法師解說「生命與慧命」云：《人的生命，都有一個定數，而我們的「慧命」卻是無盡的！人的身體會從小慢慢長大，到了成熟的階段就停止了；而慧命則不論年齡老少，都是天生本具的。但是，如果沒有加以啓發，慧命的良能仍舊無法發揮出來。**如果我們一直不敢和人群接觸，做事怕麻煩，只想獨善其身，則慧命的成長就會停滯；因此，雖然人人本具佛性，但是凡聖之間仍有很大的差距。若能不斷地從人事中細心學習，就能得到許多寶貴的經驗，促使慧命的良能發揮出來。**所謂「不經一事，不長一智」，道理就在此。》（慈濟文化出版社《心靈之窗》頁2）

平實云：常有慈濟功德會之會員抱怨：「蕭平實說證嚴法師將佛法淺化、世俗化，是完全不正確的說法。又說我們修福不修慧，其實是誣蔑我們，我們也是福慧雙修的。」然而檢閱證嚴法師之說法，舉示於上來十餘則公案中者，所說俱皆言不及義，皆是將十地證量，以世俗法中之境界而解說之，全悖 世尊於三乘諸經中之聖教量，所「修」之法與諸地之無生法忍境界完全無關，皆是教人於世俗法上利樂有情而生歡喜、而保清淨念、不退失此心，謂如是長期行之者，即是諸地菩薩；以如是世俗法之身體力行，而暗示自己已是地上之菩薩，卻於諸地無生法忍之證境，絲毫不知。

此則公案列舉證嚴法師之開示亦復如是，與諸地所證之無生法忍完全無關，悉屬言不及義之**世間譚**—既不須親證如來藏，亦不須發起諸地應有之無生法忍，故說證嚴所說之諸地證量，悉屬**世間譚**，絕非佛法。如是證據分明舉示辨正如上，慈濟人悉可以之比對三乘諸經，皆可舉以請問證嚴「上人」，看伊是否能稍解諸地「上人」之法？　然而可預料者：證嚴必將無言以對，口掛壁上；或者顧左右而言他，於諸地無生法忍之釋義上，必定一切無所能為。由是緣故，勸諸慈濟人：既然是學佛，便應以真正之佛法為依歸，便應根據三乘諸經作為依據，依經如實而修，萬勿隨從證嚴所說世俗化之言語而修；否則，縱使修至三千劫後，依舊不入正位，永遠只是初住位中修集福德資糧之凡夫位；非但不能取證菩薩七住位果實，乃至淺如聲聞初果者，亦不可得。較於他人如實正修而能一世成就聲聞初果，乃至菩薩七住者，豈止天壤之隔？慈濟人若欲實證佛法者，於此不可不知也！於是便舉雪峰古鏡公案，共證嚴法師及諸慈濟人說禪：

福州雪峰義存禪師，一日因在家弟子供養普請，與寺中弟子共往寺莊，路逢彌猴亂摘寺院所植稻穀，雪峰禪師乃曰：「這畜生！一人背著一面古鏡，在那邊摘取我的稻禾。」當時有一僧問曰：「這眞實心從無量劫以來本就無有名字可以說祂，師父您爲什麼卻將祂表彰爲古鏡之名？」雪峰禪師答曰：「因爲有瑕疵出生了也。」那僧聞雪峰恁道，卻責曰：「師父您急什麼呢？弟子這一句其實是禪門裡的話頭，並不是在問您古鏡的意思，師父您竟然不認得。」雪峰聽了便道：「老僧罪過。」

那僧既道是禪門話頭，雪峰當然亦以話頭回應；是故雪峰作此話已，那僧「聞」雪峰之言時合該休去，然而那僧卻未曾休去，墮在雪峰語脈上；雪峰疼子，未曾見責；若是平實，見那僧要求平實依禪門作家規矩而行，自己卻未依作家規矩而行，當時便好與一頓痛棒！且道：雪峰言「老僧罪過」一句，究竟是不是話頭？若是話頭，為人在什麼處？有請證嚴聖人一道！若斷不得，便是絲毫未得七住位功德之凡夫俗人，說什麼聖人、上人？更說什麼諸地境界？一切慈濟人若有心證入七住賢位中者，於此且請參詳參詳，或有悟緣。

雪峰禪師一日謂衆曰：「我若東邊兒說一說、西邊兒說一說，你們就在那邊尋覓話語、追逐語句；如果有一天，我像羚羊掛角一般都不開口，你們要向什麼處摸索密意？」若是個有智之人，莫隨伊言語而轉，且請壁上取下拂子遞與雪峰，卻下知客房自取淡茶一杯潤喉，便了卻此一件公案，還要逗留禪堂內與伊雪峰囉唣作麼？且道平實此語，有什麼為人處？值得寫在書中流通後世？爾證嚴既是地上菩薩、上人，如是七住菩薩所知之般若密意，不應託辭不知也！有暇何妨斷一斷？非唯天下人要知！爾座下諸多**慈濟人**亦要知也！頌曰：

生死兩頭俱茫茫，未遭戳，自難知；出家多年儘將葛藤織。

鎮日相逢不曾識，臘四十，更何之？

夜夢世尊責愚癡，晨顏冷，枕已濕；

悔恨難言，獨苦誰相知？

何如獨上短松崗？明月夜，攀低枝！（調寄江城子）

第五五四則　九峰畜生

筠州九峰道虔禪師　福州侯官人也，姓劉氏。遍歷法會，後受石霜印記，化徒於九峰焉。師上堂，有僧問：「無間中人，行什麼行？」師曰：「畜生行。」僧曰：「畜生復行什麼行？」師曰：「無間行。」僧曰：「此猶是長生路上人。」師曰：「汝須知有不共命者。」僧曰：「不共什麼命？」師曰：「長生氣不常。」師又曰：「諸兄弟還識得命麼？欲知命：流泉是命，湛寂是身；千波競涌是文殊境界，一亙晴空是普賢床榻。其次，『借一句子』是指月，於中事是話月。從上宗門中事，如節度使信旗；且如諸方先德未建許多名目指陳以前，諸兄弟約什麼體格商量到遮裏？不假三寸，試話會看！不假耳根，試采聽看！不假眼，試辨白看！所以道：聲前抛不出，句後不藏形，盡乾坤，都來是汝當人個體，向什麼處安眼耳鼻舌？莫但向意根下圖度作解，盡未來際亦未有休歇分。所以古人道：擬將心意學玄宗，狀似西行卻向東。」

證嚴法師教人「尋根溯源」云：《平常人都是祈求趕快達成利己的心願。可是地藏菩薩的願則是：「地獄未空，誓不成佛。」菩薩的大悲願讓我很震撼，所以我就想：

出家後要奉獻我的生命；再加上我的師父——上印下順導師訓勉我要「爲佛教、爲衆生」；因爲有這些精神理念的啓發，所以慈濟就順著因緣組成了。一開始的成員只有三十幾位，名稱則是「佛教克難慈濟功德會」，多了「克難」兩個字，當初眞的很克難，是從「竹筒歲月」的五毛錢草創。記得當時也有會員反應：怎麼這麼麻煩，一定要每天存五毛錢？我一個月繳十五元，跟每天存五毛錢有何差別呢？我說：「我要大家每天發一分好念、一分愛心，有好念善行，才會有福。」當你將五毛錢投入竹筒時，心裡便會想著：這五毛錢是要救人的。只要有這一念救人的心，就是救自己的心靈；表面上救助別人，其實，**這分愛救的是自己，也就是啓發自我的本性。**》（慈濟文化出版社《心靈之窗》頁5~6）

平實云：平實自前年夏天證嚴法師無根誹謗平實時起，曾私下對此事件作回應，如是評言：「證嚴法師根本不懂佛法」，此語確實未曾絲毫冤枉伊。如今舉其所言十地之證量與行門作為明證，今於此則中亦復如是，證實平實所言真實，未曾絲毫冤枉於她：證嚴以為心中有愛，以世俗法長期利益他人而不退失者，即是啟自我本性之修行法門，完全不以斷我見作為解脫道之行門，亦完全不以親證如來藏作為般若之行門，亦完全不以親證一切種智作為諸地之行門。

如是十地之修法，如是「見性」之修法，乃是證嚴比丘尼個人之創見，三世諸佛皆不如此教示，皆以現觀覺知心我、作主心我虛妄而斷我見我執，作為解脫道之正修法門；皆是以親證如來藏，作為證悟般若之正修法門；皆是親證一切種智，作為**成佛之道**。然而證嚴法師都不如是，只教徒眾心中有愛，只教徒眾將此愛心來「**啓發自我的本性**」，不以經中所說之理而求眼見佛性，如是而言佛性、本性。迥異原始佛教四阿含諸經，悖於二乘菩提；亦復迥違大乘諸經佛說正理，悖於大乘佛菩提道正理。然而法至今時，初學佛者多難知悉其謬，久學者雖知，次第離去，然亦不敢破斥之，致慈濟廣大會員悉墮證嚴之邪見中，將世俗法取代佛教正法，亦縱容證嚴法師繼續無根誹謗正法，而包庇之、支持之。今者平實以其無根誹謗故作回應，拈其邪謬以示天下，藉此導正學人之學法方向，亦證平實語無虛妄。是故平實所言：「證嚴法師將佛教世俗化、將佛法世俗化」之語，皆是誠實語，非是無根妄言者，亦非是人身批評，乃是就法論法也。今欲利樂有緣學人故，便舉九峰畜生公案，共諸大眾說禪去也：

筠州九峰道虔禪師上堂開示，有僧問：「住在常恆而無間斷境界中底人，他行底是什麼心行？」九峰禪師開示曰：「是畜生行。」那僧不曉眼聞開示之理，聞之不解，又問曰：「畜生又是行什麼心行？」九峰禪師答覆曰：「畜生還是行常恆無間之心行。」那僧自以為懂禪，便評論曰：「這個還是長生路上的人，還沒有了得生死。」九峰禪師便指示那僧曰：「你可得要知道還有一個不與我們眾生共命生死的人。」那僧到此，只得又問曰：「不共什麼命？」問也不會問，九峰禪師只好直接與伊敞開了道：「世人所說的長生，他那一口氣，並不是恆常不滅的。」

只如九峰禪師開示眾人：應當親證無間中人，那僧便問無間中人到底是如何行無間行的？不料九峰禪師卻答是畜生行。這個道理，一般阿師總皆不會，若見此一公案，便作解云：「畜生與人類都一樣有眞如佛性，所以畜生行也就是聖人行。」平實若見誰人來到面前如是說，當時便揪住伊逼問：「是什麼行？是什麼行？」若道是畜生行，劈面一巴掌；若道非是畜生行，亦是劈面一巴掌；若道是「非人行，非畜生行，非非人行畜生行」，便推出門外，永不復見，這種人打之無用，救得亦無用處也！饒伊是名聞全球之大法師，救得亦無用也！爾證嚴「上人」若欲會者，來問平實，平實卻向爾道：「我行！你行！」若還不會，便教爾：禮拜著！

九峰禪師又開示曰：「各位兄弟們還識得眞正底命麼？想要知道這個眞正底命，我就告訴你們吧：流泉是命，澄湛寂靜底卻是自身；千波競涌方是文殊智慧境界，一亙晴空千里無雲的境界，那是普賢菩薩行無量世間行時所住的境界。其次：禪門所說『借一句子』就是在指示月亮所在，這個借一句子裡面的事就是在說明月亮的體性。佛法向上一路的宗門中事，猶如節度使的信旗一般，只是在指示眞正底目標；不過，在諸方先德還沒有建立這許多名目來說明指示以前，各位兄弟！你們是用什麼自體作為格局來商量，所以才能到得了我這裏？你們都不要假藉三寸之舌，試著說說你的體會來吧！不要假藉耳根，試著採納聽取我的意旨看看！不要假藉眼睛，試著辨白看看！所以說：在出聲之前想要拋也拋不出，在說完語句之後其實也不曾隱藏了祂的形跡，整個乾坤與大地，根本都是你們各人都有的自體，但是在這個人人都有的自體中，又能向什麼地方安置你的眼耳鼻舌身意？可不要只是向你的能思量的意根下，去亂想臆測而作想像上的理解，如果是像你們這樣用意識思惟想像的話，盡未來際也沒有個休歇的分兒。所以古人這麼說：想要以知覺心、作主思量的意根來學禪門玄妙的宗旨，那麼表面上看來好像是在向西行走，其實卻反而走向相反的東面去了。」

今時台海兩岸諸方說禪、教禪底大法師、大居士，都是教人修學一念不生境界，都是教人保持覺知心一念不生，以此為悟，以此為禪。或者是學元音老人認取「前念已過，後念未起之中間短暫無念靈知」，作為真實心，說為本有而非有生之法；卻不知如是短暫之離念靈知，只是前後念之空檔，乃是生滅有為變易之法，不是常存而不間斷之法。殊不知此離念靈知境界，於五位中（正死位、悶絕位、眠熟位、無想天中及無想定位、滅盡定位）必斷，亦是依緣而起者（依五根、意根、外五塵、內相分法塵、如來藏所含藏之見分相分種子及意識種子），不知是緣起法，不知其性本自無常、非有自己能得單獨存在之實體性，卻欲進一步再將此一前後念間之短暫離念靈知加以延長為長時離念靈知，是故每日至少須坐二小時以上，保持無念靈知，是故要求座下弟子須每日靜坐保持此境而不得一日中斷；如是至少坐六百座而不中斷，能常保一念不生而了了分明者，便以為悟。殊不知九峰禪師早已作是說：「但向意根下圖度作解，盡未來際亦未有休歇分」，而今此等大法師、大居士等人，皆是九峰禪師此語所訶責之人也！

復次，古來真悟之禪師們，每作是責：「青天亦須吃棒！」饒爾每日澄澄湛湛、離念靈知而不昏沉，亦須吃禪宗祖師痛棒！何況短暫之離念靈知？更難逃真悟禪師之痛棒也！

於真如自體而言，從來離見聞知覺性，從來不墮六塵之中，有何靈知可言耶？而令衆生學人長住於離念靈知心境中，有何意義？假饒悉能永遠如是住於離念靈知心境而永不出於此境者，終其一生，仍難理解般若諸經所說實相之意涵也；般若諸經所言般若之總相智、別相智之意涵尚不能知，云何能知所應進修之一切種智諸唯識系諸經佛旨？如是等人，皆是不知與自己離念靈知共命之真實心者，皆是未通般若真意者。

一切畜生，一切有情，皆有各自獨立、唯我獨尊之常住本體存在，無始以來未曾刹那間斷過。衆生之有念靈知、離念靈知心，一向皆有間斷之時；乃至非非想天之天人常住離念靈知境界而不間斷，最長壽者可以保持八萬大劫而不間斷，然而壽盡命終，入正死位中，仍須斷滅，仍非是真正無間者。如是八萬大劫離念靈知境界，非是元音老人之徒衆所能臆想而知，然而仍歸於滅，要待下生人間為人或畜生時，方得重新現起；正當八萬大劫長住離念靈知境界中時，亦是極微細之前念滅已，極微細之後念繼之而起，如是念念刹那刹那生滅流注相續，似不間斷，猶如自來水之前後相續變易而維持水流之不斷，令人以為實為未曾間斷者，仍非是真正體恒不變而常恒不斷者。

是故離念靈知心不可為依，非是真正究竟之歸依處。有智之人當以今時離念靈知存在之時，以離念靈知心作為工具，覓取同時存在之另一從無間斷之第八識如來藏，作為真實歸依處。此如來藏心自無始劫來，從未間斷過；雖常流注離念靈知心種子，剎那剎那從不間斷，故令離念靈知心相續不斷，直至眠熟之後方斷；然而如來藏自體，從未曾有剎那流注之現象，體恒不變，絕非猶如離念靈知一般剎那剎那相續而有似不間斷之相者，乃是體恒存在而非剎那流注者。此如來藏一向離見聞覺知；此心常恒，乃至短如一剎那之間斷，亦不曾有過；此心體恒，非以流注相續而現常住不斷之相，非如離念靈知或有念覺知心之前後種子自如來藏中相繼流注而保持其似無間斷之表相者。而此從來無間無斷之如來藏心，能出生吾人之六根六塵，能出生吾人之見聞知覺性，方是萬法之根本也！方是吾人之究竟歸依處。

若人有福有智，能親證之，親證之後便得現前觀察其確實具有如是體性，便通般若諸經，實相般若智慧現前。苟能如是，即是親證**自歸依**者，即是親證**法歸依**者，即是親證**自性三寶**之**究竟歸依**者，如是人方是真正歸依於一切佛之聖者。如是禪宗真悟明心之人，於大乘別教中雖唯名賢，然於二乘教及大乘之通教中，皆是聖者，然其智慧非二乘聖者所能臆測。由此實相境界而觀一切外教中之聖者，便見彼等聖者悉皆未曾脫離三界輪迴，悉皆未曾稍知實相，亦未曾真實了知解脫之道，於外教中雖名聖者，只是三界有為法中之世間聖者，於佛法之修證境界以觀，其實皆是凡夫，於出世法中，並無可取之處，皆非出世間之聖者，永難與佛教中之真正賢聖相提並論。

人與畜生，不論曾悟未悟，皆有如是本來自在之常住真心同時同處運行不輟；人行與畜生行，一切行中悉皆不曾離於此心，亦復不能離於此心而存活、而行種種凡聖等行。然而衆生乃至外教天主、真主，悉皆不知如是自心，不知衆生同有此心，平等平等而無高下之別，是故起心動念，蔑視衆生，收為子民，永遠視為手下之奴僕。然而佛法中，真悟之人悉皆現見如是事實：一切畜生與一切人、一切天人天主，同皆各有此一無間之心，於見聞知覺性刹那刹那流注運行之時，此心亦復配合運作而不曾刹那間斷；若此心間斷者，則一切有情皆必死滅，尚不得有衆生出現於三界中，何況能有離念靈知心存在於三界中？然而行者若欲會取此心者，卻不得離於人行，當須於人行當中會取之；唯有無智愚人，方信元音老人、聖嚴、惟覺、證嚴等人，欲將有念靈知之意識覺知心，假藉靜坐以除妄念而變為永遠之離念靈知，錯認此長時間離念之靈知心作為常住不壞心，作為三世因果之主體識，卻成外於真實心而求佛法者，皆名心外求法之佛門外道也。

爾證嚴大法師欲成就無間行麼？且莫停止利益眾生之一切行，且要爾在世間法上繼續無止盡地利益眾生；然而在世間法上利益眾生之際，爾須時時留意：有一從來不曾間斷之心，從來離見聞覺知之心，與爾同時同處運行不輟，當須覓取。爾若能如是覓取者，方是真知**人行**者。能知如是**人行**，便知**畜生行**，便知**無間行**，便得立時成為**無間中人**；自此以往，便知**畜生行**從來與**人行**、**無間行**，曾無差別，便得因此生起般若實相智慧。此後縱令平實逼迫爾再弘傳印順之藏密應成派中觀，爾亦勢必不從也！若不依余如是言而修證者，平實且借九峰禪師之語記爾：「盡未來際亦未有休歇分。」

且道：爾證嚴法師每日之無間行中，爾身中真人何在？還會麼？若猶不會，且下心參詳十年去！十年後若參不得，來覓平實；平實聞問，便向爾指戳道：「且豢養一隻狗兒，每日親自爲伊刷洗餵食，莫假他人之手；復又每日攜之散步花蓮海邊，且令伊教導爾畜生行。」如是常年行之不輟，再過十年，亦當得有入處，唯除不信平實諸書正知正見。如是，二十年過已，若猶不會，再覓平實來，平實見爾證嚴大師來到，甫聞舉已，便向大師道：「長生氣不常！」爾須帶眼來聞，莫以耳聞！耳聞不知真正法音也！　頌曰：

人行畜生行，風度自翩翩；
上人下徒曾未離，從來共嬋娟。
驚聞平實語，心中卻藏奸；
分明無欺不肯信，逢人盡喊冤。（調寄卜算子）

第五五五則　九峰眞妄

筠州九峰道虔禪師　僧問：「承古有言：眞心、妄心，如何？」師曰：「是立眞顯妄。」僧曰：「如何是眞心？」師曰：「不雜食。」僧曰：「如何是妄心？」師曰：「攀緣起倒是。」僧曰：「離此二途，如何是學人本體？」師曰：「本體不離。」僧曰：「爲什麼不離？」師曰：「不敬功德天，誰嫌黑暗女？」

僧問：「承古有言：盡乾坤，都來是個眼。如何是乾坤眼？」師曰：「乾坤在裏許。」曰：「乾坤眼何在？」師曰：「正是乾坤眼。」曰：「還照矚也無？」師曰：「不借三光勢。」曰：「既不借三光勢，憑何喚作乾坤眼？」師曰：「若不如是，髑髏前見鬼人無數。」

問：「動容沈古路，身沒乃方知。此意如何？」師曰：「偷佛錢，買佛香。」曰：「學人不會。」師曰：「不會，即燒香供養本爺娘。」

證嚴法師教人「尋找人生的方針」云：《釋迦牟尼佛因「一大事因緣」示現於世間，這一大事因緣就是「**開**、**示**、**悟**、**入**」**四個字**，意思是要啓發人人與佛同等的智慧。……。衆生不知生從何來，更不知死往何處。而佛陀來人間，就是要開啓衆生的心門，因爲人心就像一間暗室，要把窗戶打開或是燈光打亮，才能看清裡面的擺設；而**平常沒有打開**心門，所以不明白事理。很多人「**懂理**」卻不懂事，道理都在書本上，只要認識字就能了解，可是眞要實際去做，就沒有那麼簡單了；唯有用心學習，力行實踐，才會事理圓融。》（慈濟文化出版社《心靈之窗》頁 9~10）

平實云：《法華經》所云之**開示悟入**四字，只是 佛來人間之所行；然而 佛示現於人間所**開示**而欲衆生**悟入**者，究竟是何物？證嚴法師卻須認識清楚，莫執著於**開示悟入**四字。 佛**示**現於人間者，正是打**開** 佛之所知所見，正是將 佛之所知所見**示**與衆生，正是教導衆生悟此 佛之所知所見，正是欲令衆生**入**此 佛之所知所見。是故**開示悟入**四字之標的，即是 佛之所知與所見。 佛之所知與所見者，**開示悟入**之**標的**——**佛之所知與所見**，方是《法華經》所宣說最重要之事，莫於此開示悟入四字執以為實，否則即成禪宗所言「抱著指頭當月亮」之愚人也！然而 佛之所知與所見，究竟是何物？其內涵如何？爾證嚴法師卻須釐清，莫如是含糊其辭。

佛示現於人間之唯一大事因緣，便是因此世界衆生中之部份人已經緣熟，應須親證解脫果，或者應須親證菩薩般若智慧果及解脫果，是故受生於人間。般若之內涵者，即是明自真如：阿賴耶、異熟、無垢識，體驗及了知其體性；亦須眼見佛性，領受其現行與運作；唯此方是 佛之所知與所見也！

今者證嚴法師卻不肯認同 佛所知之如來藏心，卻不肯認同 佛所眼見之佛性，卻隨同印順之藏密應成派中觀邪見而否定 佛之知見，卻來誤導衆生：「《法華經》之主旨即是開示悟入四字。」以此四字為重點而說「佛法」，卻將 佛所開示而欲令衆生悟入之標的：阿賴耶、異熟、無垢識心體，加以排除不言、乃至否定之。亦不肯承認眼見佛性而發起成所作智，是 佛來人間示現之目的，專在佛經文字開示悟入四字上用心。便如有人以手指月，未見明月之人，當隨智者手之所指，望向明月；今者證嚴卻不如是，卻將明月否定，說無明月（不承認有如來藏可證）；將明月否定，而言智者之手指如何若何（宣講開示悟入四字，而不言開示悟入之標的）；或者以指為月，認為別無明月可證，唯有手指（不貪染之意識覺知心）可證，乃是愚人之心行也！

復次，真實心之心門不須爾證嚴去打開祂，祂從無始劫來不曾剎那關閉，一直運作不斷，一直分明現前，一切真悟之人悉皆如是證實，何須爾證嚴將之打開？唯有墮於虛妄性、緣起性之覺知心中者，方須打開之。此謂彼證嚴…等人，總以為：覺知心不清淨時，即是妄心，即是無智慧者；覺知心修行清淨時，即轉變成真實心，未來即可不受惡報，即是有智慧者，如是謂為打開心門，打開智慧心。皆是墮於黑山鬼窟中作活兒，皆是外道妄想之法，非是佛法也！

佛教中所言之**理**，根本迥異世間人所言之理，有其專屬之定義，乃謂世間萬法之根源——自心藏識，乃謂無餘涅槃之實際——自心藏識，此心方是佛教三乘正法所言之**理**也。然而證嚴卻以世間法之是非，說為佛法所證之**理**，焉是懂得佛法之人？有智之人何妨檢其所有開示影帶及其一切書籍著作，加以檢驗？智者閱之即了，不須平實多所言語也！唯有情執深重而又寡聞少閱之少數「慈濟人」，方為證嚴胡言亂語之所迷也！

慈濟功德會中之一切有智行者，應依證嚴法師之語而行：「唯有用心學習，力行實踐，才會**事理圓融**。」然而事理圓融之正理與境界，絕非證嚴法師不學無術之人所能知之也。爾等有智之慈濟學人，若欲真實證入事理圓融境界者，必須求證萬法根源之如來藏心：阿賴耶、異熟、無垢識；此心人人本具，尚未修行之前已然有之，一向隨逐於爾等各人，不曾稍離，不曾剎那間斷過，亦不曾剎那闕閉過，不須爾等去打開祂，只須爾等去找到祂、親證祂、體驗祂。修學禪宗之禪，目的只在證實如來藏實相心之存在，只在現前領受其無量無邊之自性，由此親自領受故，便得發起般若之總相智、別相智乃至一切種智。一切種智若得圓滿者，即可成就究竟佛道；如是之法，方是真正成佛之道。

已經親證如來藏者，於一切時地，皆可現見吾人處於三界中，不能離於一切事，包括定境等事相境界；然而吾人處於一切三界事相境界中時，卻有如來藏運作不斷，而令吾人得以常處世間以受苦樂捨受，而造善惡業及無記業，而修學三乘菩提一切法。能如是現觀自心如來藏—**理**，與見聞知覺性—**事**，同時運作不斷而不相離者，方是證入**事理圓融**境界者，於一切時地皆見**理**與**事**同時運行不輟而不中斷故，故名**事理圓融**。如是**事理圓融**境界及其真**理**，絕非證嚴法師否定如來藏者所能知之也！絕非印順、昭慧、傳道……等否定如來藏之人所能知也！

印順……等人既皆否定如來藏，而　佛說真正**成佛之道**全部過程與內涵，悉皆依如來藏而修而證，則印順所著《成佛之道》一書，其所說「佛法」修行之**理**，及與成就佛道之種種**事**行，其真偽可知矣！有智之人聞此說已，求證於三乘經教之後，即知平實所說皆為正理，不待平實再三再四多費口舌也！

由此而言：有智之人若欲親證菩薩諸地境界者，首要之務即是進入禪宗修學禪法，求證如來藏；或是仍住自宗而尋覓已經實證如來藏之上人、上師、老師、師父，求其授以親證如來藏之法門。於其指導下而親證真正之如來藏，非是誤會而錯以意識心作為如來藏者，便得於彼親證如來藏之剎那間，進入**事理圓融**之境界中。彼時返觀印順、昭慧、傳道、證嚴⋯等人之說、之書，便見處處敗闕，不忍卒讀：甫閱三數頁已，不能復讀之矣！皆是糟糠之書故。欲證般若智慧之總相智者，則以中國禪宗之禪，最為直接迅速，便舉九峰眞妄公案，共諸大師學人說禪去也：

有僧來問九峰道虔禪師：「上承古人曾有如是言：心有眞心與妄心。此理如何？」古人早有是言：真心與妄心並行。然而自平實出道作如是言已，諸方大師都不信之，都言心唯有一，都言覺知心修行清淨時即變成真心；如今此一公案那僧所問語句，亦可證實平實初出道時所言者，絕非虛言籠罩之說也！九峰禪師聞那僧舉問，便答曰：「這意思是說：由於有眞心所以才顯示出妄心。」那僧欲證真心，便請問曰：「如何是眞心？」九峰禪師答曰：「眞心是不雜食的。」那僧既然問不出真心所在，乃又問曰：「如何是妄心？」九峰禪師答曰：「會在六塵中起攀緣而生起顛倒想的就是妄心。」

覺知心從來不離六塵，常於六塵中誤認諸法為實有，故起顛倒想。覺知心從來不能遠離六塵，乃至修入非非想定中，亦復不離定境中之法塵，故說覺知心若現起時，必定攀緣六塵而不中斷、不能遠離。由於顛倒想故，便以為覺知心自己不緣外五塵時，當時之自己便是真心；定境淺者，則以為覺知心在六塵中時，若得不起語言文字之想，便是真心；卻不知此時正是常見外道所言「常而不壞真心」之境界，正是常見外道見，故名顛倒想。定境深者，則以為非非想定中之覺知心即是真實心，仍未脫離常見外道我見境界。

那僧又問曰：「若能遠離雜食之路，也能遠離攀緣起倒之路時，如何才是學人我的本體？」那僧不知吾人覺知心於六塵中起種種雜食時，真心亦復於當下配合運作不斷而不雜食；不知吾人覺知心於六塵中攀緣起倒之時，真心仍然不雜食、不起倒而配合運行不斷，是故欲離覺知心之雜食境界，欲離覺知心之攀緣起倒境界，以求真心。如是行者，永劫不能證得真心；若離此二境界時，則覺知心必定斷滅而不現起，則不能親證離此二種境界之真心也！不須斷雜食及攀緣起倒之覺知心，以之尋覓從來不雜食、從來不攀緣起倒之真心，方有證悟之緣。那僧不知此理，故作如是不當之問。九峰禪師見伊不會，乃指示曰：「正當你在雜食起倒時，本體眞心還是不曾離開你的。」那僧未得親證，聞之不解，乃問曰：「爲什麼不曾離開我？」九峰禪師乃是指示曰：「不敬功德天，誰嫌黑暗女？」

功德天者，典出《大般涅槃經》。有人見一極美女人上門求宿，便問來者有何利益？彼女自言是功德天，若能奉彼入住家中者，則其家隨即大有財富，家庭和樂、眷屬衆多。其人便迎之入住。後日復有一女極醜極臭復又暗黑無光，亦來求宿；問其入住有何功德？女言：「我是黑暗女，若能使我入住者，家中財寶皆將逐漸散失，家庭起諍，眷屬漸漸流散。」主人聞之，不欲令入。女言：「彼功德天者，乃是吾姊；彼若住此，吾亦隨之，常相隨逐而不分離，不得唯令我姊住於汝家。」主人聞言，便遣出功德天，倡言：「如是功德天者，吾不需之。有智之人，二俱不受。」

今者九峰禪師以此典故，語彼僧曰：「不敬功德天，誰嫌黑暗女？」正因世人多敬功德天故，方有黑暗女之受嫌也！然究其實，二女本是萬法之一體兩面，若有世間功德，便有世間敗壞無常，皆是不可恃者，是故功德亦不可恃。然而汝證嚴法師若將上來所說之句義，用來解釋九峰禪師之語者，平實便取棒來問汝：「是什麼？」若道是棒，便打趁汝回花蓮去！若解得平實之意，便能解得九峰禪師此語之意，方知九峰禪師之意既非是言功德天，亦非是言黑暗女，更非是上一段文句中平實所解釋之意也！且道：九峰禪師此一句語，意在何處？爾證嚴若欲證知九峰禪師之意者，當以眼聞，莫以耳聞，耳不能聞也！若真欲會者，且下問平實來！平實甫見汝來，不待汝開口，便向爾道：「花蓮來此，一路風光！」爾若會得，便會九峰禪師二句之意也！般若總相智便得立時現前也！

復有僧上問：「承古有言：盡乾坤大地，全部都是佛法正眼所在。如何是乾坤正眼？」九峰禪師答曰：「乾坤就在這裡面。」且道：乾坤究竟在何處？而言正在裏許？　那僧不會，便又問曰：「乾坤眼究竟在什麼處？」九峰禪師答曰：「這正是乾坤眼。」且道：阿哪個正是乾坤眼？　九峰禪師明明未曾指示，為何卻道這正是乾坤眼？　料必有所指示，方作是言語也！　且道：九峰禪師在什麼處道出？有勞汝證嚴法師斷看！　汝是「上人」故，上人必知如是下地未入聖位之禪宗初悟賢人所知法故，試斷看！

那僧不解，又復問曰：「這個乾坤眼，還能觀照和眼見萬法嗎？」九峰禪師答曰：「祂不須假借日光、月光、火光之作用。」那僧不解，復又問曰：「既然不假借三種光明之作用，又憑什麼道理而喚作乾坤眼？」九峰禪師答曰：「如果不是這樣的話，在髑髏之前看見黑暗鬼的人可就無量無數了。」只如一切人欲見天地時，皆須以日光、月光、火光，方得見之；然而這個乾坤眼究竟是什麼物事？卻不藉三光而可得見法界體性之實相？　汝證嚴法師既是「上人」、是「大菩薩」，還道得麼？　試道看！

有僧問云：「當我們動了容貌時卻沈了古仙人所行之路，一直要到色身毀壞了的時候方才知曉這個道理。這究竟是什麼意思呢？」九峰禪師答曰：「偷了佛的錢，去買供佛用的香。」那九峰禪師真會耍嘴皮兒，耍得妙極了！可憐那僧見不得，乃又問曰：「學人我還是不會。」九峰禪師乃指示曰：「不會的話，那就去燒香供養你本有的爺娘吧！」

只如那僧如是問，九峰禪師云何不為之指示？卻道是「偷了佛的錢去買供佛用的香來供佛？」卻是何意？汝證嚴法師還會麼？　若不會，平實教汝依九峰禪師之言，每日親到佛前功德箱中偷取些錢，親自上花蓮街上買佛香，回到精舍後親自燒香，親自插上佛前香爐；不是教汝供佛，乃是教汝供養自己之親爺娘。一時之間若會不得，則請每日上街買香去，每日親自上香供養去，莫教徒衆代買代供。如是精進行之，一年未能會得本爺娘，十年、二十年、三十年、四十年如是買去、供去，務要自己親自偷錢、親自去買、親自上供。如是供上四十年已，若猶未會者，小心平實入夢打汝頭破！正是平地死人也！頌曰：

六塵為食是妄心，功德黑暗，二俱是病；
乾坤都來是正眼，真心常現，無垢無淨；
縱使動容沈古路，欲步大道，動容得應；
燒香供養本爺娘，花蓮上供，士林行令。（調寄一剪梅）

第五五六則　覆船面目

福州覆船山　洪荐禪師　僧問：「如何是本來面目？」師閉目吐舌，又開目吐舌，僧曰：「本來有如許多面目。」師曰：「適來見什麼？」

問：「路逢達道人，不將語默對，未審將什麼對？」師曰：「老僧也恁麼。」

師將示滅，三日前，令侍者喚第一座來，師臥，出氣一聲，第一座喚侍者曰：「和尚渴，要湯水喫。」師乃面壁而臥。

臨終令集眾，乃展兩手，出舌示之，時第三座曰：「諸人！和尚舌根硬也。」師曰：「苦哉！苦哉！舌根硬去也！」再言之，而告寂。

證嚴法師教導世人「人生之旅」云：《世間人身難得，必須具足很多因緣才能來人間。佛教說六道輪迴，這一生不管投生在哪一道上，都只是一期的生命；不過我們擁有一個永恆不滅的慧命——**生死只是「神識」捨此身又投彼身**。往生後，是不是能永遠投生爲人呢？不一定。因爲再得人身的機會只有六分之一，其中雖然有比人間更好的天道，可以享天福，但是沒有機會再造福；福享盡後，還是會輪迴於六道（天道、人道、阿修羅、地獄、餓鬼、畜生），所以佛教並不提倡求生天道。萬一投生到畜生道或地獄、餓鬼道，那就苦不堪言了。那裡的衆生想發心修學也沒有機會。因爲苦得沒有時間思考，也沒有環境讓他們體會眞理；在極端痛苦的地方，也沒有機會聽聞佛法。即使投生人間，有時生在最好的環境中也不見得好，因爲大多只知道享受，不會想到人間的疾苦，更不會去探求人生的眞理；……》（慈濟文化出版社《心靈之窗》頁11~12）

平實云：證嚴法師所云：「**生死只是『神識』捨此身又投彼身**」，主張此一神識是「**永恆不滅的慧命**」，然而此神識者，究竟是何識？證嚴法師對此應加以宣示，令慈濟廣大會員及諸委員知悉，方是親證佛法之人，方是真正之佛道也！然而至今都未曾見汝證嚴法師就此一「**神識**」提出說明，如今平實且要代替慈濟廣大會員與委員等人，對汝證嚴法師提出請問，並予辨正，藉此利益慈濟之廣大會員與委員。

於佛法二乘菩提之解脱道中，四阿含諸經明說：一至七識皆是可滅法，皆非真實心：唯有無餘涅槃之本際，方是常住不滅、無間不壞之心，其餘一切識皆是緣起法；故說前六識皆是緣起生滅之法，故說意根是阿羅漢入無餘涅槃時應滅之法，皆非真實之神識。其中前六識唯有一世，不能去至後世，故非真實不壞識；依當世之五色根為俱有依方得現起，當世俱有依之五色根毀壞時，當世之意識心便暫滅，直至第八識如來藏藉此世色身四大為緣，出生中陰身後之階段方又現起，卻於入胎後永滅，不能去至後世；後世之意識覺知心乃是依後世之全新五勝義根為緣而現者，已非此世之意識覺知心也。由是緣故，說意識心不能去至後世；由是緣故，一切有情出生時皆不能知往世事，唯除修得宿命通者，唯除菩薩能入等持位中隨緣觀見往世事者，而其意識心仍是此世方出生者，仍非是由往世意識入胎而至此世者。

往世之神識能至此世者，唯有二識：如來藏阿賴耶識，及與意根末那識。然而意根不能獨自了別六塵，唯於法塵之有無變動上，能起極粗劣之了別，不具有覺知心微細勝妙之分別性。今者汝證嚴法師既服膺印順所主張「唯有六識心」之說，不承認有意根「第七識末那識」，亦不承認有涅槃本際之第八識如來藏，意識復又唯有一世，不能去至後世，則汝證嚴所云「**『神識』捨此身又投彼身**」之**神識**，究竟係何神識？汝證嚴法師必須加以說明，必須對慈濟之廣大會員及無比發心之委員等人有所交待，不應含糊籠統而說，不應耽誤彼等如此發心慈濟者之道業也。

汝所言投生後世之神識，若係印順所言之意識細心，則違 佛說，法有差謬，應與修正；佛於四阿含諸經中曾作是言：「**一切粗細意識皆意法為緣生。**」則印順所言常住不壞之意識細心說，成為虛言妄語，非是正理；意識細心既非能去後世之心，則非能從往世來至此世之心，則不應是捨此身又投彼身之**神識**也！如是，請問汝證嚴法師：汝所言捨此世身，而投生再取後世身之**神識**，究竟是何心？何識？有請爾證嚴法師公開答覆慈濟廣大會員，及諸發心無比之委員！

若道是意根，則汝應建請印順修正其全部書籍，將所有書中否定第七識心之錯誤邪見加以修正，全面回收舊書，換與讀者新書；若言是第八識如來藏去至後世受身，則違爾師印順諸書否定第八識之說，成為不肖弟子；若堅持是第八識者，則汝應請印順收回所有書籍修正，公開修正其法義，並對誤導佛子數十年一事，公開道歉。若言「是此世之意識覺知心不壞，死已入胎去至後世。」則違 佛說意識不能去至後世之聖教量，亦違現代醫學之臨床驗證，亦不能面對現實上不知前世事之質疑。且道：究竟去至後世之**神識**，是何識？有請證嚴法師公開對眾說分明；爾既是地上菩薩，是故敢說地上菩薩之證量與行門，是故敢指導座下弟子修證十地菩薩之境界，是故敢受「上人」之稱呼而不推辭，則於如是諸問，應當悉知、應當能答，今請證嚴上人對眾公開答覆，梓行天下，以解群疑！若不能如是，則是未悟言悟之籠罩人者，則成方便大妄語之違犯比丘尼重戒者，則是出家戒及菩薩戒之戒體，二俱已失者，則汝今時已非真正之出家人也！如是等理，乃是極為嚴肅之理，汝證嚴法師不可不自惟也！

邪見斥已，當舉大乘佛法之入處，便舉覆船面目公案，共諸學人而說般若正理，冀有緣熟之人得以悟入般若，親證大乘無生忍：

福州覆船山 洪荐禪師，因一僧問：「如何是本來面目？」覆船禪師便閉目吐舌，然後又開目吐舌，那僧不知覆船禪師絃外之音，便曰：「本來面目竟有像這樣多的面目。」覆船禪師見伊恁麼道，便勘問彼僧曰：「你剛才看見了什麼？」

只如那僧請問本來面目，覆船禪師為何卻對那僧閉目吐舌？後又開目吐舌？覆船禪師意在什麼處？汝證嚴法師既以十地菩薩之身分示現，而對大眾開示十地之行門與證境，則此七住菩薩便懂之般若正旨，不應不知也！上地必知下地境故。若未能解得，則是未入七住位之凡夫，何聖之有？而縱令眾人尊稱為「上人」？竟敢對外發售書籍，指導學人修證十地菩薩之行門與境界。如今平實不問爾十地菩薩之證境，僅問此三賢位中第七住菩薩之證境，爾證嚴法師還道得麼？試道一句看！

有僧問：「路上逢見了通達佛道之人，不可將言語或默然來應對，不知道應該將什麼來應對？」覆船禪師答曰：「老僧我也是這樣啊！」且道：覆船禪師為何不答那僧所問？卻只道「老僧也恁麼」？其中緣由委曲，爾證嚴大法師既是「上人」，不可道不知也！且道：覆船禪師絃外之音是什麼？試斷看！若道不得，但來問取平實；平實聞已，且用雙手擘開嘴唇，更兼吐舌。爾還能見出個什麼般若道理麼？

後時，覆船禪師即將捨壽示滅，於三日前，令侍者去喚第一座來；首座來已，覆船禪師卻故意臥床，又嘆氣一聲；那首座不會覆船禪師意旨，卻喚侍者吩咐曰：「和尚口渴，要湯水來喫。」覆船禪師見伊不會，乃又面壁而臥。如是入泥入水為伊，首座終究不能會取，辜負覆船禪師現盡神頭鬼臉，苦哉！

至臨終之日，覆船禪師令集大眾，然後乃展開兩手，又出舌示之，當時第三座見狀，又誤會覆船禪師之意，告訴大眾曰：「諸人！和尚的舌根硬了也。」唯覆船禪師見伊亦復不會，便大聲喚道：「苦哉！苦哉！舌根眞的硬去了也！」唯恐眾人不解絃外之音，又再一次重覆言之，然後告寂。　只如覆船禪師臨命終時，慈悲大發，費盡多少口舌？使盡恁多機鋒，扮盡神頭鬼臉，渾身是泥是水，無奈一衆不能領解，只得大喚苦哉！齎憾以終。

如今平實且要代諸**慈濟人**請問汝證嚴大菩薩：那覆船禪師集衆告別時，展開兩手又出舌以示大衆，究竟是什麼意？其中有何般若意？試道看！一切**慈濟人**皆欲知之，皆欲證實爾證嚴真是**大聖人**也！皆欲證實爾證嚴真是早已證悟之聖人也，還請對衆道一句看！　道已還請公開梓行天下，令諸大師學人與平實週知，證明爾證嚴法師確是真實證悟，證實爾證嚴法師未犯大妄語業，確實無欺於座下廣大徒衆，證實爾證嚴法師非是籠罩天下人者！今請斷看！不得推辭！不得顧左右而言他！　頌曰：

本來面目何曾二？閉眼舌，張眼舌。

路逢達道離語默，何妨應喏。

得得來謁、步步無生忍，

出氣面壁誰出格！

集衆展手無盡意，舌根密旨無人合；

諸地證量不須議論，會此飛大舸！（調寄青玉案）

佛教正覺同修會〈修學佛道次第表〉

第一階段

* 以憶佛及拜佛方式修習動中定力。
* 學第一義佛法及禪法知見。
* 無相拜佛功夫成就。
* 具備一念相續功夫—動靜中皆能看話頭。
* 努力培植福德資糧，勤修三福淨業。

第二階段

* 參話頭，參公案。
* 開悟明心，一片悟境。
* 鍛鍊功夫求見佛性。
* 眼見佛性〈餘五根亦如是〉親見世界如幻，成就如幻觀。
* 學習禪門差別智。
* 深入第一義經典。
* 修除性障及隨分修學禪定。
* 修證十行位陽焰觀。

第三階段

* 學一切種智真實正理—楞伽經、解深密經、成唯識論…。
* 參究末後句。
* 解悟末後句。
* 透牢關—親自體驗所悟末後句境界，親見實相，無得無失。
* 救護一切衆生迴向正道。護持了義正法，修證十迴向位如夢觀。
* 發十無盡願，修習百法明門，親證猶如鏡像現觀。
* 修除五蓋，發起禪定。持一切善法戒。親證猶如光影現觀。
* 進修四禪八定、四無量心、五神通。進修大乘種智，求證猶如谷響現觀。

佛菩提二主要道次第概要表——二道並修，以外無別佛法

佛菩提道——大菩提道

遠波羅蜜多

資糧位

十信位修集信心——一劫乃至一萬劫

初住位修集布施功德（以財施為主）。

二住位修集持戒功德。

三住位修集忍辱功德。

四住位修集精進功德。

五住位修集禪定功德。

六住位修集般若功德（熏習般若中觀及斷我見，加行位也）。

七住位明心般若正觀現前，親證本來自性清淨涅槃。

八住位起於一切法現觀般若中道。漸除性障。

十住位眼見佛性，世界如幻觀成就。

外門廣修六度萬行

見道位

一至十行位，於廣行六度萬行中，依般若中道慧，現觀陰處界猶如陽焰，至第十行滿心位，陽焰觀成就。

一至十迴向位熏習一切種智；修除性障，唯留最後一分思惑不斷。第十迴向滿心位成就菩薩道如夢觀。

內門廣修六度萬行

初地：第十迴向位滿心時，成就道種智一分（八識心王一一親證後，領受五法、三自性、七種第一義、七種性自性、二種無我法）復由勇發十無盡願，成通達位菩薩。復又永伏性障而不具斷，能證慧解脫而不取證，由大願故留惑潤生。此地主修法施波羅蜜多及百法明門。證「猶如鏡像」現觀，故滿初地心。

二地：初地功德滿足以後，再成就道種智一分而入二地；主修戒波羅蜜多及一切種智。滿心位成就「猶如光影」現觀，戒行自然清淨。

解脫道：二乘菩提

→ 斷三縛結，成初果解脫

→ 薄貪瞋癡，成二果解脫

→ 斷五下分結，成三果解脫

入地前的四加行令煩惱障現行悉斷，成四果解脫，留惑潤生。分段生死已斷，煩惱障習氣種子開始斷除，兼斷無始無明上煩惱。

近波羅蜜多

大波羅蜜多

圓滿波羅蜜多

修道位

究竟位

三地：二地滿心再證道種智一分，故入三地。此地主修忍波羅蜜多及四禪八定、四無量心、五神通。能成就俱解脫果而不取證，留惑潤生。滿心位成就「猶如谷響」現觀及無漏妙定意生身。

四地：由三地再證道種智一分故入四地。主修精進波羅蜜多，於此土及他方世界廣度有緣，無有疲倦。進修一切種智，滿心位成就「如水中月」現觀。

五地：由四地再證道種智一分故入五地。主修禪定波羅蜜多及一切種智，斷除下乘涅槃貪。滿心位成就「變化所成」現觀。

六地：由五地再證道種智一分故入六地。此地主修般若波羅蜜多——依道種智現觀十二因緣一一有支及意生身化身，皆自心眞如變化所現，「非有似有」，成就細相觀，不由加行而自然證得滅盡定，成俱解脫大乘無學。

七地：由六地「非有似有」現觀，再證道種智一分故入七地。此地主修一切種智及方便波羅蜜多，由重觀十二有支一一支中之流轉門及還滅門一切細相，成就方便善巧，念念隨入滅盡定。滿心位證得「如犍闥婆城」現觀。

八地：由七地極細相觀成就故再證道種智一分而入八地。此地主修一切種智及願波羅蜜多。至滿心位純無相觀任運恆起，故於相土自在，滿心位復證「如實覺知諸法相意生身」故。

九地：由八地再證道種智一分故入九地。主修力波羅蜜多及一切種智，成就四無礙，滿心位證得「種類俱生無行作意生身」。

十地：由九地再證道種智一分故入此地。此地主修一切種智——智波羅蜜多。滿心位起大法智雲，及現起大法智雲所含藏種種功德，成受職菩薩。

等覺：由十地道種智成就故入此地。此地應修一切種智，圓滿等覺地無生法忍；於百劫中修集極廣大福德，以之圓滿三十二大人相及無量隨形好。

妙覺：示現受生人間已斷盡煩惱障一切習氣種子，並斷盡所知障一切隨眠，永斷變易生死無明，成就大般涅槃，四智圓明。人間捨壽後，報身常住色究竟天利樂十方地上菩薩；以諸化身利樂有情，永無盡期，成就究竟佛道。

七地滿心斷除故意保留之最後一分思惑時，煩惱障所攝色、受、想三陰有漏習氣種子同時斷盡。

煩惱障所攝行、識二陰無漏習氣種子任運漸斷，所知障所攝上煩惱任運漸斷。

斷盡變易生死成就大般涅槃

圓滿成就究竟佛果

佛子蕭平實　謹製

（二〇〇九、〇二　修訂）

（二〇一二、〇二　增補）

佛教正覺同修會 共修現況 及 招生公告　2013/04/30

一、共修現況：（請在共修時間來電，以免無人接聽。）

台北正覺講堂 103 台北市承德路三段 277 號九樓 捷運淡水線圓山站旁 Tel..**總機** 02-25957295（晚上）（**分機：九樓**辦公室 10、11；知客櫃檯 12、13。 **十樓**知客櫃檯 15、16；書局櫃檯 14。 **五樓**辦公室 18；知客櫃檯 19。**二樓**辦公室 20；知客櫃檯 21。）Fax..25954493

第一講堂　台北市承德路三段 277 號九樓

禪淨班：週一晚上班、週三晚上班、週四晚上班、週五晚上班、週六下午班、週六上午班（皆須報名建立學籍後始可參加共修，欲報名者詳見本公告末頁）

增上班：瑜伽師地論詳解：每月第一、三、五週之週末 17.50～20.50 平實導師講解（僅限已明心之會員參加）

禪門差別智：每月第一週日全天　平實導師主講（事冗暫停）。

法華經講義：平實導師主講。詳解釋迦世尊與諸佛世尊示現於人間之正理：爲人間有緣眾生「開、示、悟、入」諸佛所見、所證之法界眞實義，並細說唯一佛乘之理，闡釋佛法本來只有**成佛之道，不以聲聞、緣覺的緣起性空作爲佛法**；闡釋二乘菩提之道只是從唯一佛乘中析出之方便道，本非眞實佛法；闡釋阿含之二乘道所說緣起性空之法理及修證，實不能令人成佛，只有佛菩提道的實相般若及種智才能使人成佛；若不能信受及實地理解此眞理者，終將只能成就解脫果，絕不可能成就佛菩提果。每逢週二 18.50~20.50 開示，由平實導師詳解。不限制聽講資格，本會學員憑上課證聽講，會外人士請以身分證件換證進入聽講（此爲大樓管理處安全管理規定之要求，敬請諒解）。《法華經講義》講畢後，每週同一時段將續講《佛藏經》。

第二講堂　台北市承德路三段 267 號十樓。

禪淨班：週一晚上班、週四晚上班、週六下午班。

進階班：週三晚上班、週五晚上班（禪淨班結業後轉入共修）。

法華經講義：平實導師講解。每週二 18.50~20.50（影像音聲即時傳輸）。本會學員憑上課證進入聽講，會外學人請以身分證件換證進入聽講（此爲大樓管理處安全管理規定之要求，敬請諒解）。講畢後每週同一時段續講《佛藏經》。

第三講堂　台北市承德路三段 277 號五樓。

進階班：週一晚上班、週三晚上班、週四晚上班、週五晚上班、週六下午班。

法華經講義：平實導師講解。每週二 18.50~20.50（影像音聲即時傳輸）。本會學員憑上課證進入聽講，會外學人請以身分證件換證進入聽講（此爲大樓管理處安全管理規定之要求，敬請諒解）。講畢後每週同一時段續講《佛藏經》。

第四講堂　台北市承德路三段 267 號二樓。

進階班：週三晚上班、週四晚上班（禪淨班結業後轉入共修）。

法華經講義：平實導師講解。每週二 18.50~20.50（影像音聲即時傳輸）。本會學員憑上課證進入聽講，會外學人請以身分證件換證進入聽講（此爲大樓管理處安全管理規定之要求，敬請諒解）。講畢後每週同一時段續講《佛藏經》。

第五、第六講堂　台北市承德路三段 267 號地下一樓、地下二樓。規劃完成後將開始裝潢，尚未開放。裝潢完成後將於每週二晚上講經時段開放聽經，不需以身分證件換證即可進入聽講。

正覺祖師堂　大溪鎮美華里信義路 650 巷坑底 5 之 6 號（台 3 號省道 34 公里處 妙法寺對面斜坡道進入）電話 03-3886110　傳眞 03-3881692 本堂供奉 克勤圓悟大師，專供會員每年四月、十月各二次精進禪三共修，兼作本會出家菩薩掛單常住之用。除禪三時間以外，每逢單月第一週之週日 9:00~17:00 開放會內、外人士參訪，當天並提供午齋結緣。教內共修團體或道場，得另申請其餘時間作團體參訪，務請事先與常住確定日期，以便安排常住菩薩接引導覽，亦免妨礙常住菩薩之日常作息及修行。

桃園正覺講堂（第一、第二講堂）：桃園市介壽路 286、288 號 10 樓（陽明運動公園對面）電話：03-3749363（請於共修時聯繫，或與台北聯繫）

禪淨班：週一晚上班、週三晚上班、週四晚上班、週五晚上班。

進階班：週六上午班。

法華經講義：平實導師講解 以台北正覺講堂所錄 DVD，2009 年 11 月 24 日開始，每逢週二晚上放映；歡迎會外學人共同聽講，不需出示身分證件。講畢後每週同一時段續講《佛藏經》。

新竹正覺講堂　新竹市東光路 55 號二樓之一　電話 03-5724297（晚上）

第一講堂：

禪淨班：週一晚上班、週三晚上班、週五晚上班、週六上午班。

進階班：週四晚上班（由禪淨班結業後轉入共修）。

法華經講義：平實導師講解，每週二晚上。以台北正覺講堂所錄 DVD 放映。歡迎會外學人共同聽講，不需出示身分證件。講畢後每週同一時段續講《佛藏經》。

第二講堂：

禪淨班：週四晚上班。

法華經講義：每週二晚上與第一講堂同時播放法華經講義。

台中正覺講堂　04-23816090（晚上）

第一講堂　台中市南屯區五權西路二段 666 號 13 樓之四（國泰世華銀行樓上。鄰近縣市經第一高速公路前來者，由五權西路交流道可以快速到達，大樓旁有停車場，對面有素食館）。

禪淨班：週三晚上班、週四晚上班、週五晚上班、週六早上班。

進階班：週一晚上班（由禪淨班結業後轉入共修）。

增上班：單週週末以台北增上班課程錄成 DVD 放映之，限已明心之會員參加。

法華經講義：平實導師講解。以台北正覺講堂所錄 DVD 放映。每週二晚上放映，歡迎會外學人共同聽講，不需出示身分證件。講畢後每週同一時段續講《佛藏經》。

第二講堂　台中市南屯區五權西路二段 666 號 4 樓

禪淨班：週一晚上班。

進階班：週五晚上班、週六早上班（由禪淨班結業後轉入共修）。

法華經講義：每週二晚上與第一講堂同時播放法華經講義。

第三講堂、第四講堂：

台中市南屯區五權西路二段 666 號 4 樓（裝潢中，尚未開放）。

台南正覺講堂

第一講堂　台南市西門路四段 15 號 4 樓。06-2820541（晚上）

法華經講義：平實導師講解。以台北正覺講堂所錄 DVD 放映。每週二晚上放映，歡迎會外學人共同聽講，不需出示身分證件。講畢後每週同一時段續講《佛藏經》。

禪淨班：週一晚上班、週三晚上班、週六下午班。

進階班：雙週週末下午班（由禪淨班結業後轉入共修）。

增上班：單週週末下午，以台北增上班課程錄成 DVD 放映之，限已明心之會員參加。

第二講堂　台南市西門路四段 15 號 3 樓。

法華經講義：每週二晚上與第一講堂同時播放法華經講義。

第三講堂　台南市西門路四段 15 號 3 樓。

法華經講義：每週二晚上與第一講堂同時播放法華經講義。

禪淨班：週四晚上班、週六晚上班。

進階班：週五晚上班、週六早上班（由禪淨班結業後轉入共修）。

高雄正覺講堂　高雄市新興區中正三路 45 號五樓 07-2234248（晚上）

第一講堂（五樓）：

法華經講義：平實導師講解。以台北正覺講堂所錄 DVD 放映。每週二晚上放映，歡迎會外學人共同聽講，不需出示身分證件。講畢後每週同一時段續講《佛藏經》。

禪淨班：週三晚上班、週四晚上班、週末上午班。

進階班：週一晚上班（由禪淨班結業後轉入共修）。

增上班：單週週末下午，以台北增上班課程錄成 DVD 放映之，限已明心之會員參加。

第二講堂（四樓）：

法華經講義：每週二晚上與第一講堂同時播放法華經講義。

禪淨班：週三晚上班、週四晚上班。

進階班：週四晚上班（由禪淨班結業後轉入共修）。

第三講堂（三樓）:（尚未開放使用）。

香港正覺講堂　香港新界葵涌大連排道 21-23 號，宏達工業中心 7 樓 10 室（葵興地鐵站 A 出口步行約 10 分鐘）。電話：(852)23262231。英文地址：Unit 10, 7/F, Vanta Industrial Centre, No.21-23, Tai Lin Pai Road, Kwai Chung, New Territories

禪淨班：週六班 14:30-17:30。新班將在五月開課，接受報名中。

法華經講義：平實導師講解 以台北正覺講堂所錄 DVD，每逢週六 19:00-21:00、週日 10:00-12:00 放映；歡迎會外學人共同聽講，不需出示身分證件。播畢後每週同一時段續播《佛藏經》。

美國洛杉磯正覺講堂　☆已遷移新址☆

825 S. Lemon Ave Diamond Bar, CA 91798 U.S.A.

TEL. (626) 965-2200　　Cell. (626) 454-0607

禪淨班：每逢週末 15：30~17：30 上課。

進階班：每逢週末上午 10：00 上課。

法華經講義：平實導師講解 以台北正覺講堂所錄 DVD，每週六下午放映(13：00~15：00)，歡迎各界人士共享第一義諦無上法益，不需報名。播畢後每週同一時段續播《佛藏經》。

二、招生公告　**本會台北講堂及全省各講堂，每逢四月、十月中旬開新班，每週共修一次**（每次二小時。開課日起三個月內仍可插班）；**但美國洛杉磯共修處得隨時插班共修。各班共修期間皆為二年半，欲參加者請向本會函索報名表**（各共修處皆於共修時間方有人執事，非共修時間請勿電詢或前來洽詢、請書），**或直接從成佛之道網站下載報名表**。共修期滿時，若經報名禪三審核通過者，可參加四天三夜之禪三精進共修，有機會明心、取證如來藏，發起般若實相智慧，成為實義菩薩，脫離凡夫菩薩位。

三、新春禮佛祈福 農曆**年假**期間停止共修：自農曆新年前七天起停止共修與弘法，正月 8 日起回復共修、弘法事務。新春期間正月初一～初七 9.00～17.00 開放台北講堂、大溪禪三道場（正覺祖師堂），方便會員供佛、祈福及會外人士請書。美國洛杉磯共修處之休假時間，請逕詢該共修處。

＊＊密宗四大教派修雙身法，是假藏傳佛教＊＊

佛教正覺同修會　弘法行事表

2009/08/05

1、**禪淨班**　以無相念佛及拜佛方式修習動中定力，實證一心不亂功夫。傳授解脫道正理及第一義諦佛法，以及參禪知見。共修期間：二年六個月。每逢四月、十月開新班，詳見招生公告表。

2、**法華經講義**　平實導師主講。詳解釋迦世尊與諸佛世尊示現於人間之正理：爲人間有緣眾生「開、示、悟、入」諸佛所見、所證之法界眞實義，並細說唯一佛乘之理，闡釋佛法本來只有**成佛之道，不以聲聞、緣覺的緣起性空作爲佛法**；闡釋二乘菩提之道只是從唯一佛乘中析出之方便道，本非眞實佛法；闡釋阿含之二乘道所說緣起性空之法理及修證，實不能令人成佛，只有佛菩提道的實相般若及種智才能使人成佛；若不能信受及實地理解此眞理者，終將只能成就解脫果，絕不可能成就佛菩提果。每逢週二 18.50~20.50 開示，由平實導師詳解。不限制聽講資格。會外人士需憑身分證件換證入內聽講（此是大樓管理處之安全規定，敬請見諒）。

3、**瑜伽師地論**詳解　詳解論中所言凡夫地至佛地等 17 師之修證境界與理論，從凡夫地、聲聞地……宣演到諸地所證一切種智之眞實正理。由平實導師開講，每逢一、三、五週之週末晚上開示，僅限已明心之會員參加。

4、**精進禪三**　主三和尚：平實導師。於四天三夜中，以克勤圓悟大師及大慧宗杲之禪風，施設機鋒與小參、公案密意之開示，幫助會員剋期取證，親證不生不滅之眞實心—人人本有之如來藏。每年四月、十月各舉辦二個梯次；平實導師主持。僅限本會會員參加禪淨班共修期滿，報名審核通過者，方可參加。並選擇會中定力、慧力、福德三條件皆已具足之已明心會員，給以指引，令得眼見自己無形無相之佛性遍佈山河大地，眞實而無障礙，得以肉眼現觀世界身心悉皆如幻，具足成就如幻觀，圓滿十住菩薩之證境。

5、**佛藏經**詳解　有某道場專弘淨土法門數十年，於教導信徒研讀《佛藏經》時，往往告誡信徒曰：「後半部不許閱讀。」由此緣故坐令信徒失去提升念佛層次之機緣，師徒只能低品位往生淨土，令人深覺愚癡無智。由有多人建議故，今將擇於《法華經》講畢時宣講此經，藉以轉易如是邪見，並欲因此提升念佛人之知見與往生品位。此經中，對於實相念佛多所著墨，亦指出念佛要點：以實相爲依，念佛者應依止淨戒、依止清淨僧寶，捨離違犯重戒之師僧，應受學清淨之法，遠離邪見。本經是現代佛門大法師所厭惡之經典：一者由於大法師們已全都落入意識境界而無法親證實相，故於此經中所說實相全無所知，都不樂有人聞此經名，以免讀後提出問疑時無法回答；二者現代大乘佛法地區，已經普被藏密喇嘛教滲透，許多有名之大法師們大多已曾或繼續在修練雙身法，都已失去聲聞戒體及菩薩戒體，成爲地獄種姓人，已非眞正出家之人，本質上只是身著僧衣而住在寺院中的世俗人。這些人對於此經都是讀不懂的，也是極爲厭惡的；他們尙不樂見此經之印行，何況流通與講解？今爲救護廣大學佛人，兼欲護持佛教血脈永續常傳，特選此經先流通之；俟《法華經》講畢時，立即在同一時段宣講之，主講者平實導師。

6、**阿含經**詳解　選擇重要之阿含部經典，依無餘涅槃之實際而加以詳解，令大眾得以現觀諸法緣起性空，亦復不墮斷滅見中，顯示經中所隱說之涅槃實際—如來藏—確實已於四阿含中隱說；令大眾得以聞後觀行，確實斷除我見乃至我執，證得**見到**眞現觀，乃至**身證**…等眞現觀；已得大乘或二乘見道者，亦可由此聞熏及聞後之觀行，除斷我所之貪著，成就慧解脫果。由平實導師詳解。不限制聽講資格。

7、**大法鼓經**詳解　詳解末法時代大乘佛法修行之道。佛教正法消毒妙藥塗於大鼓而以擊之，凡有眾生聞之者，一切邪見鉅毒悉皆消殞；此經即是大法鼓之正義，凡聞之者，所有邪見之毒悉皆滅除，見道不難；亦能發起菩薩無量功德，是故諸大菩薩遠從諸方佛土來此娑婆聞修此經。由平實導師詳解。不限制聽講資格。

8、**解深密經**詳解　重講本經之目的，在於令諸已悟之人明解大乘法道之成佛次第，以及悟後進修一切種智之內涵，確實證知三種自性性，並得據此證解七眞如、十眞如等正理。每逢週二 18.50~20.50 開示，由平實導師詳解。將於《大法鼓經》講畢後開講。不限制聽講資格。

9、**成唯識論**詳解　詳解一切種智眞實正理，詳細剖析一切種智之微細深妙廣大正理；並加以舉例說明，使已悟之會員深入體驗所證如來藏之微密行相；及証驗見分相分與所生一切法，皆由如來藏—阿賴耶識—直接或展轉而生，因此証知一切法無我，証知無餘涅槃之本際。將於《瑜伽師地論》講畢後重講，由平實導師宣講。僅限已明心之會員參加。

10、**精選如來藏系經典**詳解　精選如來藏系經典一部，詳細解說，以此完全印證會員所悟如來藏之眞實，得入不退轉住。另行擇期詳細解說之，由平實導師講解。僅限已明心之會員參加。

11、**禪門差別智**　藉禪宗公案之微細淆訛難知難解之處，加以宣說及剖析，以增進明心、見性之功德，啓發差別智，建立擇法眼。每月第一週日全天，由平實導師開示，謹限破參明心後，復又眼見佛性者參加（事冗暫停）。

12、**枯木禪**　先講智者大師的〈小止觀〉，後說〈釋禪波羅蜜〉，詳解四禪八定之修證理論與實修方法，細述一般學人修定之邪見與岔路，及對禪定證境之誤會，消除枉用功夫、浪費生命之現象。已悟般若者，可以藉此而實修初禪，進入大乘通教及聲聞教的三果心解脫境界，配合應有的大福德及後得無分別智、十無盡願，即可進入初地心中。親教師：平實導師。未來緣熟時將於大溪正覺寺開講。不限制聽講資格。

註：本會例行年假，自 2004 年起，改為每年農曆新年前七天開始停息弘法事務及共修課程，農曆正月 8 日回復所有共修及弘法事務。新春期間（每日 9.00~17.00）開放台北講堂，方便會員禮佛祈福及會外人士請書。大溪鎮的正覺祖師堂，開放參訪時間，詳見〈正覺電子報〉或成佛之道網站。本表得因時節因緣需要而隨時修改之，不另作通知。

佛教正覺同修會　贈閱書籍 目錄　2012/10/31

1.**無相念佛**　平實導師著　回郵 10 元
2.**念佛三昧修學次第**　平實導師述著　回郵 25 元
3.**正法眼藏—護法集**　平實導師述著　回郵 35 元
4.**真假開悟簡易辨正法&佛子之省思**　平實導師著　回郵 3.5 元
5.**生命實相之辨正**　平實導師著　回郵 10 元
6.**如何契入念佛法門** (附：印順法師否定極樂世界) 平實導師著 回郵 3.5 元
7.**平實書箋**—答元覽居士書　平實導師著　回郵 35 元
8.**三乘唯識**—如來藏系經律彙編　平實導師編　回郵 80 元
（精裝本　長 27 cm　寬 21 cm　高 7.5 cm　重 2.8 公斤）
9.**三時繫念全集**—修正本　回郵掛號 40 元（長 26.5 cm×寬 19 cm）
10.**明心與初地**　平實導師述　回郵 3.5 元
11.**邪見與佛法**　平實導師述著　回郵 20 元
12.**菩薩正道**—回應義雲高、釋性圓…等外道之邪見　正燦居士著 回郵 20 元
13.**甘露法雨**　平實導師述　回郵 20 元
14.**我與無我**　平實導師述　回郵 20 元
15.**學佛之心態**—修正錯誤之學佛心態始能與正法相應 孫正德老師著 回郵35元
附錄：平實導師著**《略說八、九識並存…等之過失》**
16.**大乘無我觀**—《悟前與悟後》別說　平實導師述著　回郵 20 元
17.**佛教之危機**—中國台灣地區現代佛教之真相（附錄：公案拈提六則）
平實導師著　回郵 25 元
18.**燈 影**—燈下黑（覆「求教後學」來函等）平實導師著　回郵 35 元
19.**護法與毀法**—覆上平居士與徐恒志居士網站毀法二文
張正圜老師著　回郵 35 元
20.**淨土聖道**—兼評**選擇本願念佛**　正德老師著　**由正覺同修會購贈** 回郵 25 元
21.**辨唯識性相**—對「紫蓮心海《辯唯識性相》書中否定阿賴耶識」之回應
正覺同修會 台南共修處法義組 著　回郵 25 元
22.**假如來藏**—對法蓮法師《如來藏與阿賴耶識》書中否定阿賴耶識之回應
正覺同修會 台南共修處法義組 著　回郵 35 元
23.**入不二門**—公案拈提集錦 第一輯（於平實導師公案拈提諸書中選錄約二十則，
合輯爲一冊流通之）平實導師著　回郵 20 元
24.**真假邪說**—西藏密宗索達吉喇嘛《破除邪說論》真是邪說
釋正安法師著　回郵 35 元
25.**真假開悟**—真如、如來藏、阿賴耶識間之關係　平實導師述著　回郵 35 元
26.**真假禪和**—辨正釋傳聖之謗法謬說　孫正德老師著　回郵 30 元

27.**眼見佛性**—駁慧廣法師眼見佛性的含義文中謬說
游正光老師著　回郵 25 元

28.**普門自在**—公案拈提集錦 第二輯（於平實導師公案拈提諸書中選錄約二十則，合輯爲一冊流通之）平實導師著　回郵 25 元

29.**印順法師的悲哀**—以現代禪的質疑為線索　恒毓博士著　回郵 25 元

30.**識蘊真義**—現觀識蘊內涵、取證初果、親斷三縛結之具體行門。
—依《成唯識論》及《唯識述記》正義，略顯安慧《大乘廣五蘊論》之邪謬
平實導師著　回郵 35 元

31.**正覺電子報** 各期紙版本　免附回郵　每次最多函索三期或三本。
（已無存書之較早各期，不另增印贈閱）

32.**現代人應有的宗教觀**　蔡正禮老師 著　回郵3.5元

33.**遠惑趣道**—正覺電子報般若信箱問答錄　第一輯　回郵20元

34.**遠惑趣道**—正覺電子報般若信箱問答錄　第二輯　回郵20元

35.**確保您的權益**—器官捐贈應注意自我保護　游正光老師 著　回郵10元

36.**正覺教團電視弘法三乘菩提 DVD 光碟（一）**
由正覺教團多位親教師共同講述錄製 DVD 8 片，MP3 一片，共 9 片。有二大講題：一爲「三乘菩提之意涵」，二爲「學佛的正知見」。內容精闢，深入淺出，精彩絕倫，幫助大眾快速建立三乘法道的正知見，免被外道邪見所誤導。有志修學三乘佛法之學人不可不看。（製作工本費 100 元，回郵 25 元）

37.**正覺教團電視弘法 DVD 專輯（二）**
總有二大講題：一爲「三乘菩提之念佛法門」，一爲「學佛正知見（第二篇）」，由正覺教團多位親教師輪番講述，內容詳細闡述如何修學念佛法門、實證念佛三昧，以及學佛應具有的正確知見，可以幫助發願往生西方極樂淨土之學人，得以把握往生，更可令學人快速建立三乘法道的正知見，免於被外道邪見所誤導。有志修學三乘佛法之學人不可不看。（一套 17 片，工本費 160 元。回郵 35 元）

38.**佛藏經** 燙金精裝本 每冊回郵 20 元。正修佛法之道場欲大量索取者，請正式發函並蓋用大印寄來索取（2008.04.30 起開始敬贈）

39.**喇嘛性世界**—揭開藏傳佛教譚崔瑜伽的面紗　張善思 等人著
由正覺同修會購贈　回郵 20 元

40.**藏傳佛教的神話**—性、謊言、喇嘛教　正玄教授編著　回郵 20 元
由正覺同修會購贈　回郵 20 元

41.**隨 緣**—理隨緣與事隨緣　平實導師述　回郵 20 元。

42.**學佛的覺醒**　正枝居士 著　回郵 25 元

43.**導師之真實義**　蔡正禮老師 著　回郵 10 元

44.**淺談達賴喇嘛之雙身法**—兼論解讀「密續」之達文西密碼
吳明芷居士 著　回郵 10 元

45.**魔界轉世**　張正玄居士 著　回郵 10 元

46.**一貫道與開悟**　蔡正禮老師 著　回郵 10 元

47.**博愛**—愛盡天下女人　正覺教育基金會 編印　回郵10元

48.**意識虛妄經教彙編**—實證解脫道的關鍵經文　正覺同修會編印　回郵25元

49.**繫念思惟念佛法門**　蔡正元老師著　回郵10元

50.**廣論三部曲**　郭正益老師著　回郵20元

51.**邪箭囈語**—從中觀的教證與理證，談多識仁波切《破魔金剛箭雨論—反擊蕭平實對佛教正法的惡毒進攻》邪書的種種謬理
陸正元老師著　俟正覺電子報連載後出版

52.**真假沙門**—依 佛聖教闡釋佛教僧寶之定義
蔡正禮老師著　俟正覺電子報連載後結集出版

53.**真假禪宗**—藉評論釋性廣《印順導師對變質禪法之批判及對禪宗之肯定》以顯示真假禪宗
附論一：凡夫知見 無助於佛法之信解行證
附論二：世間與出世間一切法皆從如來藏實際而生而顯
余正偉老師著　俟正覺電子報連載後結集出版　回郵未定

54.**雪域同胞的悲哀**—揭示顯密正理，兼破索達吉師徒《般若鋒兮金剛焰》。
釋正安 法師著　俟正覺電子報連載後結集出版

★ 上列贈書之郵資，係台灣本島地區郵資，大陸、港、澳地區及外國地區，請另計酌增（大陸、港、澳、國外地區之郵票不許通用）。尚未出版之書，請勿先寄來郵資，以免增加作業煩擾。

★ 本目錄若有變動，唯於後印之書籍及「成佛之道」網站上修正公佈之，不另行個別通知。

函索書籍請寄：佛教正覺同修會　103台北市承德路3段277號9樓
台灣地區函索書籍者請附寄郵票，無時間購買郵票者可以等值現金抵用，但不接受郵政劃撥、支票、匯票。大陸地區得以人民幣計算，國外地區請以美元計算（請勿寄來當地郵票，在台灣地區不能使用）。欲以掛號寄遞者，請另附掛號郵資。

親自索閱：正覺同修會各共修處。　★請於共修時間前往取書，餘時無人在道場，請勿前往索取；共修時間與地點，詳見書末正覺同修會共修現況表（以近期之共修現況表爲準）。

註：正智出版社發售之局版書，請向各大書局購閱。若書局之書架上已經售出而無陳列者，請向書局櫃台指定洽購；若書局不便代購者，請於正覺同修會共修時間前往各共修處請購，正智出版社已派人於共修時間送書前往各共修處流通。 郵政劃撥購書及 大陸地區 購書，請詳別頁正智出版社發售書籍目錄最後頁之說明。

成佛之道 網站：http://www.a202.idv.tw　　正覺同修會已出版之結緣書籍，多已登載於 成佛之道 網站，若住外國、或住處遙遠，不便取得正覺同修會贈閱書籍者，可以從本網站閱讀及下載。　　書局版之《宗通與說通》亦已上網，台灣讀者可向書局洽購，成本價 200 元。《狂密與眞密》第一輯~第四輯，亦於 2003.5.1.全部於本網站登載完畢；台灣地區讀者請向書局洽購，每輯約 400 頁，賠本流通價 140 元（網站下載紙張費用較貴，容易散失，難以保存，亦較不精美）。

＊＊藏傳佛教修雙身法，非佛教＊＊

正智出版社 籌募弘法基金發售書籍目錄 2013/07/18

1.**宗門正眼**—公案拈提 第一輯 重拈 平實導師著 500 元
因重寫內容大幅度增加故，字體必須改小，並增爲 576 頁 主文 546 頁。比初版更精彩、更有內容。初版《禪門摩尼寶聚》之讀者，可寄回本公司免費調換新版書。免附回郵，亦無截止期限。（2007 年起，每冊附贈本公司精製公案拈提〈超意境〉CD 一片。市售價格 280 元，多購多贈。）
2.**禪淨圓融** 平實導師著 200 元（第一版舊書可換新版書。）
3.**真實如來藏** 平實導師著 400 元
4.**禪—悟前與悟後** 平實導師著 上、下冊，每冊 250 元
5.**宗門法眼**—公案拈提 第二輯 平實導師著 500 元
（2007 年起，每冊附贈本公司精製公案拈提〈超意境〉CD 一片）
6.**楞伽經詳解** 平實導師著 全套共 10 輯 每輯 250 元
7.**宗門道眼**—公案拈提 第三輯 平實導師著 500 元
（2007 年起，每冊附贈本公司精製公案拈提〈超意境〉CD 一片）
8.**宗門血脈**—公案拈提 第四輯 平實導師著 500 元
（2007 年起，每冊附贈本公司精製公案拈提〈超意境〉CD 一片）
9.**宗通與說通**—成佛之道 平實導師著 主文 381 頁 全書 400 頁 成本價 200 元
10.**宗門正道**—公案拈提 第五輯 平實導師著 500 元
（2007 年起，每冊附贈本公司精製公案拈提〈超意境〉CD 一片）
11.**狂密與真密 一～四輯** 平實導師著 西藏密宗是人間最邪淫的宗教，本質不是佛教，只是披著佛教外衣的印度教性力派流毒的喇嘛教。此書中將西藏密宗密傳之男女雙身合修樂空雙運所有祕密與修法，毫無保留完全公開，並將全部喇嘛們所不知道的部分也一併公開。內容比大辣出版社喧騰一時的《西藏慾經》更詳細。並且函蓋藏密的所有祕密及其錯誤的中觀見、如來藏見……等，藏密的所有法義都在書中詳述、分析、辨正。每輯主文三百餘頁 每輯全書約 400 頁 流通價每輯 140 元
12.**宗門正義**—公案拈提 第六輯 平實導師著 500 元
（2007 年起，每冊附贈本公司精製公案拈提〈超意境〉CD 一片）
13.**心經密意**—心經與解脫道、佛菩提道、祖師公案之關係與密意 平實導師述 300 元
14.**宗門密意**—公案拈提 第七輯 平實導師著 500 元
（2007 年起，每冊附贈本公司精製公案拈提〈超意境〉CD 一片）
15.**淨土聖道**—兼評「選擇本願念佛」 正德老師著 200 元
16.**起信論講記** 平實導師述著 共六輯 每輯三百餘頁 成本價各 200 元
17.**優婆塞戒經講記** 平實導師述著 共八輯 每輯三百餘頁 成本價各 200 元
18.**真假活佛**—略論附佛外道盧勝彥之邪說（對前岳靈犀網站主張「盧勝彥是證悟者」之修正） 正犀居士（岳靈犀）著 流通價 140 元
19.**阿含正義**—唯識學探源 平實導師著 共七輯 每輯 250 元

20.**超意境** CD 以平實導師公案拈提書中超越意境之頌詞，加上曲風優美的旋律，錄成令人嚮往的超意境歌曲，其中包括正覺發願文及平實導師親自譜成的黃梅調歌曲一首。詞曲雋永，殊堪翫味，可供學禪者吟詠，有助於見道。內附設計精美的彩色小冊，解說每一首詞的背景本事。每片 280 元。【每購買公案拈提書籍一冊，即贈送一片。】

21.**菩薩底憂鬱** CD 將菩薩情懷及禪宗公案寫成新詞，並製作成超越意境的優美歌曲。 1.主題曲〈菩薩底憂鬱〉，描述地後菩薩能離三界生死而迴向繼續生在人間，但因尚未斷盡習氣種子而有極深沈之憂鬱，非三賢位菩薩及二乘聖者所知，此憂鬱在七地滿心位方才斷盡；本曲之詞中所說義理極深，昔來所未曾見；此曲係以優美的情歌風格寫詞及作曲，聞者得以激發嚮往諸地菩薩境界之大心，詞、曲都非常優美，難得一見；其中勝妙義理之解說，已印在附贈之彩色小冊中。 2.以各輯公案拈提中直示禪門入處之頌文，作成各種不同曲風之超意境歌曲，值得玩味、參究；聆聽公案拈提之優美歌曲時，請同時閱讀內附之印刷精美說明小冊，可以領會超越三界的證悟境界；未悟者可以因此引發求悟之意向及疑情，眞發菩提心而邁向求悟之途，乃至因此眞實悟入般若，成眞菩薩。 3.正覺總持咒新曲，總持佛法大意；總持咒之義理，已加以解說並印在隨附之小冊中。本 CD 共有十首歌曲，長達 63 分鐘，請直接向各市縣鄉鎮之 CD 販售店購買，本公司及各講堂都不販售。每盒各附贈二張購書優惠券。

22.**禪意無限** CD 平實導師以公案拈提書中偈頌寫成不同風格曲子，與他人所寫不同風格曲子共同錄製出版，幫助參禪人進入禪門超越意識之境界。盒中附贈彩色印製的精美解說小冊，以供聆聽時閱讀，令參禪人得以發起參禪之疑情，即有機會證悟本來面目而發起實相智慧，實證大乘菩提般若，能如實證知般若經中的眞實意。本 CD 共有十首歌曲，長達 69 分鐘，於 2012 年五月下旬公開發行，請直接向各市縣鄉鎮之 CD 販售店購買，本公司及各講堂都不販售。每盒各附贈二張購書優惠券。〈禪意無限〉出版後將不再錄製 CD，特此公告。

23.**我的菩提路**第一輯　釋悟圓、釋善藏等人合著　售價 200 元

24.**我的菩提路**第二輯　郭正益、張志成等人合著　售價 250 元

25.**鈍鳥與靈龜**—考證後代凡夫對大慧宗杲禪師的無根誹謗。

平實導師著　共 458 頁　售價 250 元

26.**維摩詰經講記**　平實導師述　共六輯　每輯三百餘頁　優惠價各 200 元

27.**真假外道**—破劉東亮、杜大威、釋證嚴常見外道見　正光老師著　200 元

28.**勝鬘經講記**—兼論印順《勝鬘經講記》對於《勝鬘經》之誤解。

平實導師述　共六輯　每輯三百餘頁　優惠價 200 元

29.**楞嚴經講記**　平實導師述　共 **15** 輯，每輯三百餘頁　優惠價 200 元

30.**明心與眼見佛性**—駁慧廣〈蕭氏「眼見佛性」與「明心」之非〉文中謬說

正光老師著　共 448 頁　成本價 250 元

31.**達賴真面目**—玩盡天下女人 白正偉老師 等著 中英對照彩色精裝大本 800 元
32.**喇嘛性世界**—揭開藏傳佛教譚崔瑜伽的面紗 張善思 等人著 200 元
33.**藏傳佛教的神話**—性、謊言、喇嘛教 正玄教授編著 200 元
34.**金剛經宗通** 平實導師述 共 9 輯 每輯三百餘頁 優惠價 200 元
2012 年 6 月 1 日出版第一輯後，每二個月出版一輯
35.**空行母**—性別、身分定位，以及藏傳佛教。
珍妮·坎貝爾著 呂艾倫 中譯 售價 250 元
36.**末代達賴**—性交教主的悲歌 張善思、呂艾倫、辛燕編著 售價 250 元
37.**霧峰無霧—給哥哥的信** 辨正釋印順對佛法的無量誤解
游宗明 老師著 成本價 200 元
38.**第七意識與第八意識？** 平實導師述 每冊 250 元
39.**黯淡的達賴**—失去光彩的諾貝爾和平獎
正覺教育基金會編著 每冊 250 元
40.**童女迦葉考**—論呂凱文〈佛教輪迴思想的論述分析〉之謬。
平實導師 著 定價 180 元
41.**人間佛教** 平實導師 述，定價 300 元
將於《金剛經宗通》出版完畢後二個月出版
42.**實相經宗通** 平實導師述 共八輯 每輯成本價 200 元
俟《人間佛教》出版後二個月出版，每二個月出版一輯
43.**佛法入門**—迅速進入三乘佛法大門，消除久學佛法漫無方向之窘境。
○○居士著 將於正覺電子報連載後出版。售價 200 元
44.**藏傳佛教要義**—《狂密與真密》之簡體字版 平實導師 著 上、下冊
僅在大陸流通 每冊 300 元
45.**廣論之平議**—宗喀巴《菩提道次第廣論》之平議 正雄居士著
約二或三輯 俟正覺電子報連載後結集出版 書價未定
46.**中觀金鑑**—詳述應成派中觀的起源與其破法、凡夫見本質 正德老師著
於正覺電子報連載後結集出版之。 出版日期、書價未定
47.**末法導護**—對印順法師中心思想之綜合判攝 正慶老師著 書價未定
48.**菩薩學處**—菩薩四攝六度之要義 正元老師著 出版日期未定。
49.**法華經講義** 平實導師述 每輯 200 元 出版日期未定
50.**八識規矩頌**詳解 ○○居士 註解 出版日期另訂 書價未定。
51.**印度佛教史**—法義與考證。依法義史實評論印順《印度佛教思想史、佛教史地考論》之謬說 正偉老師著 出版日期未定 書價未定
52.**中國佛教史**—依中國佛教正法史實而論。 ○○老師 著 書價未定。
53.**中論正義**—釋龍樹菩薩《中論》頌正理。
正德老師著 出版日期未定 書價未定
54.**中觀正義**—註解平實導師《中論正義頌》。
○○法師（居士）著 出版日期未定 書價未定
55.**佛藏經講記** 平實導師述 出版日期未定 書價未定

56.**阿含講記**—將選錄四阿含中數部重要經典全經講解之，講後整理出版。
平實導師述　約二輯　每輯200元　出版日期未定

57.**寶積經講記**　平實導師述　每輯三百餘頁 優惠價200元 出版日期未定

58.**解深密經講記**　平實導師述 約四輯　將於重講後整理出版

59.**成唯識論略解**　平實導師著　五～六輯　每輯200元　出版日期未定

60.**修習止觀坐禪法要講記**　平實導師述　每輯三百餘頁 優惠價200元
將於正覺寺建成後重講、以講記逐輯出版　日期未定

61.**無門關**—《無門關》公案拈提　平實導師著　出版日期未定

62.**中觀再論**—兼述印順《中觀今論》謬誤之平議。正光老師著 出版日期未定

63.**輪迴與超度**—佛教超度法會之真義。
〇〇法師（居士）著　出版日期未定　書價未定

64.**《釋摩訶衍論》平議**—對偽稱龍樹所造《釋摩訶衍論》之平議
〇〇法師（居士）著　出版日期未定　書價未定

65.**正覺發願文**註解—以真實大願為因 得證菩提
正德老師著　出版日期未定　書價未定

66.**正覺總持咒**—佛法之總持　正圜老師著　出版日期未定　書價未定

67.**涅槃**—論四種涅槃　平實導師著　出版日期未定　書價未定

68.**三自性**—依四食、五蘊、十二因緣、十八界法，說三性三無性。
作者未定　出版日期未定

69.**道品**—從三自性說大小乘三十七道品　作者未定　出版日期未定

70.**大乘緣起觀**—依四聖諦七真如現觀十二緣起 作者未定　出版日期未定

71.**三德**—論解脫德、法身德、般若德。　作者未定　出版日期未定

72.**真假如來藏**—對印順《如來藏之研究》謬說之平議　作者未定 出版日期未定

73.**大乘道次第**　作者未定　出版日期未定　書價未定

74.**四緣**—依如來藏故有四緣。　作者未定　出版日期未定

75.**空之探究**—印順《空之探究》謬誤之平議　作者未定 出版日期未定

76.**十法義**—論阿含經中十法之正義　作者未定　出版日期未定

77.**外道見**—論述外道六十二見　作者未定　出版日期未定

總經銷：飛鴻 國際行銷股份有限公司

231 新北市新店市中正路 501 之 9 號 2 樓

Tel.02－82186688（五線代表號） Fax.02-82186458、82186459

零售：1.**全台連鎖經銷書局：**

三民書局、誠品書局、何嘉仁書店

敦煌書店、紀伊國屋、金石堂書局、建宏書局

2.**台北市：**佛化人生 羅斯福路 3 段 325 號 5 樓 台電大樓對面

士林圖書 士林區大東路 86 號 書田文化 石牌路二段 86 號

書田文化 大安路一段 245 號 書田文化 南京東路四段 137 號 B1

人人書局 大直北安路 524 號

3.**新北市：** 阿福的書店 **蘆洲**中正路 233 號（02-28472609）

金玉堂書局 **三重**三和路四段 16 號 來電書局 **新莊**中正路 261 號

春大地書店 **蘆洲**中正路 117 號 明達書局 **三重**五華街 129 號

一全書店 **中和**興南路一段 10 號

4.**桃園市縣：**桃園文化城 **桃園**復興路 421 號 金玉堂 **中壢**中美路 2 段 82 號

巧巧屋書局 **蘆竹**南崁路 263 號 內壢文化圖書城 **中壢**忠孝路 86 號

來電書局 **大溪**慈湖路 30 號 御書堂 **龍潭**中正路 123 號

5.**新竹市縣：**大學書局 **新竹**建功路 10 號 聯成書局 **新竹**中正路 360 號

誠品書局 **新竹**東區信義街 68 號 誠品書局 **新竹**東區力行二路 3 號

誠品書局 **新竹**東區民族路 2 號 墊腳石文化書店 **新竹**中正路 38 號

金典文化 **竹北**中正西路 47 號 展書堂 **竹東**長春路 3 段 36 號

6.**苗栗市縣：**建國書局**苗栗市**中山路 566 號 萬花筒書局**苗栗市**府東路 73 號

展書堂 **竹南**民權街 49-2 號

7.**台中市：** **瑞成**書局、各大連鎖書店。

興大書齋 **台中市**國光路 250 號 詠春書局 **台中市**永春東路 884 號

參次方國際圖書**大里**大明路 242 號 儀軒文化事業公司 **太平**中興路 178 號

文春書局 **霧峰區**中正路 1087 號

8.**彰化市縣：**心泉佛教流通處 **彰化市**南瑤路 286 號

員林鎮：墊腳石圖書文化廣場 中山路 2 段 49 號（04-8338485）

大大書局 民權街 33 號（04-8381033）

溪湖鎮：聯宏圖書 西環路 515 號（04-8856640）

9.**台南市：**宏昌書局 **台南**北門路一段 136 號

博大書局 **新營**三民路 128 號 豐榮文化商場 **新市**仁愛街 286-1 號

藝美書局 **善化**中山路 436 號 志文書局 **麻豆**博愛路 22 號

宏欣書局 **佳里**光復路 214 號

10.**高雄市：**各大連鎖書店、**瑞成**書局

政大書城 **三民區**明仁路 161 號 政大書城 **苓雅區**光華路 148-83 號

明儀書局 **三民區**明福街 2 號 明儀書局 三多四路 63 號

青年書局 青年一路 141 號

11.**宜蘭縣市**：金隆書局　宜蘭市中山路3段43號
宋太太梅鋪　羅東鎮中正北路101號（039-534909）

12.**台東市**：東普佛教文物流通處 台東市博愛路282號

13.**其餘鄉鎮市經銷書局**：請電詢總經銷**飛鴻**公司。

14.**大陸地區請洽**：

香港：樂文書店（旺角 西洋菜街62號3樓、銅鑼灣 駱克道506號3樓）

廈門：廈門外圖臺灣書店有限公司
商品部：范清潔
廈門市湖裡區悅華路8號外圖物流大廈4樓（郵編：361006）
電話：0592-2230177　0592-5680816　傳眞：0592-5365089
（臺灣地區請撥打 86-592-2230177　86-592-5680816）
網址：JKB118@188.COM

15.**美國**：**世界日報圖書部**：紐約圖書部　電話 7187468889#6262
洛杉磯圖書部　電話 3232616972#202

16.**國內外地區網路購書**：

正智出版社 書香園地　http://books.enlighten.org.tw/
（書籍簡介、直接聯結下列網路書局購書）

三民 網路書局　http://www.Sanmin.com.tw

誠品 網路書局　http://www.eslitebooks.com

博客來 網路書局　http://www.books.com.tw

金石堂 網路書局　http://www.kingstone.com.tw

飛鴻 網路書局　http://fh6688.com.tw

附註：1.請儘量向各經銷書局購買：郵政劃撥需要十天才能寄到（本公司在您劃撥後第四天才能接到劃撥單，次日寄出後第四天您才能收到書籍，此八天中一定會遇到週休二日，是故共需十天才能收到書籍）若想要早日收到書籍者，請劃撥完畢後，將劃撥收據貼在紙上，旁邊寫上您的姓名、住址、郵區、電話、買書詳細內容，直接傳眞到本公司 02-28344822，並來電 02-28316727、28327495 確認是否已收到您的傳眞，即可提前收到書籍。 2.因台灣每月皆有五十餘種宗教類書籍上架，書局書架空間有限，故唯有新書方有機會上架，通常每次只能有一本新書上架；本公司出版新書，大多上架不久便已售出，若書局未再叫貨補充者，書架上即無新書陳列，則請直接向書局櫃台訂購。 3.若書局不便代購時，可於晚上共修時間向正覺同修會各共修處請購（共修時間及地點，詳閱共修現況表。每年例行年假期間請勿前往請書，年假期間請見共修現況表）。 4.郵購：郵政劃撥帳號 19068241。 5.正覺同修會會員購書都以八折計價（戶籍台北市者爲一般會員，外縣市爲護持會員）都可獲得優待，欲一次購買全部書籍者，可以考慮入會，節省書費。入會費一千元（第一年初加入時才需要繳），年費二千元。

6.**尚未出版之書籍，請勿預先郵寄書款與本公司，謝謝您！** 7.若欲一次購齊本公司書籍，或同時取得正覺同修會贈閱之全部書籍者，請於正覺同修會共修時間，親到各共修處請購及索取；**台北市讀者**請洽：103 台北市承德路三段 267 號 10 樓（捷運淡水線 圓山站旁）請書時間：週一至週五為 18.00~21.00，第一、三、五週週六為 10.00~21.00，雙週之週六為 10.00~18.00 請購處專線電話：25957295-分機 14（於請書時間方有人接聽）。

關於平實導師的書訊，請上網查閱：

成佛之道 http://www.a202.idv.tw

正智出版社 書香園地 http://books.enlighten.org.tw/

★正智出版社有限公司售書之稅後盈餘，全部捐助財團法人正覺寺籌備處、佛教正覺同修會、正覺教育基金會，供作弘法及購建道場之用；懇請諸方大德支持，功德無量★

正智出版社有限公司 書籍介紹

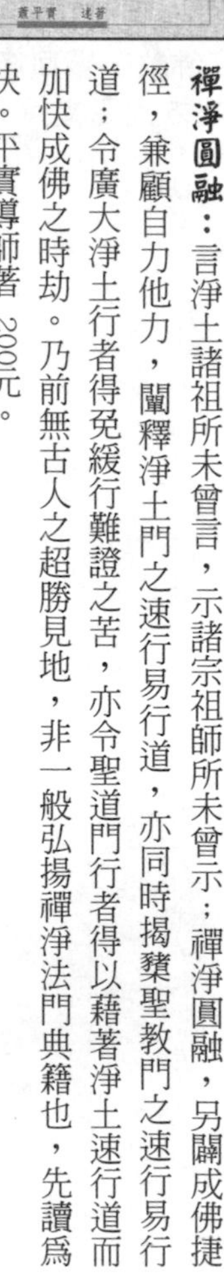

禪淨圓融：言淨土諸祖所未曾言，示諸宗祖師所未曾示；禪淨圓融，另闢成佛捷徑，兼顧自力他力，闡釋淨土門之速行易行道，亦同時揭櫫聖教門之速行易行道；令廣大淨土行者得免緩行難證之苦，亦令聖道門行者得以藉著淨土速行道而加快成佛之時劫。乃前無古人之超勝見地，非一般弘揚禪淨法門典籍也，先讀為快。平實導師著 200元。

宗門正眼—公案拈提第一輯：繼承克勤圜悟大師碧巖錄宗旨之禪門鉅作。先則舉示當代大法師之邪說，消弭當代禪門大師鄉愿之心態，摧破當今禪門「世俗禪」之妄談；次則旁通教法，表顯宗門正理；繼以道之次第，消弭古今狂禪；後藉言語及文字機鋒，直示宗門入處。悲智雙運，禪味十足，數百年來難得一睹之禪門鉅著也。平實導師著500元（原初版書《禪門摩尼寶聚》，改版後補充為五百餘頁新書，總計多達二十四萬字，內容更精彩，並改名為《宗門正眼》，讀者原購初版《禪門摩尼寶聚》皆可寄回本公司免費換新，免附回郵，亦無截止期限）（2007年起，凡購買公案拈提第一輯至第七輯，每購一輯皆贈送本公司精製公案拈提〈超意境〉CD一片，市售價格280元，多購多贈）。

禪—悟前與悟後：本書能建立學人悟道之信心與正確知見，圓滿具足而有次第地詳述禪悟之功夫與禪悟之內容，指陳參禪中細微淆訛之處，能使學人明自真心、見自本性。若未能悟入，亦能以正確知見辨別古今中外一切大師究係真悟？或屬錯悟？便有能力揀擇，捨名師而選明師，後時必有悟道之緣。一旦悟道，遲者七次人天往返，便出三界，速者一生取辦。學人欲求開悟者，不可不讀。 平實導師著。上、下冊共500元，單冊250元。

真實如來藏：如來藏眞實存在，乃宇宙萬有之本體，並非印順法師、達賴喇嘛等人所說之「唯有名相、無此心體」。如來藏是涅槃之本際，是一切有智之人竭盡心智、不斷探索而不能得之生命實相；是古今中外許多大師自以爲悟而當面錯過之生命實相。如來藏即是阿賴耶識，乃是一切有情本自具足、不生不滅之眞實心。當代中外大師於此書出版之前所未能言者，作者於本書中盡情流露、詳細闡釋。眞悟者讀之，必能增益悟境、智慧增上；錯悟者讀之，必能檢討自己之錯誤，免犯大妄語業；未悟者讀之，能知參禪之理路，亦能以之檢查一切名師是否眞悟。此書是一切哲學家、宗教家、學佛者及欲昇華心智之人必讀之鉅著。　平實導師著　售價400元。

宗門法眼—公案拈提第二輯：列舉實例，闡釋土城廣欽老和尚之悟處；並直示這位不識字的老和尚妙智橫生之根由，繼而剖析禪宗歷代大德之開悟公案，解析當代密宗高僧卡盧仁波切之錯悟證據，並例舉當代顯宗高僧、大居士之錯悟證據（凡健在者，爲免影響其名聞利養，皆隱其名）。藉辨正當代名師之邪見，向廣大佛子指陳禪悟之正道，彰顯宗門法眼。悲勇兼出，強捋虎鬚；慈智雙運，巧探驪龍；摩尼寶珠在手，直示宗門入處，禪味十足；若非大悟徹底，不能爲之。禪門精奇人物，允宜人手一冊，供作參究及悟後印證之圭臬。本書於2008年4月改版，增寫爲大約500頁篇幅，以利學人研讀參究時更易悟入宗門正法，以前所購初版首刷及初版二刷舊書，皆可免費換取新書。平實導師著　500元（2007年起，凡購買公案拈提第一輯至第七輯，每購一輯皆贈送本公司精製公案拈提〈超意境〉CD一片，市售價格280元，多購多贈）。

宗門道眼—公案拈提第三輯：繼宗門法眼之後，再以金剛之作略、慈悲之胸懷、犀利之筆觸，舉示寒山、拾得、布袋三大士之悟處，消弭當代錯悟者對於寒山大士……等之誤會及誹謗。　亦舉出民初以來與虛雲和尚齊名之蜀郡鹽亭袁煥仙夫子——南懷瑾老師之師，其「悟處」何在？並蒐羅許多眞悟祖師之證悟公案，顯示禪宗歷代祖師之睿智，指陳部分祖師、奧修及當代顯密大師之謬悟，作爲殷鑑，幫助禪子建立及修正參禪之方向及知見。假使讀者閱此書已，一時尚未能悟，亦可一面加功用行，一面以此宗門道眼辨別眞假善知識，避開錯誤之印證及歧路，可免大妄語業之長劫慘痛果報。欲修禪宗之禪者，務請細讀。平實導師著　售價500元（2007年起，凡購買公案拈提第一輯至第七輯，每購一輯皆贈送本公司精製公案拈提〈超意境〉CD一片，市售價格280元，多購多贈）。

楞伽經詳解：本經是禪宗見道者印證所悟眞僞之根本經典，亦是禪宗見道者悟後起修之依據經典；故達摩祖師於印證二祖慧可大師之後，將此經典連同佛缽祖衣一併交付二祖，令其依此經典佛示金言、進入修道位，修學一切種智。由此可知此經對於眞悟之人修學佛道，是非常重要之一部經典。此經能破外道邪說，亦破佛門中錯悟名師之謬說，亦破禪宗部分祖師之狂禪：不讀經典、一向主張「一悟即成究竟佛」之謬執。並開示愚夫所行禪、觀察義禪、攀緣如禪、如來禪等差別，令行者對於三乘禪法差異有所分辨；亦糾正禪宗祖師古來對於如來禪之誤解，嗣後可免以訛傳訛之弊。此經亦是法相唯識宗之根本經典，禪者悟後欲修一切種智而入初地者，必須詳讀。平實導師著，全套共十輯，已全部出版完畢，每輯主文約320頁，每冊約352頁，定價250元。

宗門血脈—公案拈提第四輯：末法怪象—許多修行人自以爲悟，每將無念靈知認作眞實；崇尚二乘法諸師及其徒衆，則將外於如來藏之緣起性空—無因論之無常空、斷滅空、一切法空—錯認爲 佛所說之般若空性。這兩種現象已於當今海峽兩岸及美加地區顯密大師之中普遍存在；人人自以爲悟，心高氣壯，便敢寫書解釋祖師證悟之公案，大多出於意識思惟所得，言不及義，錯誤百出，因此誤導廣大佛子同陷大妄語之地獄業中而不能自知。彼等書中所說之悟處，其實處處違背第一義經典之聖言量。彼等諸人不論是否身披袈裟，都非佛法宗門血脈，或雖有禪宗法脈之傳承，亦只徒具形式；猶如螟蛉，非眞血脈，未悟得根本眞實故。禪子欲知 佛、祖之眞血脈者，請讀此書，便知分曉。平實導師著，主文452頁，全書464頁，定價500元（2007年起，凡購買公案拈提第一輯至第七輯，每購一輯皆贈送本公司精製公案拈提〈超意境〉CD一片，市售價格280元，多購多贈）。

宗通與說通：古今中外，錯誤之人如麻似粟，每以常見外道所說之靈知心，認作眞心；或妄想虛空之勝性能量爲眞如，或錯認物質四大元素藉冥性（靈知心本體）能成就吾人色身及知覺，或認初禪至四禪中之了知心爲不生不滅之涅槃心。此等皆非通宗者之見地。復有錯悟之人一向主張「宗門與教門不相干」，此即尚未通達宗門之人也。其實宗門與教門互通不二，宗門所證者乃是眞如與佛性，教門所說者乃說宗門證悟之眞如佛性，故教門與宗門不二。本書作者以宗教二門互通之見地，細說「宗通與說通」，從初見道至悟後起修之道、細說分明；並將諸宗諸派在整體佛教中之地位與次第，加以明確之教判，學人讀之即可了知佛法之梗概也。欲擇明師學法之前，允宜先讀。平實導師著，主文共381頁，全書392頁，只售成本價200元。

宗門正道—公案拈提第五輯：修學大乘佛法有二果須證—解脫果及大菩提果。二乘人不證大菩提果，唯證解脫果；此果之智慧，名爲聲聞菩提、緣覺菩提。大乘佛子所證二果之菩提果爲佛菩提，故名大菩提果，其慧名爲一切種智—函蓋二乘解脫果。然此大乘二果修證，須經由禪宗之宗門證悟方能相應。而宗門證悟極難，自古已然；其所以難者，咎在古今佛教界普遍存在三種邪見：1.以修定認作佛法， 2.以無因論之緣起性空—否定涅槃本際如來藏以後之一切法空作爲佛法，3.以常見外道邪見（離語言妄念之靈知性）作爲佛法。 如是邪見，或因自身正見未立所致，或因邪師之邪教導所致，或因無始劫來虛妄熏習所致。若不破除此三種邪見，永劫不悟宗門眞義、不入大乘正道，唯能外門廣修菩薩行。 平實導師於此書中，有極爲詳細之說明，有志佛子欲摧邪見、入於內門修菩薩行者，當閱此書。主文共496頁，全書512頁。售價500元（2007年起，凡購買公案拈提第一輯至第七輯，每購一輯皆贈送本公司精製公案拈提〈超意境〉CD一片，市售價格280元，多購多贈）。

狂密與真密：密教之修學，皆由有相之觀行法門而入，其最終目標仍不離顯教經典所說第一義諦之修證；若離顯教第一義經典、或違背顯教第一義經典，即非佛教。西藏密教之觀行法，如灌頂、觀想、遷識法、寶瓶氣、大聖歡喜雙身修法、喜金剛、無上瑜伽、大樂光明、樂空雙運等，皆是印度教兩性生生不息思想之轉化，自始至終皆以如何能運用交合淫樂之法達到全身受樂爲其中心思想，純屬欲界五欲的貪愛，不能令人超出欲界輪迴，更不能令人斷除我見；何況大乘之明心與見性，更無論矣！故密宗之法絕非佛法也。而其明光大手印、大圓滿法教，又皆同以常見外道所說離語言妄念之無念靈知心錯認爲佛地之眞如，不能直指不生不滅之眞如。西藏密宗所有法王與徒眾，都尚未開頂門眼，不能辨別眞僞，以依人不依法、依密續不依經典故，不肯將其上師喇嘛所說對照第一義經典，純依密續之藏密祖師所說爲準，因此而誇大其證德與證量，動輒謂彼祖師上師爲究竟佛、爲地上菩薩；如今台海兩岸亦有自謂其師證量高於 釋迦文佛者，然觀其師所述，猶未見道，仍在觀行即佛階段，尚未到禪宗相似即佛、分證即佛階位，竟敢標榜爲究竟佛及地上法王，誑惑初機學人。凡此怪象皆是狂密，不同於眞密之修行者。近年狂密盛行，密宗行者被誤導者極眾，動輒自謂已證佛地眞如，自視爲究竟佛，陷於大妄語業中而不知自省，反謗顯宗眞修實證者之證量粗淺；或如義雲高與釋性圓…等人，於報紙上公然誹謗眞實證道者爲「騙子、無道人、人妖、癩蛤蟆…」等，造下誹謗大乘勝義僧之大惡業；或以外道法中有爲有作之甘露、魔術……等法，誑騙初機學人，狂言彼外道法爲眞佛法。如是怪象，在西藏密宗及附藏密之外道中，不一而足，舉之不盡，學人宜應愼思明辨，以免上當後又犯毀破菩薩戒之重罪。密宗學人若欲遠離邪知邪見者，請閱此書，即能了知密宗之邪謬，從此遠離邪見與邪修，轉入眞正之佛道。 平實導師著 共四輯 每輯約400頁（主文約340頁） 賠本流通價每輯140元。

宗門正義—公案拈提第六輯：佛教有六大危機，乃是藏密化、世俗化、膚淺化、學術化、宗門密意失傳、悟後進修諸地之次第混淆；其中尤以宗門密意之失傳，爲當代佛教最大之危機。由宗門密意失傳故，易令 世尊本懷普被錯解，易令世尊正法被轉易爲外道法，以及加以淺化、世俗化，是故宗門密意之廣泛弘傳與具緣佛弟子，極爲重要。然而欲令宗門密意之廣泛弘傳予具緣之佛弟子者，必須同時配合錯誤知見之解析、普令佛弟子知之，然後輔以公案解析之直示入處，方能令具緣之佛弟子悟入。而此二者，皆須以公案拈提之方式爲之，方易成其功、竟其業，是故平實導師續作宗門正義一書，以利學人。 全書500餘頁，售價500元（2007年起，凡購買公案拈提第一輯至第七輯，每購一輯皆贈送本公司精製公案拈提〈超意境〉CD一片，市售價格280元，多購多贈）。

心經密意—心經與解脫道、佛菩提道、祖師公案之關係與密意。 二乘菩提所證之解脫道，實依第八識心之斷除煩惱障現行而立解脫之名；大乘菩提所證之佛菩提道，實依親證第八識如來藏之涅槃性、清淨自性、及其中道性而立般若之名；禪宗祖師公案所證之眞心，即是此第八識如來藏；是故三乘佛法所修所證之三乘菩提，皆依此如來藏心而立名也。此第八識心，即是《心經》所說之心也。證得此如來藏已，即能漸入大乘佛菩提道，亦可因證知此心而了知二乘無學所不能知之無餘涅槃本際，是故《心經》之密意，與三乘佛菩提之關係極爲密切、不可分割，三乘佛法皆依此心而立名故。今者平實導師以其所證解脫道之無生智及佛菩提之般若種智，將《心經》與解脫道、佛菩提道、祖師公案之關係與密意，以演講之方式，用淺顯之語句和盤托出，發前人所未言，呈三乘菩提之眞義，令人藉此《心經密意》一舉而窺三乘菩提之堂奧，迴異諸方言不及義之說；欲求眞實佛智者、不可不讀！ 主文317頁，連同跋文及序文…等共384頁，售價300元。

宗門密意—公案拈提第七輯：佛教之世俗化，將導致學人以信仰作爲學佛，則將以感應及世間法之庇祐，作爲學佛之主要目標，不能了知學佛之主要目標爲親證三乘菩提。大乘菩提則以般若實相智慧爲主要修習目標，以二乘菩提解脫道爲附帶修習之標的；是故學習大乘法者，應以禪宗之證悟爲要務，能親入大乘菩提之實相般若智慧中故，般若實相智慧非二乘聖人所能知故。此書則以台灣世俗化佛教之三大法師，說法似是而非之實例，配合眞悟祖師之公案解析，提示證悟般若之關節，令學人易得悟入。平實導師著，全書五百餘頁，售價500元（2007年起，凡購買公案拈提第一輯至第七輯，每購一輯皆贈送本公司精製公案拈提〈超意境〉CD一片，市售價格280元，多購多贈）。

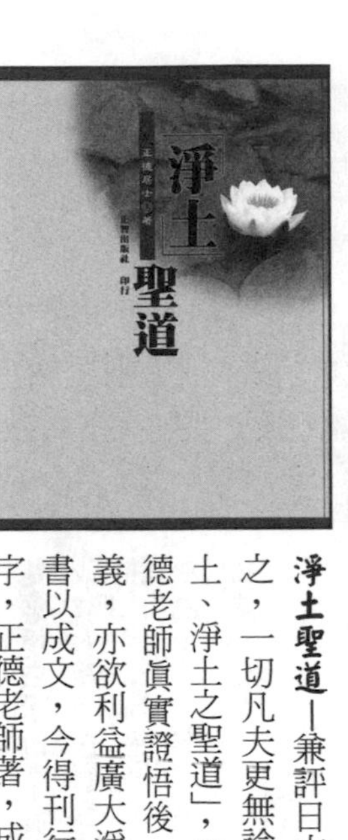

淨土聖道—兼評日本本願念佛：佛法甚深極廣，般若玄微，非諸二乘聖僧所能知之，一切凡夫更無論矣！所謂一切證量皆歸淨土是也！是故大乘法中「聖道之淨土、淨土之聖道」，其義甚深，難可了知；乃至眞悟之人，初心亦難知也。今有正德老師眞實證悟後，復能深探淨土與聖道之緊密關係，憐憫衆生之誤會淨土實義，亦欲利益廣大淨土行人同入聖道，同獲淨土中之聖道門要義，乃振奮心神、書以成文，今得刊行天下。主文279頁，連同序文等共301頁，總有十一萬六千餘字，正德老師著，成本價200元。

起信論講記：詳解大乘起信論心生滅門與心眞如門之眞實意旨，消除以往大師與學人對起信論所說心生滅門之誤解，由是而得了知眞心如來藏之非常非斷中道正理；亦因此一講解，令此論以往隱晦而被誤解之眞實義，得以如實顯示，令大乘佛菩提道之正理得以顯揚光大；初機學者亦可藉此正論所顯示之法義，對大乘法理生起正信，從此得以眞發菩提心，眞入大乘法中修學，世世常修菩薩正行。平實導師演述，共六輯，都已出版，每輯三百餘頁，優惠價各200元。

優婆塞戒經講記：本經詳述在家菩薩修學大乘佛法，應如何受持菩薩戒？對人間善行應如何看待？對三寶應如何護持？應如何正確地修集此世後世證法之福德？應如何修集後世「行菩薩道之資糧」？並詳述第一義諦之正義：五蘊非我非異我、自作自受、異作異受、不作不受……等深妙法義，乃是修學大乘佛法、行菩薩行之在家菩薩所應當了知者。出家菩薩今世或未來世登地已，捨報之後多數將如華嚴經中諸大菩薩，以在家菩薩身而修行菩薩行，故亦應以此經所述正理而修之，配合《楞伽經、解深密經、楞嚴經、華嚴經》等道次第正理，方得漸次成就佛道；故此經是一切大乘行者皆應證知之正法。平實導師講述，每輯三百餘頁，優惠價各200元；共八輯，已全部出版。

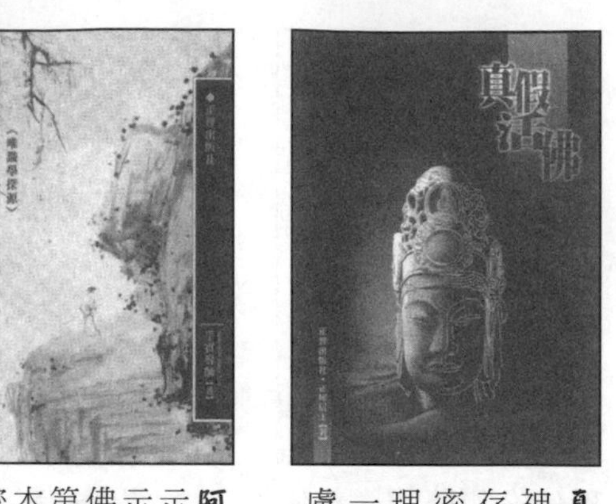

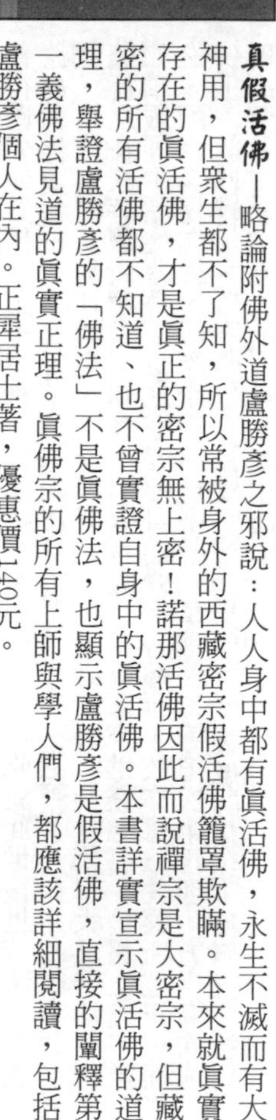

真假活佛—略論附佛外道盧勝彥之邪說：人人身中都有眞活佛，永生不滅而有大神用，但衆生都不了知，所以常被身外的西藏密宗假活佛籠罩欺瞞。本來就眞實存在的眞活佛，才是眞正的密宗無上密！諾那活佛因此而說禪宗是大密宗，但藏密的所有活佛都不知道、也不曾實證自身中的眞活佛。本書詳實宣示眞活佛的道理，舉證盧勝彥的「佛法」不是眞佛法，也顯示盧勝彥是假活佛，直接的闡釋第一義佛法見道的眞實正理。眞佛宗的所有上師與學人們，都應該詳細閱讀，包括盧勝彥個人在內。正犀居士著，優惠價140元。

阿含正義—唯識學探源：廣說四大部《阿含經》諸經中隱說之眞正義理，一一舉示佛陀本懷，令阿含時期初轉法輪根本經典之眞義，如實顯現於佛子眼前。並提示末法大師對於阿含眞義誤解之實例，一一比對之，證實唯識增上慧學確於原始佛法之阿含諸經中已隱覆密意而略說之，證實 世尊確於原始佛法中已曾密意而說第八識如來藏之總相；亦證實 世尊在四阿含中已說此藏識是名色十八界之因、之本—證明如來藏是能生萬法之根本心。佛子可據此修正以往受諸大師（譬如西藏密宗應成派中觀師：印順、昭慧、性廣、大願、達賴、宗喀巴、寂天、月稱、……等人）誤導之邪見，建立正見，轉入正道乃至親證初果而無困難；書中並詳說三果所證的心解脫，以及四果慧解脫的親證，都是如實可行的具體知見與行門。全書共七輯，已出版完畢。平實導師著，每輯三百餘頁，定價250元。

超意境CD：以平實導師公案拈提書中超越意境之頌詞，加上曲風優美的旋律，錄成令人嚮往的超意境歌曲，其中包括正覺發願文及平實導師親自譜成的黃梅調歌曲一首。詞曲雋永，殊堪翫味，可供學禪者吟詠，有助於見道。內附設計精美的彩色小冊，解說每一首詞的背景本事。每片280元。【每購買公案拈提書籍一冊，即贈送一片。】

我的菩提路第一輯：凡夫及二乘聖人不能實證的佛菩提證悟，末法時代的今天仍然有人能得實證，由正覺同修會釋悟圓、釋善藏法師等二十餘位實證如來藏者所寫的見道報告，已為當代學人見證宗門正法之絲縷不絕，證明大乘義學的法脈仍然存在，為末法時代求悟般若之學人照耀出光明的坦途。由二十餘位大乘見道者所繕，敘述各種不同的學法、見道因緣與過程，參禪求悟者必讀。全書三百餘頁，售價200元。

我的菩提路第二輯：由郭正益老師等人合著，書中詳述彼等諸人歷經各處道場學法，一一修學而加以檢擇之不同過程以後，因閱讀正覺同修會、正智出版社書籍而發起抉擇分，轉入正覺同修會中修學；乃至學法及見道之過程，都一一詳述之。其中張志成等人係由前現代禪轉進正覺同修會，張志成原為現代禪副宗長，以前未閱本會書籍時，曾被人藉其名義著文評論 平實導師（詳見《宗通與說通》辨正及《眼見佛性》書末附錄…等）；後因偶然接觸正覺同修會書籍，深覺以前聽人評論平實導師之語不實，於是投入極多時間閱讀本會書籍、深入思辨，詳細探索中觀與唯識之關聯與異同，認為正覺之法義方是正法，深覺相應；亦解開多年來對佛法的迷雲，確定應依八識論正理修學方是正法。乃不顧面子，毅然前往正覺同修會面見平實導師懺悔，並正式學法求悟。今已與其同修王美伶（亦為前現代禪傳法老師），同樣證悟如來藏而證得法界實相，生起實相般若真智。此書中尚有七年來本會第一位眼見佛性者之見性報告一篇，一同供養大乘佛弟子。

鈍鳥與靈龜：鈍鳥及靈龜二物，被宗門證悟者說為二種人：前者是精修禪定而無智慧者，也是以定為禪的愚癡禪人；後者是或有禪定、或無禪定的宗門證悟者，凡已證悟者皆是靈龜。但後來被人虛造事實，用以嘲笑大慧宗杲禪師，說他雖是靈龜，卻不免被天童禪師預記「患背」痛苦而亡：「鈍鳥離巢易，靈龜脫殼難。」藉以貶低大慧宗杲的證量。同時將天童禪師實證如來藏的證量，曲解為意識境界的離念靈知。自從大慧禪師入滅以後，錯悟凡夫對他的不實毀謗就一直存在著，不曾止息，並且捏造的假事實也隨著年月的增加而越來越多，終至編成「鈍鳥與靈龜」的假公案、假故事。本書是考證大慧與天童之間的不朽情誼，顯現這件假公案的虛妄不實；更見大慧宗杲面對惡勢力時的正直不阿，亦顯示大慧對天童禪師的至情深義，將使後人對大慧宗杲的誣謗至此而止，不再有人誤犯毀謗賢聖的惡業。書中亦舉證宗門的所悟確以第八識如來藏為標的，詳讀之後必可改正以前被錯悟大師誤導的參禪知見，日後必定有助於實證禪宗的開悟境界，得階大乘真見道位中，即是實證般若之賢聖。全書459頁，僅售250元。

維摩詰經講記：本經係　世尊在世時，由等覺菩薩維摩詰居士藉疾病而演說之大乘菩提無上妙義，所說函蓋甚廣，然極簡略，是故今時諸方大師與學人讀之悉皆錯解，何況能知其中隱含之深妙正義，是故普遍無法為人解說；若強為人說，則成依文解義而有諸多過失。今由平實導師公開宣講之後，詳實解釋其中密意，令維摩詰菩薩所說大乘不可思議解脫之深妙正法得以正確宣流於人間，利益當代學人及與諸方大師。書中詳實演述大乘佛法深妙不共二乘之智慧境界，顯示諸法之中絕待之實相境界，建立大乘菩薩妙道於永遠不敗不壞之地，以此成就護法偉功，欲冀永利娑婆人天。已經宣講圓滿整理成書流通，以利諸方大師及諸學人。全書共六輯，每輯三百餘頁，優惠價各200元。

真假外道：本書具體舉證佛門中的常見外道知見實例，並加以教證及理證上的辨正，幫助讀者輕鬆而快速的了知常見外道的錯誤知見，進而遠離佛門內外的常見外道知見，因此即能改正修學方向而快速實證佛法。游正光老師著　。成本價200元。

勝鬘經講記：如來藏為三乘菩提之所依，若離如來藏心體及其含藏之一切種子，即無三界有情及一切世間法，亦無二乘菩提緣起性空之出世間法；本經詳說無始無明、一念無明皆依如來藏而有之正理，藉著詳解煩惱障與所知障間之關係，令學人深入了知二乘菩提與佛菩提相異之妙理；聞後即可了知佛菩提之特勝處及三乘修道之方向與原理，邁向攝受正法而速成佛道的境界中。平實導師講述，共六輯，每輯三百餘頁，優惠價各200元。

說明心與見性之內涵極爲詳細，將一切法都會歸如來藏及佛性－妙眞如性；亦闡釋佛菩提道修學過程中之種種魔境，以及外道誤會涅槃之狀況，旁及三界世間之起源。然因言句深澀難解，法義亦復深妙寬廣，學人讀之普難通達，是故讀者大多誤會，不能如實理解佛所說之明心與見性內涵，亦因是故多有悟錯之人引爲開悟之證言，成就大妄語罪。今由平實導師詳細講解之後，整理成文，以易讀易懂之語體文刊行天下，以利學人。全書十五輯，2009/12/1開始發行，每二個月出版一輯，2012年4月全部出版完畢。每輯三百餘頁，優惠價每輯200元。

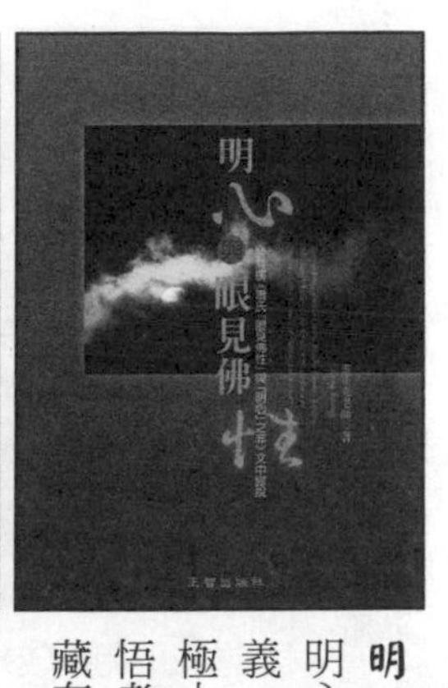

明心與眼見佛性：本書細述明心與眼見佛性之異同，同時顯示了中國禪宗破初參明心與重關眼見佛性二關之間的關聯；書中又藉法義辨正而旁述其他許多勝妙法義，讀後必能遠離佛門長久以來積非成是的錯誤知見，令讀者在佛法的實證上有極大助益。也藉慧廣法師的謬論來教導佛門學人回歸正知正見，遠離古今禪門錯悟者所墮的意識境界，非唯有助於斷我見，也對未來的開悟明心實證第八識如來藏有所助益，是故學禪者都應細讀之。　游正光老師著　共448頁　成本價250元

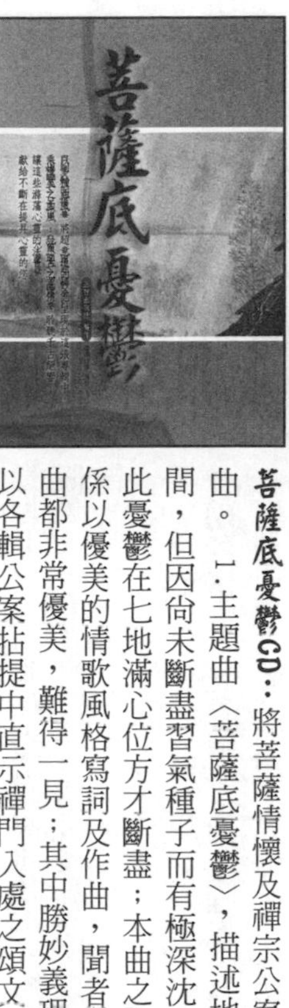

菩薩底憂鬱CD：將菩薩情懷及禪宗公案寫成新詞，並製作成超越意境的優美歌曲。　1.主題曲〈菩薩底憂鬱〉，描述地後菩薩能離三界生死而迴向繼續生在人間，但因尚未斷盡習氣種子而有極深沈之憂鬱，非三賢位菩薩及二乘聖者所知，此憂鬱在七地滿心位方才斷盡；本曲之詞中所說義理極深，昔來所未曾見；此曲係以優美的情歌風格寫詞及作曲，聞者得以激發嚮往諸地菩薩境界之大心，詞、曲都非常優美，難得一見；其中勝妙義理之解說，已印在附贈之彩色小冊中。　2.以各輯公案拈提中直示禪門入處之頌文，作成各種不同曲風之超意境歌曲，値得玩味、參究；聆聽公案拈提之優美歌曲時，請同時閱讀內附之印刷精美說明小冊，可以領會超越三界的證悟境界；未悟者可以因此引發求悟之意向及疑情，眞發菩提心而邁向求悟之途，乃至因此眞實悟入般若，成眞菩薩。　3.正覺總持咒新曲，總持佛法大意；總持咒之義理，已加以解說並印在隨附之小冊中。本CD共有十首歌曲，長達63分鐘，附贈二張購書優惠券。請直接向各市縣鄉鎮之CD販售店購買，本公司及各講堂都不販售。

禪意無限CD：平實導師以公案拈提書中偈頌寫成不同風格曲子，與他人所寫不同風格曲子共同錄製出版，幫助參禪人進入禪門超越意識之境界。盒中附贈彩色印製的精美解說小冊，以供聆聽時閱讀，令參禪人得以發起參禪之疑情，即有機會證悟本來面目，實證大乘菩提般若。本CD共有十首歌曲，長達69分鐘，於2012年五月下旬公開發行，請直接向各市縣鄉鎮之CD販售店購買，本公司及各講堂都不販售。每盒各附贈二張購書優惠券。〈禪意無限〉出版後將不再錄製CD，特此公告。

金剛經宗通：三界唯心，萬法唯識，是成佛之修證內容，是諸地菩薩之所修；般若則是成佛之道（實證三界唯心、萬法唯識）的入門，若未證悟實相般若，即無成佛之可能，必將永在外門廣行菩薩六度，永在凡夫位中。然而實相般若的發起，全賴實證萬法的實相；若欲證知萬法的眞相，則必須探究萬法之所從來，則須實證自心如來—金剛心如來藏，然後現觀這個金剛心的金剛性、眞實性、如如性、清淨性、涅槃性、能生萬法的自性性、本住性，名爲證眞如；進而現觀三界六道唯是此金剛心所成，人間萬法須藉八識心王和合運作方能現起。如是實證《華嚴經》的「三界唯心、萬法唯識」以後，由此等現觀而發起實相般若智慧，繼續進修第十住位的如幻觀、第十行位的陽焰觀、第十迴向位的如夢觀，再生起增上意樂而勇發十無盡願，方能滿足三賢位的實證，轉入初地；自知成佛之道而無偏倚，從此按部就班、次第進修乃至成佛。第八識自心如來是般若智慧之所依，般若智慧的修證則要從實證金剛心自心如來開始；《金剛經》則是解說自心如來之經典，是一切三賢位菩薩所應進修之實相般若經典。這一套書，是將平實導師宣講的《金剛經宗通》內容，整理成文字而流通之；書中所說義理，迥異古今諸家依文解義之說，指出大乘見道方向與理路，有益於禪宗學人求開悟見道，及轉入內門廣修六度萬行。講述完畢後將擇期陸續結集出版。總共9輯，每輯約三百餘頁，優惠價各200元，2012/6/1起已開始出版，每二個月出版一輯。

空行母—性別、身分定位，以及藏傳佛教：本書作者爲蘇格蘭哲學家，因往佛教深妙的哲學內涵，於是進入當年盛行於歐美的藏傳佛教密宗，擔任卡盧仁波切的翻譯工作多年以後，被邀請成爲卡盧的空行母（又名佛母、明妃），開始了她在密宗裡的實修過程；後來發覺在密宗雙身法中的修行，其實無法使自己成佛，也發覺密宗對女性岐視而處處貶抑，並剝奪女性在雙身法中擔任一半角色時應有的身分定位。當她發覺自己只是雙身法中被喇嘛利用的工具，沒有獲得絲毫應有的尊重與基本定位時，發現了密宗的父權社會控制女性的本質；於是作者傷心地離開了卡盧仁波切與密宗，但是卻被恐嚇不許講出她在密宗裡的經歷，也不許她說出自己對密宗的教義與教制下對女性剝削的本質，否則將被咒殺死亡。後來她去加拿大定居，十餘年後方才擺脫這個恐嚇陰影，下定決心將親身經歷的實情及觀察到的事實寫下來並且出版，公諸於世。出版之後，她被流亡的達賴集團人士大力攻訐，誣指她爲精神狀態失常、說謊……等。但有智之士並未被達賴集團的政治操作及各國政府政治運作吹捧達賴的表相所欺，使她的書銷售無阻而又再版。正智出版社鑑於作者此書是親身經歷的事實，所說具有針對藏傳佛教而作學術研究的價值，也有使人認清藏傳佛教剝削佛母、明妃的男性本位實質，因此洽請作者同意中譯而出版於華人地區。珍妮．坎貝爾女士著，呂艾倫 中譯，每冊250元。

霧峰無霧—給哥哥的信　本書作者藉兄弟之間信件往來論義，略述佛法大義；並以多篇短文辨義，舉出釋印順對佛法的無量誤解證據，並一一給予簡單而清晰的辨正，令人一讀即知。久讀、多讀之後即能認清楚釋印順的六識論見解，與眞實佛法之牴觸是多麼嚴重；於是在久讀、多讀之後，於不知不覺之間提升了對佛法的極深入理解，正知正見就在不知不覺間建立起來了。當三乘佛法的正知見建立起來之後，對於三乘菩提的見道條件便將隨之具足，於是聲聞解脫道的見道也就水到渠成；接著大乘見道的因緣也將次第成熟，未來自然也會有親見大乘菩提之道的因緣，悟入大乘實相般若也將自然成功，自能通達般若系列諸經而成實義菩薩。作者居住於南投縣霧峰鄉，自喻見道之後不復再見霧峰之霧，故鄉原野美景一一明見，於是立此書名爲《霧峰無霧》；讀者若欲撥霧見月，可以此書爲緣。游宗明 居士著 成本價200元。

中央圖書館出版品預行編目資料

宗門密意／平實導師著.--初版.--台北市：正智，2003〔民92〕
面；　公分.--（公案拈提；第七輯）

ISBN 957-28743-1-4（平裝）

1. 禪宗

226.65　　92012859

——公案拈提 第七輯

作　者：平實導師
校　對：何承化 曾邱賢 翁明麗 呂傳勝
出版者：正智出版社有限公司
電話：○二 28327495　28316727（白天）
傳眞：○二 28344822
111 台北郵政 73-151 號信箱
郵政劃撥帳號：一九○六八二四一
正覺講堂：總機○二 25957295（夜間）
總經銷：飛鴻國際行銷股份有限公司
231 新北市新店區中正路 501-9 號 2 樓
電話：○二 82186688 五線代表號
傳眞：○二 82186458　82186459
初　版：公元二○○三年七月　二千冊
初版三刷：公元二○一三年八月　二千冊
售　價：五○○元（附贈超意境ＣＤ一片）